# C++11 für Programmierer

# C++11 für Programmierer

*Rainer Grimm*

Kommentare und Fragen können Sie gerne an uns richten:
O'Reilly Verlag
Balthasarstr. 81
50670 Köln
E-Mail: kommentar@oreilly.de


1. Auflage 2014



Bibliografische Information Der Deutschen Bibliothek
Die Deutsche Bibliothek verzeichnet diese Publikation in der
Deutschen Nationalbibliografie; detaillierte bibliografische Daten
sind im Internet über *http://dnb.ddb.de* abrufbar.

Lektorat: Alexandra Follenius, Köln
Korrektorat: Sibylle Feldmann, Düsseldorf
Satz: Tung Huynh und Nicole Furtkamp,
Reemers Publishing Services GmbH, Krefeld; www.reemers.de
Umschlaggestaltung: Michael Oreal, Köln
Produktion: Andrea Miß, Köln
Belichtung, Druck und buchbinderische Verarbeitung:
Druckerei Kösel, Krugzell; www.koeselbuch.de

ISBN 978-3-95561-391-4

Dieses Buch ist auf 100% chlorfrei gebleichtem Papier gedruckt.

# Inhalt

# Einführung

2011 wurde der neue C++-Standard C++11 veröffentlicht (Stroustrup, 2011). Er ist nach einem guten Jahrzehnt die erste große C++-Neuerung, mit der C++ fit für neue Anforderungen gemacht wird. Rein quantitativ gesprochen, verdoppelt sich der C++-Standard nahezu von knapp 800 auf gut 1.300 Seiten. Da verwundert es nicht, wie Bjarne Stroustrup, der Erfinder von C++, C++11 charakterisiert:

Bjarne Stroustrup über C++11

> Surprisingly, C++11 feels like a new language: The pieces just fit together better than they used to and I find a higher-level style of programming more natural than before and as efficient as ever.
>
> (Erstaunlich, C++11 fühlt sich wie eine neue Sprache an: Die Einzelteile passen einfach besser zusammen als gewohnt, und ich finde das Programmieren auf abstrakterer Ebene natürlicher als früher und so effizient wie immer.) (Stroustrup, 2011)

Threading, funktionale Programmierung, automatisches Speichermanagement, reguläre Ausdrücke ... das alles und noch viel, viel mehr ist nun ebenfalls enthalten. Dabei hat C++11 an seine zwei Zielgruppen gedacht.

- Für den Einsteiger: einfacher zu lernen durch die vereinheitlichte Syntax und die mächtigen Bibliotheken, mit denen Standardaufgaben leichter erledigt werden können.
- Für den Profi: eine bessere Programmiersprache für die Systemprogrammierung und das Schreiben von Bibliotheken durch neue und verbesserte Features der Kernsprache und der Bibliotheken.

### Exkurs: C++0x versus C++11

Die bisherigen C++-Standards heißen C++98 und C++03, wobei C++03 nur eine technische Korrektur darstellt. Da war es natürlich naheliegend, dem neuen Standard einen ähnlichen Namen zu geben. Als Arbeitstitel wurde der Name C++0x gewählt. Somit war festgelegt, dass der neue Standard spätestens 2009 erscheinen musste. Leider ließ sich der Zeitplan nicht einhalten. Kurzerhand wurde das Zeichen x in C++0x zur hexadezimalen Zahl erklärt. Sechs zusätzliche Jahre waren durch diesen Kunstgriff gewonnen. Es blieb abzuwarten, welcher Name sich für den neuen Standard durchsetzen würde, der offizielle Name C++11 oder der sehr etablierte Name C++0x.

2013, kurz vor dem Abschluss der zweiten Auflage dieses Buchs, hat sich die Namensverwirrung zugunsten von C++11 in Wohlgefallen aufgelöst. Bjarne Stroustrup bringt es auf den Punkt und nennt den neuen Standard C++11:

*Following convention, the new standard is called C++11 (because it was published in 2011)* (Stroustrup, 2011).

Daher werden Sie gelegentlich in diesem Buch und in vielen Publikationen zum neuen C++-Standard den langjährigen Arbeitstitel C++0x finden. Lassen Sie sich nicht verwirren. Das Problem lässt sich einfach lösen: **C++0x ist C++11**.

## Ziel dieses Buchs

Die entscheidenden Fragen eines C++-Entwicklers, bevor er sich den Herausforderungen des neuen C++11 stellt, sind meines Erachtens:

- Welche Erweiterungen und Neuerungen bringt C++11 mit sich?
- Warum ist C++11 das bessere C++?
- Wie können die neuen Features möglichst effizient eingesetzt werden?

Mit dem Beantworten dieser Fragen will das Buch überzeugen – überzeugen, dass sich der Aufwand lohnt, sich mit dem neuen C++11 auseinanderzusetzen. Denn was bleibt, ist die Fähigkeit, die anspruchsvolle Programmiersprache C++ auf einem höheren Niveau zu beherrschen.

## Zielgruppe

Dieses Buch richtet sich an C++-Programmierer, die sich mit dem neuen C++11-Standard vertraut machen möchten. Zwar setzt das Buch nicht explizit C++ Kenntnisse voraus, um die Theorie und die vielen Beispiele zu verstehen, jedoch lässt sich der große Schritt von C++11 zu C++ am besten ermessen, wenn Sie C++ kennen.

# Aufbau dieses Buchs

Das Buch besteht aus den folgenden vier großen Themenblöcken:

- Tour de C++11
- Neuerungen der Kernsprache
- Multithreading mit C++11
- Verbesserungen der Standardbibliothek

Einen ersten schnellen Überblick über C++11 gibt Teil I, *Tour de C++11*, auf rund 100 Seiten. Darin werde ich die Neuerungen von C++11 vorstellen, ohne besonders in die Tiefe zu gehen. Mit diesem Überblick besitzen Sie die notwendigen Voraussetzungen, um sich mehr mit den Details von C++11 zu beschäftigen, die in den nächsten drei Abschnitten des Buchs folgen.

Los geht es mit Teil II, *Kernsprache*. Kapitel 6 geht auf die verbesserte Usability in C++11 ein: Diese besteht aus der Range-basierten For-Schleife für die einfache Ausgabe oder Modifikation von Containern, der automatischen Typableitung mit `auto`, aus Lambda-Funktionen und der vereinheitlichten Initialisierung in C++11. Auf die verbesserte Usability folgt der mächtigere Entwurf von Klassen in Kapitel 7. Mächtiger, da C++11 Initialisiererlisten für Konstruktoren, die Delegation und Vererbung von Konstruktoren, aber auch das direkte Initialisieren von Klassenelementen anbietet. Mächtiger, da C++11 explizite Klassendefinitionen mit den Schlüsselwörtern `default` und `delete`, `override` und `final`, aber auch explizite Konvertierungsoperatoren unterstützt. In Kapitel 8 folgt das auf Performance optimierte Arbeiten mit Containern in Form von Move-Semantik und Perfect Forwarding. Deutlich mächtiger wird in C++11 auch die generische Programmierung, die in Kapitel 9 beschrieben wird. Sie werden Variadic Templates, also Templates mit beliebig vielen Argumenten, Zusicherungen zur Compile-Zeit an den Code und Aliase Templates kennenlernen. Abgeschlossen wird dieser Teil des Buchs zur Kernsprache von C++11 mit den erweiterten Datenkonzepten und Literalen. In Kapitel 10 stelle ich konstante Ausdrücke, die zur Compile-Zeit ausgewertet werden können, unbeschränkte Unions und streng typisierte Aufzählungstypen vor. Weiter geht es mit Raw-String-Literalen, benutzerdefinierten Literalen und der Unicode-Unterstützung in C++11.

Teil III, *Multithreading*, ist der nächste Themenblock des Buchs, der sich den Details widmet. Behandelt werden in den Kapitel 12 bis 18 die atomaren Datentypen von C++11, die Erzeugung und Verwaltung von Threads sowie den Schutz von gemeinsam genutzten Daten durch Mutexe und Locks. Weiter geht es mit Bedingungsvariablen und Thread-lokalem Speicher. Den Abschluss bilden asynchrone Operationen. Mit ihnen lassen sich Tasks für den einfachen Umgang mit Threads definieren.

Bezogen sich die vorherigen Themenblöcke vorwiegend auf den C++11-Kern, so in Teil IV des Buchs die *Standardbibliothek* unser zentrales Thema. Im Besonderen werden Sie in Kapitel 19 die vielen neuen und verbesserten Bibliotheken kennenlernen. Detailliert vorstellen werde ich Ihnen in Theorie und Praxis die neuen Bibliotheken für das Arbeiten mit regulären Ausdrücken, für die Typintrospektion und -manipulation mit den Type-Traits, für das Erzeugen von Zufallszahlen und für den Umgang mit der neuen Zeitfunktionalität. Den Abschluss dieses Teils bilden die verbesserten Bibliotheken zu den Smart Pointern, zu den neuen Containern wie Arrays, Tupels und Hashtabellen und zu den neuen Algorithmen in Kapitel 20.

Was wäre ein C++11-Buch ohne Ausblick auf die weitere Entwicklung von C++? Genau diese Vorschau will Teil V, *Ausblick*, geben. Darin erfahren Sie einerseits, warum die wohl wichtigste Neuerung von C++11 – Concepts, ein Typsystem für Templates – aus dem C++11-Standard gestrichen wurde, und andererseits, welche Ziele die nächsten Standards C++14 und C++14 C++1y verfolgen.

**Praxistipp** **Wie das Buch zu lesen ist**

Den ersten Überblick gibt Teil I, *Tour de C++11*. Auf rund 100 Seiten werden die neuen Features von C++11 vorgestellt, ohne allzu sehr in die Tiefe zu gehen. Ist das große Bild gezeichnet, ist es Zeit, sich in die einzelnen Komponenten genauer anzusehen und die Tastatur zu nutzen. Die drei weiteren Teile zu den Neuerungen der Kernsprache, zur neuen Threading-Mächtigkeit und zu Verbesserungen der Standardbibliothek bilden den Kern dieses Buchs.

## Didaktik

Auf die Suche in der Breite folgt die in der Tiefe. Diesem einfachen Muster aus der Graphentheorie werde ich folgen. Zuerst werde ich die neuen Features vorstellen und dann genauer auf die Details eingehen, um schließlich anhand des einen oder anderen Beispiels sowie im Besonderen mit Übungsaufgaben weiter in die Tiefen vorzustoßen.

Diese Strategie, sich der unbekannten Materie von verschiedenen Seiten und mit immer detaillierterem Anspruch zu nähern, halte ich für einen idealen Ansatz, das Neue zum Vertrauten zu machen. Die größte Gefahr dabei besteht darin, die Redundanz zu übertreiben. Ich hoffe, es ist mir gelungen, diese in Grenzen zu halten.

## Übungsaufgaben

Um den größtmöglichen Nutzen aus den Übungsaufgaben zu ziehen, stehen die Musterlösungen der Übungsaufgaben unter *Aufgaben* zur Verfügung (Download unter *http://examples.oreilly.de/german_examples/cplusplusleitfadenger/*). Denn nichts hat mich in meinem Mathematikstudium mehr gestört als eine Übungsaufgabe, die nicht lösbar war.

## Exkurse

Die vielen Exkurse sind zum Schmökern da. Sie sollen Hintergrundinformationen liefern, ohne den roten Faden des Buchs zu stören. Es schadet daher auch nicht, sie beim ersten Lesen des Werks zu ignorieren.

## Anhang

Im Anhang finden Sie weiterführende Informationen, die das Buch abrunden sollen.

Zum einen enthält er die Anleitung dazu, wie Sie einen aktuellen C++-Compiler und die Boost-Bibliothek installieren können. Beides sind notwendige Voraussetzungen, um alle Beispielprogramme in Aktion zu sehen.

Zum anderen finden Sie Hintergrundinformationen zu C++11, die zu umfangreich für einen Exkurs sind. Dies betrifft Themen wie Funktionsobjekte in C++, das bekannte C++-Idiom »Resource Acquisition Is Initialization«, Promotion Traits, implizit erzeugte Methoden und Operatoren sowie insbesondere die funktionale Programmierung.

## Codebeispiele in diesem Buch

Der größte Nutzen lässt sich aus einem Buch zur Programmierung ziehen, wenn die neuen Features in der Anwendung dargestellt werden. Daher werde ich viele Codeschnipsel und lauffähige Programme in dem Werk verwenden und deren Ausgabe präsentieren. Noch mehr Nutzen besitzt das Buch, wenn Sie mit den Codebeispielen arbeiten, sie modifizieren und erweitern. Zur weiteren Vertiefung der neuen Funktionalität schließe ich die Kapitel mit Übungsaufgaben ab, die sich mit den neuen C++11-Features in der Regel komfortabel lösen lassen.

### Codekonventionen

Entgegen meiner Gewohnheit werde ich die Codeblöcke nur um zwei Leerzeichen einrücken, um Platz zu sparen. Namensraumbezeichner wie `std` werde ich, wenn möglich, im Quellcode verwenden. Damit ist eindeutig, zu welchem Namensraum eine Funktion oder Klasse gehört. Zur besseren Orientierung im Quellcode werde ich diesen nummeriert darstellen.

### Download der Codebeispiele

Alle Programme sowie die Musterlösungen der Übungsaufgaben des Buchs stehen hier zur Verfügung:

*http://examples.oreilly.de/german_examples/cplusplusleitfadenger/*

Das trifft auch auf die Programme zu, die mit dem aktuellen GCC 4.7 noch nicht lauffähig sind. Trotz großer Sorgfalt kann es insbesondere bei diesen Programmen vorkommen, dass sich noch der eine oder andere Bug darin eingenistet hat.

### Exkurs: Die Beispielprogramme für die regulären Ausdrücke sind auch für die TR1-Erweiterung von Boost vorhanden

Die Programme und Musterlösungen zur neuen Bibliothek für reguläre Ausdrücke stehen auch für die Boost-Bibliothek-Erweiterung (Boost.TR1) zur Verfügung. Diese ist in den Fällen notwendig (inklusive des aktuellen GCC (C++0x/C++11 Support in GCC, 2013)), in denen der Compiler die neue Funktionalität noch nicht anbietet.

Der Name der zusätzlichen Quelldatei ist um den Bezeichner Boost erweitert. So wird aus *regex.cpp regexBoost.cpp*.

Zwei kleine Eingriffe in den Sourcecode von *regexBoost.cpp* sind notwendig, um diesen von der Boost- auf die C++11-Notation zu portieren.

1. Ersetzen Sie den Boost- in den C++11-Header (01 → 02):

```
01 #include <boost/tr1/regex.hpp>
02 #include <regex>
```

2. Ersetzen Sie die TR1- in den C++11-Namensräumen (01 → 02):

```
01 std::tr1::
02 std::
```

Genau genommen ist Schritt 2 nicht immer notwendig, da Sie – falls verfügbar – durch `std::tr1::` die TR1-Erweiterung des C++-Standards verwenden, der dem neuen C++11-Standard in diesem Fall entspricht.

Im Anhang gehe ich darauf ein, wie Sie eine aktuelle Build-Umgebung für Windows oder Linux erhalten.

## Aktuelle Compiler-Unterstützung

Einen aktuellen C++-Compiler (C++11 Compilers Support, 2013) vorausgesetzt, können Sie sofort loslegen, denn viele Features des neuen Standards stehen schon zur Verfügung.

Das trifft vor allem auf den GCC 4.7-C++-Compiler (C++11 Support in GCC 4.7, 2012) zu, deckt dieser doch nahezu den ganzen C++11-Standard ab. Um möglichst viele neue Features in Aktion zu sehen, werde ich daher auf den GCC 4.7 zurückgreifen. Diverse Beispiele, insbesondere Übungsaufgaben, habe ich mit dem aktuellen C++-Compiler von Microsoft, VC10, entwickelt. Vereinzelt kam auch der Clang-Compiler clang++ 3.1 zum Einsatz (Clang 3.1 Release Notes, 2013).

| C++ 0x FEATURE | PAPER(S) | HP aCC | EDG eccp | GCC | Intel C++ | MSVC | IBM XLC++ | Sun/ Oracle C++ | Embarcadero C++ Builder | Digital Mars C++ | Clang |
|---|---|---|---|---|---|---|---|---|---|---|---|
| `alignas` | N2341 | | | 4.8 | | | | | | | 3.0 |
| `alignof` | N2341 | | | 4.5 | | | | | Yes | | 2.9 |
| Atomic operations | N2427 | | | 4.4 | 13.0 | 11.0 | | | | | 3.1 |
| `auto` | v0.9: N1984,<br>v1.0: N2546 | | 4.1<br>(v0.9) | 4.4(v1.0) | 11.0<br>(v0.9) | 10.0<br>(v0.9) | 11.1 (V1.0) | | | | Yes |
| C99 preprocessor | N1653 | | | 4.3 | 11.1 | | 10.1 | 5.9 | | Yes | Yes |
| *Concepts* [removed] | N2617 | | | ConceptGcc | | | | | | | |
| `constexpr` | N2235 | | | 4.6 | 13.0 | | 12.1 | | | | 3.1 |
| `decltype` | v1.0: N2343,<br>v1.1: N3276 | | 4.1<br>(v1.0) | 4.3(v1.0)<br>4.8.1(v1.1) | 11.0<br>(v1.0) | 10.0<br>(v1.0),<br>11.0<br>(v1.1) | 11.1 (V1.0) | | Yes | | 2.9 |
| Defaulted And Deleted Functions | N2346 | | 4.1 | 4.4 | 12.0 | | | | | | 3.0 |
| Delegating Constructors | N1986 | | | 4.7 | | 11.0<br>nov'12 | 11.1 | | | | 3.0 |
| Explicit conversion operators | N2437 | | | 4.5 | 13.0 | 11.0<br>nov'12 | 12.1 | | Yes | | 3.0 |
| Extended `friend` Declarations | N1791 | | 4.1 | 4.7 | 11.0 | 10.0*** | V1R11,11.1 | | | | 2.9 |
| `extern template` | N1987 | 3, 5,<br>6 | | 3.3 | 9 | 6.0 | V1R11,11.1 | | Yes | | Yes |
| Forward declarations for enums | N2764 | | | 4.6 | | 11.0 | 12.1 | | | | 3.1 |
| Inheriting Constructors | N2540 | | | 4.8 | | | | | | | |
| Initializer Lists | N2672 | | | 4.4 | 13.0 | 11.0<br>nov'12 | | | | | 3.1 |
| Lambda expressions and closures | v0.9: N2550,<br>v1.0: N2658,<br>v1.1: N2927 | | 4.1<br>(v0.9) | 4.5(v1.1) | 11.0<br>(v0.9)<br>12.0<br>(v1.0) | 10.0<br>(v1.0),<br>11.0<br>(v1.1) | | | | | 3.1 |
| Local and Unnamed Types as Template Arguments | N2657 | | | 4.5 | 12.0 | 10.0 | | | | | 2.9 |
| `long long` | N1811 | Yes | Yes | Yes | Yes | Yes | Yes | Yes | Yes | Yes | Yes |
| Namespace Association | N2535 | | | 4.4 | | | 11.1 | | | | 2.9 |
| New character types | N2249 | | | 4.4 | | | | | | | 2.9 |

**Abbildung 0-1 ▲**
Aktuelle Compiler-Unterstützung für C++11

## GCC

Wird bei aktuellen GCC-Compilern das Flag `std=c++0x` (ab GCC 4. 3) bzw. das Flag `std=c++11` (ab GCC 4.7) angegeben, verwendet dieser neben der neuen Kernfunktionalität auch die neuen Bibliotheken. Lediglich für die Regulär-Expression- und die Threading-Bibliothek ist noch Bastelarbeit notwendig. Hierzu müssen Sie die Header-Dateien und Bibliotheken aus Boost (Boost.TR1) verwenden. Das ist aber durchaus legitim, dienen diese doch als Grundlage für die aktuelle C++-Bibliothekserweiterung TR1.

Fehlt die Ausgabe eines Listings, liegt das daran, dass der aktuelle GCC 4.7 dieses Feature noch nicht unterstützt. Schwarz auf weiß sehen Sie die detaillierte Übersicht zu den aktuellen GCCs in Abbildung 0-2 und Abbildung 0-3.

▼ **Abbildung 0-2**
Aktuelle GCC-Unterstützung (Teil 1)

| Language Feature | Proposal | Available in GCC? |
|---|---|---|
| Rvalue references | N2118 | GCC 4.3 |
| Rvalue references for `*this` | N2439 | GCC 4.8.1 |
| Initialization of class objects by rvalues | N1610 | Yes |
| Non-static data member initializers | N2756 | GCC 4.7 |
| Variadic templates | N2242 | GCC 4.3 |
| Extending variadic template template parameters | N2555 | GCC 4.4 |
| Initializer lists | N2672 | GCC 4.4 |
| Static assertions | N1720 | GCC 4.3 |
| `auto`-typed variables | N1984 | GCC 4.4 |
| Multi-declarator `auto` | N1737 | GCC 4.4 |
| Removal of auto as a storage-class specifier | N2546 | GCC 4.4 |
| New function declarator syntax | N2541 | GCC 4.4 |
| New wording for C++0x lambdas | N2927 | GCC 4.5 |
| Declared type of an expression | N2343 | GCC 4.3 |
| decltype and call expressions | N3276 | GCC 4.8.1 |
| Right angle brackets | N1757 | GCC 4.3 |
| Default template arguments for function templates | DR226 | GCC 4.3 |
| Solving the SFINAE problem for expressions | DR339 | GCC 4.4 |
| Template aliases | N2258 | GCC 4.7 |
| Extern templates | N1987 | Yes |
| Null pointer constant | N2431 | GCC 4.6 |
| Strongly-typed enums | N2347 | GCC 4.4 |
| Forward declarations for enums | N2764 | GCC 4.6 |
| Generalized attributes | N2761 | GCC 4.8 |
| Generalized constant expressions | N2235 | GCC 4.6 |
| Alignment support | N2341 | GCC 4.8 |
| Delegating constructors | N1986 | GCC 4.7 |
| Inheriting constructors | N2540 | GCC 4.8 |
| Explicit conversion operators | N2437 | GCC 4.5 |
| New character types | N2249 | GCC 4.4 |
| Unicode string literals | N2442 | GCC 4.5 |

| New character types | N2249 | GCC 4.4 |
|---|---|---|
| Unicode string literals | N2442 | GCC 4.5 |
| Raw string literals | N2442 | GCC 4.5 |
| Universal character name literals | N2170 | GCC 4.5 |
| User-defined literals | N2765 | GCC 4.7 |
| Standard Layout Types | N2342 | GCC 4.5 |
| Defaulted and deleted functions | N2346 | GCC 4.4 |
| Extended friend declarations | N1791 | GCC 4.7 |
| Extending `sizeof` | N2253 | GCC 4.4 |
| Inline namespaces | N2535 | GCC 4.4 |
| Unrestricted unions | N2544 | GCC 4.6 |
| Local and unnamed types as template arguments | N2657 | GCC 4.5 |
| Range-based for | N2930 | GCC 4.6 |
| Explicit virtual overrides | N2928<br>N3206<br>N3272 | GCC 4.7 |
| Minimal support for garbage collection and reachability-based leak detection | N2670 | No |
| Allowing move constructors to throw [noexcept] | N3050 | GCC 4.6 |
| Defining move special member functions | N3053 | GCC 4.6 |
| **Concurrency** | | |
| Sequence points | N2239 | Yes |
| Atomic operations | N2427 | GCC 4.4 |
| Strong Compare and Exchange | N2748 | GCC 4.5 |
| Bidirectional Fences | N2752 | GCC 4.8 |
| Memory model | N2429 | GCC 4.8 |
| Data-dependency ordering: atomics and memory model | N2664 | GCC 4.4<br>(memory_order_consume) |
| Propagating exceptions | N2179 | GCC 4.4 |
| Abandoning a process and at_quick_exit | N2440 | GCC 4.8 |
| Allow atomics use in signal handlers | N2547 | Yes |
| Thread-local storage | N2659 | GCC 4.8 |
| Dynamic initialization and destruction with concurrency | N2660 | GCC 4.3 |
| **C99 Features in C++11** | | |
| `__func__` predefined identifier | N2340 | GCC 4.3 |
| C99 preprocessor | N1653 | GCC 4.3 |
| `long long` | N1811 | GCC 4.3 |
| Extended integral types | N1988 | Yes |

**Abbildung 0-3 ▲** Aktuelle GCC-Unterstützung (Teil 2)

## Microsoft Visual C++

Neben dem aktuellen GCC ist auch das aktuelle Visual C++ 10.0 sehr weit in der Unterstützung des modernen C++11. Tabelle 0-1 (Lavavej, 2010) von Stephan T. Lavavej, die der Struktur der Abbildung 0-2 folgt, gibt einen genauen Überblick über Visual C++ 9.0 und Visual C++ 10.0.

◀ **Tabelle 0-1**
C++0x Core Language Features in VC9 und VC10

| C++0x Core Language Features | VC9 | VC10 |
|---|---|---|
| Rvalue references | No | v2 |
| Rvalue references v2 | No | v2 |
| Rvalue references for *this | No | v2 |
| Initialization of class objects by rvalues | Yes | Yes |
| static_assert | No | Yes |
| auto | No | Yes |
| Multi-declarator auto | No | Yes |
| Removing old auto | No | Yes |
| Trailing return types | No | Yes |
| Lambdas | No | v1.0 |
| decltype | No | Yes |
| Right angle brackets | Yes | Yes |
| Extern templates | Yes | Yes |
| nullptr | No | Yes |
| Strongly typed enums | Partial | Partial |
| Forward declared enums | No | No |
| Extended friend declarations | Partial | Partial |
| Local and unnamed types as template arguments | Yes | Yes |
| C++0x Core Language Features: Concurrency | | |
| exception_ptr | No | Yes |
| Thread-local storage | Partial | Partial |
| C++0x Core Language Featues: C99 | | |
| __func__ | Partial | Partial |
| C99 preprocessor | Partial | Partial |
| long long | Yes | Yes |

Zwei kleine Anmerkungen noch zu der Tabelle: Rvalue-Referenzen Version 2 (v2) beschreibt die Implementierung, die im kommenden C++11 Standard sein wird. Diese Version 2 bildet auch die Grundlage dieses Buchs. Lambda-Funktionen in VC10 weichen nur in Feinheiten (*subleties*) (Lavavej, 2010) von den C++11-Lambda-Funktionen ab.

## Standard

Bei meiner Vorstellung des neuen C++11-Standards habe ich mich auf den neuen Standard »ISO International Standard ISO/IEC 14882:2011(E) Programming Language« C++ bezogen. Dieser wurde formal im August 2011 als neuer Standard zugelassen.

# Danksagung zur 1. Auflage

Im Jahr 2009 hielt ich einige Vorträge über C++0x bei meinem Arbeitgeber science + computing ag (science + computing ag, 2011). Für die reichlich konstruktive Kritik danke ich Mathias Fröhlich, Peter Hrenka, Götz Isenmann, Marc Lohrer, Ove Sommer, Daniel Trstenjak, Milosz Walter und den weiteren Teilnehmern der internen Fortbildungsrunde.

Mein Dank gilt Mathias Huber vom Linux Magazin (Linux Magazin), der mich bei meinen zwei Artikeln zu C++0x (Grimm, Erfrischend neu, 2010) und (Grimm, Reichhaltiges Angebot, 2010) redaktionell begleitete.

Danken möchte ich Johannes Schaub und Stefan Reuther, die mir einige Erläuterungen zum neuen C++11-Standard gegeben haben. Mein besonderer Dank gilt Daniel Krügler, Moderator der Newsgruppe de.comp.lang.iso-c++ (de.comp.lang.iso-c++, 2011), der mir zu einem tieferen Einblick in die C++11-Materie verhalf.

Ich danke meiner Lektorin Brigitte Bauer-Schiewek vom Addison-Wesley Verlag, bei dem die 1. Auflage dieses Buchs erschienen ist, sowie meinem Fachlektor Dirk Frischalowski und meiner Sprachlektorin Petra Kienle, die mich bei dem neuen Abenteuer, ein Buch zu schreiben, begleitet haben.

Mein größter Dank gilt natürlich meiner Frau Beatrix und unseren zwei Kindern Juliette und Marius, die mich dabei unterstützten, meinen ganzen Tagesablauf dem Buchprojekt C++11 unterzuordnen.

## Danksagung zur 2. Auflage

Viel konstruktive Kritik zu der ersten Auflage dieses Buch habe ich durch die C++-Community erfahren. Vielen Dank insbesondere an Haluk Erce Rodopman, Luc Deknock, Titus von Boxberg, Norbert Eichenseher und Stephan Leibbrandt.

Ich danke der Lektoratsleiterin Ariane Hesse und der Lektorin Alexandra Follenius. Dank ihnen hat mein Buch beim O'Reilly Verlag eine neue und dauerhafte Heimat gefunden.

## Errata

Auf meiner Homepage *www.grimm-jaud.de* finden Sie eine detaillierte Liste meiner Errata. Denn wenn mich die erste Auflage des Buchs etwas gelehrt hat, dann die Einsicht, dass diese Seite leider notwendig ist.

## Kontakt

Für Anregungen, Verbesserungen, Kritiken, positiv wie negativ, können Sie mich direkt unter meiner E-Mail-Adresse erreichen:

*rainer@grimm-jaud.de*

# Teil I: Tour de C++11

KAPITEL 1

# Die Standardisierung

Ein neuer C++-Standard ist kein alltägliches Ereignis für die C++-Programmiersprache, muss sie doch einen langwierigen Prozess durchlaufen, der in einem neuen ISO-Standard endet. Genau dieser Prozess fand mit C++11 im Jahr 2011 seinen Abschluss. Die einfache Zeitachse in Abbildung 1-1 hilft, den Überblick über die Standardisierung von C++ zu behalten.

▼ **Abbildung 1-1**
Zeitachse C++

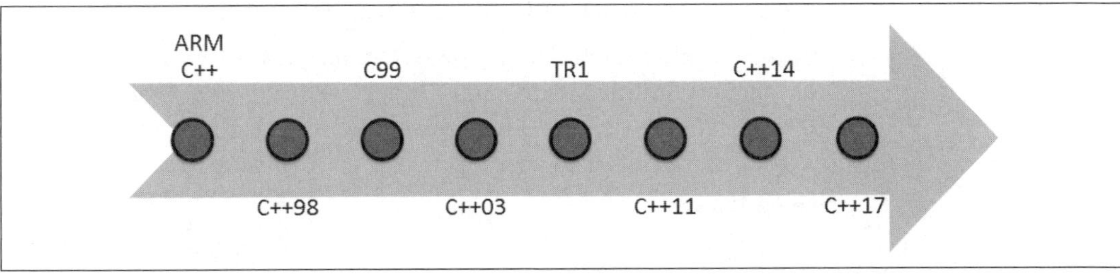


ARM C++

Ende der 80er-Jahre gab es mehrere unabhängige C++-Implementierungen. Daher legte Bjarne Stroustrup 1989 in seinem Buch »The Annotated C++ Reference Manual« (ARM C++) den Funktionsumfang von C++ fest. Dieser erste C++-Standard umfasste insbesondere die zwei wichtigen Features Templates und Ausnahmebehandlungen.

C++98
C++03

Darüber hinaus erfüllte ARM C++ noch eine zweite wichtige Aufgabe. Er bildete die Grundlage für den ISO-C++-Standard ISO/IEC 14882:1998 (C++98). Die Initiative, C++ zu standardisieren, wurde von Hewlett-Packard zusammen mit AT&T, DEC und IBM aufgegriffen. C++98 ist der bis 2011 gültige C++-Standard, sieht man einmal von seiner kleinen technischen Korrektur 2003 (C++03), formal ISO/IEC 14882:2003, ab.

C99 Der aktuell gültige C-Standard, formal ISO/IEC 9899:1999 (C99), erschien nach dem C++-Standard C++98. Dies hat zur Folge, dass der neue C++-Standard C++11 teilweise um die Features von C99 erweitert wurde.

TR1 Der C++ Technical Report 1 (TR1) war der erste große Schritt hin zum neuen Standard C++11. Die C++-Bibliothekserweiterung ISO/IEC TR 19768 wurde 2005 verabschiedet. TR1 ist zwar kein offizieller Standard, beschreibt aber viele Komponenten, die in den offiziellen Standard C++11 aufgenommen wurden. Die neuen Bibliotheken zu regulären Ausdrücken, Smart Pointern, Hashtabellen oder Zufallszahlengeneratoren basieren alle auf TR1 und somit auf den entsprechenden Boost-Bibliotheken. Das Boost-Projekt (boost, 2011), das von Mitgliedern des C++-Standardisierungskomitees gegründet wurde, ist die eigentliche Ideenwerkstatt für die aktuellen Erweiterungen der C++-Bibliothek.

C++11 Zum jetzigen Zeitpunkt – Ende 2013 – hat sich bereits abgezeichnet, welcher Name sich für den neuen C++-Standard durchsetzen wird. Der inoffizielle Name C++0x, der sich in den letzten Jahren etabliert hat, muss dem offiziellen Namen C++11 weichen, der den neuen Namen des ISO-C++-Standards beschreibt.

C++14 Nur drei Jahre nach dem aktuellen Standard C++11 ist mit C++14 ein neuer Standard geplant. Dieser steht in der Tradition von C++03, denn auch die Aufgabe von C++14 besteht darin, Bugs im aktuellen Standard zu beseitigen und C++ intuitiver werden zu lassen.

C++17 Weitere drei Jahre später ist mit C++17 der nächste richtige C++-Standard geplant. Mit ihm soll C++ ein Typsystem für Templates, eine deutlich erweiterte Thread-Funktionalität, Module und viele neue Bibliotheken, beispielsweise zur Netzwerkprogrammierung oder auch zur String-Manipulation, erhalten. Einen tieferen Blick in die Glaskugel wage ich in Kapitel 21, *Die nächsten C++-Standards*, auf Seite 467.

Demokratischer Prozess Hinter den neuen Standards C++11 und auch C++98 stehen viel Zeit und eine immenser Aufwand, weil sie nicht auf einer zentralen Autorität wie Sun/Oracle bei Java oder Guido van Rossum, dem wohlwollenden Diktator auf Lebenszeit bei Python, basieren, sondern aus einem demokratischen Prozess hervorgehen. Bjarne Stroustrup beschreibt in seiner Vorstellung bei Google den Prozess als »[...] *formal, slow, bureaucratic, and democratic* [...]« und fügt noch hinzu: »*The worst way, except for all the rest*« (Stroustrup, 2007).

Das ISO-Standardisierungskomitee

Das ISO-Standardisierungskomitee besteht aus 160 Mitgliedern, von denen sich ca. 60 Mitglieder dreimal jährlich weltweit zusammenfinden. Diese Teilnehmer kommen aus mehreren Nationen und Organisationen. Jede Organisation besitzt maximal eine Stimme. Die hauptsächliche Arbeit geschieht in vier Gruppen zur Kernsprache und zur Bibliothek und in gut zehn weiteren Untergruppen zu C++. Diese Untergruppen beschäftigen sich mit Themen wie Modulen, Multithreading, dem Dateisystem oder dem Netzwerk in C++. Genaueres lässt sich auf der Homepage des C++-Standardkomitees (C++ Standard Komitee, 2013) nachlesen.

# KAPITEL 2

# Ziele von C++11

C++11 hat viel zu bieten:

- Für den Einsteiger: einfacher zu lehren und zu lernen durch die vereinheitlichte Syntax und mächtige Bibliotheken, mit denen Standardaufgaben leichter gemeistert werden können. Für den Einsteiger
- Für den Profi: eine bessere Programmiersprache für die Systemprogrammierung und das Schreiben von Bibliotheken durch neue und verbesserte Features der Kernsprache und der Bibliotheken. Für den Profi

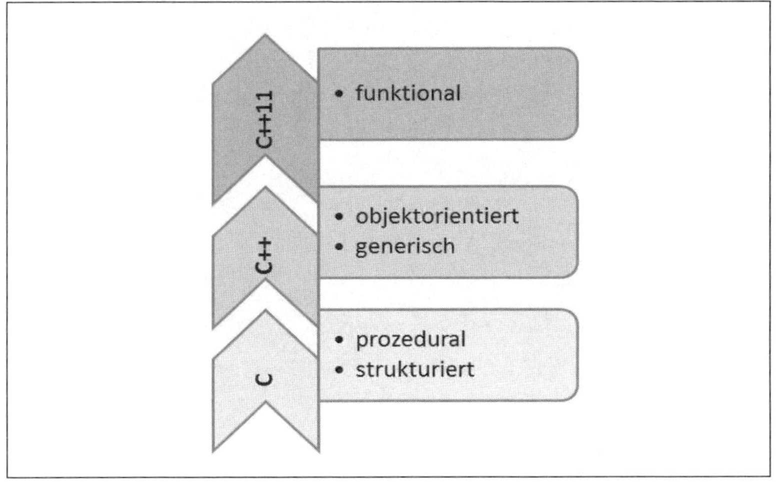


◀ **Abbildung 2-1**
Von C über C++ nach C++11

Dabei baut die Multiparadigmen-Programmiersprache C++11 auf den Prinzipien von C++ auf.

- Vertraue dem Programmierer.
- Zahle nicht für etwas, das du nicht nutzt.

- Brich keinen funktionierenden Code.
- Kontrolle zur Übersetzungszeit ist besser als zur Laufzeit.

## Exkurs: Multiparadigmen-Programmiersprache

Eine Multiparadigmen-Programmiersprache ist eine Sprache, die das Programmieren mit verschiedenen Programmiertechniken unterstützt. Hier kommt die wahre Stärke von C++ und insbesondere C++11 zum Tragen. Die wichtigsten Programmiertechniken in C++ sind schnell genannt.

Als Sprache mit seinen Wurzeln in C unterstützt es:

- Prozedurale Programmierung
- Strukturierte Programmierung

C++ erweitert C um die Abstraktion:

- Objektorientierte Programmierung
- Generische Programmierung mit Templates

C++11 führt eine neue Programmiertechnik in die imperative Programmiersprache C++ ein:

- Funktionale Programmierung

Stärken und Schwächen von C++

Dies ist die große Stärke und zugleich Schwäche von C++. Der Einsteiger wird vor lauter Werkzeugen nicht wissen, welches am besten geeignet ist, sein Problem zu lösen. Der Profi schätzt die Mächtigkeit, für jedes Problem das adäquate Werkzeug zur Hand zu haben.

KAPITEL 3

# Kernsprache

**In diesem Kapitel:**

- Usability
- Entwurf von Klassen
- Rvalue-Referenzen
- Generische Programmierung
- Erweiterte Datenkonzepte und Literale
- Weitere Aufräumarbeiten und Integration von C99

Vergleichen wir C++ mit einer modernen Interpreter-Sprache wie Python oder einer Compiler-Sprache wie Java, sind die Hürden, um die Sprache zu meistern, die es in C++ zu überwinden gilt, viel höher. Klar, der Vergleich ist ungerecht, muss sich doch Python nicht mit statischer Typisierung auseinandersetzen und verfolgt Java doch relativ streng die objektorientierte Programmiertechnik. Aber die Hürden sind mit C++11 deutlich niedriger geworden als mit C++. Die Usability steht bei C++11 im Fokus.

## Usability

**Definition: Usability**

Usability wird auf Wikipedia als die einfache Handhabung und Erlernbarkeit eines von Menschen geschaffenen Objekts bezeichnet. (»*Usability is the ease of use and learnability of a human-made object.*«) (Wikipedia/Usability)

### Die Range-basierte For-Schleife

Ein kleines, aber feines Feature ist die Range-basierte For-Schleife, die das Iterieren über Container deutlich einfacher von der Hand gehen lässt. Sie ist dem einen oder anderen sicher aus Python oder Java schon bekannt.

Wird diese Schleife mit dem Schlüsselwort `auto` kombiniert, lässt sich sehr kompakt über die Elemente eines C-Arrays, der Standard

Library Container oder auch einer Initialisiererliste iterieren (Beispiel 3-1). Auch wenn die automatische Typableitung mit `auto` und die praktische Initialisierung eines Containers mit Initialisiererlisten noch nicht dargestellt wurden, sollte sich ihre Anwendung intuitiv erschließen.

rangeBasedForLoop.cpp

**Beispiel 3-1:** Range-basierte For-Schleife

```
#include <iostream>
#include <map>
#include <vector>


int main(){

  std::cout << "\n";

  // iterating over a C-Array
  int myArray[5] = {1, 2, 3, 4, 5};
  for (int &x : myArray) x *= 2;
  for (int x: myArray) std::cout << x << " ";
  std::cout << std::endl;

  // iterating over a std::vector
  std::vector<int> vecInt({1, 2, 3, 4, 5});
  for (int &x: vecInt) x *= 2;
  for (int x: vecInt) std::cout << x << " ";
  std::cout << std::endl;

  // iterating over a initializer list
  for (const auto x : {1,2,3,5,8,13,21,34}) std::cout << x << " ";
  std::cout << std::endl;

  // iterating over a initialiser list
  std::initializer_list<std::string>initList{"Only","For",
    "Testing","Purpose"};
  for ( const auto x: initList) std::cout << x << " ";
  std::cout << std::endl;

  //iterating over a std::map
  std::map<std::string,std::string> phonebook{
    {"Bjarne Stroustrup","+1 (212) 555-1212"},
    {"Gabriel Dos Reis", "+1 (858) 555-9734"},
    {"Daveed Vandevoorde","+44 99 74855424"}};
  for ( auto mapIt: phonebook) std::cout << mapIt.first << ": " <<
      mapIt.second << std::endl;

  std::cout << "\n";

}
```

Werden die Elemente des C-Arrays oder STL-Containers als Referenzen angenommen, können die Elemente direkt modifiziert werden (Beispiel 3-1, Zeilen 12 und 18). Selbst das Iterieren über ein std::map geht schnell von der Hand. Sehr beeindruckend ist es, die neue C++11-Syntax (Zeile 33)

```
for ( auto mapIt: phonebook) std::cout << mapIt.first << ": "
<< mapIt.second << std::endl;
```

der klassischen C++-Syntax gegenüberzustellen:

```
std::map <std::string,std::string>::iterator mapIt;
for (mapIt= phonebook.begin();mapIt!= phonebook.end();++mapIt){
     std::cout << mapIt->first << ": " <<
                  mapIt->second << std::endl;
}
```

Nun fehlt noch die Ausgabe des Programms.

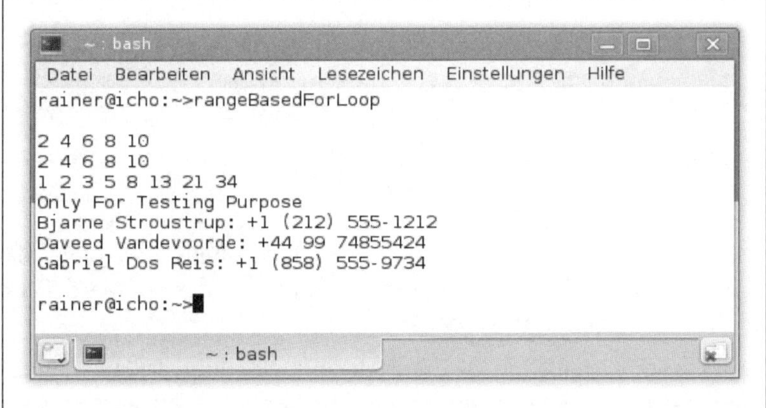


◀ **Abbildung 3-1**
Range-basierte For-Schleife

Wie versprochen, wird das erste Geheimnis zum neuen Schlüsselwort auto in C++11 aufgelöst.

## Das automatische Ableiten von Typen

Das automatische Ableiten von Typen, bisher vor allem aus funktionalen Sprachen wie Haskell oder Scala bekannt, verbindet die dynamische Typisierung einer Interpreter- mit der statischen Typisierung einer Compiler-Sprache. Dafür führt C++11 zwei neue Schlüsselwörter ein, auto und decltype.

auto und decltype

Der feine Unterschied ist, dass auto den Typ automatisch aus einem Initialisierer ableitet, während decltype einen Ausdruck benötigt, um den Typ zur Übersetzungszeit zu ermitteln. Dabei ist diese automatische Typableitung (*type inference*) deutlich mehr als *syntactic sugar* – können doch Rückgabewerte von Templates so komplex sein, dass es nicht trivial ist, den richtigen Typ zu spezifizieren.

### Definition: syntactic sugar

*Syntactic sugar* bezeichnet die Syntaxerweiterung einer Programmiersprache, um ein bestimmtes Sprachfeature einfacher ausdrücken zu können. *Syntactic sugar* erweitert daher nicht die Funktionalität der Programmiersprache. Der Begriff geht nach Edsger W. Dijkstra (wikipedia/Edsger_W.Dijkstra) auf Peter J. Landin zurück.

Ein bekanntes Beispiel ist das Überladen von Operatoren. Sind die Operatoren für den eigenen Datentyp richtig implementiert, lässt sich mit zwei Instanzen des eigenen Datentyps `a` und `b` auf natürliche Weise rechnen:

```
a * ((b * 60) + 31) + a
```

Im Gegensatz hierzu ist die äquivalente Schreibweise mit expliziten Methoden deutlich schwieriger zu lesen und daher wesentlich fehleranfälliger:

```
a.mul(b.mul(60).add(31)).add(a)
```

**auto und decltype**

Mit `auto` oder auch `decltype` kann schnell eine neue Variable, Referenz oder auch ein Iterator auf einen Container der Standard Template Library definiert werden.

In Beispiel 3-2 habe ich als Erstes die aktuell gültige C++98-Syntax verwendet. Es folgt die zukünftige C++11-Syntax, zuerst mit `decltype` in Beispiel 3-3 und anschließend mit `auto` in Beispiel 3-4.

**Beispiel 3-2:** Variablen definieren mit C++98

```
int a= 5;

int b;
int& bRef= b;

const std::vector<int> v;
std::vector<int>::const_iterator itV= v.begin();
```

**Beispiel 3-3:** Variablen definieren mit C++11 und decltype

```
decltype(5) a= 5;

int b;
decltype(b)& bRef = b;

const std::vector<int> v;
decltype(v.begin()) itV= v.begin();
```

**Beispiel 3-4:** Variablen definieren mit C++11 und auto

```
auto a= 5;

int b;
auto& bRef= b;

const std::vector<int> v;
auto itV= v.begin();
```

Es wird noch mächtiger. Um eine anonyme Funktion oder auch eine Lambda-Funktion in einer Variablen zu speichern, muss in klassischem C++ ein Funktionszeiger definiert werden. In C++11 reduziert sich die ganze Schreibarbeit auf das Schlüsselwort auto.

**Beispiel 3-5:** Funktionszeiger und auto für Lambda-Funktionen myAdd.cpp

```
#include <iostream>

int main(){

  // define the function pointer
  int (*myAdd1)(int,int)= [](int a, int b){return a + b;};

  // use type inference of the C++11 compiler
  auto myAdd2= [](int a, int b){return a + b;};

  std::cout << "\n";

  // use the function pointer
  std::cout << "myAdd1(1,2)= " << myAdd1(1,2) << std::endl;

  // use the auto variable
  std::cout << "myAdd2(1,2)= " << myAdd2(1,2) << std::endl;

  std::cout << "\n";

}
```

Neben auto enthält das Listing noch ein weiteres neues Feature von C++11. Die Lambda-Funktion `[](int a, int b){return a + b;}` nimmt zwei natürliche Zahlen a und b an, addiert sie und gibt das Ergebnis zurück (Abbildung 3-2).

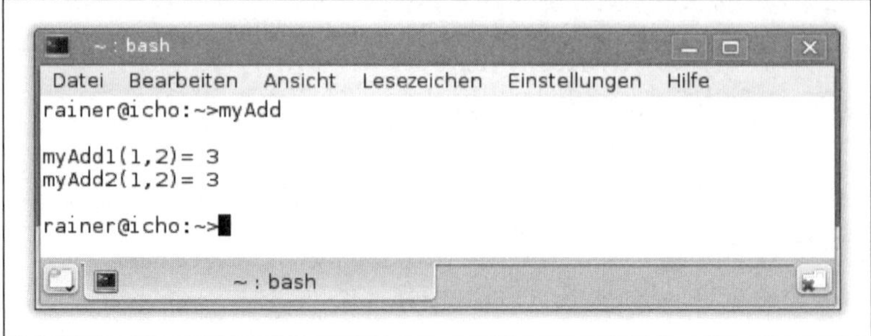


**Abbildung 3-2** ▶ Funktionszeiger und auto für Lambda-Funktionen

## Lambda-Funktionen

Lambda-Funktionen sind eine Anleihe aus der funktionalen Programmierung. Da sie Funktionen ohne Namen sind, werden sie auch gern anonyme Funktionen genannt.

Die Struktur einer Lambda-Funktion ist schnell erklärt.

$$[\ ]()_{optional} \rightarrow_{optional} \{\}$$

**Tabelle 3-1** ▶ Struktur einer Lambda-Funktion in C++11

| Komponente | Bereich der Lambda-Funktion | |
|---|---|---|
| [ ] | Bindung an die Variablen des lokalen Bereichs | |
| | [] | keine Bindung |
| | [=] | die Werte werden kopiert |
| | [&] | die Werte werden referenziert |
| ( ) | Argumente des Funktionskörpers (optional) | |
| -> | Rückgabewert (optional) | |
| { } | Funktionskörper | |

**Info** Die Details zu Lambda-Funktionen folgen in Teil II, *Kernsprache*, auf Seite 95.

Streng genommen sind Lambda-Funktionen lediglich *syntactic sugar* in C++11, kann mit ihnen doch nichts ausgedrückt werden, was mit klassischem C++ nicht schon möglich wäre. Richtig eingesetzt, erhöhen sie aber deutlich die Lesbarkeit des Codes, da durch sie die Funktionalität genau auf den Punkt gebracht wird. Beispiel gefällig?

### Definition: Aufrufbare Einheit

Eine aufrufbare Einheit bezeichnet in diesem Buch eine Struktur, die sich wie eine Funktion verhält und aufgerufen werden kann.

Aufrufbare Einheiten umfassen in diesem Werk Funktionen, Referenzen und Zeiger auf Funktionen, aber auch Funktionsobjekte und Lambda-Funktionen. Aufrufbare Einheiten sind ein sehr mächtiges Konzept in C++11, denn durch sie werden die Algorithmen der Standard Template Library oder auch Threads parametrisiert.

Der Begriff *callable object* aus der Python-Community verwirrt in C++, da Funktionen in C++ keine speziellen Objekte wie in Python sind.

### Exkurs: Duck-Typing

Aufrufbare Einheiten erlauben dem statisch typisierten C++, eine Flexibilität anzubieten, die nur aus dynamisch typisierten Programmiersprachen wie Python bekannt ist. Ein bisschen Duck-Typing in C++, denn alles, was sich wie eine Funktion verhält, ist eine Funktion – oder um es mit James Whitcomb Rileys Gedicht auszudrücken, dem das Idiom seinen Namen verdankt:

> »When I see a bird that walks like a duck and swims like a duck and quacks like a duck, I call that bird a duck.« (»Wenn ich einen Vogel sehe, der wie eine Ente läuft, wie eine Ente schwimmt und wie eine Ente schnattert, dann nenne ich diesen Vogel eine Ente.«) (James Whitcomb Riley, 2010)

In Beispiel 3-6 wird ein Vektor von Strings sortiert, wobei das Sortierkriterium die Länge der Strings ist. Das erste Sortierkriterium ist die Funktion `lessLength`, die an die Sortierfunktion in Zeile 26, `std::sort(myStrVec.begin(),myStrVec.end(),lessLength)`, übergeben wird. Das Funktionsobjekt `GreaterLength` in Zeile 11 kommt in der nächsten Sortierroutine in Zeile 31 zum Einsatz. Die Lambda-Funktion in Zeile 36 bringt es ohne Definition einer Funktion oder eines Funktionsobjekts direkt auf den Punkt.

Die Details rund um Funktionsobjekte sind im Anhang B, *Funktionsobjekte*, auf Seite 485 genauer erklärt.

mySort.cpp

**Beispiel 3-6:** Sortieren mit einer Funktion, einem Funktionsobjekt und einer Lambda-Funktion

```
#include <algorithm
#include <iostream>
#include <iterator>
#include <string>
#include <vector>

bool lessLength(const std::string& f, const std::string& s){
  return f.length() < s.length();
}

class GreaterLength{
  public:
    bool operator()(const std::string& f,
                    const std::string& s) const{
      return f.length() > s.length();
    }
};

int main(){

  // initializing with a initializer lists
  std::vector<std::string> myStrVec=
    {"12345","123456","1234","1","12","123","12345"};

  std::cout << "\n";

  // sorting with the function
  std::sort(myStrVec.begin(),myStrVec.end(),lessLength);
  std::copy(myStrVec.begin(),myStrVec.end(),
    std::ostream_iterator<std::string>(std::cout, " "));
  std::cout << "\n";

  // sorting with the function object
  std::sort(myStrVec.begin(),myStrVec.end(),
    GreaterLength());
  std::copy(myStrVec.begin(),myStrVec.end(),
    std::ostream_iterator<std::string>(std::cout, " "));
  std::cout << "\n";

  // sorting with the lambda function
  std::sort(myStrVec.begin(),myStrVec.end(),
    [](const std::string& f,const std::string& s)
    {return f.length() < s.length();});
  std::copy(myStrVec.begin(),myStrVec.end(),
    std::ostream_iterator<std::string>(std::cout, " "));
  std::cout << "\n";

  // using the lambda function for output
  std::for_each(myStrVec.begin(), myStrVec.end(),
    [](const std::string& s {std::cout << s << ",";});
```

**Beispiel 3-6:** Sortieren mit einer Funktion, einem Funktionsobjekt und einer Lambda-Funktion (Fortsetzung)

```
42
43   std::cout << "\n\n";
44
45 }
```

Noch ein paar Worte zur Ausgabe des Programms auf der Konsole. Durch `std::copy` ist es möglich, die Ausgabe direkt nach `std::cout` zu kopieren (Zeile 32). Das geht mit Lambda-Funktionen einfacher. In Zeile 41 benutze ich `std::for_each`, um die Strings direkt nach `std::cout` zu schreiben.

Die Ausgabe des Programms zeigt die sortierten Strings.

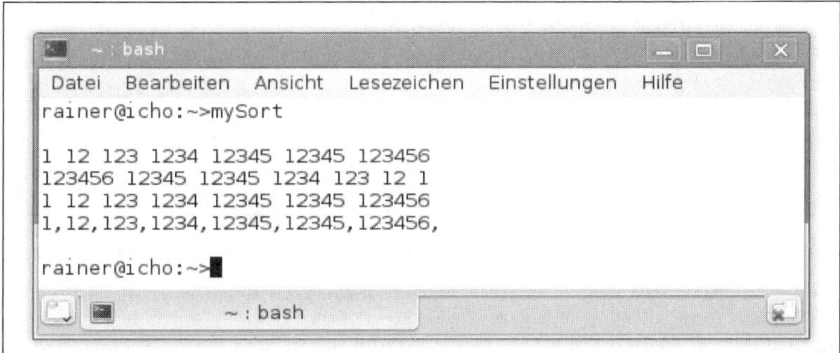


◀ **Abbildung 3-3**
Sortieren mit einer Funktion, einem Funktionsobjekt und einer Lambda-Funktion

Dem aufmerksamen Leser wird die sehr kompakte Definition eines Vektors `myStrVec={"12345","123456",... ,"12345"}` in Beispiel 3-6 nicht entgangen sein. Durch Initialisiererlisten wird das Initialisieren von Datentypen nicht nur für den C++-Novizen deutlich einfacher in C++11. Das moderne C++ hat einiges rund um die vereinheitlichte Initialisierung zu bieten.

## Vereinheitlichte Initialisierung

Strukturen, Arrays und Container

Die Initialisierung von Objekten in klassischem C++ setzt einiges an Wissen voraus, gibt es doch viele verschiedene Arten, diese zu initialisieren. So lassen sich die C-Strukturen `struct` sowie Arrays über Initialisiererlisten initialisieren (Beispiel 3-7, Zeilen 7 und 10), C++-Container der Standard Template Library aber nicht. Als Alternative bietet es sich an, jedes Element beim `std::vector` einzeln (Beispiel 3-7, Zeilen 14 bis 18) oder die Elemente indirekt über ein Array (Beispiel 3-7, Zeile 21) zu initialisieren.

**Beispiel 3-7:** Strukturen, Arrays und Vektoren initialisieren

```
struct MyStruct{
  int a;
  double b;
};

// direct initialization with initializer list
MyStruct myStruct = {4,5.5};

// direct in initialization with initializer list
int intArray[]= {1,2,3,4,5};

// elementwise initialization
std::vector <int> myIntVec;
myIntVec.push_back(1);
myIntVec.push_back(2);
myIntVec.push_back(3);
myIntVec.push_back(4);
myIntVec.push_back(5);

// using intArray for initialization
std::vector<int> myIntVec2(intArray,intArray+4);
```

Konstante Element- und Heap-Arrays

Es wird noch komplizierter. C++ kann kein Array `myData` als Datenelement und kein konstantes Heap-Array `pData` initialisieren (Beispiel 3-8), da dafür keine Syntax existiert.

**Beispiel 3-8:** C++ kann keine Element- und Heap-Arrays initialisieren

```
// impossible to initialize myData
class Array{
  public:
    Array(): myData( ... ) {}
  private:
    int myData[5];
};

// impossible to initialize pData
int* const pData = new const int[5];
```

{}-Initialisiererlisten

Hier räumt C++11 auf. C++11 erlaubt {}-Initialisiererlisten für alle Initialisierungen. Damit ist die Initialisierung von Strukturen, Arrays und Containern vereinheitlicht, und Element- sowie konstante Heap-Arrays lassen sich in C++11 einfach initialisieren.

uniformInitialisation.cpp

**Beispiel 3-9:** Vereinheitlichte Initialisierung mit {}-Initialisiererlisten

```
#include <vector>

struct MyStruct{
  int a;
  double b;
```

**Beispiel 3-9:** Vereinheitlichte Initialisierung mit {}-Initialisiererlisten (Fortsetzung)

```
};

class Array{
  public:
    Array(): myData{1,2,3,4,5} {}
  private:
    int myData[5];
};

int main(){

  // valid for C++
  MyStruct myStruct = {4,5.5};

  // valid for C++
  int invArray[]= {1,2,3,4,5};

  // valid for C++11
  std::vector <int> myIntVec{1,2,3,4,5};

  // valid for C++11
  Array myArray;

  // valid for C++11
  const float* pData = new const float[5]{1,2,3,4,5};
  }
```

Hier stellt sich natürlich jetzt die Frage, was ein Datentyp bieten muss, damit er mit Initialisiererlisten initialisiert werden kann. Diese Frage führt uns direkt zum nächsten Kapitel.

# Entwurf von Klassen

Der Entwurf von Klassen wird in C++11 viel mächtiger und expliziter. Einerseits gibt es neue Features rund um die Definition von Konstruktoren, andererseits können Methoden mit Bezeichnern annotiert werden, sodass der Compiler dies prüft.

## Mächtigere Initialisierung

Neben der Initialisiererliste für Konstruktoren, die wir im letzten Kapitel in Aktion gesehen haben, unterstützt C++11 jetzt auch deren Delegation und Vererbung. Aber nicht nur der Umgang mit Konstruktoren ist mächtiger, einfacher und mit weniger Schreibaufwand verbunden, auch das direkte Initialisieren von Klassenelementen ist jetzt möglich.

Initialisiererliste-Konstruktor

Initialisiererliste-Konstruktoren sind der Widerpart zu den Initialisiererlisten in Beispiel 3-9. Das Schöne ist, dass die Container der Standard Template Library diese speziellen Konstruktoren schon definiert haben, sodass ein Vektor über eine Initialisiererliste direkt initialisiert werden kann. Aber auch eigene Datentypen lassen sich mit diesen Konstruktoren einfach ausstatten (Beispiel 3-10).

initializerListConstructor.cp

**Beispiel 3-10:** Initialisiererliste-Konstruktor

```
#include <iostream>
#include <map>
#include <string>

// class template, parametrized with T
template <typename T>
class MyContainer{
  public:
    MyContainer(std::initializer_list<T> values){

      for (auto v : values) std::cout << v << " ";

    }
};

int main(){

  // using a initialiser list for a string
  std::string cppInventor={"Bjarne Stroustrup"};

  std::cout << "\n";
  std::cout << "Name of the cpp Inventor: "
            << cppInventor << std::endl;

  // using a initializer list for a map
  std::cout << "\nA few import cpp developer: "
            << std::endl;
  std::map<std::string,std::string> phonebook{
    {cppInventor,"+1 (212) 555-1212"},
    {"Gabriel Dos Reis", "+1 (858) 555-9734"},
    {"Daveed Vandevoorde","+44 99 74855424"}};

  for (auto mapIt= phonebook.begin();
       mapIt!= phonebook.end();++mapIt){
    std::cout << mapIt->first << ": "
              << mapIt->second << std::endl;
  }

  std::cout << "\n";

  // using MyContainer with int
  MyContainer<int> myIntCont{1,2,3,4,5,6,7,8,9,10};
  std::cout << "\n";
```

**Beispiel 3-10:** Initialisiererliste-Konstruktor (Fortsetzung)

```
37
38   // using MyContainer with string
39   MyContainer<std::string>
        myStringCont{"Range","based","for","loop."};
40
41   std::cout << "\n\n";
42
43 }
```

Sowohl ein String (Zeile 19) als auch der Standardcontainer `std::map` (Zeile 26) in Beispiel 3-10 lassen sich über eine Initialisiererliste initialisieren. Das Klassen-Template `MyContainer` in Zeile 6 nimmt als Argument eine Initialisiererliste von Ganzzahlen und Strings (Zeilen 35 und 39) an. Im Initialisiererliste-Konstruktor von `MyContainer` (Zeile 9) wird die Initialisiererliste direkt ausgegeben. Hier sehen Sie eine generische Range-basierte For-Schleife im Einsatz. In Kombination mit `auto` lässt sich so äußerst kompakt über STL-Container iterieren.

Nun fehlt nur noch die Ausgabe des Programms.

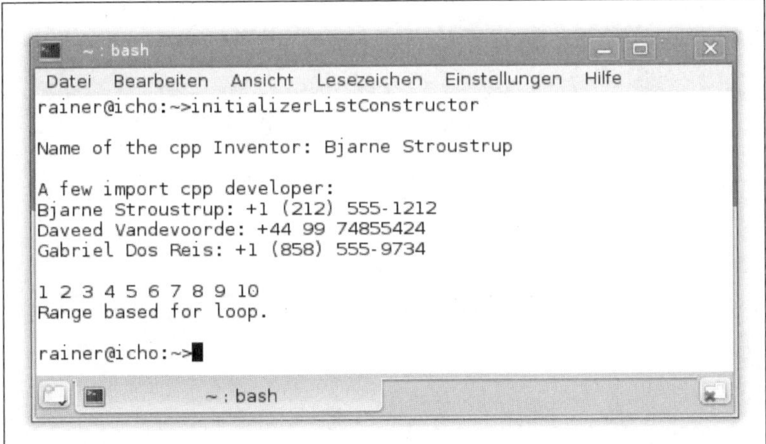


◀ **Abbildung 3-4**
Initialisiererliste-Konstruktor

Delegation von Konstruktoren

Java oder auch D kennen die Delegation von Konstruktoren. C++ führt sie mit C++11 ein.

Besitzt in klassischem C++ eine Klasse mehrere Konstruktoren, die ähnliche Initialisierungsschritte ausführen müssen, gibt es zwei Lösungen. Die naheliegende Lösung ist, den Initialisierungscode in jedem Konstruktor zu duplizieren. Dies ist fehleranfällig und mit viel Schreibaufwand verbunden. Da ist es schon deutlich besser, eine private Methode `init` zu definieren, in diese den gemeinsamen

Code auszulagern und die Initialisierungsmethode in jedem Konstruktor aufzurufen.

Im neuen C++11 kann der Initialisierungscode in einem Konstruktor definiert werden, der dann von allen anderen Konstruktoren verwendet wird.

delegatingConstructor.cpp

**Beispiel 3-11:** Delegation von Konstruktoren

```
#include <cmath>
#include <iostream>

class MyHour{
  int myHour_;
  public:

    // constructor validating the data
    MyHour(int hour){
      if (0 <=hour and (hour<=23)) myHour_= hour;
      else myHour_=0;
      std::cout << "hour= " << hour << std::endl;
    }

    // default constructor for setting hour to 0
    MyHour(): MyHour(0){};

    // accept also doubles
    MyHour(double hour)
      :MyHour( static_cast<int>(ceil(hour))) {};

};

int main(){

  std::cout << std::endl;

  // use the validating constructor
  MyHour(10);

  // use the validating constructor
  MyHour(100);

  // use the default constructor
  MyHour();

  // use the constructor accepting doubles
  MyHour(22.45);

  std::cout << std::endl;

}
```

Der Konstruktor `MyHour(int hour)` (Beispiel 3-11, Zeile 9) validiert seinen Eingabewert. Daher können die zwei folgenden Konstruktoren in Zeile 16 und 19 ihre Validierung der Daten direkt an diesen durch `MyHour():MyHour(0)` bzw. `MyHour(double hour):MyHour(…)` delegieren.

Diese Delegation von Konstruktoren ist schön in Abbildung 3-5 in Anwendung zu sehen.

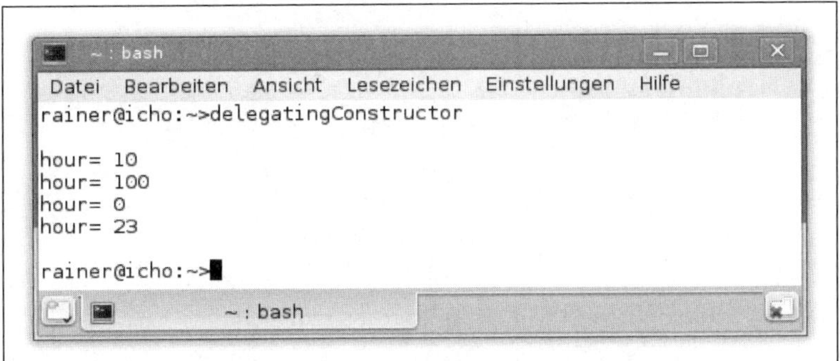


◀ **Abbildung 3-5**
Delegation von Konstruktoren

Vererbung von Konstruktoren

Das Vererben von Konstruktoren erspart einige Schreibarbeit. Ein einfaches `using Base::Base` in der Definition der Klasse `Derived` (Beispiel 3-12) reicht aus, und alle Konstruktoren der Basisklasse stehen in der abgeleiteten Klasse zur Verfügung.

**Beispiel 3-12:** Vererben von Konstruktoren

inheritingConstructor.cpp

```
#include <iostream>
#include <string>

class Base{
 public:

    Base()= default;

    Base(int i){
      std::cout << "Base::Base("<< i << ")" << std::endl;
    }

    Base(std::string s){
      std::cout << "Base::Base("<< s << ")" << std::endl;
    }
};

class Derived: public Base{
  public:

    using Base::Base;

```

**Beispiel 3-12:** Vererben von Konstruktoren (Fortsetzung)

```
    Derived(double d){
      std::cout << "Derived::Derived("<< d << ")"
                << std::endl;
    }

};

int main(){

  // inheriting Base
  Derived(2011);          // Base::Base(2011)

  // inheriting Base      // Base::Base(C++0x)
  Derived("C++0x");

  // using Derived
  Derived(0.33);          // Derived::Derived(0.33)

}
```

**Note** Da der aktuelle GCC 4.7 (C++0x Support in GCC) die Vererbung von Konstruktoren noch nicht unterstützt, ist die Ausgabe des Programms in den entsprechenden Kommentaren der `main`-Funktion enthalten.

Direktes Initialisieren der Klassenelemente

Aber nicht nur das Initialisieren mithilfe des Konstruktors, auch das direkte Initialisieren der Klassenelemente wird in modernem C++ unterstützt. Konnten in C++98 nur statische, konstante Elemente integralen Typs initialisiert werden, so gilt die Einschränkung in C++11 nicht mehr. Diese Einschränkung stellte sicher, dass die Initialisierung zur Übersetzungszeit möglich war. Wird ein Klassenelement sowohl direkt als auch über den Konstruktor initialisiert, wird nur Letzteres angewandt.

Ein paar Beispiele zeigen die neue Funktionalität. Der Einfachheit halber verwende ich den Datentyp `struct`, da hier alle Klassenelemente öffentlich sind.

classMemberInitializer.cpp

**Beispiel 3-13:** Direkte Initialisierung der Klassenelemente

```
#include <iostream>
#include <string>
#include <vector>

struct ClassMemberInitializer{

    ClassMemberInitializer()= default;

```

**Beispiel 3-13:** Direkte Initialisierung der Klassenelemente (Fortsetzung)

```
    ClassMemberInitializer(int override):x(override){};

    // valid with C++98
    const static int oldX=5;

    // valid with C++11
    int x=5; //class member initializer

    // valid with C++11
    std::string s="Hello C++0x";

    // valid with C++11
    std::vector<int> myVec{1,2,3,4,5};

};

int main(){

    std::cout << "\n";

    // class member initialization
    ClassMemberInitializer cMI;
    std::cout << "cMI.oldX " << cMI.oldX << "\n";
    std::cout << "cMI.x " << cMI.x << "\n";
    std::cout << "cMI.s " << cMI.s << "\n";
    for (auto vec: cMI.myVec) std::cout << vec << " ";

    std::cout << "\n\n";

    // class member initialization
    // x will be overridden by the constructor value
    ClassMemberInitializer cMI2(10);
    std::cout << "cMI2.oldX " << cMI2.oldX << "\n";
    std::cout << "cMI2.x " << cMI2.x << "\n";
    std::cout << "cMI2.s " << cMI2.s << "\n";
    for (auto vec: cMI2.myVec) std::cout << vec << " ";

    std::cout << "\n\n";

}
```

Die Ausgabe des Programms zeigt die erwarteten Werte.

Abbildung 3-6 ▶ Das direkte Initialisieren der Klassenelemente

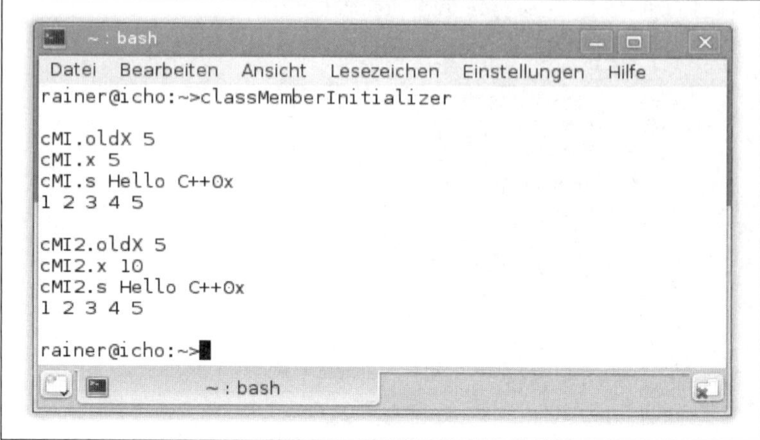


Rund um die Initialisierung von Objekten und Klassenelementen gibt es viele neue Features; so können Methoden in C++11 mit Bezeichnern annotiert werden, die das Verhalten der Methode explizit beschreiben.

## Explizite Klassendefinitionen

Wieso sollte Pythons Designprinzip »*Explicit is better then implicit.*« von Tim Peters (Peters, 2004) nicht auch für C++11 gelten?

Methoden können in modernem C++ mit den Bezeichnern `default`, `delete`, `override`, `final` oder auch `explicit` ausgezeichnet werden. Der Compiler sorgt dafür, dass der Vertrag eingehalten wird.

default und delete

Für eine Klasse werden viele spezielle Methoden vom Compiler erzeugt, um den Lebenszyklus seiner Instanzen zu gewährleisten. Dies betrifft den Standard- und den Kopierkonstruktor, den Zuweisungsoperator und den Destruktor. Aber auch spezielle Methoden wie `operator new` werden vom Compiler bei Bedarf erzeugt.

Für C++-Entwickler gibt es viele Idiome in klassischem C++, um den Lebenszyklus eines Objekts direkt zu kontrollieren. Diese Idiome setzen viel Wissen und noch mehr Disziplin voraus. Mit den Bezeichnern `default` und `delete` hat sich der C++-Standard dieser Problematik angenommen.

Soll eine Klasse zum Beispiel nicht kopierbar sein, werden der Kopierkonstruktor und der Zuweisungsoperator lediglich privat deklariert, aber nicht definiert. Hier setzt der `delete`-Bezeichner an. Steht `delete` hinter dem Methodennamen, wird die Methode vom Compiler nicht mehr erzeugt.

## Exkurs: Design Patterns und Idiome

Ein Design Pattern oder auch Entwurfsmuster beschreibt eine bewährte Lösung für ein in einem bestimmten Kontext wiederkehrendes Entwurfsproblem. Bekannte Design Pattern sind das Singleton Pattern, die Template-Methode oder auch das Visitor Pattern. Sie gehen auf den Architekten und Philosophen Christopher Alexander (Christopher Alexander, 2011) zurück. Richtig populär wurden Design Pattern aber erst mit dem Buch »Entwurfsmuster. Elemente wiederverwendbarer objektorientierter Software« von Erich Gamma, Richard Helm, Ralph Johnson und John Vlissides (Entwurfsmuster (Buch), 2011), gemeinhin bekannt als die Gang of Four (Gof).

Ist ein Design Pattern darauf ausgelegt, eine Lösung unabhängig von der verwendeten Sprache anzubieten, so beschreibt ein Idiom ein bewährtes programmiersprachenspezifisches Lösungsrezept.

Aber es lauern auch Gefahren rund um den Lebenszyklus eines Objekts. Wird in einer Klasse ein Konstruktor definiert, erzeugt der Compiler keinen Standardkonstruktor mehr. Genau dies kann der Klassendesigner dem Compiler jedoch durch den Bezeichner `default` vorschreiben. `default` sorgt dafür, dass der Compiler seine Default-Version der Methode erzeugt.

Der Lebenszyklus eines Objekts lässt sich in C++11 rein deklarativ beschreiben.

**Beispiel 3-14:** default und delete für Methoden — defaultedDeletedMethods.cpp

```
#include <iostream>

class NonCopyableClass{
  public:

    // state the compiler generated default constructor
  NonCopyableClass()= default;

    // disallow copying
  NonCopyableClass& operator=
                  (const NonCopyableClass&)= delete;
  NonCopyableClass(const NonCopyableClass&)= delete;
};

class SomeType{
  public:

  // state the compiler generated default constructor
```

**Beispiel 3-14: default und delete für Methoden (Fortsetzung)**

```
19   SomeType()= default;
20
21   // constructor for int
22   SomeType(int value){};
23
24 };
25
26 class TypeOnStack {
27   public:
28
29     void* operator new(std::size_t)= delete;
30 };
31
32 int main(){
33
34   NonCopyableClass nonCopyableClass;
35   SomeType someType;
36   TypeOnStack typeOnStack;
37
38   // force the compiler error
39   NonCopyableClass nonCopyableClass2(nonCopyableClass);
40
41   // force the compiler error
42   TypeOnStack* typeOnHeap= new TypeOnStack;
43
44 }
```

Vor der Übersetzung des Programms aus Beispiel 3-14 noch ein paar Worte zum Sourcecode:

In der Klasse `NonCopyableClass` (Zeile 3) werden sowohl der Kopierzuweisungsoperator als auch der Kopierkonstruktor als `delete` erklärt, und der Standardkonstruktor des Compilers wird verwendet. Der Standardkonstruktor wird in der Klasse `NonCopyableClass` nicht automatisch vom Compiler erzeugt, da der Kopierzuweisungsoperator und der Kopierkonstruktor als `delete` deklariert wurden. Damit lassen sich Objekte der Klasse nur direkt instanziieren. Auch die Klasse `SomeType` (Zeile 15) nutzt den vom Compiler erzeugten Standardkonstruktor, den der Compiler in diesem Fall nicht erzeugt, da ein spezieller Konstruktor für `int` vorhanden ist. Interessant ist auch die Klasse `TypeOnStack` (Zeile 26), denn das Setzen des `new`-Operators auf `delete` bewirkt, dass deren Instanzen nicht mehr mit `new` erzeugt werden können. Der interessanteste Teil des Programms ist aber die `main`-Funktion, denn in ihr wird sowohl ein nicht kopierbares Objekt kopiert als auch ein Objekt auf dem Heap angelegt, obwohl dessen `new`-Operator auf `delete` gesetzt ist.

Wie geht der GCC-Compiler mit dem Vertragsbruch um?

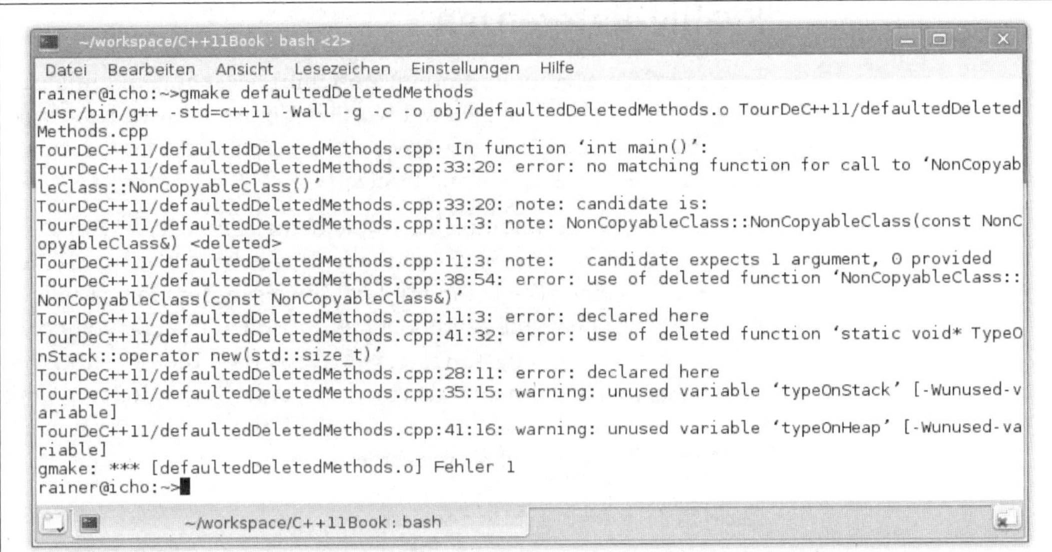


▲ **Abbildung 3-7**
Compiler-Fehler beim Übersetzen von defaultedDeletedMethods.cpp

Der GCC schreibt eine aussagekräftige Fehlermeldung. Was will man mehr?

Explizite Virtualität

Es bleibt deklarativ. Eine beliebte Fehlerquelle beim Überschreiben von virtuellen Funktionen ist, dass die Signatur der neuen Methode nicht der der zu überschreibenden Methode entspricht. Das Ergebnis zeigt sich erst sehr viel später zur Laufzeit, wenn sich das Programm unerwartet verhält. Diese Fehlerquelle lässt sich mit C++11 elegant beseitigen. Wird die neue Funktion mit dem Schlüsselwort `override` versehen, stellt der Compiler sicher, dass diese auch tatsächlich eine Methode der Basisklasse überschreibt. Der Compiler stellt ebenfalls sicher, dass Methoden, die als `final` deklariert sind, nicht überschrieben werden können.

Vom Novizen zum Profi

Bisher hatte C++11 viel für den C++-Novizen zu bieten: das automatische Ableiten von Typen, die vereinheitlichte Initialisierung von Datentypen, die mächtigere Initialisierung von Objekten, die deklarativen Klassendefinitionen. Selbst Lambda-Funktionen sind, ist das erste Fremdeln einmal überwunden, leicht zu schreiben und zu lesen. Nun ist der Profi an der Reihe. In den beiden folgenden Abschnitten »Rvalue-Referenzen« und »Generische Programmierung« findet dieser die Werkzeuge, die er braucht, um seine Datentypen und Bibliotheken genau auf seine Bedürfnisse abzustimmen.

## Rvalue-Referenzen

Zwei spezielle Methoden sind im Abschnitt »Mächtigere Initialisierung« auf Seite 19 nicht genannt worden: der neue Move-Konstruktor und der Move-Zuweisungsoperator, den die STL-Container und auch der Datentyp String besitzen.

Betrachten wir die vereinfachte Implementierung des `std::vector`-Containers in Beispiel 3-15, fällt auf, dass neben dem klassischen Kopierkonstruktor (Zeile 6) und dem Zuweisungsoperator (Zeile 7) zwei sehr ähnliche neue Methodendeklarationen in Zeile 10 und 11 existieren. Der auffälligste Unterschied ist, dass die traditionellen Methoden ihre Argumente als eine konstante Lvalue-Referenz mit einem `&` annehmen, während die neuen Methoden ihre Argumente als Rvalue-Referenz mit `&&` annehmen.

**Beispiel 3-15:** Copy-Semantik und Move-Semantik

```
01 template<typename T>
02 class vector {
03   public:
04
05     // copy semantic
06     vector(const vector& v);
07     vector& operator=(const vector& v);
08
09     // move semantic
10     vector(vector&& v);
11     vector& operator=(vector&& v);
12
13     // ...
}
```

Beides sind Referenzen im klassischen C++-Sinn. Der C++-Compiler entscheidet aber, welche Implementierung bei der Konstruktion oder auch Zuweisungsoperation verwendet wird, denn mit Lvalue-Referenzen wird die klassische und bekannte Copy-Semantik implementiert, mit Rvalue-Referenzen die neue Move-Semantik.

**Praxistipp** **Unterscheiden Sie die Copy- von der Move-Semantik.**

Beim Erzeugen von neuen Objekten aus bestehenden werden die Inhalte der Objekte bei der Move-Semantik verschoben, bei der Copy-Semantik hingegen kopiert. Damit wird bei der Move-Semantik kein neues Objekt erzeugt.

Verwirrt? Verständlich! Das kleine Beispiel 3-15 soll für Aufklärung sorgen.

**Beispiel 3-16:** Copy- und Move-Semantik im Vergleich copyMoveSemantic.cpp

```
01 #include <iostream>
02 #include <string>
03 #include <utility>
04
05 int main(){
06
07   std::string str1{"ABCEF"};
08   std::string str2;
09
10   std::cout << "\n";
11
12   // initial value
13   std::cout << "str1= " << str1 << std::endl;
14   std::cout << "str2= " << str2 << std::endl;
15
16   // copy semantik
17   str2= str1;
18   std::cout << "str2= str1;\n";
19   std::cout << "str1= " << str1 << std::endl;
20   std::cout << "str2= " << str2 << std::endl;
21
22   std::cout << "\n";
23
24   std::string str3;
25
26   // initial value
27   std::cout << "str1= " << str1 << std::endl;
28   std::cout << "str3= " << str3 << std::endl;
29
30   // move semantik
31   str3= std::move(str1);
32   std::cout << "str3= std::move(str1);\n";
33   std::cout << "str1= " << str1 << std::endl;
34   std::cout << "str3= " << str3 << std::endl;
35
36   std::cout << "\n";
37
38 }
```

Die neue C++11-Funktion `std::move` in Zeile 31 hat zur Folge, dass der String `str1` als Rvalue vom C++-Compiler interpretiert wird. Damit wird der Inhalt von `str1` nach `str3` verschoben.

Die nächsten zwei Abbildungen stellen den Unterschied zwischen der Copy- und der Move-Semantik dar. Während nach dem Kopieren sowohl die Quelle `str1` als auch das Ziel `str2` den gleichen Inhalt besitzen, ist die Quelle `str1` nach dem Verschieben des Inhalts leer.

Abbildung 3-8 ▶
Copy-Semantik

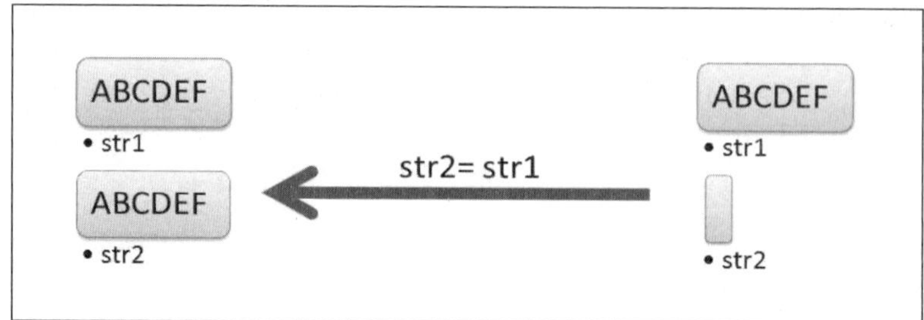


Abbildung 3-9 ▶
Move-Semantik

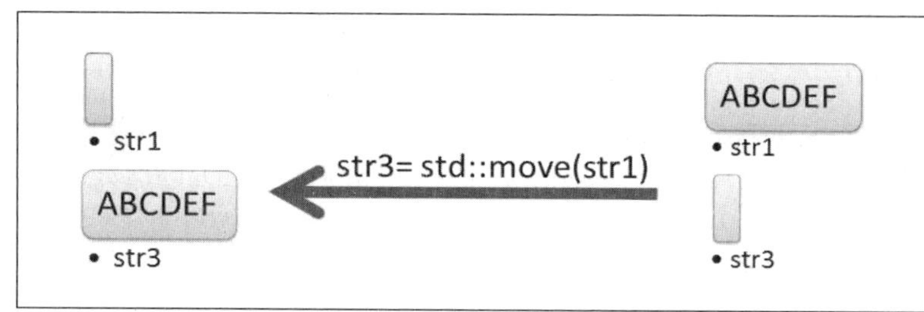


Die Ausgabe des Programmlaufs in Abbildung 3-10 zeigt die Ergebnisse auf der Konsole.

Abbildung 3-10 ▶
Copy- und Move-Semantik

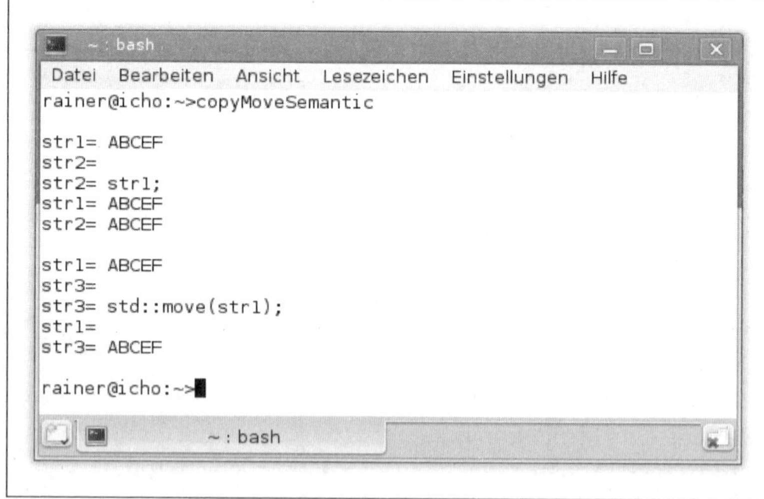


Die Grundlage für diese Optimierungen sind die Rvalues. Anhand dieser kann der C++-Compiler entscheiden, welche Implementierung der Methode verwendet werden soll.

**Praxistipp** **Rvalues besitzen keinen Namen.**

Besitzt ein Objekt einen Namen, ist es ein Lvalue, ansonsten ein Rvalue.

Wie der C++-Entwickler eigene Datentypen entwirft, die mit Move-Semantik ausgestattet sind, wird in Teil II, *Kernsprache*, auf Seite 95 erläutert. Dies gilt auch für das *Perfect Forwarding*, bei dem Argumente an eine andere Funktion weitergegeben werden, ohne ihre Lvalue- oder Rvalue-Eigenschaft zu verändern. Ein bisher ungelöstes Problem in C++.

Perfect Forwarding

Weiter geht es mit neuen Features für den C++-Profi. Das Programmieren mit Templates wird deutlich mächtiger in C++11.

# Generische Programmierung

Das generische Programmieren, auf dem die Standard Template Library basiert, ist in C++ ein wichtiges Paradigma. Daher verwundert es nicht, dass C++11 hier einiges Neues zu bieten hat:

- Templates, die beliebig viele Parameter annehmen,
- Zusicherungen, die zur Compile-Zeit ausgewertet werden,
- Konstanten, die zur Compile-Zeit evaluiert werden,
- Aliase Templates, um einfache Namen für teilweise gebundene Templates zu definieren.

## Variadic Templates

Variadic Templates in C++11 erlauben es, Templates zu schreiben, die beliebig viele Argumente annehmen können. Ein prominentes Beispiel für den Einsatz von Variadic Templates ist der neue heterogene sequenzielle Datentyp `std::tuple`, der eine beliebige Länge besitzen kann.

Variadic Templates

Da die neue Syntax der Variadic Templates doch recht ungewohnt wirkt, zuerst ein einfaches Beispiel. Das Funktions-Template `countMe` in Beispiel 3-17 zählt die Anzahl seiner Argumente.

**Beispiel 3-17:** Variadic Templates und sizeof

countMe.cpp

```
#include <iostream>
#include <list>

template <typename ... Args>
int countMe(Args ... args){
  return (sizeof ... args);
}

int main(){

```

**Beispiel 3-17:** Variadic Templates und sizeof (Fortsetzung)

```
11   std::cout << "\n";
12
13   std::list<int> myList{1,2,3,4,5,6,7,8,9};
14
15   std::cout << "countMe() has " << countMe()
              << " arguments" << std::endl;
16   std::cout << "countMe(\"one\", 3.14 , myList ) has "
              << countMe("one", 3.14 , myList )
              << " arguments" << std::endl;
17   std::cout << "countMe(myList) has " << countMe(myList)
              << " argument" << std::endl;
18
19   std::cout << "\n";
20
21 }
```

Ungewohnt an dem Funktions-Template `countMe` sind zuallererst die drei Punkte ... Dabei gilt es, aufmerksam darauf zu achten, ob diese links (`<typename ... Args>`, Zeile 4) oder rechts (`(Args ... args)`, Zeile 5) von `Args` stehen. Links packt der Ellipsenoperator .. . das sogenannte Parameter Pack, rechts entpackt er es wieder. Neu ist auch der Operator `sizeof ...` (Zeile 6), der direkt mit Parameter Packs umgehen kann.

Jetzt fehlt nur noch die Ausgabe des Programms.

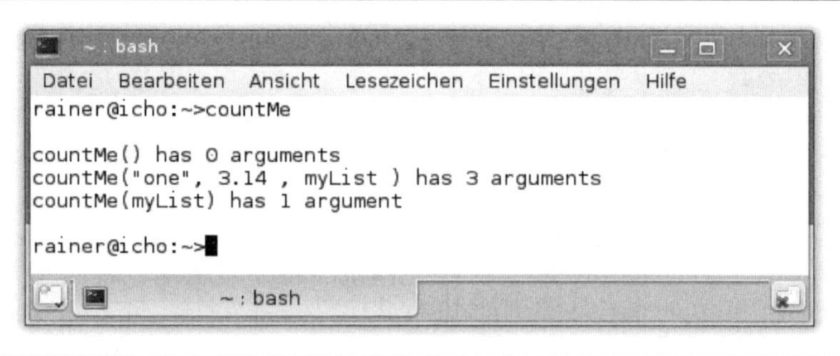


**Abbildung 3-11** ▶ Variadic Templates und sizeof

Das Programm `countMe` in Beispiel 3-17 ist aber nicht der klassische Anwendungsfall für Variadic Templates. Deutlich typischer ist das folgende Muster aus der funktionalen Programmierung, wenn es um die Verarbeitung beliebig langer Listen geht.

Dazu wird die Liste in die zwei Teile `first` und `rest` getrennt, wobei

- `first` das erste Element der Liste und
- `rest` den Rest der Liste

bezeichnet.

Für beide Bereiche der Liste werden zwei Aktionen registriert.

1. Aktion (`first`): Verarbeite `first`.
2. Aktion (`rest`): Verarbeite `first` und führe Aktion (`rest`) auf der verbleibenden Liste aus.

Der Trick ist, dass `rest` bei jeder Rekursion um das erste Element `first` gekürzt wird.

Genau diesem Muster folgt das Programm in Beispiel 3-18. Als Aktion auf dem Kopf der Liste `first` werden dessen Typinformation und Größe herausgegeben.

**Beispiel 3-18:** Typinformation und -größe eines Werts

printValueInfo.cpp

```
#include <iomanip>
#include <iostream>
#include <typeinfo>

template <typename T>
void printInfoFor(T value){

  std::cout << std::boolalpha;
  std::cout << std::setw(5) << value << ": " << "(type: "
            << std::setw(3) << typeid(value).name()
            << ",size: " << sizeof(value) << ")\n";

}

template<typename T>
void printValueInfo(T value){

    // print the information of the value
    printInfoFor(value);

}

template<typename First,typename ... Rest>
void printValueInfo(First first,Rest ... rest){

    // print the information of the value
    printInfoFor(first);

    // invoke value Information for the rest,
       excluding first
    printValueInfo(rest...);

}

int main(){

  std::cout << std::endl;
```

**Beispiel 3-18:** Typinformation und -größe eines Werts (Fortsetzung)

```
35
36   printValueInfo(); // => compile error
37
38   printValueInfo(true,42,2.3,'c',"C++11");
39
40   std::cout << std::endl;
41
42 }
```

In Zeile 38 wird die Aktion `printValueInfo` auf der ganzen Liste angestoßen. Die Liste besitzt mehr als ein Element, sodass das Funktions-Template `printValueInfo(First first, Rest ... rest )` in Zeile 22 aufgerufen wird. Dabei wird `true` an `first` gebunden, und die verbleibenden Argumente werden an `rest` gebunden. `true` wird über die Hilfsfunktion `printInfoFor` (Zeile 5) ausgegeben, und `rest` wird rekursiv wieder aufgerufen (Zeile 28). Die Rekursion terminiert, sobald `rest` nur noch ein Element besitzt, denn in diesem Fall wird in Zeile 13 das Funktions-Template für ein Argument `printValueInfo(T value)` verwendet.

**Note** In der funktionalen Programmierung hat sich für das Paar (`first`,`rest`) einer Liste das Namenspaar (head,`tail`) oder auch (`car`,`cdr`) etabliert.

Die Ausgabe zeigt die Typ- und Größeninformationen der Werte.

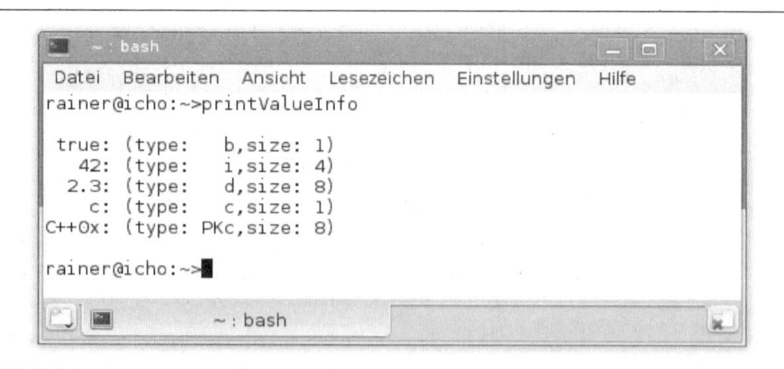


**Abbildung 3-12 ▶** Typ- und Größeninformation von Werten

**Note** Leider ist das vorgestellte Programm nicht sehr robust. Zum einen setzt es voraus, dass `printValueInfo` mindestens ein Argument erhält, und zum anderen, dass die Argumente direkt auf `std::cout` ausgegeben werden können.

Wird das Programm mit den falschen oder keinen Argumenten aufgerufen, moniert dies der Compiler sofort mit einer Fehlermeldung.

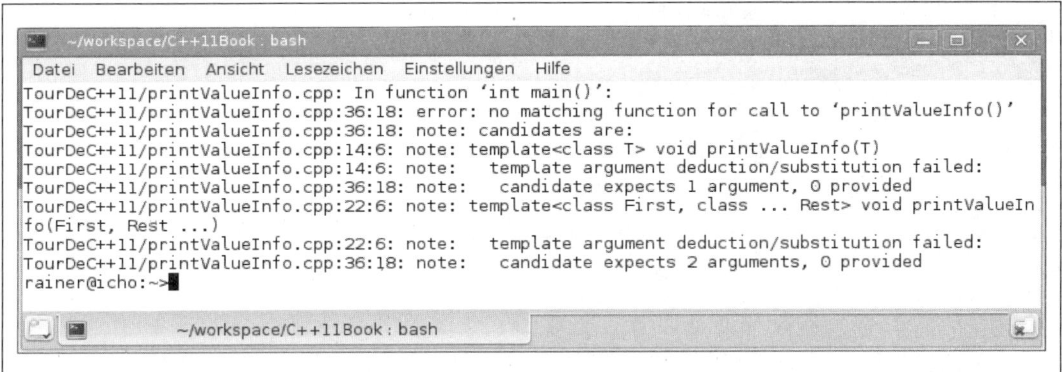


▲ **Abbildung 3-13**
Compiler-Fehler beim Übersetzen von printValueInfo.cpp

Es gilt als Codierungsstandard in C++, beschrieben von Herb Sutter und Andrei Alexandrescu in ihrem Buch »C++ Coding Standards« (Sutter & Alexandrescu, 2005), Fehler zur Übersetzungszeit denen zur Laufzeit vorzuziehen. C++11 führt für die Zusicherung zur Übersetzungszeit das neue Schlüsselwort `static_assert` ein.

## Zusicherungen zur Compile-Zeit

static_assert

Es gibt bereits Werkzeuge in C++, um Zusicherungen an den Programmcode zu formulieren. So wirkt die Präprozessordirektive `#error` während der Ausführung des Präprozessors, das Makro `assert` hingegen während der Laufzeit des Programms. Die Lücke zwischen Präprozessorlauf und Ausführung des Programms schließt das neue C++11-Schlüsselwort `static_assert`, denn es wird zur Übersetzungszeit ausgeführt. Daher ist es sehr nützlich, wenn es darum geht, Bedingungen an den Template-Code zu verifizieren. Dies trifft umso mehr zu, da Concepts, ein Typsystem für Templates, aus dem aktuellen Standard entfernt wurden.

## Aliase Templates

Aliase Templates

Dient `static_assert` dazu, den Template-Code robuster zu machen, so betreffen *Aliase Templates* vor allem die Lesbarkeit des Codes. *Aliase Templates* erlauben es, mittels des Schlüsselworts `using` Synonyme auf Templates zu erzeugen, die ihre Template-Parameter teilweise gebunden haben.

```
template< typename T, int V>
class MyType;

template< typename T>
using MyType10 = MyType<T,10>;
```

```
06
07 template<typename T>
08 using VecMyAlloc = std::vector<T,MyAllocator<T>>;
```

In `MyType10` wird der zweite Template-Parameter von `MyType` mit 10 gebunden (Zeile 5). `VecMyAlloc` geht aus `std::vector` hervor, indem als zweites Element der Speicheranforderer (Zeile 8) gebunden wird.

Die Template-Instanziierung ist ein Prozess, der zur Übersetzungszeit stattfindet. Genauso verhält es sich mit den folgenden konstanten Ausdrücken.

## Exkurs: Allgemeine, partiell spezialisierte und vollständig spezialisierte Templates

Die kleine Gegenüberstellung in Beispiel 3-19 soll die Unterschiede der drei Spezialisierungen anhand des Klassen-Templates `Matrix` verdeutlichen.

**Beispiel 3-19:** Das allgemeine, partiell und vollständig spezialisierte Klassen-Template Matrix

```
template <int line, int column>
class Matrix{
. . .
};

template <int line>
class Matrix<line,1>{
. . .
};

template <>
class Matrix<3,3>{
. . .
};
. . .
int main(){

  Matrix<3,4> rectangle;

  Matrix<20,1> vector;

  Matrix<3,3> cube;

};
```

→

In Zeile 1 wird das primäre oder auch allgemeine Klassen-Template definiert. Darin sind keine Bedingungen an die Anzahl der Zeilen oder Spalten definiert. Das ändert sich mit dem partiell spezialisierten Klassen-Template in Zeile 6, das einen Vektor beschreibt. Dieses Klassen-Template drückt durch `class Matrix<line,1>` (Zeile 7) aus, dass die Anzahl der Spalten auf `1` gesetzt ist. Vollständig spezifiziert ist das Klassen-Template in Zeile 11, denn sowohl die Anzahl der Spalten als auch die Anzahl der Zeilen sind auf `3` gesetzt. Im Hauptprogramm werden die Klassen-Templates verwendet – zuerst die allgemeine (Zeile 18), dann die partiell spezialisierte (Zeile 20) und zuletzt die vollständig spezialisierte Form (Zeile 22). Die Regel dazu, welches Klassen-Template zum Einsatz kommt, ist sehr einprägsam: Das am meisten spezialisierte Klassen-Template wird verwendet.

# Erweiterte Datenkonzepte und Literale

Viele Datenkonzepte aus dem klassischen C++ wurden in C++11 aufgegriffen und erweitert. Diese Erweiterungen betreffen die konstanten Ausdrücke, die sogenannten Plain Old Data (POD), aber auch Enums. Neben den neuen String-Literalen `R"raw string"` und `U"unicode string"` kann der C++-Entwickler eigene Literale definieren.

## Exkurs: Literale

Literale sind Zeichenfolgen, die zur Darstellung von Basistypen verwendet werden. Sie sind sogenannte Rvalues, besitzen keine Adresse und können nur auf der rechten Seite einer Zuweisung stehen. Die bekanntesten Beispiele aus klassischem C++:

◀ **Tabelle 3-2**
Einige klassische Literale

| Datentyp | Untertypen | Literale |
|---|---|---|
| **Wahrheitswerte** | | true<br>false |
| **Zeichen** | char<br>wchar_t | 'c'<br>L'c' |
| **Ganze Zahlen** | decimal<br>octal<br>hexadecimal | 2<br>02<br>0x2 |
| **Fließkommazahlen** | double<br>float<br>long double | 0.123, 1.23e-1<br>6.7f, 6.7F<br>6.7l, 6.7L |
| **Zeichenketten** | char const*<br>wchar_t const* | "Text"<br>L"Text" |

## Konstante Ausdrücke

constexpr

In C++11 wird das Konzept der konstanten Ausdrücke (*constexpr*) erweitert. Variablen, Funktionen oder auch Objekte können, sofern sie strenge Bedingungen einhalten, als `constexpr` deklariert werden. Damit lassen sich Funktionen als konstante Ausdrücke verwenden und Objekte zur Übersetzungszeit evaluieren. In C++11 ist es erlaubt, Arrays über Funktionen zu initialisieren, die als `constexpr` deklariert wurden.

```
constexpr int getSize() {return 10;}
int someValue[getSize() + 7];
```

**Note** Der große Vorteil der konstanten Ausdrücke ist, dass sie der Compiler optimieren kann, denn sie werden schon zur Übersetzungszeit evaluiert.

Um die Optimierung geht es auch bei den Erweiterungen der Plain Old Data (POD).

## Plain Old Data (POD)

*Plain Old Data* sind Datenstrukturen, die ein C-Standardlayout besitzen. Damit können sie direkt mit den effizienten C-Funktionen `memcpy` und `memmove` kopiert oder auch mit `memset` initialisiert werden. C++11 erweitert die Regeln, da nun Klassen und Strukturen als POD gelten, wenn sie drei Bedingungen erfüllen. Sie müssen trivial sein, ein Standardlayout besitzen, und ihre nicht statischen Datenelemente müssen auch PODs sein. Genauer lässt sich das im Kapitel 10 im Abschnitt »Plain Old Data (POD)« auf Seite 196 nachlesen.

Analog zu POD erfahren auch Unions mit C++11 einige Erweiterungen.

## Unbeschränkte Unions

Unions können in C++11 Elemente von Datentypen wie `std::string` mit nicht trivialen speziellen Elementfunktionen besitzen. Spezielle Elementfunktionen sind Funktionen, die der Compiler automatisch erzeugt.

Wird die Anwendung durch Unions erweitert, so wird sie durch Enums typsicherer.

## Streng typisierte Aufzählungstypen

Die klassischen Aufzählungstypen `enum` haben drei Probleme.

1. Sie konvertieren implizit zu `int`.
2. Sie führen ihre Bezeichner in dem umgebenden Bereich ein.
3. Der zugrunde liegende Typ kann nicht angegeben werden.

Diesen Problemen begegnen die neuen, streng typisierten Aufzählungstypen, auf die nur über den Namen des Aufzählungstyps zugegriffen werden kann. Sie vereinen die Funktionalität der klassischen `enum`-Datenstruktur mit Aspekten von Klassen. Eine streng typisierte `enum`-Color vom zugrunde liegenden Datentyp `unsigned int` ist kompakt definiert.

```
enum class Color: unsigned int {red, green, blue};
```

Optional kann statt `class` `struct` verwendet werden, und der Datentyp `unsigned int` kann weggelassen werden, sodass `red`, `green` und `blue` vom Typ `int` sind.

Neben streng typisierten Aufzählungstypen gibt es auch neue String-Literale in C++11: die Raw-String-Literale und die Unicode-String-Literale.

## Neue String-Literale

Raw-String-Literale

Raw-String-Literale haben sich in Python als äußerst praktisch erwiesen, wenn es darum geht, den Inhalt eines Strings nicht zu interpretieren. Typische Anwendungsfälle für Raw-Strings sind reguläre Ausdrücke oder auch Dateipfade unter Windows. Ein Raw-String wird in C++11 durch `R"(raw string)"` definiert.

Unicode-String-Literale

Der zweite neue Typ von String-Literalen sind die Unicode-String-Literale. C++11 unterstützt die drei Unicode-Kodierungen UTF-8, UTF-16 und UTF-32. Für UTF-16 und UTF-32 wurde C++11 um zwei neue Zeichentypen `char16_6` und `char32_t` erweitert.

Benutzerdefinierte Literale

Darüber hinaus bietet C++11 benutzerdefinierte Suffix-Literale für ganze Zahlen, Fließkommazahlen, Strings und Zeichen an. Damit lassen sich Literale wie 130.3_km oder auch "978-3-16-148410-0"_ISBN definieren. Interpretiert werden diese Literale durch die Literal-Operatoren, die die Anwendungslogik implementieren.

Von der C++11-Laufzeit wird das Literal 130.3_km auf den Literal-Operator abgebildet.

```
Kilometer operator "" _km(long double d){
  return Kilometer(d);
}
```

## nullptr

Das neue Schlüsselwort `nullptr` definiert eine Nullzeigerkonstante in C++11. Damit räumt es mit der Mehrdeutigkeit der Zahl `0` in C++ und dem C-Makro `NULL` auf. Denn abhängig vom Kontext bezeichnet `0` den Nullzeiger (`(void*)0`) oder die natürliche Zahl `0`. `NULL` hingegen lässt sich in der Regel nach `int` konvertieren. Der `nullptr` kann aber nur als Zeiger oder in einem booleschen Ausdruck verwendet werden.

Neben dem C++11-Literal `nullptr` gibt es noch weitere Verbesserungen in C++11, die die Sprache klarer machen. Auch der aktuelle C-Standard C99 ist größtenteils in C++11 integriert.

# Weitere Aufräumarbeiten und Integration von C99

## Aufräumarbeiten

Parser-Probleme mit >>

C++98 hat Probleme, einen Ausdruck der Form `std::vector<std::vector<int>>` richtig auszuwerten, denn `>>` wird vom Parser irrtümlich als Token und damit als Rechts-Shift-Operator interpretiert. Daher war es erforderlich, zwischen den zwei abschließenden `>>` ein Leerzeichen zu setzen. Dies ist mit C++11 nicht mehr notwendig.

## Integration von C99

Da der alte C++-Standard C++98 vor dem aktuell gültigen C99-Standard verabschiedet wurde, werden dessen Features in den neuen C++-Standard C++11 aufgenommen.

long long int

C++11 erbt den Datentyp `long long int` von C99, der mindestens 64 Bit (Beispiel 3-20, Zeile 14) groß ist.

__func__

Der Präprozessor kann den Namen `__func__` (Zeilen 4 und 17) evaluieren.

**Beispiel 3-20:** C99-Features in C++11

c99.cpp

```
#include <iostream>

void showFuncName(){
  std::cout << "__func__=  " << __func__ << std::endl;
}

int main(){

  std::cout << std::endl;

  long long int ll=10;
  int i= 10;

  std::cout << "sizeof(long long int)= " << sizeof(ll)
            << std::endl;
  std::cout << "sizeof(int))= " << sizeof(i) << std::endl;

  std::cout << "__func__=  " << __func__ << std::endl;
  showFuncName();

  std::cout << std::endl;

}
```

Abbildung 3-14 zeigt die Ausgabe des Programms.

Damit verlassen wir den Bereich der Kernsprache von C++11. Es folgt die neue Multithreading-Funktionalität von C++11, die ihre Erweiterungen insbesondere in den neuen Bibliotheken anbietet.

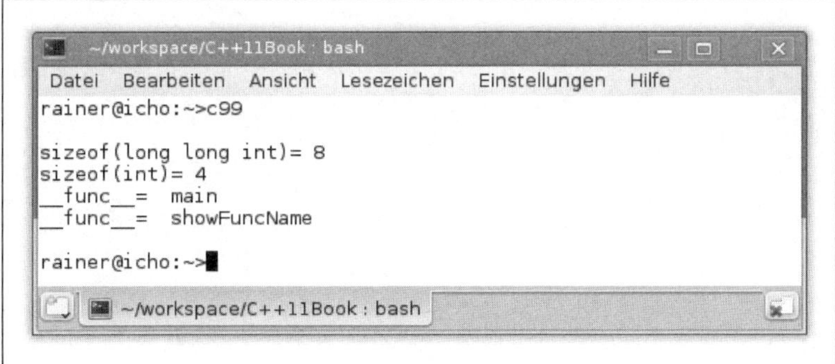


◀ **Abbildung 3-14**
C99-Features in der Anwendung

KAPITEL 4

# Multithreading

**In diesem Kapitel:**

- Threads
- Thread-lokale Daten
- Synchronisation von Threads
- Asynchrone Aufgaben

Mehrkernprozessoren sind der Standard, wenn es um den Arbeitsplatzrechner, den heimischen PC oder den Laptop geht. Daher ist es von existenzieller Bedeutung für eine moderne Programmiersprache, auf die Anforderungen der modernen Rechnerarchitekturen adäquate Antworten zu geben – zumal funktionale Programmiersprachen wie Clojure (Clojure, 2011) oder auch Haskell (The Haskell Programming Language, 2011) die Messlatte bei der Unterstützung von Nebenläufigkeit sehr hoch gelegt haben. Sowohl Clojure als auch Haskell bieten Software Transactional Memory (STM) an.

## Exkurs: Software Transactional Memory

Transaktionen sind eine bewährte Technik aus dem Datenbankumfeld, wenn es darum geht, konkurrierende Zugriffe auf Daten zu koordinieren. Die besondere Eigenschaft von Transaktionen ist, dass sie entweder vollständig oder gar nicht ausgeführt werden. Am Ende der Transaktion wird daher vom Transaktionssystem entschieden, ob die Transaktion veröffentlicht wird oder nicht. Ist die Veröffentlichung der Transaktion nicht möglich, wird sie in der Regel neu angestoßen.

ACID

Eine Transaktion zeichnet sich durch das Akronym ACID aus. ACID steht für:

◀ **Tabelle 4-1**
Eigenschaften von Transaktionen – ACID

| Akronym | Eigenschaft | Beschreibung |
|---|---|---|
| A | atomar | Transaktionen erfolgen in einem Schritt. |
| C | konsistent | Das System ist immer in einem konsistenten Zustand. |
| I | isoliert | Jede Transaktion verläuft in sich abgeschlossen. |
| D | dauerhaft | Das Ergebnis der erfolgreichen Transaktion wird automatisch gesichert. |

→

Das ACID-Modell lässt sich, abgesehen von der Dauerhaftigkeit, auf den konkurrierenden Zugriff gemeinsam genutzter Daten verschiedener Threads übertragen. Im Gegensatz zum bekannten Locking, in dem die konkurrierende Ressource auf Verdacht gelockt wird, bevor ein Zugriff auf sie erfolgt, findet dieser beim optimistischen Ansatz von STM nicht statt. Beim STM werden die Daten verändert, und am Ende der Transaktion wird entschieden, ob das Ergebnis der Transaktion veröffentlicht wird.

Dieser optimistische Ansatz und ein weiteres Charakteristikum von STM, das darin besteht, dass es sehr einfach zu verstehen und anzuwenden ist, sind zwei große Vorteile von STM. Dagegen stehen der erhöhte Speicherverbrauch und die erhöhte CPU-Auslastung. Der Speicherverbrauch steigt beim STM, da jede Transaktion alle Daten, auf denen sie arbeitet, kopieren muss. Sind die Transaktionen sehr ungünstig strukturiert, kann das zu häufigen Wiederholungen einer Transaktion führen, bis sie erfolgreich durchgeführt wurde, und somit die CPU-Auslastung deutlich erhöhen.

Diese Abstraktion der Multithreading-Unterstützung erreicht C++11 noch nicht, aber es befindet sich auf dem richtigen Weg. Die neuen Features sind:

- eine standardisierte Threading-Schnittstelle, unabhängig von Betriebssystem und Compiler,
- ein definiertes Speichermodell und atomare Datentypen,
- mehrere Techniken zum Schutz der Daten vor konkurrierendem Zugriff,
- Bedingungsvariablen, um Threads durch Events zu synchronisieren,
- Threads, die lokale Daten halten,
- asynchrone Tasks in Form von Futures.

Die Darstellung des Speichermodells und der atomaren Datentypen wird erst in Teil III, *Multithreading*, auf Seite 223 Thema sein, da diese neuen Features deutlich das Niveau einer ersten Tour durch C++11 überschreiten.

# Threads

Der Header <thread> inkludiert, und die neue Funktion `std::thread` steht zur Verfügung, um einen Thread zu erzeugen und sofort zu starten.

## Erzeugung von Threads

Ein Thread `std::thread` benötigt die Funktionalität, die in ihm ausgeführt werden soll. Dazu bieten sich drei Möglichkeiten an:

- Funktionen
- Funktionsobjekte
- Lambda-Funktionen

Das Programm in Beispiel 4-1 stellt die drei Möglichkeiten dar.

**Beispiel 4-1:** Erzeugen von Threads mit einer Funktion, einem Funktionsobjekt und einer Lambda-Funktion

createThread.cpp

```
#include <iostream>
#include <thread>

void helloFunction(){
  std::cout << "Hello C++11 from function." << std::endl;
}

class HelloFunctionObject  {
  public:
    void operator()() const {
      std::cout << "Hello C++11 from a function object."
                << std::endl;
    }
};


int main(){

  std::cout << std::endl;

  // thread executing helloFunction
  std::thread t1(helloFunction);

  // thread executing helloFunctionObject
  HelloFunctionObject helloFunctionObject;
  std::thread t2(helloFunctionObject);

```

**Beispiel 4-1:** Erzeugen von Threads mit einer Funktion, einem Funktionsobjekt und einer Lambda-Funktion (Fortsetzung)

```
27  // thread executing lambda function
28  std::thread t3([]
      {std::cout << "Hello C++11 from lambda function."
                 << std::endl;});
29
30  // ensure that t1, t2 and t3 have finished before main terminates
31  t1.join();
32  t2.join();
33  t3.join();
34
35  std::cout << std::endl;
36
37 }
```

Sowohl der erste Thread `t1` als auch der zweite Thread `t2` in Beispiel 4-1 sollten relativ vertraut wirken. Anders verhält es sich mit dem letzten Thread `t3` (Zeile 28), dessen Funktionalität direkt in der Lambda-Funktion angegeben ist. Da in diesem konkreten Fall die Lambda-Funktion keine Argumente erwartet, ist es nicht notwendig, die Klammerpaare für die Argumente anzugeben. Die Lambda-Funktion `[](){ ... ;}` lässt sich daher auf `[]{ ... ;}` verkürzen. Threads, die nur ein paar Anweisungen ausführen müssen, sind ideale Kandidaten für Lambda-Funktionen, denn sie bieten entscheidende Vorteile:

- Die Codefunktionalität wird direkt dort definiert, wo sie benötigt wird.
- Keine unnötigen Funktionen oder Funktionsobjekte werden erzeugt.

join

Eine Funktion fehlt noch in der Erläuterung. In den Zeilen 31 bis 33 wird auf jedem Thread `join` aufgerufen. Dies bewirkt, dass der Vater-Thread auf die Beendigung der drei Threads wartet, sodass diese ihre Aufgabe vollständig ausführen können, bevor der Vater-Thread sich beendet.

detach

Durch `detach` wird das Gegenteil erreicht, denn diese Methode löst die Lebenszeit des neuen Threads vom Vater-Thread.

Das Ergebnis der Programmausführung ist, wie erwartet, nicht deterministisch.

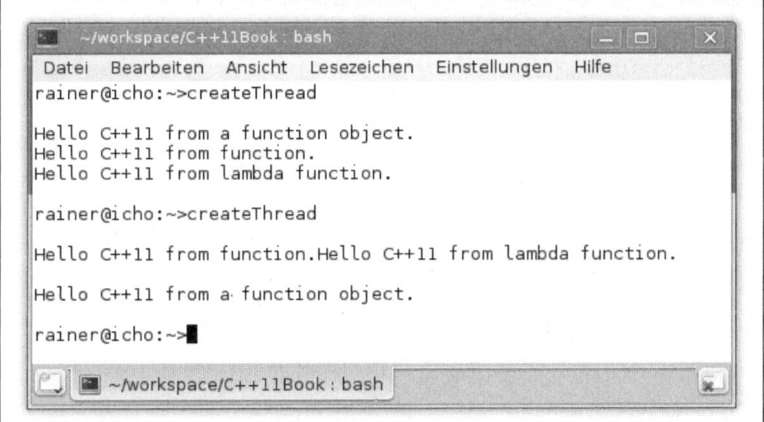


**◀ Abbildung 4-1**
Ausführung von Threads mit einer Funktion, einem Funktionsobjekt und einer Lambda-Funktion

Zwei Dinge fallen auf:

1. Es ist nicht vorhersagbar, welcher Thread am schnellsten seinen Code ausführt. Im ersten Durchlauf war das Funktionsobjekt der schnellste, im zweiten die Lambda-Funktion.
2. Alle Threads schreiben nach `std::cout`. Dies ist die gemeinsam genutzte Variable aller drei Threads. Das ist der Grund dafür, dass sich die Ausgabeoperationen der Funktion und des Funktionsobjekts überschneiden. Bevor die Funktion ihr `std::endl` nach `std::cout` schreiben kann, schreibt das Funktionsobjekt seine Ausgabe nach `std::cout`. Das fehlende `std::endl` wird daher zum Schluss des Programmlaufs ausgegeben.

Die korrekte Programmausführung setzt voraus, dass `std::cout` nur exklusiv von einem Thread verwendet werden kann. Die naheliegende Lösung ist Locking (dazu bald mehr im Abschnitt »Schutz der Daten« auf Seite 50).

Argumentübergabe

Die Threads waren sehr einfach strukturiert. Nun sollen sie Argumente erhalten. Als Grundlage dient das Programm in Beispiel 4-1.

**Beispiel 4-2:** Threads mit Argumentübergabe

createThreadWithArguments.cpp

```
#include <iostream>
#include <string>
#include <thread>

void helloFunction(const std::string& s){
  std::cout << s << std::endl;
}

class HelloFunctionObject{
  public:
```

**Beispiel 4-2:** Threads mit Argumentübergabe (Fortsetzung)

```
11     void operator()(const std::string& s) const {
12       std::cout << s << std::endl;
13     }
14 };
15
16
17 int main(){
18
19   std::cout << std::endl;
20
21   // thread executing helloFunction
22   std::thread t1(helloFunction,
                    "Hello C++11 from function.");
23
24   // thread executing helloFunctionObject
25   HelloFunctionObject helloFunctionObject;
26   std::thread t2(helloFunctionObject,
                    "Hello C++11 from function object.");
27
28   // thread executing lambda function
29   std::thread t3([](const std::string& s)
       {std::cout << s << std::endl;},
       "Hello C++11 from lambda function.");
30
31   // ensure that t1, t2 and t3 have finished before main
        terminates
32   t1.join();
33   t2.join();
34   t3.join();
35
36   std::cout << std::endl;
37
38 }
```

Die Ausgabe des Programmlaufs entspricht im Wesentlichen der von Abbildung 4-1. Das nicht deterministische Verhalten besteht weiter darin, welcher Thread als Erster zum Zuge kommt und ob sich die Ausgaben auf die Konsole überschneiden. Interessanter ist da schon die Übergabe der Parameter an die Funktion (Zeile 22), an das Funktionsobjekt (Zeile 26) und vor allem an die Lambda-Funktion (Zeile 29).

Gemeinsam von Threads genutzte Daten wie `std::cout` müssen geschützt werden. Dafür gibt es in C++11 Mutexe und Locks.

## Schutz der Daten

Mutex

Mutex steht für den englischen Ausdruck *mutual exclusion*. Durch wechselseitigen Ausschluss stellt der Mutex sicher, dass nur ein

Thread Zugriff auf einen gemeinsam genutzten kritischen Bereich besitzt. Dieser kritische Bereich kann aus einem Variablenzugriff oder auch aus mehreren Anweisungen bestehen, die es zu schützen gilt.

Will ein Thread in den kritischen Bereich eintreten, muss er den Mutex locken. Dies ist aber nur möglich, wenn dieser nicht gelockt ist. Erhält der Thread den Lock nicht, wird er geblockt.

Der Gebrauch ist denkbar einfach.

mutex

```
std::mutex m;
// ...
m.lock();
//critical region
m.unlock();
```

Trotz dieser einfachen Nutzung sollte ein Mutex nicht direkt verwendet werden, denn er ist nur ein einfaches Werkzeug. Da ein Mutex in der Regel an mehreren Stellen im Sourcecode verwendet wird, ist die Gefahr sehr groß, dass er nicht mehr freigegeben wird. Das kann durch eine Nachlässigkeit oder durch eine Ausnahme passieren. Das Ergebnis ist das gleiche. Der Thread erhält den Mutex nicht mehr und bleibt geblockt.

**Praxistipp** **Erzeugen Sie einen künstlichen Bereich, um die Lebenszeit einer automatischen Variablen genau vorzugeben.**

**Beispiel 4-3:** Codeschnipsel künstlicher Bereich (davor)

```
01 . . .
02 MyData myData;
03 . . .
04 myData.doSomething();
05 . . .
06 doMore();
```

Wollen Sie explizit sicherstellen, dass eine automatische Variable wie `MyData myData;` in dem Codeschnipsel in Beispiel 4-3 vor Zeile 5 ihre Gültigkeit verliert und ihr Destruktor automatisch aufgerufen wird, führen Sie einen künstlichen Bereich wie in Beispiel 4-4 ein.

**Beispiel 4-4:** Codeschnipsel künstlicher Bereich (danach)

```
. . .
{
  MyData myData;
  . . .
  myData.doSomething();
```

**Beispiel 4-4:** Codeschnipsel künstlicher Bereich (danach) (Fortsetzung)

```
  ...
}
doMore();
```

Lock

Aus diesem Grund werden Mutexe in C++11 in Locks gepackt. Diese funktionieren nach dem bekannten C++-RAII-Idiom. RAII steht dabei für *Resource Acquisition Is Initialization*. Wie das RAII-Idiom funktioniert, wird im Anhang C, *Resource Acquisition Is Initialization,* auf Seite 489 erläutert.

lock_guard

`std::lock_guard` und `std::unique_lock` sind das Mittel der Wahl in C++11, wenn es darum geht, den Zugriff auf einen kritischen Bereich durch Threads zu synchronisieren. Beide halten eine Referenz auf einen Mutex. Dabei ist `std::lock_guard` für den einfachen Einsatz ausgelegt, denn es bindet den Mutex in seinem Konstruktor und gibt ihn im Destruktor wieder frei, gemäß RAII-Idiom. Damit lässt sich die Race Condition aus Beispiel 4-1, in dem die Threads unkoordiniert auf die Konsole schreiben, einfach lösen.

## Definition: Race Condition

Eine *Race Condition*, oder auch *data race* (kritischer Wettlauf), ist eine Situation, in der mindestens zwei Threads versuchen, gleichzeitig eine gemeinsame Variable zu referenzieren, wobei mindestens einer der beiden Thread diese modifiziert. Damit hängt der Wert der Variablen vom Laufzeitverhalten der Threads ab.

Race Conditions sind schwer auffindbare Fehler, da eine leichte Modifikation des Programms dessen Verhalten vollständig verändern kann.

lockStdout.cpp

**Beispiel 4-5:** Koordiniertes Schreiben auf die Konsole

```
#include <iostream>
#include <mutex>
#include <string>
#include <thread>

std::mutex coutMutex;

void helloFunction(const std::string& s){

  // acquire lock
  std::lock_guard<std::mutex> guard(coutMutex);
  std::cout << s << std::endl;
```

**Beispiel 4-5:** Koordiniertes Schreiben auf die Konsole (Fortsetzung)

```
13
14 } // release lock automatically
15
16
17 class HelloFunctionObject{
18   public:
19     void operator()(const std::string& s) const {
20
21       // acquire lock
22       std::lock_guard<std::mutex> guard(coutMutex);
23       std::cout << s << std::endl;
24
25     } // release lock automatically
26 };
27
28
29 int main(){
30
31   std::cout << std::endl;
32
33   // thread executing helloFunction
34   std::thread t1(helloFunction,
                   "Hello C++11 from function.");
35
36   // thread executing HelloFunctionObject
37   HelloFunctionObject helloFunctionObject;
38   std::thread t2(helloFunctionObject,
                   "Hello C++11 from function object.");
39
40   // thread executing lambda function
41   std::thread t3([&]{std::lock_guard<std::mutex>
       guard(coutMutex);
       std::cout << "Hello C++11 from lambda function."
                 << std::endl;});
42
43   // ensure that t1, t2 and t3 have finished before main terminates
44   t1.join();
45   t2.join();
46   t3.join();
47
48   std::cout << std::endl;
49
50 }
```

Beispiel 4-5 wartet mit ein paar Neuheiten auf. So wird in Zeile 6 der coutMutex angelegt, der durch std::lock_guard sowohl von der Funktion (Zeile 11) als auch vom Funktionsobjekt (Zeile 22) und von der Lambda-Funktion (Zeile 41) verwendet wird. Diese Lambda-Funktion ist deutlich anspruchsvoller als alle bisher verwendeten anonymen Funktionen:

- []: Sie bindet den Aufrufkontext per Referenz [&], sodass im Rumpf des Funktionskörpers der Mutex coutMutex verwendet werden kann.
- (): Der optionale Argumentbereich () fehlt. Dies ist möglich, da die Lambda-Funktion kein Argument erwartet.
- {}: Ihr Funktionskörper besteht aus zwei Anweisungen.

Die Freigabe des Mutex geschieht automatisch, sodass die drei Aufrufe von `std::lock_guard` für das koordinierte Schreiben nach `std::cout` sorgen.

**Abbildung 4-2 ▶** Koordiniertes Schreiben der drei Threads nach std::cout

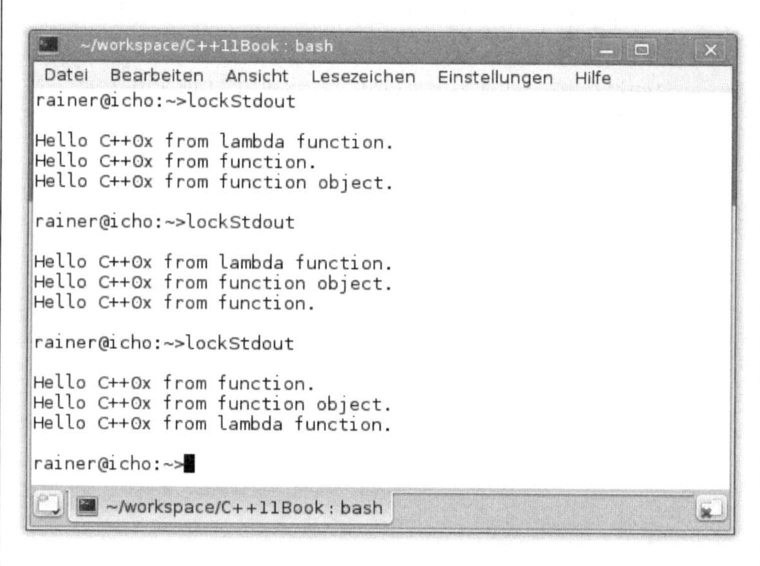


unique_lock

Der `std::lock_guard` besitzt aber nur eine sehr eingeschränkte Funktionalität. Reicht dieses einfache Interface nicht aus, sollte der `std::unique_lock` verwendet werden. Vereinfacht gesagt, besitzt dieser nicht mehr die strenge 1:1-Beziehung zu seinem Mutex wie `std::lock_guard`. Dieser Aufbruch der engen Assoziation zwischen dem Mutex und seinem Lock besitzt mächtige Auswirkungen auf den `std::unique_guard`. So lassen sich mit ihm Deadlocks elegant verhindern oder zeitliche Bedingungen mit Locks verknüpfen. Die genaueren Details folgen in Teil III, *Multithreading*, auf Seite 223.

Oft ist es nicht nötig, eine Variable während ihres gesamten Lebenszyklus zu schützen, stattdessen muss nur ihre geschützte Initialisierung sichergestellt werden.

## Sichere Initialisierung der Daten

Die einfachste Art, Daten geschützt zu initialisieren, sollte nicht vergessen werden, bevor die neuen C++11-Techniken folgen. Das Programm startet im Main-Thread. Daten, die in diesem initialisiert werden, solange noch kein Kind-Thread instanziiert wurde, werden zwangsläufig geschützt initialisiert.

C++11 kennt drei Arten, Variablen geschützt zu initialisieren. Dies sind:

1. Objekte, deren Konstruktor als konstante Ausdrücke (`constexpr`) definiert wurden.
2. Statische Variable mit Block-Gültigkeit.
3. `std::call_once` wird über eine Funktion und ein Flag `std::once_flag` parametrisiert; dabei stellt das Flag sicher, dass die Funktion nur einmal ausgeführt wird.

In Beispiel 4-6 sind alle drei Variationen der Initialisierung von Daten dargestellt.

**Beispiel 4-6:** Sichere Dateninitialisierung mit C++11 — threadingInitialization.cpp

```
#include <mutex>
#include <thread>

class MyClass{
  int i;
  public:

    constexpr MyClass():i(0){}
    MyClass(int i_):i(i_){}

};

void blockScope(){

  // statically initialized
  static MyClass myClass(1);

}

MyClass* myClass3=nullptr;

void createInstance(){

  myClass3=new MyClass(2);

}

```

**Beispiel 4-6:** Sichere Dateninitialisierung mit C++11 (Fortsetzung)

```
28
29 int main(){
30
31   // protected initialized, because of
32
33   // constexpr
34   MyClass myClass;
35
36   // block scope
37   blockScope();
38
39   // threading library functions
40   std::once_flag initFlag;
41   std::call_once(initFlag,createInstance);
42
43 }
```

Durch `constexpr` (Zeile 8) wird der Standardkonstruktoraufruf (Zeile 34) zur Übersetzungszeit ausgeführt. `myClass` (Zeile 16) ist eine statische Variable mit Block-Gültigkeit. In diesem Fall stellt der C++11-Compiler sicher, dass die Funktion nur einmal und atomar ausgeführt wird. Aber auch zur Laufzeit lässt sich eine Variable geschützt initialisieren. Die Funktion `createInstance` (Zeile 22) initialisiert mithilfe des Flags `initFlag` die Variable `myClass3` (Zeile 24) genau einmal.

Schutz von Daten ist aber nur notwendig, wenn diese von den Threads gemeinsam genutzt werden. Thread-lokale Daten verlangen keinen Schutz.

## Thread-lokale Daten

Durch das Schlüsselwort `thread_local` wird eine Thread-lokale Variable definiert. Jeder Thread besitzt eine Kopie der Variablen, die an die Lebenszeit des Threads gebunden ist.

Oft reicht es aber nicht aus, dass Threads koordiniert werden, stattdessen ist es notwendig, dass sie synchronisiert auf gemeinsam genutzten Daten arbeiten. Ein Thread kann mit seiner Arbeit erst beginnen, wenn ihm ein anderer Thread das entsprechende Signal sendet.

# Synchronisation von Threads

Für die Synchronisation von Threads sollen zwei Anforderungen erfüllt sein:

1. Die Zeit zwischen Arbeit aufnehmendem Thread (Arbeiter) und Signal sendendem Thread (Sender) soll möglichst kurz sein.
2. Das Warten des Arbeiters soll möglichst wenig CPU-Zeit verbrauchen.

Mit dem Lock `std::unique_lock`, der die zu bearbeitenden Daten schützt, der Methode `std::this_thread::sleep_for`, die einen Thread für eine angegebene Zeit schlafen legt, und der neuen Zeitmethode `std::chrono::milliseconds` stehen alle Bausteine bereit, um einen Thread zu implementieren, der durch einen anderen Thread aufgeweckt wird. Ein einfacher Wahrheitswert dient zur Synchronisation der Threads in Beispiel 4-7.

**Beispiel 4-7: Einfache Methode für einen Arbeiter-Thread**

```
01 std::mutex mutex_;
02 bool dataReady;
03
04 void waitingForWork(){
05
06   std::unique_lock<std::mutex> lck(mutex_);
07
08   while(!dataReady){
09
10     lck.unlock();
11     std::this_thread::sleep_for(
         std::chrono::milliseconds(50));
12     lck.lock(); // need the lock for the while test
13
14   }
15
16   doTheWork(); // require the lock
17
18 }
```

Über den Wahrheitswert `dataReady` signalisiert der Sender, dass die Daten bereit sind. Bevor der Arbeiter den Wahrheitswert prüft und gegebenenfalls seine Arbeit in `doTheWork` (Zeile 16) aufnimmt, setzt er den Lock mit `std::unique_lock` (Zeile 6). Sind die Daten nicht bereit, löst er den Lock, legt sich für 50 Millisekunden schlafen und setzt den Lock wieder, um `dataReady` (Zeile 8) zu testen.

Die Funktion `waitingForWork` (Zeile 4) erfüllt die zwei Anforderungen aber nicht optimal. Zwischen dem Senden des Signals und dem Zeitpunkt, an dem der Worker seine Arbeit aufnimmt, vergehen im Mittel 25 ms (50 ms geteilt durch 2). Zwar lässt sich die Schlafphase einfach verkürzen, indem die Konstante verkleinert wird, dies geht aber auf Kosten der CPU, denn das Sperren und Entsperren des Lock benötigt CPU-Ressourcen.

Beide Bedingungen – kurzes Warten und geringe CPU-Auslastung – lassen sich mit den neuen Bedingungsvariablen in C++11 einfach erfüllen (Beispiel 4-8):

conditionVariable.cpp

**Beispiel 4-8:** Sender- und Arbeiter-Thread

```
#include <iostream>
#include <condition_variable>
#include <mutex>
#include <thread>

std::mutex mutex_;
std::condition_variable condVar;

bool dataReady;

void doTheWork(){
  std::cout << "Processing shared data." << std::endl;
}

void waitingForWork(){

    std::cout << "Worker: Waiting for work." << std::endl;

    std::unique_lock<std::mutex> lck(mutex_);
    condVar.wait(lck,[]{return dataReady;});
    doTheWork();

    std::cout << "Work done." << std::endl;

}

void setDataReady(){

    std::cout << "Sender: Data is ready."  << std::endl;

    std::lock_guard<std::mutex> lck(mutex_);
    dataReady=true;
    condVar.notify_one();

}

int main(){
```

**Beispiel 4-8:** Sender- und Arbeiter-Thread (Fortsetzung)

```
38
39   std::cout << std::endl;
40
41   std::thread t1(waitingForWork);
42   std::thread t2(setDataReady);
43
44   t1.join();
45   t2.join();
46
47   std::cout << std::endl;
48
49 }
```

Thread `t1` verwendet die Funktion `setDataReady` (Zeile 27), um dem Thread `t2` zu signalisieren, dass die Daten bereit sind. Durch `condVar.notify_one` (Zeile 33) weckt er den Worker auf. `condVar.wait(lck,[]{return dataReady;}` (Zeile 20) sperrt den Lock, prüft mit der Lambda-Funktion, ob die Bedingung erfüllt ist, und arbeitet `doTheWork` (Zeile 21) ab.

Die Programmausgabe zeigt die Interaktion von Arbeiter und Sender.

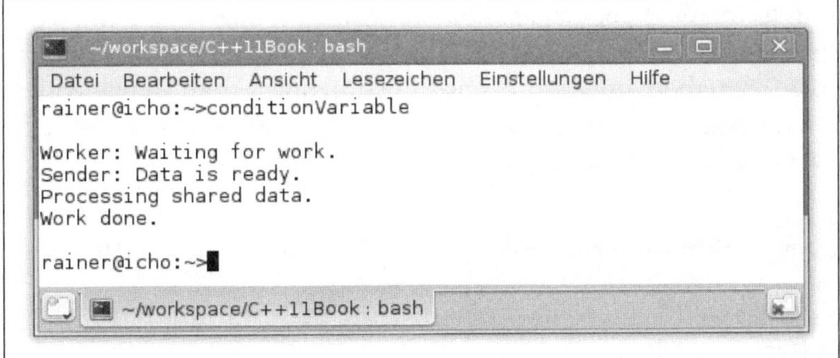


**◀ Abbildung 4-3**
Arbeiter- und Sender-Thread in Aktion

Neben `notify_one` kennt die Bedingungsvariable auch die Methode `notify_all`. Damit werden alle Threads, die gerade im Zustand *wait* sind, aufgeweckt.

Ob es die Basiswerkzeuge zum Erzeugen von Threads, zum Koordinieren von Threads wie Lock, zum Synchronisieren von Threads wie Bedingungsvariablen, Thread-lokale Daten oder auch atomare Datentypen waren – dies sind die einfachen Grundwerkzeuge, die jede Threading-Bibliothek mitbringen muss. Komfortabler wird der Umgang mit Threads aber erst, wenn nur die reine Funktionalität spezifiziert werden muss, die im Thread ausgeführt werden soll.

Alle anderen Aspekte rund um das Thread-Handling werden vom System abgenommen. Letztendlich will der Anwender nur das Ergebnis der Tasks abfragen.

Genau diese High-Level-API bietet C++11 mit den asynchronen Tasks.

## Asynchrone Aufgaben

Die asynchrone Funktionalität kam relativ spät in den neuen C++11-Standard. Eine asynchrone Aufgabe besteht aus zwei Komponenten:

Promise

- *Promise*: Produziert das Ergebnis in der Regel in einem anderen Thread.

Future

- *Future*: Fordert das Ergebnis des Promise an.

Das Programm in Beispiel 4-5 illustriert, wie viel Tipparbeit investiert werden muss, um drei Threads zu erzeugen, die Ausgaben der Threads nach `std::cout` zu koordinieren und letztendlich mittels `join` zu gewährleisten, dass die Threads ihre Aufgabe vollenden können. Da ein Thread keinen Wert zurückgeben kann, wurde `std::cout` als Ergebniskanal missbraucht. Soll das Programm darüber hinaus die Ergebnisse der Threads in einer definierten Reihenfolge schreiben, müssten wir noch Bedingungsvariablen anwenden. Damit wäre das Programm vollkommen serialisiert und vom Programmablauf einem Single-Threaded-Programm sehr ähnlich.

Ganz schön viel Aufwand. Das geht deutlich einfacher mit `std::async` zum Starten einer asynchronen Aufgabe (Beispiel 4-9).

asyncStdout.cpp

**Beispiel 4-9:** Asynchrone Tasks mit einer Funktion, einem Funktionsobjekt und einer Lambda-Funktion

```
#include <future>
#include <iostream>
#include <string>
std::string helloFunction(const std::string& s){
  return "Hello C++11 from " + s + ".";
}
class HelloFunctionObject{
  public:
```

**Beispiel 4-9:** Asynchrone Tasks mit einer Funktion, einem Funktionsobjekt und einer Lambda-Funktion (Fortsetzung)

```
14     std::string operator()(const std::string& s) const {
15
16       return "Hello C++11 from " + s + ".";
17
18     }
19 };
20
21 int main(){
22
23   std::cout << std::endl;
24
25   // future with function
26   auto futureFunction= std::async(helloFunction,"function");
27
28   // future with function object
29   HelloFunctionObject helloFunctionObject;
30   auto futureFunctionObject=
       std::async(helloFunctionObject,"function object");
31
32   // future with lambda function
33   auto futureLambda= std::async([](const std::string& s )
       {return "Hello C++11 from " + s + ".";},
       "lambda function");
34
35   std::cout << futureFunction.get() << "\n"
               << futureFunctionObject.get() << "\n"
               << futureLambda.get() << std::endl;
36
37   std::cout << std::endl;
38
39 }
```

Der Aufruf `std::async` lässt sich sowohl über eine Funktion (Zeile 26) als auch über ein Funktionsobjekt (Zeile 29) und eine Lambda-Funktion (Zeile 33) parametrisieren. Der Rückgabewert des Aufrufs, der vom expliziten Typ `std::future<std::string>` ist, wird durch das Schlüsselwort `auto` an die entsprechende Variable gebunden. Mit dem Future lässt sich das Ergebnis des asynchronen Tasks durch den `get`-Aufruf (Zeile 35) abholen. Der `get`-Aufruf eines Future ist blockierend.

Die Ausgabe ist mittlerweile vertraut.

**Abbildung 4-4** ▶ Asynchrone Ausgabe nach std::cout

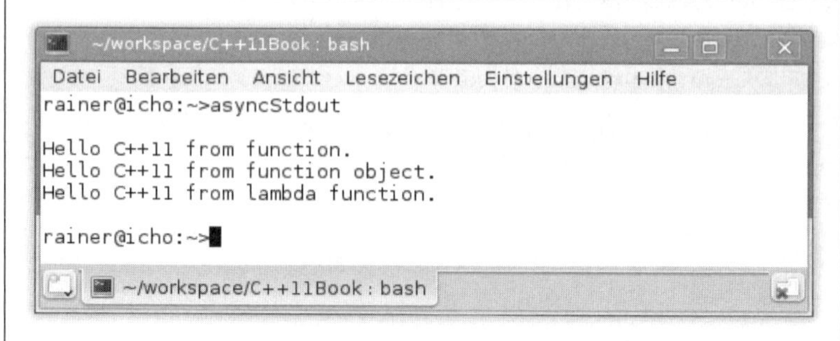


Noch ein paar Worte zu Futures und Promises, die Details folgen in Kapitel 18, *Asynchrone Aufgaben,* auf Seite 283.

Future

Im Gegensatz zu `std::future` aus Beispiel 4-9 bietet `std::shared_future` an, dass das Ergebnis mehrmals angefordert werden kann.

Promise

Neben dem automatischen Starten eines Tasks mit `std::async` ist dies in C++11 auch explizit mit der Funktion `std::thread` möglich. Dazu wird in Beispiel 4-10 ein Promise definiert. Über die `get_future`-Methode des Promise wird ein Future erzeugt und mit dem Promise verbunden. Der neue Thread erhält die Funktion `asyncFunc` und als Parameter den transferierten Promise: `std::move(intPromise)`. Das Ergebnis wird in gewohnter Weise durch den `get`-Aufruf des Future eingefordert.

**Beispiel 4-10:** Starten eines Promise

```
std::promise<int> intPromise;
std::future<int> intFuture = intPromise.get_future();
std::thread t(asyncFunc, std::move(intPromise));
int result = intFuture.get();
```

Die einzige Unbekannte in Beispiel 4-10 ist nur noch die Funktion `asyncFunc`.

**Beispiel 4-11:** Funktion mit Promise

```
void asyncFunc(std::promise<int>& intPromise){
  int result;
  try{
    intPromise.set_value(result);
  }
  catch (MyException e) {
    intPromise.set_exception(std::copy_exception(e));
  }
}
```

`asyncFunc` erhält als Argument den Promise. Über seine Methode `set_value` oder gegebenenfalls `set_exception` steht der Rückgabewert für den Future zu Verfügung.

Damit verlassen wir das Feld der neuen Multithreading-Funktionalität in C++11 und kommen zu all den Erweiterungen, die die Standardbibliothek mit sich bringt.

KAPITEL 5

# Die Standardbibliothek

**In diesem Kapitel:**

- Neue Bibliotheken
- Verbesserte Bibliotheken

Die meisten Erweiterungen der Standardbibliothek haben sich schon lange im Einsatz bewährt, sind sie doch aus dem Boost-Projekt (boost, 2011) hervorgegangen und dem Technical Report 1 (C++ Technical Report 1, 2011) 2005 als Ergänzung zum aktuellen C++-Standard hinzugefügt worden. Aber auch neue Komponenten kamen hinzu, und die Funktionalität der C++98-Bibliothek wurde an die mächtigere Kernfunktionalität von C++11 angepasst (Abbildung 5-1).

▼ **Abbildung 5-1**
Einflüsse auf die neue C++11-Standardbibliothek

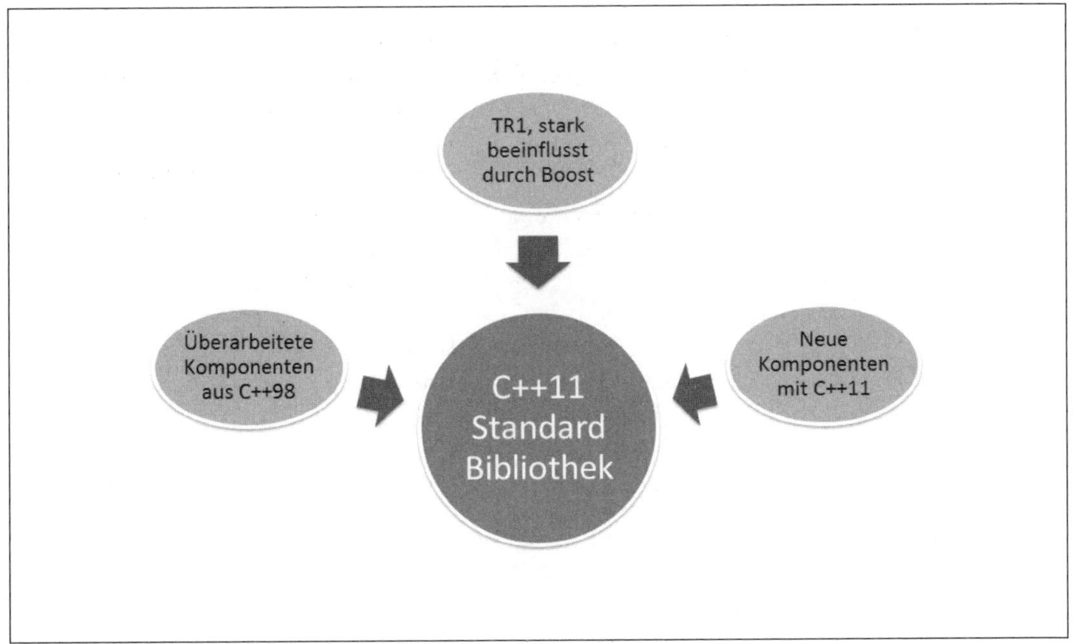

Die großen Highlights im Überblick:

TR1:

- Array
- Hashtabellen
- Reguläre Ausdrücke
- Smart Pointer (`shared_ptr`, `weak_ptr`)
- Tupel
- Type-Traits
- Zufallszahlen

Neue Komponenten in C++11:

- Algorithmen
- Multithreading
- Smart Pointer (`unique_ptr`)

Nach diesem kurzen historischen Abriss über die C++11-Standardbibliothek folgt die neue Funktionalität in kompakter Form. Zuerst stelle ich die neuen Bibliotheken dar und anschließend die Bibliotheken, die bestehende Konzepte von C++98 aufgreifen, erweitern und abrunden.

# Neue Bibliotheken

## Reguläre Ausdrücke

Die Motivation für eine Bibliothek für reguläre Ausdrücke ähnelt in gewisser Weise der der Multithreading-Bibliothek. Viele Plattformen haben proprietäre Erweiterungen, um mit regulären Ausdrücken zu arbeiten. In C++11 gibt es eine standardisierte Bibliothek. Die neue `regex`-Bibliothek bietet eine einheitliche Schnittstelle an, um reguläre Ausdrücke anzuwenden, sodass die resultierenden C++11-Programme per se portabel sind.

Drei Schritte

Der Umgang mit regulären Ausdrücken in C++11 erfolgt typischerweise in drei Schritten.

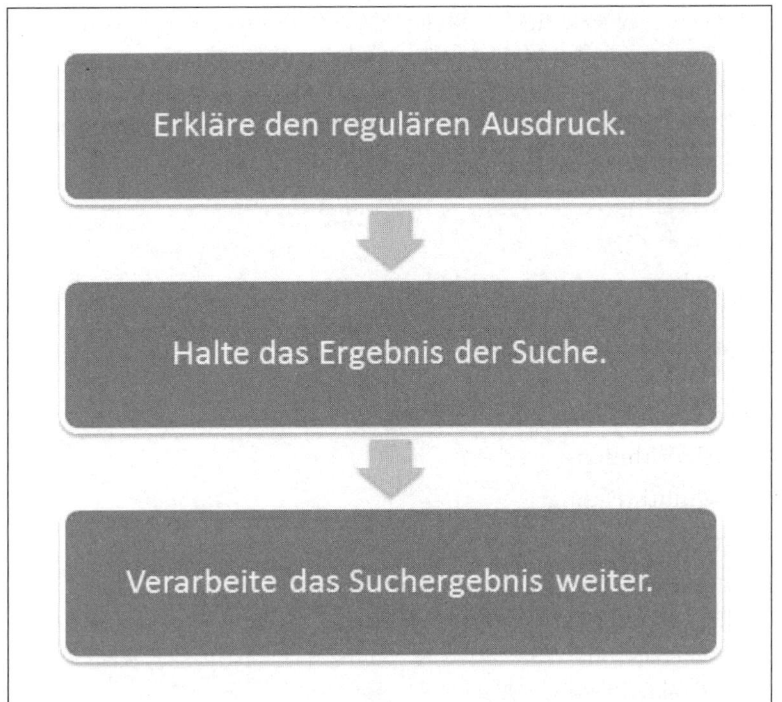


◀ **Abbildung 5-2**
Verarbeitung von regulären Ausdrücken in C++11

In Beispiel 5-1 sind diese drei Schritte exemplarisch dargestellt. `rgx` ist der reguläre Ausdruck, der mit dem Raw-String initialisiert wird. Dabei repräsentiert `\d+` eine Zahl, die aus mindestens einer Ziffer besteht. `smatch` soll das Ergebnis der Suche halten. Dieses Ergebnis wird durch die letzte Zeile angefordert. `smatch.prefix()` gibt als Ergebnis das Präfix »abc« zurück.

**Beispiel 5-1:** Typischer Umgang mit regulären Ausdrücken

```
std::regex rgx(std::string(R"(\d+)");
std::smatch smatch;
if (std::regex_search(std::string("abc1234"), smatch, rgx))
     std::cout << smatch.prefix();
```

Neben `regex_search` sind `regex_match` und `regex_replace` klassische Anwendungsfälle für reguläre Ausdrücke:

- `std::regex_match`: Prüft, ob der String dem regulären Ausdruck entspricht.
- `std::regex_search`: Sucht nach regulärem Ausdruck im Text.
- `std::regex_replace`: Ersetzt jedes Vorkommen des regulären Ausdrucks im Text.

In Beispiel 5-2 sind der regex_seach-Codeschnipsel aus Beispiel 5-1, aber auch regex_match und regex_replace im Einsatz.

regexNumber.cpp

**Beispiel 5-2:** std::regex_search, std::regex_match und std::regex_replace im Einsatz

```
01 #include <regex>
02
03 #include <iostream>
04 #include <string>
05
06 int main(){
07
08   std::cout << std::endl;
09
10   std::string text="abc1234def567";
11
12   std::string regExprStr(R"(\d+)");
13
14   // regular expression holder
15   std::regex rgx(regExprStr);
16
17   // looking for a total match
18   if (std::regex_match(std::string("1234"),rgx))
19     std::cout << regExprStr << " match 1234" << '\n';
20
21   // search result holder
22   std::smatch smatch;
23   // looking for a partial match
24   if (std::regex_search(text,smatch,rgx))
25     std::cout << "The first match of " << regExprStr
                << " after " << smatch.prefix() << " in "
                << text <<  '\n';
26
27   // replace the match
28   std::string result;
29   std::string replString{"ABC"};
30   std::regex_replace(back_inserter(result),
       text.begin(),text.end(),rgx,replString);
31   std::cout << "replace " << regExprStr << " in "
              << text << " with " << replString << ": "
              << result  << std::endl;
32
33   std::cout << std::endl;
34
35 }
```

std::regex_match (Zeile 18) kommt in diesem Anwendungsfall genauso wie std::regex_replace (Zeile 30) ohne ein Objekt aus, das das Ergebnis der Suche hält. Gerade der regex_replace-Ausdruck ist relativ anspruchsvoll zu lesen. Paraphrasiert lautet er: Ersetze im String von text.begin() bis text.end() alle Vorkommen des regulären Ausdrucks `rgx` mit `replString`, indem du das Ergebnis an den String `result` hinten anhängst: `back_inserter(result)`. In diesem konkreten Fall werden auch die nicht modifizierten Teilstrings von `text` mit hinten angehängt. Genau das zeigt die Ausgabe des Programms in Abbildung 5-3.

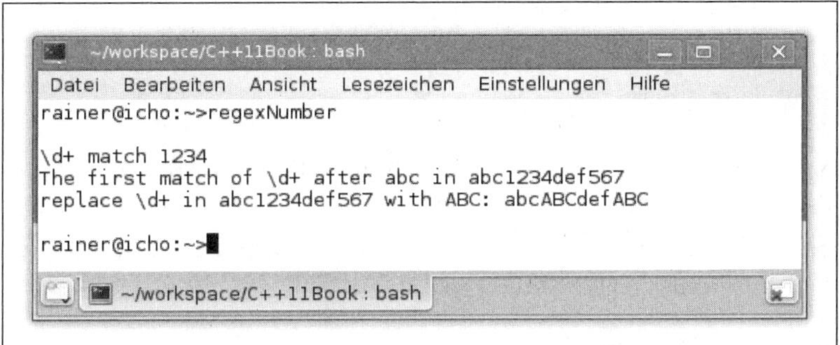


**Abbildung 5-3**
Ausgabe std::regex_search, std::regex_match und std::regex_replace

Mächtigkeit von regulären Ausdrücken

Die regulären Ausdrücke in C++11 können noch viel mehr. Dies sind ein paar Punkte, die in Kapitel 19 im Abschnitt »Reguläre Ausdrücke« auf Seite 303 unser Thema sein werden:

- Regular-Expression-Syntax
- Umgang mit anderen Zeichentypen als `char`
- Arbeiten mit Erfassungsgruppen
- Charakter- und Token-Ströme über Match-Objekten

Ein kleines Beispiel soll aber noch zum Abschluss folgen. Iteriere über die Zahlen (Tokens) eines Strings.

**Beispiel 5-3:** Iteriere über die Zahlen eines Strings

regexTokenStream.cpp

```
#include <regex>

#include <iostream>
#include <string>

int main(){

  std::cout << std::endl;

  // regular expression
  std::regex rgx(R"(\d+)");

  std::string str="C++98 ist der bis heute gültig C++
    Standard, sieht man von seiner kleinen technischen
    Korrektur 2003 (C++03), formal ISO/IEC 14882:2003, ab.";

  // define the iterator range
```

**Beispiel 5-3:** Iteriere über die Zahlen eines Strings (Fortsetzung)

```
16   std::sregex_token_iterator
       it(str.begin(),str.end(),rgx);
17   std::sregex_token_iterator end;
18
19   // iterate over the tokens
20   while (it != end) std::cout << *it++ << " ";
21
22   std::cout << "\n\n";
23
24 }
```

Der Sourcecode ist ungewöhnlich kompakt für C++. Das einzig Neue ist der Token-Iterator (Zeile 16), über den, mittels des regulären Ausdrucks parametrisiert, in der `while`-Schleife (Zeile 20) iteriert wird. Der Programmlauf gibt die natürlichen Zahlen aus.

**Abbildung 5-4** ▶ Ausgabe des Token-Stream-Iterators

Ist die Bibliothek für reguläre Ausdrücke sowohl für den Einsteiger als auch für den Profi von großem Nutzen, so war Template-Metaprogrammierung bisher dem C++-Profi vorbehalten. Das ändert sich aber mit der neuen Type-Traits-Bibliothek.

## Type-Traits

### Definition: Template-Metaprogrammierung

Ein Programm, das ein anderes Programm erzeugt, nennt sich Metaprogramm. Tut dies das Programm auch noch mit Templates, nennt sich diese Technik Template-Metaprogrammierung. Um zu unterstreichen, dass dieser Prozess zur Übersetzungszeit geschieht, ist auch der Ausdruck *static template metaprogramming* geläufig.

C++ ist eine Zwei-Level-Sprache, da der statische Code zur Übersetzungszeit, der resultierende Code zur Laufzeit ausgeführt wird.

## Wie funktioniert Template-Metaprogrammierung?

Bei der Template-Metaprogrammierung instanziiert der Compiler die Templates und erzeugt durch diesen Prozess den temporären C++-Sourcecode, der zusammen mit dem restlichen Sourcecode übersetzt wird.

Klassiker der Template-Metaprogrammierung

Ein Klassiker in der C++-Template-Metaprogrammierung sind Klassen-Templates, die zur Übersetzungszeit Charakteristiken eines Typs evaluieren. Das Programm *typeTraits.cpp* in Beispiel 5-4 evaluiert zur Übersetzungszeit, ob der abgefragte Typ eine Klasse darstellt, sodass das Ergebnis zur Laufzeit zur Verfügung steht.

**Beispiel 5-4:** Typauswertung zur Übersetzungszeit

typeTraits.cpp

```
#include <string>
#include <iostream>
#include <type_traits>

template<typename T>
class IsClass{
  private:

    typedef char One;
    typedef struct { char a[2]; } Two;

    template<typename C> static One test(int C::*);
    template<typename C> static Two test(...);

  public:
    static const bool Yes=
      sizeof(IsClass<T>::test<T>(0))==1;
    static const bool No= (!Yes);
};

int main(){

  std::cout << std::boolalpha << std::endl;

  // use IsClass
  std::cout << "IsClass<std::string>::Yes: "
            << IsClass<std::string>::Yes << std::endl;
  std::cout << "IsClass<std::string>::No: "
            << IsClass<std::string>::No << std::endl;
  std::cout << "IsClass<int>::Yes: " << IsClass<int>::Yes
            << std::endl;
  std::cout << "IsClass<int>::No: " << IsClass<int>::No
            << std::endl;

  std::cout << std::endl;

  // the C++11 functionality
```

**Beispiel 5-4:** Typauswertung zur Übersetzungszeit (Fortsetzung)

```
33   std::cout << "std::is_class<std::string>::value: "
               << std::is_class<std::string>::value
               << std::endl;
34   std::cout << "!(std::is_class<std::string>::value): "
               << !(std::is_class<std::string>::value)
               << std::endl;
35   std::cout << "std::is_class<int>::value: "
               << std::is_class<int>::value
               << std::endl;
36   std::cout << "!(std::is_class<int>::value): "
               << (!std::is_class<int>::value)
               << std::endl;
37
38   std::cout << std::endl;
39
40 }
```

Das Programm in Beispiel 5-4 ermittelt für die Datentypen `std::string` und `int`, dass `std::string` eine Klasse darstellt, der Built-in-Datentyp `int` aber nicht. Sowohl das Klassen-Template `IsClass` (Zeilen 25 bis 28) als auch die neue C++11-Funktionalität `std::is_class` (Zeilen 33 bis 36) bringen das erwartete Ergebnis.

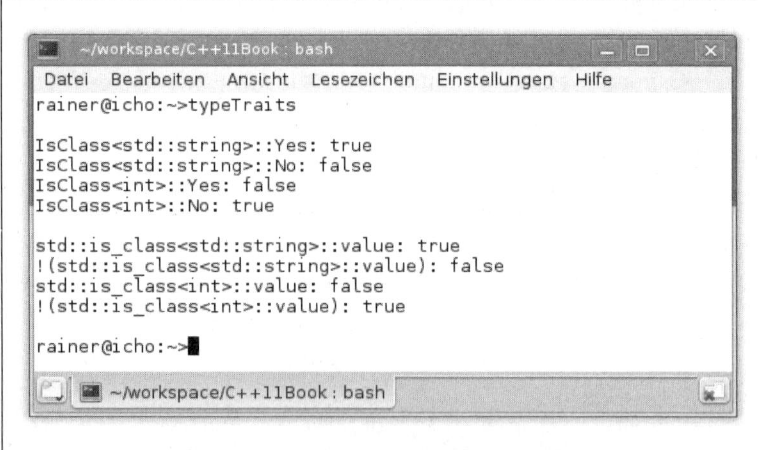


**Abbildung 5-5 ▶** Type-Traits zur Typermittlung

Magie der Template-Metaprogrammierung

Relativ schwierig zu verstehen ist das Klassen-Template `IsClass`, das über einen Typ parametrisiert wird. Die Magie der Template-Instanziierung ist aber schnell aufgedeckt. Dazu betrachten wir `IsClass<T>::Yes` für diese zwei Fälle:

1. Das Template-Argument T ist eine Klasse.
    1. IsClass<T>::test<T>(0) wird durch Template-Deduktion auf test(int C::*) abgebildet, denn (int C::*) ist ein Zeiger auf eine Methode, die int zurückgibt; diese Eigenschaft kann nur von Klassen erfüllt werden.
    2. Der Rückgabewert der test-Methode ist static One.
    3. sizeof(static One) == 1 ergibt true, sodass Yes auf true gesetzt wird.
2. Das Template-Argument T ist keine Klasse.
    1. IsClass<T>::test<T>(0) wird auf test (...) abgebildet, denn dieser fängt alle Datentypen auf, die nicht vom Typ (int C::*) sind.
    2. Der Rückgabewert der test-Methode ist static Two.
    3. sizeof(static Two) == 1 ergibt false, sodass Yes auf false gesetzt wird.

Neben Typabfragen sind mit der Type-Traits-Bibliothek Vergleiche und sogar Transformationen von Datentypen möglich. Dies sind für den fortgeschrittenen C++-Programmierer die Werkzeuge, um Algorithmen zu schreiben, die auf seinen Datentyp optimal angepasst sind.

Neu ist auch die Zufallszahlenbibliothek in C++11.

## Zufallszahlen

Zufallszahlen werden in vielen Bereichen in der Softwareentwicklung benötigt, sei es für das Testen von Software oder das Erzeugen von kryptografischen Schlüsseln.

Zufallszahlengenerator

Der Zufallszahlengenerator in C+11 besteht aus zwei Teilen: einem Generator, der einen Strom von Zufallszahlen erzeugt, und einer Verteilung, die die Werte in einem vorgegebenen Bereich verteilt. Die Verteilung wird über den Generator parametrisiert. Damit der Generator nicht jedes Mal mit der gleichen Zufallszahl startet und somit die gleiche Folge von Zufallszahlen erzeugt, wird der sogenannte seed benötigt.

Das Spiel kann beginnen:

**Abbildung 5-6** ▶
Zufallszahlen mit einem Würfel

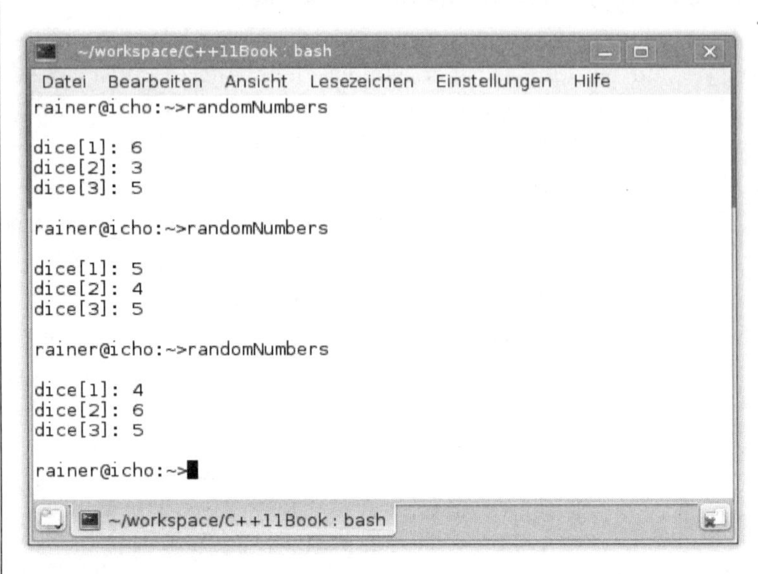


Das Programm dazu in Beispiel 5-5 ist kurz und bündig:

randomNumbers.cpp

**Beispiel 5-5:** Dreimal würfeln

```
#include <iostream>
#include <random>

int main(){

  std::cout << std::endl;

  std::random_device seed;

  // generator
  std::mt19937 engine(seed());

  // distribution
  std::uniform_int_distribution<int> six(1,6);

  for ( int i=1; i<= 3; ++i){
    std::cout << "dice["<< i << "]: " << six(engine)
              << std::endl;
  }

  std::cout << std::endl;

}
```

Mit dem seed-Aufruf (Zeile 11) wird in Beispiel 5-5 der Generator initialisiert. Dieser Generator wird an die Verteilung übergeben (Zeile 14), sodass der resultierende Zufallsgenerator (Zeile 17) auf Anfrage die Zufallszahlen produziert.

seed

Tiefere Einsichten in die Erzeugung von Zufallszahlen gibt es in Kapitel 19 im Abschnitt »Zufallszahlen« auf Seite 354. Dies umfasst vor allem die vielen verschiedenen Generatoren und Verteilungen, die C++11 von Hause aus mitbringt.

Ähnlich nützlich wie die Zufallszahlenbibliothek ist die neue Zeitbibliothek.

## Zeitbibliothek

Die C++11-Zeitbibliothek besteht aus drei Komponenten: einer Komponente für Zeitpunkte und einer für die Dauer zwischen Zeitpunkten sowie letztendlich dem Takt, in dem der Zeitpunkt gemessen wird.

◀ **Tabelle 5-1**
Komponenten der Zeitbibliothek

| Komponente | Klasse |
|---|---|
| **Zeitpunkt** | `std::chrono::time_point` |
| **Dauer** | `std::chrono::duration` |
| **Takt** | `std::chrono::system_clock`<br>`std::chrono::steady_clock`<br>`std::chrono::high_resolution_clock` |

Die Hauptmotivation für die Zeitbibliothek war die neue Multithreading-Funktionalität, in der Time-outs für Locks oder asynchrone Aufrufe in der Schlafperiode für Threads in eine relative oder absolute Zeit gesetzt werden können.

Für die einfache Performancemessung des Programms sind die Zeittools in Kombination mit auto sehr praktisch.

**Beispiel 5-6:** Einfache Performancemessung mit den Zeittools

```
auto begin = std::chrono::system_clock::now();
X yCopy(x);
auto end = std::chrono::system_clock::now() - begin;
std::cout << "copying takes "
          << std::chrono::duration<double>(end).count()
          << " seconds time\n";
```

In Beispiel 5-6 lässt sich die verstrichene Zeit für `X yCopy(x)` in Sekunden mit `std::chrono::duration<double>(end).count()` praktisch abfragen.

Praktisch ist eine gute Überleitung. Denn genau das ist ein Referenz-Wrapper.

## Referenz-Wrapper

Ein Referenz-Wrapper ist ein kopierkonstruierbarer und zuweisbarer Wrapper um ein Objekt vom Typ `T&`. Damit lösen Sie das bekannte Problem in C++, dass Referenzen nicht die notwendigen Eigenschaften für Standardcontainer mitbringen. Ein Ausdruck der Form `std::vector<int&>` quittiert der GCC-Compiler mit einer langen Fehlermeldung. Durch die Verwendung von `std::reference_wrapper<int>` in Beispiel 5-7 ist er aber möglich.

referenceWrapper.cpp

**Beispiel 5-7: Referenz-Wrapper im Standardcontainer Vektor**

```
01 #include <functional>
02 #include <iostream>
03 #include <vector>
04
05 int main(){
06
07   std::cout << std::endl;
08
09   // will not compile
10   //std::vector<int&> myIntRefVector;
11
12   int a= 0;
13   int b= 0;
14   int c= 0;
15
16   std::vector< std::reference_wrapper<int>> myIntRefVector=
      {std::ref(a),std::ref(b),std::ref(c)};
17
18   for (auto b: myIntRefVector ) std::cout << b << " ";
19
20   std::cout << std::endl;
21
22   // modify b and also myIntRefVec[1] !!!!
23   b=2011;
24
25   for (auto b: myIntRefVector ) std::cout << b << " ";
26
27   std::cout << "\n\n";
28
29 }
```

Mit der Initialisiererliste (Beispiel 5-7, Zeile 16) wird der Vektor mit dem Referenz-Wrapper über die drei natürlichen Zahlen initialisiert. `std::ref` und `std::cref` sind zwei Hilfsfunktionen, die einfach eine Referenz oder einen konstanten Referenz-Wrapper erzeugen. Der entscheidende Punkt befindet sich in Zeile 23, denn darin wird die Referenz von `b` auch im Container `myIntRefVector` modifiziert, sodass dessen Wert auf `2011` verändert wird.

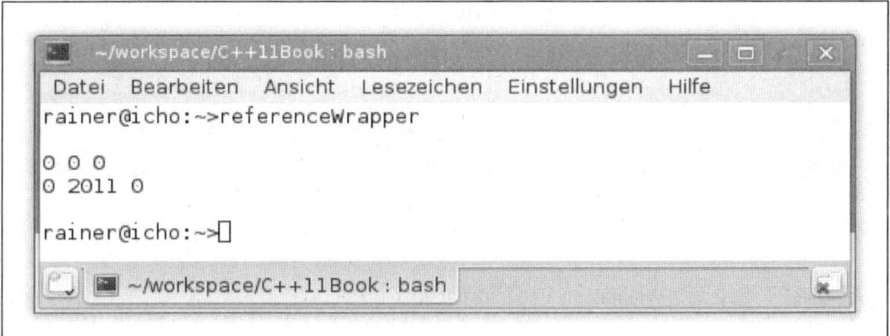


◀ **Abbildung 5-7**
Ein Vektor des Referenz-Wrappers

Damit verlassen wir das Gebiet der neuen Bibliotheken in C++11 und widmen uns den überarbeiteten C++11-Bibliotheken. Diese bieten bewährte C++-Funktionalität in generischer Form an. Sowohl der Novize als auch der Profi profitieren von diesen Erweiterungen – der Novize, da sich die Bibliotheken einfacher ansprechen lassen und daher deren Benutzung weniger fehleranfällig ist, der Profi, da das Laufzeitverhalten seines Programms insbesondere von den neuen Containern profitiert.

# Verbesserte Bibliotheken

Viele bewährte C++-Bibliotheken wurden in C++11 runderneuert. Dies betrifft die Smart Pointer, die neben dem C++-Smart-Pointer `std::auto_ptr` die neuen Smart Pointer `std::shared_ptr`, `std::weak_ptr` und `std::unique_ptr` enthalten. Dies betrifft die neuen Container, indem dem `std::pair` ein `std::tuple`, dem `std::vector` ein `std::array` und dem `std::map` ein `std::unordered_map` in C++11 gegenübergestellt wurden. Dies betrifft den C++11-Funktionsadapter `std::bind`, der die klassischen Funktionsadapter `std::bind1st` und `std::bind2nd` in C++ deutlich erweitert und dessen resultierende Objekte an `std::function` gebunden werden können.

## Smart Pointer

> ### Definition: Smart Pointer
>
> Smart Pointer oder auch intelligente Zeiger sind spezielle Zeiger, die als Wrapper Aufrufe transparent an die eingepackte Ressource weiterreichen und diese außerdem mit zusätzlicher Funktionalität ausstatten.
>
> Die C++- und C++11-Smart-Pointer verwalten den Lebenszyklus ihrer Ressource nach dem RAII-Idiom. Genaueres zum RAII-Idiom lässt sich im »Anhang« nachlesen.

shared_ptr, weak_ptr und unique_ptr

Die neuen Smart Pointer `std::shared_ptr` und `std::weak_ptr`, die schon lange in der Boost-Bibliothek (boost, 2011) im Einsatz sind, und der neue Smart Pointer `std::unique_ptr` gelten als eine, wenn nicht gar die wichtigste Erweiterung im neuen C++11-Standard. Diese drei erweitern deutlich die Funktionalität des klassischen `std::auto_ptr` und räumen mit seinen konzeptionellen Schwächen auf. Das ist der Grund dafür, dass dieser in C++11 als *deprecated* erklärt wird und stattdessen ein `std::unique_ptr` verwendet werden sollte. In der Tabelle 5-2 sind die wichtigsten Charakteristiken der Smart Pointer von C++11 zusammengefasst.

**Tabelle 5-2 ▶** Gegenüberstellung der Smart Pointer in C++

| Name | Im C++-Standard | Beschreibung |
|---|---|---|
| `std::auto_ptr` | C++98 | Besitzt eine Ressource exklusiv.<br>Wendet implizite (heimliche) Move-Semantik an. |
| `std::shared_ptr` | C++11 | Referenzzähler auf eine gemeinsam genutzte Ressource. |
| `std::weak_ptr` | C++11 | Hilft, zyklische Referenzen zu brechen. |
| `std::unique_ptr` | C++11 | Besitzt eine Ressource exklusiv.<br>Unterstützt keine implizite (heimliche) Move-Semantik. |

Aus welchem Grund wurde der `std::auto_ptr` als *deprecated* erklärt?

auto_ptr

Der `std::auto_ptr` besitzt zwei Eigenschaften, die leicht zu undefiniertem Verhalten des Programms führen:

- Beim Kopieren eines `std::auto_ptr` wird dessen Inhalt verschoben. Das Kopieren verändert somit die Quellressource.

- std::auto_ptr ist weder kopierkonstruierbar noch zuweisbar. Er kann also nicht in den Containern der STL verwendet werden.

Während der Compiler in der Regel bemerkt, wann ein std::auto_ptr in einem STL-Container verwendet wird, ist das implizite Verschieben der Ressource beim Kopieren eine häufige Fehlerquelle.

**Beispiel 5-8:** Kopieren eines std::auto_ptr

autoPtrCopy.cpp

```
#include <memory>

int main(){

  std::auto_ptr<int> auto1(new int(5));

  // implicit transfer of ownership
  std::auto_ptr<int> auto2(auto1);

  // undefined behaviour
  int a= *auto1;

}
```

Beispiel 5-8 bringt es auf den Punkt. In dem Ausdruck auto2(auto1) wird der Inhalt von auto1 nach auto2 verschoben (Abbildung 5-8).

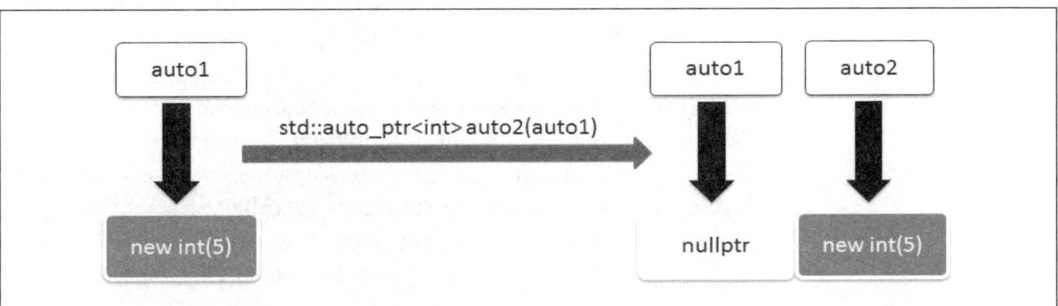


▼ **Abbildung 5-8**
Impliziertes Verschieben der Ressource durch std::auto_ptr

Interessant sind sowohl das Kompilieren als auch das Ausführen des Programms.

Der Compiler moniert die Verwendung von std::auto_ptr mit einer *deprecated*-Warnung.

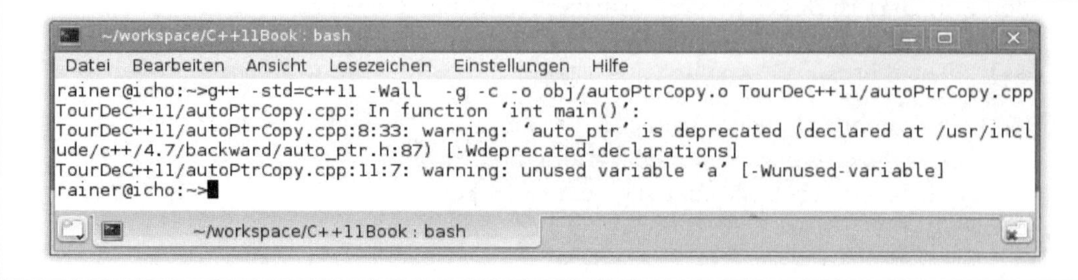


**Abbildung 5-9 ▲** deprecated-Warnung für std::auto_ptr

Das Ausführen des Programms führt zu einem Laufzeitfehler.

**Abbildung 5-10 ▶** Speicherzugriffsfehler durch Kopieren eines std::auto_ptr

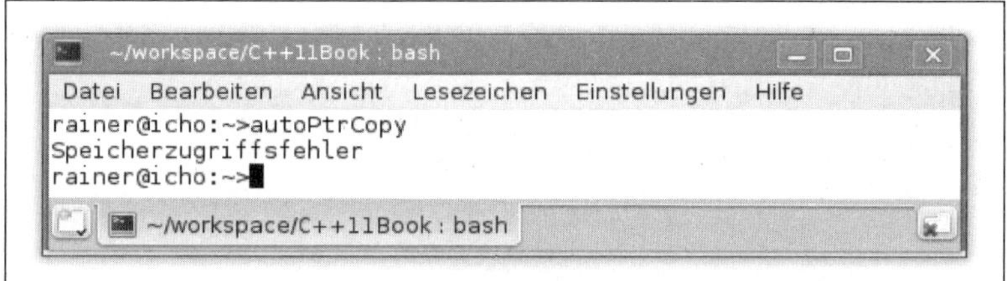


unique_ptr

Als der `std::auto_ptr` *deprecated* erklärt wurde, musste ein Ersatz geschaffen werden: der neue C++11-Smart-Pointer `std:unique_ptr`. Dieser ist nahezu aufrufkompatibel zum `std::auto_ptr` und besitzt auch seine Ressource exklusiv. Wenn der `std::unique_ptr` seine Gültigkeit verliert (*out of scope*), wird sein Destruktor aufgerufen und gleichzeitig die Ressource des `std::unique_ptr` zerstört. Im Gegensatz zum `std::auto_ptr` unterstützt der `std::unique_ptr` kein Kopieren, sondern nur das explizite Verschieben seiner Ressource durch die neue Funktion `std::move`. Das explizite Verschieben einer Ressource mit `std::unique_ptr` analog zum impliziten Kopieren einer Ressource mit `std::auto_ptr` (Beispiel 5-8) ist schnell implementiert.

uniquePtrMove.cpp

**Beispiel 5-9:** Explizites Transferieren einer Ressource mit std::move

```
#include <memory>

int main(){

  std::unique_ptr<int> unique1(new int(5));

  // explicit transfer of ownership
  std::unique_ptr<int> unique2(std::move(unique1));

}
```

In Abbildung 5-11 ist das explizite Transferieren der Ressource grafisch dargestellt.

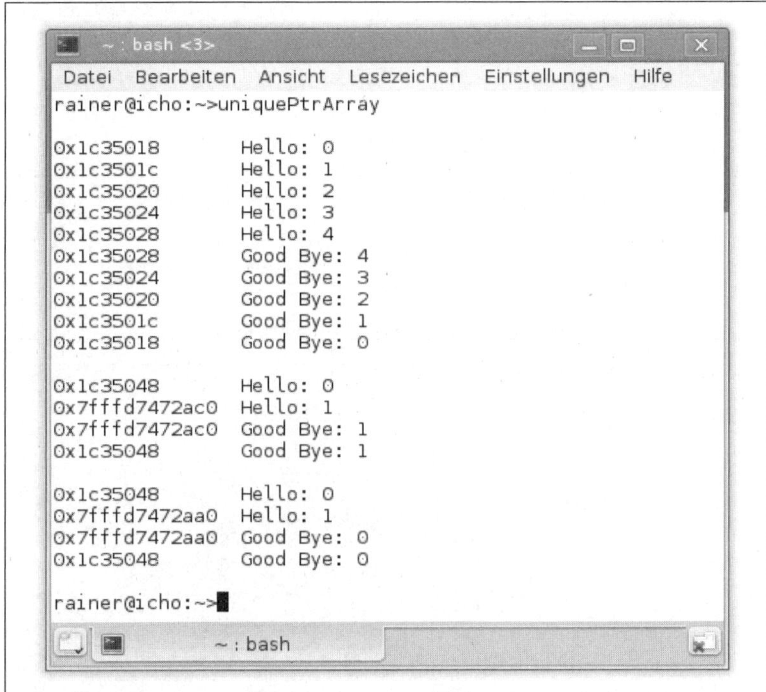


**◀ Abbildung 5-11** Explizites Transferieren einer Ressource mit std::move

shared_ptr

Während der `std::unique_ptr` eine 1:1-Beziehung zu seiner Ressource besitzt, ist der typische Einsatzbereich des `std:shared_ptr`, eine gemeinsame Ressource zu nutzen. Jeder `std::shared_ptr` besitzt einen Zeiger auf seine Ressource und den Referenzzähler. Wird nun ein `std::shared_ptr` kopiert, referenziert dieser sowohl die gemeinsame Ressource als auch den Referenzzähler. Beim Erzeugen eines `std::shared_ptr` wird dessen Referenzzähler auf 1 gesetzt. Beim Kopieren wird er um 1 inkrementiert, beim Löschen um 1 dekrementiert. Erreicht der Referenzzähler den Wert 0, führt dies zum automatischen Löschen der Ressource. Damit ist er kopierkonstruierbar und zuweisbar und kann in den Containern als STL-Bibliothek verwendet werden.

Abbildung 5-12 zeigt exemplarisch das Kopieren eines `std::shared_ptr`.

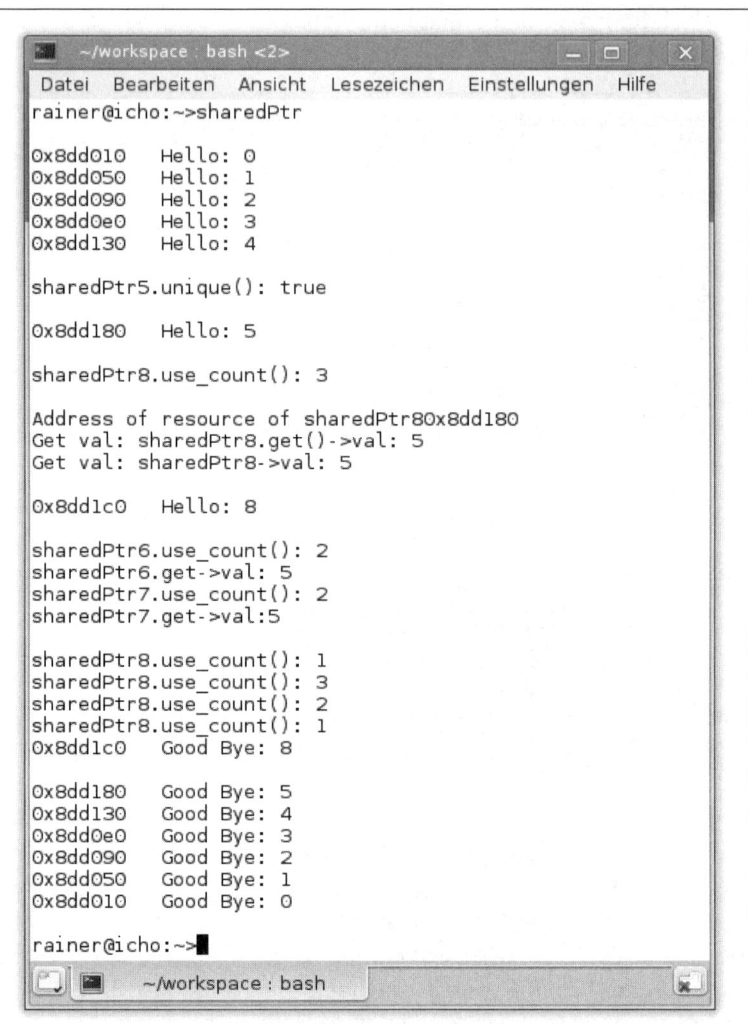


**Abbildung 5-12 ▶** Kopieren eines std:: shared_ptr

weak_ptr

Abgerundet wird die Funktionalität des `std::shared_ptr` durch den `std::weak_ptr`, denn dieser hilft, zyklische Referenzen von `std::shared_ptr` aufzubrechen. Der `std::weak_ptr` verändert nicht den Zähler auf die gemeinsam genutzte Ressource. Genau genommen ist der `std::weak_ptr` kein Smart Pointer, denn er bietet keinen transparenten Zugriff auf die Ressource an. Er verfügt nur über ein einfaches Interface auf eine Ressource, die von einem `std::shared_ptr` verwaltet wird. Um die Ressource eines `std::weak_ptr` zu adressieren, muss dieser zuerst gelockt werden, sodass anschließend über einen initialisierten `std:shared_ptr` auf dessen Ressource zugegriffen werden kann.

Beispiel 5-10 zeigt den einfachen Umgang mit `std:shared_ptr` und `std:weak_ptr`.

**Beispiel 5-10: Einfacher Umgang mit std::shared_ptr und std::weak_ptr** sharedWeakPtr.cpp

```
01 #include <iostream>
02 #include <memory>
03
04 int main(){
05
06   std::cout << std::endl;
07
08   std::shared_ptr<int> sharedPtr(new int(5));
09
10   std::cout << "sharedPtr.use_count(): "
              << sharedPtr.use_count() << std::endl;
11
12   // block scope
13   {
14     std::shared_ptr<int> localSharedPtr(sharedPtr);
15
16     std::cout << "localSharedPtr.use_count(): "
                 << localSharedPtr.use_count() << std::endl;
17
18   }
19   std::cout << "sharedPtr.use_count(): "
              <<  sharedPtr.use_count() << std::endl;
20
21   std::weak_ptr<int> weakPtr(sharedPtr);
22   std::cout << "sharedPtr.use_count(): "
              <<  sharedPtr.use_count() << std::endl;
23
24   // if block scope
25   if(std::shared_ptr<int> localSharedPtr = weakPtr.lock()){
26
27     std::cout << "localSharedPtr.use_count(): "
                 << localSharedPtr.use_count() << std::endl;
28   }
29
30   std::cout << "sharedPtr.use_count(): "
              <<  sharedPtr.use_count() << std::endl;
31
32   std::cout << std::endl;
33
34 }
```

Die Methode `use_count` des `std:shared_ptr` in Beispiel 5-10 gibt den Wert des Referenzzählers aus. In Zeile 8 wird der `sharedPtr` erzeugt. Der Referenzzähler besitzt den Wert 1. `localSharedPtr` (Zeile 14) erhöht den Referenzzähler um 1. Am Ende des lokalen Blocks verliert dieser seinen Gültigkeitsbereich, sodass er um 1 dekrementiert wird (Zeile 19). Der `weakPtr`, der über den `sharedPtr` initialisiert wird, erhöht nicht den Referenzzähler (Zeile 22). Wird die Ressource des `weakPtr` verwendet, um damit den `localSharedPtr` zu initialisieren, wird dessen Ressourcenzähler inkrementiert (Zeile 27).

Genau dieses Verhalten zeigt das Programm:

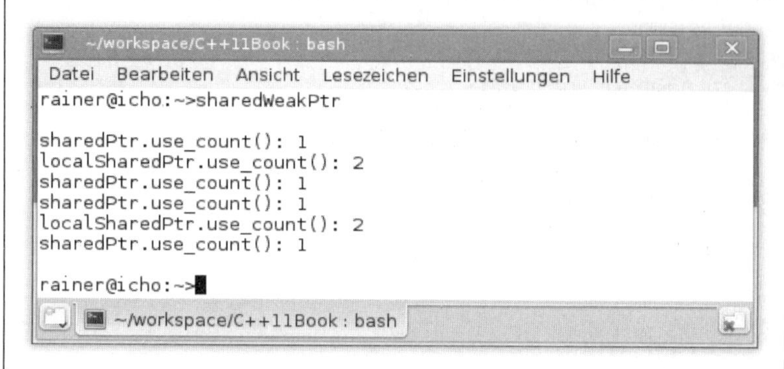


**Abbildung 5-13 ▶** Zusammenspiel der Referenzzähler von std:: shared_ptr und std:: weak_ptr

Neben dem Smart Pointer erweitern die neuen Container in C++11 die bestehenden C++-Container deutlich. Dies betrifft bei `std::tuple` dessen Mächtigkeit, da es im Gegensatz zu `std::pair` beliebig viele Argumente annehmen kann, dies betrifft bei `std::array` und den Hashtabellen deren Performance gegenüber den klassischen sequenziellen Containern oder assoziativen Arrays.

## Neue Container

### Tupel

tuple

`std::tuple` ist ein heterogener Container fester Länge. Er kann beliebig viele Argumente annehmen. Dies ist möglich, da `std::tuple` ein Variadic Template ist (siehe Kapitel 9, Abschnitt »Variadic Templates« auf Seite 177). Ein Tupel lässt sich über einen Konstruktoraufruf oder die Hilfsfunktion `std::make_tuple` einfach erzeugen. Die instanziierten Tupel können verglichen, gelesen und modifiziert werden (Beispiel 5-11).

tuple.cpp

**Beispiel 5-11:** Lesen, Schreiben und Modifizieren eines std::tuple

```
#include <iostream>
#include <string>
#include <tuple>

int main(){
```

**Beispiel 5-11:** Lesen, Schreiben und Modifizieren eines std::tuple (Fortsetzung)

```
06
07   std::cout << std::boolalpha << std::endl;
08
09   // create two tuples
10   std::tuple<std::string,int,float> tup1("first",3,4.17);
11   std::tuple<std::string,int,double> tup2=
       std::make_tuple("second",4,1.1);
12
13   // read the values
14   std::cout << "tup1: "
               << std::get<0>(tup1) << ","
               << std::get<1>(tup1) << ","
               << std::get<2>(tup1) << std::endl;
15   std::cout << "tup2: "
               << std::get<0>(tup2) << ","
               << std::get<1>(tup2) << ","
               << std::get<2>(tup2) << std::endl;
16
17   // compare them
18   std::cout << "tup1 < tup2: " << (tup1 < tup2)
               << std::endl;
19
20   std::cout << std::endl;
21
22   // modify a tuple value
23   std::get<0>(tup2)= "Second";
24
25   // read the values
26   std::cout << "tup1: "
               << std::get<0>(tup1) << ","
               << std::get<1>(tup1) << ","
               << std::get<2>(tup1) << std::endl;
27   std::cout << "tup2: "
               << std::get<0>(tup2) << ","
               << std::get<1>(tup2) << ","
               << std::get<2>(tup2) << std::endl;
28
29   // compare them
30   std::cout << "tup1 < tup2: " << (tup1 < tup2)
               << std::endl;
31
32   std::cout << std::endl;
33
34 }
```

Der umständliche Zugriff auf die Elemente des Tupels `std::get<0>(tup1)` (Zeile 14) ist der Tatsache geschuldet, dass get ein Template und der Index eine Compile-Zeitkonstante ist.

Abbildung 5-14 zeigt die Ausgabe des Programms.

**Abbildung 5-14 ▶** Vergleichen, Lesen und Schreiben von std::tuple

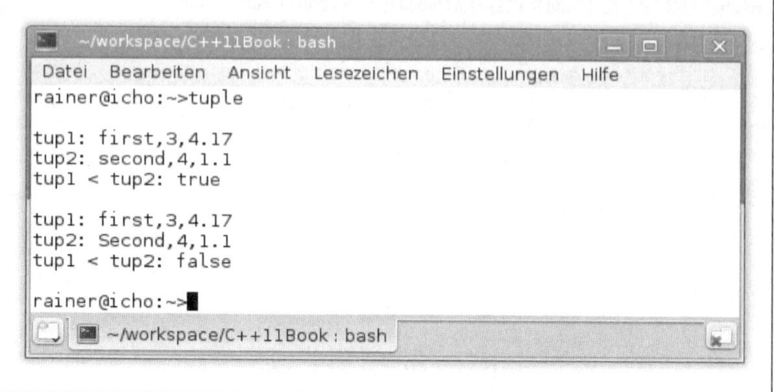


Dank auto geht das Definieren eines Tupels deutlich einfacher von der Hand.

```
auto tup= std::make_tuple("second",4,1.1,true,'a');
```

## Array

array

Der neue sequenzielle Container Array hat mit dem Tupel gemein, dass er eine feste Länge besitzt. `std::array` bietet das Laufzeitverhalten des C-Arrays mit der Schnittstelle des C++-Vektors an. Damit ist er STL-konform und kann deren Algorithmen verwenden (Beispiel 5-12).

array.cpp

**Beispiel 5-12:** std::array und std::for_each im Einsatz

```
#include <algorithm>
#include <array>
#include <iostream>


int main(){

  std::cout << std::endl;

  // output the array
  std::array <int,8> array{{1,2,3,4,5,6,7,8}};
  std::for_each( array1.begin(),array1.end(),
    [](int v){std::cout << v << " ";});

  std::cout << std::endl;

  // calculate the sum of the array by using a global variable
  int sum = 0;
  std::for_each(array1.begin(), array1.end(),
    [&sum](int v) { sum += v; });
  std::cout << "sum of array{1,2,3,4,5,6,7,8}: "
```

**Beispiel 5-12:** std::array und std::for_each im Einsatz (Fortsetzung)

```
              << sum << std::endl;
20
21    // change each array element to the second power
22    std::for_each(array1.begin(), array1.end(),
        [](int& v) { v=v*v; });
23    std::for_each( array1.begin(),array1.end(),
        [](int v){std::cout << v << " ";});
24    std::cout << std::endl;
25
26    std::cout << std::endl;
27
28 }
```

Zu der einfachen Arithmetik in Beispiel 5-12 noch ein paar Bemerkungen. Die Lambda-Funktion `[&sum](int v) { sum += v; }` (Zeile 19) bindet sich per Referenz an die globale Variable `sum`, die die Zahlen aufsummiert. Durch die Lambda-Funktion `[](int& v) { v=v*v; }` (Zeile 22) lassen sich die Elemente des Arrays direkt quadrieren, da die Argumente per Referenz adressiert werden. Nun fehlt nur noch die Ausgabe.

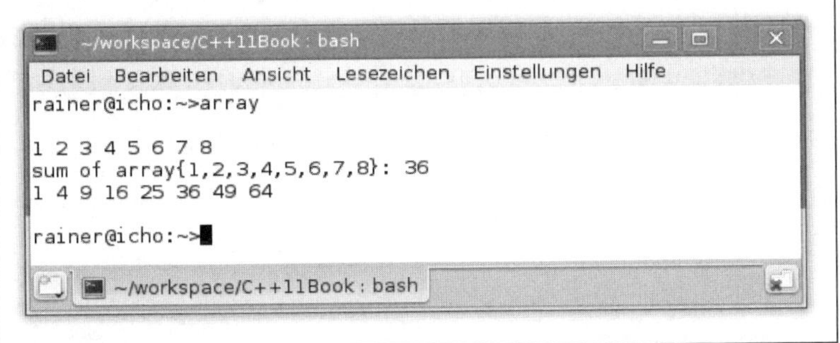


◀ **Abbildung 5-15**
Ein bisschen Arithmetik mit std::array und std::for_each

C-Array, C++-Vektor und C++11-Array

Tabelle 5-3 stellte die Charakteristiken der drei sequenziellen Datentypen C-Array, C++-Vektor und C++11-Array gegenüber.

◀ **Tabelle 5-3**
Vergleich der drei sequenziellen Datentypen

| Datentyp | Dynamische Größe | STL-konform | Kontinuierlicher Speicherbereich |
|---|---|---|---|
| **C-Array** | nein | nein | ja |
| **C++-Vektor** | ja | ja | ja |
| **C++11-Array** | nein | ja | ja |

## Einfach verkettete Liste

Der neue Container `std::forward_list` ist eine einfach verkettete Liste und kann nur vorwärts durchlaufen werden.

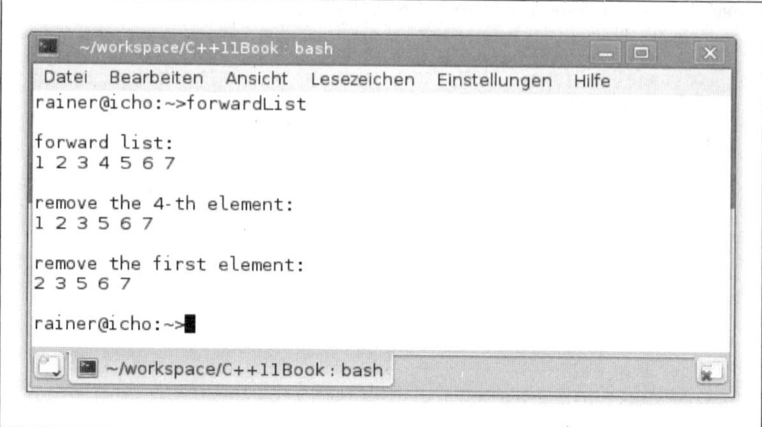


**Abbildung 5-16** ▶ Die einfach verkettete Liste std::forward_list

`std:forward_list` ist optimiert für schnelles Einfügen und Entfernen von Elementen, bietet aber keinen wahlfreien Zugriff auf seine Elemente an. Bedingt durch seine Struktur, besitzt sie ein eingeschränktes und eigenwilliges Interface und bricht mit bekannten Konventionen aus der Standard Template Library. So sucht man bei ihr beispielsweise vergeblich eine `size`- oder `push_back`-Methode.

Den einfachen Umgang mit der `std::forward_list` zeigt Beispiel 5-13.

forwardList.cpp

**Beispiel 5-13:** Hinzufügen in und Entfernen aus Elementen einer std::forward_list

```
#include <forward_list>
#include <iostream>

int main(){

  std::cout << std::endl;

  //std::forward_list<int> myForList{1,2,3,4,5,6,7};
  std::forward_list<int> myForList;
  myForList.push_front(7);
  myForList.push_front(6);
  myForList.push_front(5);
  myForList.push_front(4);
  myForList.push_front(3);
  myForList.push_front(2);
  myForList.push_front(1);

  std::cout << "forward list: " << std::endl;
  //for (auto f: myForList) std::cout << f << " ";
  for (auto It= myForList.cbegin();
       It != myForList.cend();++It) std::cout << *It << " ";
  std::cout << "\n\n";
```

**Beispiel 5-13:** Hinzufügen in und Entfernen aus Elementen einer std::forward_list (Fortsetzung)

```
22
23   std::cout << "remove the 4-th element: " << std::endl;
24   auto begin= myForList.begin();
25   begin++;
26   begin++;
27   myForList.erase_after(begin);
28
29   //for (auto f: myForList) std::cout << f << " ";
30   for (auto It= myForList.cbegin();
       It != myForList.cend();++It) std::cout << *It << " ";
31   std::cout << "\n\n";
32
33   std::cout << "remove the first element: " << std::endl;
34   myForList.erase_after(myForList.before_begin());
35
36   //for (auto f: myForList) std::cout << f << " ";
37   for (auto It= myForList.cbegin();
         It != myForList.cend();++It) std::cout << *It << " ";
38   std::cout << "\n";
39
40   std::cout << std::endl;
41
42 }
```

Das umständliche Initialisieren der `std::forward_list` in Beispiel 5-13 (Zeilen 10 bis 16) ist der Tatsache geschuldet, dass das Programm mit dem VC10-Compiler von Microsoft übersetzt wurde. VC10 unterstützt keine Initialisiererlisten (Zeile 8) und auch keine Range-basierte For-Schleife in den Zeilen 19, 29 und 36. Da die `std::forward_list` keinen wahlfreien Zugriff erlaubt, setzt das Entfernen eines Elements einen Iterator auf einem Element (Zeilen 27 und 34) voraus. `myForList.before_begin()` gibt einen Iterator vor dem ersten Element zurück. Abbildung 5-16 zeigt die Ausführung des Programms.

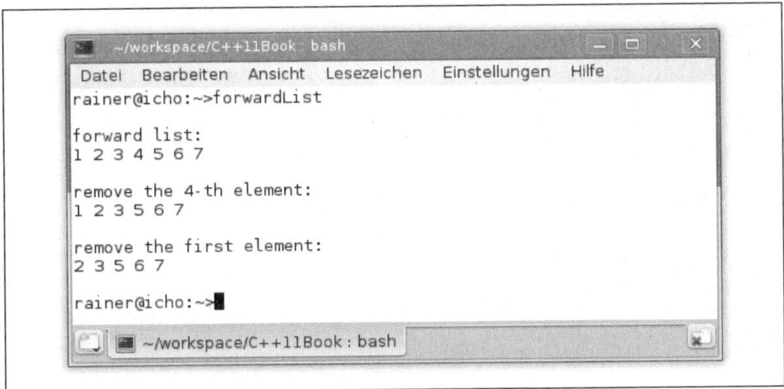


◀ **Abbildung 5-17**
Hinzufügen und Entfernen von Elementen aus einer std::forward_list

**Praxistipp** **Berücksichtigen Sie das spezielle Einsatzgebiet der forward_list.**

Sobald Sie einen Container benötigen, mit dem Sie wahlfrei auf dessen Elemente zugreifen können oder den Sie rückwärts durchlaufen wollen, sollten Sie über einen anderen Container nachdenken.

## Hashtabellen

Eines der im C++98-Standard am häufigsten vermissten Features sind Hashtabellen, auch unter dem Namen Dictionary oder assoziatives Array bekannt.

**Praxistipp** **Betrachten Sie ein assoziatives Array als eine Verallgemeinerung eines Arrays.**

Der einfachste Zugang zu einem assoziativen Array ist es meines Erachtens, dieses als ein verallgemeinertes Array zu betrachten. Die Verallgemeinerung besteht darin, dass nicht nur natürliche Zahlen als Indizes erlaubt sind. Ungewohnt ist dann einzig nur noch, dass die Indizes beim assoziativen Array Schlüssel genannt werden.

### Definition: Hashtabelle

Eine Hashtabelle ist eine Datenstruktur bestehend aus Schlüssel/Wert-Paaren, sodass jeder Wert über seinen assoziierten Schlüssel adressiert werden kann.

Die Schlüssel sind nicht sortiert.

C++ versus C++11 assoziative Arrays

Es wog aber nicht so schwer, dass es keine Hashtabellen in C++98 gab. Mit `std::map` und `std::set` bzw. `std::multimap` und `std::multiset` gibt es Datenstrukturen in C++98, die sich nahezu wie Hashtabellen verhalten, denn sie erlauben den schlüsselbasierten Zugriff auf ihre Elemente. Doch in zwei Punkten unterscheiden sie sich davon. Die klassischen Maps und Sets

1. besitzen eine Ordnung auf dem Schlüssel,
2. ermöglichen eine Zugriffszeit, die logarithmisch von der Anzahl der Schlüssel abhängt, während Hashtabellen konstante Zugriffszeit anbieten.

Aus diesem Grund stellten viele Compiler-Hersteller eigene Bibliotheken zur Verfügung. Damit waren die intuitiven Namen für die neuen C++11-Hashtabellen vergeben, und die C++11-Hashtabellen erhielten recht sperrige Namen:

- std::unordered_map
- std::unordered_set
- std::unordered_multimap
- std::unordered_multiset

Zwei Tabellen helfen, den Überblick über die acht Container zu behalten, die doch sehr ähnlich sind. Zuerst eine Gegenüberstellung der Container, die ein ähnliches Interface anbieten:

◀ **Tabelle 5-4**
Vergleich der assoziativen Container von C++98 und C++11

| C++98 | C++11 |
|---|---|
| std::map | std::unordered_map |
| std::set | std::unordered_set |
| std::multimap | std:unordered_multimap |
| std::multiset | std::unordered_multiset |

Die zweite Charakteristik der assoziativen Container lässt sich am besten als Frage formulieren:

1. Ist dem Schlüssel ein Wert zugeordnet, und
2. darf ein Schlüssel öfter als einmal vorkommen?

Exemplarisch wird dies anhand der neuen C++11-Container in Tabelle 5-5 dargestellt.

◀ **Tabelle 5-5**
Vergleich der assoziativen Container von C++11

| Assoziative Container | Ist dem Schlüssel ein Wert zugeordnet? | Darf ein Schlüssel öfter als einmal vorkommen? |
|---|---|---|
| std::unordered_map | ja | nein |
| std::unordered_set | nein | nein |
| std::unordered_multimap | ja | ja |
| std::unordered_multiset | nein | ja |

Der Einsatz der neuen assoziativen Container ist immer dann überlegenswert, wenn die Datenstruktur relativ groß ist und keine Ordnung auf den Schlüsseln benötigt wird. Der Umstieg von den alten auf die neuen assoziativen Container wird dadurch erleichtert, dass beide ein sehr ähnliches Interface anbieten (Beispiel 5-14).

**Beispiel 5-14:** Interface-Vergleich von std::map und std::unordered_map

unorderedMap.cpp

```
#include <iostream>
#include <map>
#include <unordered_map>
```

**Beispiel 5-14:** Interface-Vergleich von std::map und std::unordered_map (Fortsetzung)

```
int main(){
  std::cout << std::endl;
  // using the C++ map
  std::map<std::string,int> m {{"Dijkstra",1972},
    {"Scott",1976},{"Wilkes",1967},{"Hamming",1968}};
  m["Ritchie"] = 1983;
  for(auto p : m) std::cout << '{' << p.first << ','
                            << p.second << '}';
  std::cout << std::endl;
  // using the C++11 unordered_map
  std::unordered_map<std::string,int> um {{"Dijkstra",1972},
    {"Scott",1976},{"Wilkes",1967},{"Hamming",1968} };
  um["Ritchie"] = 1983;
  for(auto p : um) std::cout << '{' << p.first << ','
                             << p.second << '}';
  std::cout << std::endl;
  std::cout << std::endl;
}
```

Beispiel 5-14 zeigt, dass das Initialisieren, das Schreiben und das Lesen der Elemente von `std::map` und `std::unordered_map` der gleichen Syntax folgen. Lediglich bei der Ausgabe variiert es, denn die Schlüssel/Wert-Paare sind bei `std::map` nach den Schlüsseln aufsteigend sortiert.

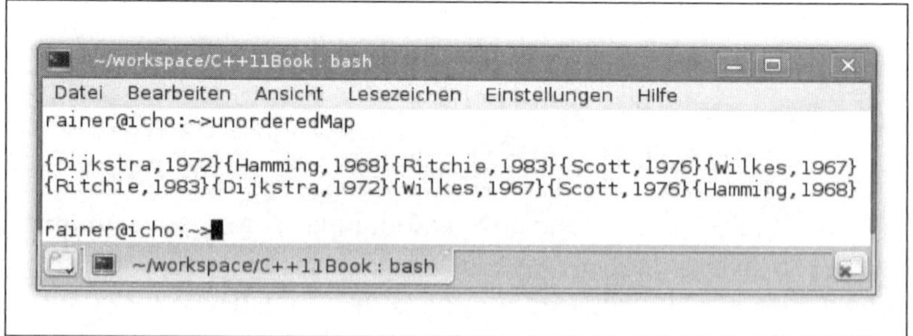


**Abbildung 5-18** ▶ std::map und std::unordered_map im Einsatz

## Neue Algorithmen

Zu den vielen bekannten bringt C++11 noch knapp 20 neue Algorithmen mit. Diese Algorithmen helfen, einfache logische Zusicherungen auf Bereichen zu verifizieren, Bereiche zu kopieren oder schnell neue Werte in einem Bereich zu erzeugen. Aber auch neue Algorithmen rund um Partitionen, rund ums Sortieren und rund um die Datenstruktur Heap stehen zur Verfügung.

`std::all_of`, `std::any_of` und `std::none_of` für die logische Zusicherung auf Bereichen, `std::copy_if` und `std::copy_n` als weitere Kopieralgorithmen, `std::iota` für das schnelle Erzeugen von Werten sind nur ein paar der neuen Algorithmen.

### Exkurs: Container und Algorithmen in der Standard Template Library

Die zwei zentralen Komponenten der Standard Template Library (STL) sind die Container und die Algorithmen. Container und Algorithmen sind disjunkt, denn mit der STL wird ein generischer und kein objektorientierter Ansatz verfolgt. Eine zentrale Idee der Objektorientierung ist es, dass in der Datenstruktur die für sie notwendigen Algorithmen gekapselt sind.

Die lockerere Bindung zwischen Containern und Algorithmen wird in der STL dadurch erreicht, dass die Container auf Bereichen definiert sind. Diese Bereiche werden durch zwei Iteratoren, einem Anfang und einem Ende, beschrieben. Der entscheidende Punkt ist nun, dass jeder Container den passenden Iterator auf Anfrage zur Verfügung stellt. Damit schließt sich die Lücke. Um die Algorithmen anzupassen, können die generischen Algorithmen mit Prädikaten oder auch aufrufbaren Einheiten weiter parametrisiert werden.

## bind und function

`std::bind` und `std::function` ergänzen sich ideal. Während `std::bind` neue Funktionsobjekte aus bestehenden Funktionsobjekten oder Funktionen erzeugt, indem es Argumente bindet und Platzhalter erklärt, kann `std::function` diesem Funktionsobjekt auf einfache Art und Weise einen Namen zuweisen, sodass ein aufrufbares Objekt entsteht.

bind `std::bind` erweitert die beiden C++98-Templates `std::bind1st` und `std::bind2nd`, die nur ein Argument binden können und dann auch nur das erste oder das zweite.

Das kann `std::bind` viel besser, denn es erlaubt:

- die Argumente an beliebiger Position zu binden,
- die Reihenfolge der Argumente umzustellen,
- Platzhalter für Argumente einzuführen,
- Funktionen nur teilweise zu evaluieren,
- das resultierende Funktionsobjekt direkt aufzurufen, in den Algorithmen der STL zu verwenden oder in `std::function` zu speichern.

function `std::function` nimmt die Funktionsobjekte von `std::bind` an und bindet sie unter einem neuen Namen. Damit können die resultierenden Funktionsobjekte wie gewöhnliche Werte kopiert oder auch als Callback verwendet werden.

Die Tour de C++11 ist beendet. Die nächsten drei Kapitel widmen sich den Details zum neuen C++11-Standard. Auf die Suche in die Breite folgt die in die Tiefe. Der Anspruch wird steigen.

# Teil II: Kernsprache

KAPITEL 6

# Usability

**In diesem Kapitel:**

- Die Range-basierte For-Schleife
- Automatische Typableitung
- Lambda-Funktionen
- Vereinheitlichte Initialisierung

Gebrauchstauglichkeit oder auch einfach Usability ist ein wichtiges Design-Ziel von C++11. Genau dieses Design-Ziel verfolgen die neuen Features Range-basierte For-Schleife, automatische Typableitung, Lambda-Funktionen und die vereinheitlichte Initialisierung, die Sie in diesem Kapitel genauer kennenlernen werden.

## Die Range-basierte For-Schleife

Jeder Datentyp, für den `begin()` und `end()` so definiert sind, dass er Iteratoren zurückgibt, unterstützt die Range-basierte For-Schleife. Das sind insbesondere alle STL-Container, `std::string`, die neuen Datentypen `std::array` und Initialisiererlisten.

In Kombination mit `auto` lässt sich so äußerst kompakt über einen Bereich (*range*) iterieren. auto

```
for (auto x : {1,2,3,5,8,13,21,34}) std::cout << x << " ";
```

Werden die Elemente des Bereichs per Referenz angenommen, können sie direkt modifiziert werden. In Kapitel 3, Abschnitt »Die Range-basierte For-Schleife« auf Seite 9, sind viele Anwendungsfälle für die Range-basierte For-Schleife zu finden.

Dabei ist ein Ausdruck der Form

```
for (iterVariable: expression) statement
```

im Wesentlichen äquivalent zu (Komitee, 2008):

```
{
  auto&& range= expression;
  for (auto begin= begin(range), end= end(range);
        begin != end; ++begin){
```

```
    iterVariable= *begin
    statement
  }
}
```

Mit der Range-basierten For-Schleife kann man durch einen String iterieren und ihn modifizieren (Beispiel 6-1).

forLoop.cpp

**Beispiel 6-1:** Range-basierte For-Schleife, auf einen String angewandt

```
01 #include <cctype>
02 #include <iostream>
03 #include <string>
04
05 int main(){
06
07   std::cout << std::endl;
08
09   // initial string
10   std::string testStr{"Only for Testing Purpose."};
11   for (auto c: testStr) std::cout << c;
12   std::cout << std::endl;
13
14   // each character upper
15   for (auto& c: testStr) c=std::toupper(c);
16   for (auto c: testStr) std::cout << c;
17   std::cout << std::endl;
18
19   // switch each character from upper to lower case and vice versa
20   testStr= {"Only for Testing Purpose."};
21   for (auto& c: testStr) c=
       std::isupper(c)? std::tolower(c): std::toupper(c);
22   for (auto c: testStr) std::cout << c;
23   std::cout << std::endl;
24
25   std::cout << std::endl;
26
27 }
```

In Beispiel 6-1 wird die neue For-Schleife sowohl für die Ausgabe (Zeile 11) als auch für die Modifikation des Strings (Zeilen 15 und 21) verwendet. Dabei gibt der ternäre Ausdruck in Zeile 21 den Groß- oder Kleinbuchstaben des Zeichens `c` abhängig davon zurück, ob das Prädikat `std::isupper(c)` zu wahr oder falsch evaluiert.

Die Ausgabe zeigt den Original-String, den String in Großbuchstaben und den String, bei dem alle Groß- zu Kleinbuchstaben und Klein- zu Großbuchstaben werden.

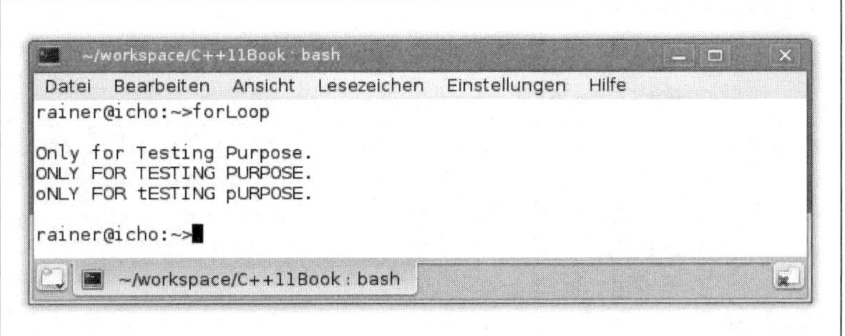


◀ **Abbildung 6-1**
Modifikation eines std::string mit der Range-basierten For-Schleife

## Aufgabe 6-1

myVec.cpp
myVecSolution.cpp

Implementieren Sie einen Container, der in einer Range-basierten For-Schleife verwendet werden kann.

Der Datentyp `MyVec` soll eine einfache Hülle um einen `std::vector` sein und in einer Range-basierten For-Schleife die Elemente des `std::vector` ausgeben. Dazu muss er die Methoden `begin()` und `end()` anbieten, die Iteratoren zurückgeben.

Als Ausgangsbasis soll Beispiel 6-2 dienen.

**Beispiel 6-2:** MyVec als Hülle um std::vector

```
#include <initializer_list>
#include <iostream>
#include <vector>

template <typename T>
class MyVec{
public:
  MyVec(std::initializer_list<T> ele): vec(ele){};

private:
  std::vector<T> vec;

};

int main(){

  MyVec<int> myVec{1,2,3,4,5};

  // that should work
  //for (auto m : myVec) std::cout << m << std::endl;

}
```

incrementListForLoop.cpp

### Aufgabe 6-2

Inkrementieren Sie in einem sequenziellen Container den Wert jedes Elements.

Ihre Liste `std::list<int>` besitzt 20 Elemente mit den Werten 0. Inkrementieren Sie die Werte der Liste sukzessive um 1, sodass die Liste die Werte von 1 bis 20 enthält. Geben Sie die modifizierten Werte der Liste aus.

compRangeForEach.cpp

### Aufgabe 6-3

Vergleichen Sie die Range-basierte For-Schleife mit dem STL-Algorithmus `std::for_each`.

Iterieren Sie dazu über einen Container der Zahlen von 1 bis 10 und ersetzen Sie jede Zahl durch ihr Quadrat. Lösen Sie die Aufgabe mit der Range-basierten For-Schleife und dem STL-Algorithmus `std::for_each`. Geben Sie zur Kontrolle die veränderten Container aus.

# Automatische Typableitung

## auto

Das neue Schlüsselwort `auto` ist in Teil I, *Tour de C++11*, eingeführt und häufig angewandt worden. Was noch fehlt, sind die Details.

Direkte und Kopierinitialisierung

Sowohl die direkte als auch die Kopierinitialisierung ist mit `auto` erlaubt und erzeugt den gleichen Datentyp:

```
auto myIntDirect(1);
auto myIntCopy= 1;
```

Deklaration mehrerer Variablen

Solange jede Initialisierung den gleichen Typ ergibt, kann `auto` verwendet werden, um mehrere Variablen zu definieren.

```
double d= 5.5;
auto f= 5.0, *pf= &f, *pd= &d;
```

Der kurze Codeschnipsel erklärt eine Variable `f` vom Typ `double` und zwei Zeiger `pf` und `pd` auf Variablen vom Typ `double`. In der Typdefinition mit mehreren Variablen setze ich explizit voraus, dass der Ausdruck von links nach rechts verarbeitet wird.

Automatische Typableitung in Funktions-Templates

Automatische Typableitung mit `auto` ist in C++ kein neues Feature. Das Ableiten der Parameter von Funktions-Templates ist schon lange im Einsatz und folgt den gleichen Regeln wie `auto`.

**Beispiel 6-3:** Gegenüberstellung von auto und Funktions-Templates

```
01 template <typename T>
02 void myFunc(T var);
03 ...
04 myFunc(expression);
05 auto var= expression;
```

So wie das Argument `expression` in Zeile 4 den Typ von `var` in Zeile 2 bestimmt, so bestimmt ihn `expression` für `auto var` in Zeile 5.

Der Typ der automatisch abgeleiteten Variablen kann durch eine Referenz und einen Zeiger, aber auch durch die Bezeichner `const`, `volatile` und `static` explizit angegeben werden.

**Beispiel 6-4:** Referenzen, Zeiger, const-, volatile- und static-Bezeichner im Zusammenspiel mit auto

auto.cpp

```
01 #include <vector>
02
03 int func(int){ return 2011; }
04
05 int main(){
06
07   auto i= 5;
08   auto& intRef=i;              // int&
09   auto* intPoint= &i;          // int*
10   const auto constInt= i;      // const int
11   volatile auto volInt=i;      // volatile int
12   static auto staticInt= 10;   // static int
13
14   const std::vector<int> myVec;
15   auto vec = myVec;            // std::vector<int>
16   auto& vecRef = vec;          // const std::vector<int>&
17
18   int myData[10];
19   auto v3 = myData;            // int*
20   auto& v4 = myData;           // int (&)[10]
21
22   auto myFunc= func;           // func*
23   auto& myFuncRef= func;       // (int)(*)(int)
24
25 }
```

In Beispiel 6-4 sind verschiedene Kombinationen des neuen Schlüsselworts `auto` mit Referenzen und Zeigern, aber auch mit konstanten, volatilen und statischen Datentypen zu sehen. Der resultierende Datentyp folgt im Kommentar.

Implizite Konvertierung

In den Beispielen gelten die Regeln entsprechend der Typableitung in Funktions-Templates. Nur wenn die Variable als Referenz erklärt wird, wird `vecRef` zur Referenz (Zeilen 15 und 16). Die implizite Typkonvertierung (*decay to pointer*) von einem Array auf einen Zeiger auf einen Datentyp `int` (Zeile 19) oder von einer Funktion auf einen Zeiger auf eine Funktion (Zeile 22) kann nur durch eine Referenz (Zeilen 20 und 23) verhindert werden.

autoExplicit.cpp
autoExplicitSolution.cpp

## Aufgabe 6-4

Die automatische Typableitung mit `auto` ist das wohl am häufigsten verwendete Feature aus C++11 in diesem Buch.

In dem kleinen Programm in Beispiel 6-5 wird `auto` exzessiv eingesetzt.

**Beispiel 6-5:** Automatische Typableitung mit auto

```
#include <chrono>
#include <future>
#include <map>
#include <string>
#include <tuple>
#include <utility>

int main(){

  auto myInts={1,2,3};
  auto myIntBegin= myInts.begin();

  std::map<int,std::string> myMap=
          {{1,std::string("one")},{2,std::string("two")}};
  auto myMapBegin= myMap.begin();

  auto func= [](const std::string& a){ return a;};

  auto futureLambda= std::async([](const std::string& s)
                     {return std::string("Hello ") + s;},
                     std::string("lambda function."));

  auto begin = std::chrono::system_clock::now();

  auto pa= std::make_pair(1,std::string("second"));

  auto tup= std::make_tuple
         (std::string("second"),4,1.1,true,'a');

}
```

Schreiben Sie das Programm um, indem alle Verwendungen von `auto` durch den expliziten Typ ersetzt werden. Stellen Sie durch die Übersetzung des Programms sicher, dass die richtigen Typen zum Einsatz kommen. Beachten Sie dabei die zusätzlich benötigten Header-Dateien.

## Aufgabe 6-5

invokeFunction.cpp
invokeFunctionSolution.cpp

Funktionsparameter dürfen nicht als auto deklariert werden.

auto kann fast überall eingesetzt werden, um den Typ aus der Initialisierung automatisch abzuleiten. Zwar ist es in Zeile 16 in Beispiel 6-5 möglich, einen Funktionsaufruf durch eine Lambda-Funktion zu definieren, aber Beispiel 6-6 lässt sich nicht übersetzen.

**Beispiel 6-6:** Verwendung von auto in der Funktionsdeklaration

```
#include <iostream>
#include <string>

void invokeFunction(auto func){
  std::cout << "I'm a " << func() << "." << std::endl;
}

std::string myFunction(){
  return "function";
}

struct MyFunctionObject{
  std::string operator()(){
    return "function object";
  }
};

int main(){

  invokeFunction([]{ return "lambda function";});

  invokeFunction(&myFunction);

  invokeFunction(MyFunctionObject());

}
```

Der aktuelle GCC-Compiler moniert das sofort (Abbildung 6-2).

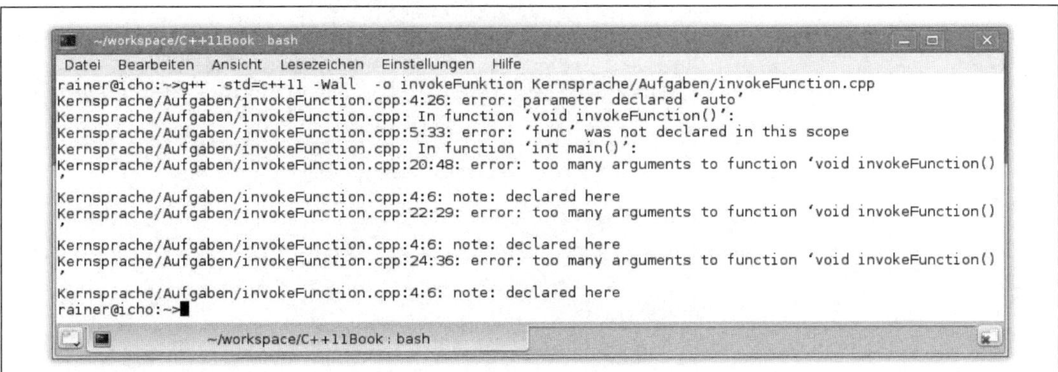


▼ **Abbildung 6-2**
Verwendung von auto in der Funktionsdeklaration

Wie lässt sich das Programm übersetzen und ausführen?

Neben auto kann der in Teil I, *Tour de C++11*, vorgestellte Operator decltype verwendet werden, um den Typ eines Ausdrucks zur Übersetzungszeit zu bestimmen.

## decltype

decltype wortreicher als auto

Verwenden wir das Beispiel 6-4 und ergänzen es um die entsprechenden decltype-Anweisungen, fällt auf den ersten Blick auf, dass decltype deutlich wortreicher ist (Beispiel 6-7).

decltype.cpp

**Beispiel 6-7:** Vergleich decltype und auto

```
#include <vector>

int func(int){ return 1; }

int main(){

  auto i= 5;                                // int
  decltype(i) iD= i;                        // int

  auto& intRef=i;                           // int&
  decltype(intRef) intRefD= intRef;         // int&

  auto* intPoint= &i;                       // int*
  decltype(intPoint) intPointD= intPoint;   // int*

  const auto constInt= i;                   // const int
  decltype(constInt) constIntD= constInt;   // const int

  volatile auto volInt=i;                   // volatile int
  decltype(volInt) volIntD= volInt;         // volatile int

  static auto staticInt= 10;                // static int
  decltype(staticInt) staticIntD= staticInt;// static int

  const std::vector<int> myVec;

  auto vec = myVec;                    // std::vector<int>
  decltype(vec) vecD= vec;             //const std::vector<int>&

  auto& vecRef = vec;                  //const std::vector<int>&
  decltype(vecRef) vecRefD= vecRef;//const std::vector<int>&

  int myData[10];

  auto v1 = myData;                         // int*
  decltype(v1) v1D= v1;                     // int (&)[10]

```

**Beispiel 6-7:** Vergleich decltype und auto (Fortsetzung)

```
38   auto& v2 = myData;                        // int (&)[10]
39   decltype(v2) v2D= v2;                     // int (&)[10]
40
41   auto myFunc= func;                        // func*
42   decltype(myFunc) myFuncD= myFunc;         // (int)(*)(int)
43
44   auto& myFuncRef= func;                    // (int)(*)(int)
45   decltype(myFuncRef) myFuncRefD= myFuncRef;// (int)(*)(int)
46
47 }
```

Auf den zweiten Blick ist das Bild schon deutlich differenzierter. Der Typ, den `decltype` zurückgibt, ist der deklarierte Typ (*declared type*). Hieraus leitet sich auch der Name des Operators `decltype` ab. Daher ist es weder notwendig, Referenzen oder Zeiger bzw. die Bezeichner `const`, `volatile` und `static` wie bei `auto` explizit zu spezifizieren, noch ist es nötig, den Vektor (Zeile 20), das Array (Zeile 26) und die Funktion (Zeile 3) per Referenz anzunehmen, um eine implizite Konvertierung wie bei `auto` zu verhindern.

Automatischer Rückgabetyp

Das Alleinstellungsmerkmal von `decltype` fehlt noch. Durch `decltype` ist es möglich, den Rückgabewert von Funktions-Templates automatisch bestimmen zu lassen. In C++ wurde dieses Problem gern über Promotion Traits (siehe Anhang E, *Promotion Trait,* auf Seite 495) gelöst.

**Praxistipp** **Ziehen Sie im Zweifelsfall auto decltype vor.**

Während `auto` für den einfachen Gebrauch ausgelegt ist, ist `decltype` das Werkzeug für den Template-Autor.

Bevor wir uns aber einem klassischen Problem der Template-Programmierung widmen, sollten wir uns zunächst die neue, alternative Funktionssyntax anschauen.

## Alternative Funktionssyntax

Eine Funktion der Form wie in Beispiel 6-8

**Beispiel 6-8:** Klassische Funktionsdefinition

```
int add(int a, int b){
  return a+b;
}
```

lässt sich nun in einer alternativen Syntax (Beispiel 6-9) definieren:

**Beispiel 6-9:** Alternative, neue Funktionsdefinition

```
auto add(int a, int b) -> int{
  return a+b;
}
```

Anlehnung an die Mathematik

Wird der Rückgabetyp in der klassischen Funktionsdeklaration zuerst angegeben, folgt er nur nach der Funktionssignatur und wird mit einem -> eingeleitet. Die Syntax mag an die Funktionsdeklaration in der Mathematik oder auch an Haskell erinnern. Dies ist nicht das Entscheidende. Entscheidend ist, dass a und b zu dem späten Zeitpunkt definiert sind und rechts vom -> verwendet werden können.

Automatischer Rückgabetyp einer Funktion

Die Mächtigkeit von auto und decltype zeigt sich erst, wenn beide neuen Features zusammen mit der alternativen Form, Funktionen zu deklarieren, angewandt werden. Denn mit auto und decltype lässt sich der Rückgabetyp einer Funktion automatisch bestimmen (Beispiel 6-10).

newFunctionSyntax.cpp

**Beispiel 6-10:** auto, decltype und neue Funktionssyntax kombiniert

```
#include <iostream>

template <class T>
auto getValue(T d)-> decltype(d){
    return d;
}

template<typename T1, typename T2>
auto add(T1 first, T2 second) -> decltype(first + second){
    return first + second;
}

int main(){

  std::cout << std::endl;

  auto testDouble= getValue(3.4);
  std::cout << "testDouble: " << testDouble << "\n";

  auto testString= getValue("I'm a string.");
  std::cout << "testString: " << testString << "\n";

  auto a1= add(1,1);
  auto a2= add(1,2.1);
  std::cout << "add(1,1)= " << a1  << std::endl;
  std::cout << "add(1,2.1)= " << a2 << std::endl;
  std::cout << "add(1000LL,5)= " << add(1000LL,5)
            << std::endl;

  std::cout << std::endl;
}
```

Während `getValue` (Zeile 3 in Beispiel 6-10) mit der klassischen Template-Syntax auch ausgedrückt werden kann, indem der Template-Parameter `T` als Rückgabetyp verwendet wird, zeigt das Funktions-Template `add` (Zeile 8) eine ganz neue Funktionalität. Der Rückgabewerttyp des Funktions-Templates wird durch den Compiler für den Ausdruck `first + second` (Zeile 9) bestimmt. Das Schlüsselwort `auto` in der Typdeklaration (Zeilen 4 und 9) leitet die neue Syntax ein, um den Rückgabetyp verzögert zu evaluieren (*trailing return type*), und ist daher nicht mit der automatischen Typableitung von `auto` zu verwechseln.

trailing return type

## Definition: Typumwandlung

Typumwandlung bezeichnet die Fähigkeit des Compilers, einen Datentyp in einen anderen umzuwandeln.

Die Regeln kommen bei C und daher auch bei C++ zum Einsatz, wenn zum Beispiel eine natürliche Zahl und eine Fließkommazahl addiert werden. Die natürliche Zahl als der einfachere Datentyp wird zur Fließkommazahl als dem komplexeren Datentyp konvertiert. Beim impliziten Konvertieren eines Datentyps können Informationsverluste auftreten.

Ein Spezialfall der Typumwandlung ist die Typerweiterung (`type promotion`). Hier wird der Datentyp ohne Informationsverlust erweitert. Für die Typerweiterung gibt es ein paar Regeln.

- bool ⇒ int
- char ⇒ int
- signed char ⇒ short ⇒ int
- unsigned char ⇒ unsigned short ⇒ unsigned int
- float ⇒ double

Das ganze Programm kommt völlig ohne die Angabe eines Typs aus. Ein Vergleich des Funktions-Templates `add` mit der klassischen Umsetzung per *Promotion Traits* bietet drei nicht zu unterschätzende Vorteile:

1. Die Typkonvertierung wird durch den Compiler automatisch und richtig vollzogen.
2. Ein generisches Funktions-Template deckt alle Anwendungsfälle ab.
3. Neue Datentypen müssen nicht nachträglich in das Promotion-Regelwerk eingepflegt werden.

Die Ausgabe bringt kein überraschendes Ergebnis.

**Abbildung 6-3 ▶** Die neue Funktionssyntax im Einsatz

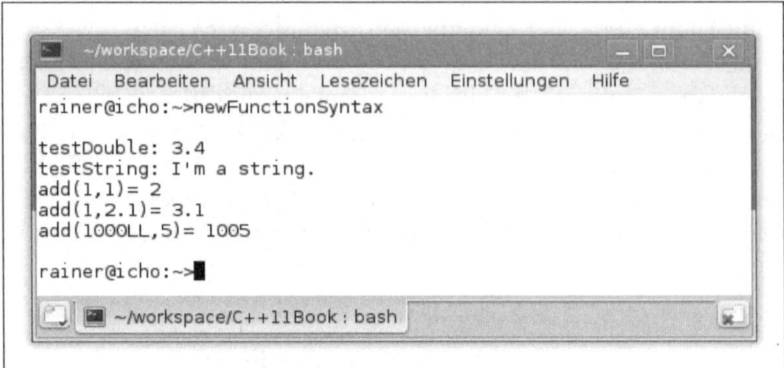


typeid.cpp

## Aufgabe 6-6

Implizite Typumwandlungen des Compilers

Machen Sie sich mit den Regeln der impliziten Typumwandlung des Compilers bei arithmetischen Operationen vertraut. Verwenden Sie dazu die neue Syntax, Funktionen zu deklarieren, und fragen Sie den Rückgabetyp mit dem Schlüsselwort `typeid` ab. Überprüfen Sie bei jedem Ergebnis, ob es Ihren Erwartungen entspricht.

Ein paar Anregungen:

```
std::cout << typeid( getType(1,false) ).name() << std::endl;
std::cout << typeid( getType('a',1) ).name() << std::endl;
std::cout << typeid( getType(false,false) ).name() << std::endl;
std::cout << typeid( getType(true,3.14) ).name() << std::endl;
std::cout << typeid( getType(1,4.0) ).name() << std::endl;
```

Dabei ist `getType` nach der neuen Funktionssyntax deklariert und soll seine zwei Argumente addieren.

newFunctionSyntaxSolution.cpp

## Aufgabe 6-7

Schreiben Sie das generische Funktions-Template `add` aus Beispiel 6-10 so um, dass es exakt die Typen ermittelt.

**Beispiel 6-11:** Generische add-Funktion, die die Lvalue-Rvalue-Eigenschaft ihrer Argumente nicht respektiert

```
template<typename T1, typename T2>
auto add(T1 first, T2 second) -> decltype(first + second){
  return first + second;
}
```

Jetzt bin ich penibel. Das Funktions-Template `add` bestimmt nicht genau den Rückgabetyp. Wird es mit zwei Rvalues über `add(1,2)` aufgerufen, bestimmt es den Rückgabetyp für zwei Lvalues. Der Grund ist, dass die Rvalues mit `first` und `second` einen Namen erhalten und somit implizit zu Lvalues werden. Das ist in diesem konkreten Fall wohl kein Problem, kann aber dann zu einem werden, wenn Sie die Argumente verwenden, um eine weitere Funktion mit den exakten Argumenten aufzurufen.

Für die Lösung der Aufgaben müssen Sie wohl Kapitel 8, Abschnitt »Perfect Forwarding«, auf Seite 171 zurate ziehen. Testen Sie anschließend Ihre Lösung, indem Sie das neue Funktions-Template in Beispiel 6-10 einbauen.

## Lambda-Funktionen

Teil I, *Tour de C++11*, enthält viele Beispiele für Lambda-Funktionen. Lambda-Funktionen unterstützen die Lokalität der Funktionalität, denn genau dort, wo eine aufrufbare Einheit benötigt wird, kann diese direkt definiert werden.

### Zusammenfassung Lambda-Funktion

Zur Erinnerung: Eine Lambda-Funktion besteht aus den vier Komponenten: $[\ ]()_{optional} \rightarrow_{optional} \{\}$

**◀ Tabelle 6-1**
Struktur einer Lambda-Funktion in C++11

| Komponente | Bereich der Lambda-Funktion | |
|---|---|---|
| [ ] | Bindung an die Variablen des lokalen Bereichs | |
| | [] | keine Bindung |
| | [=] | die Werte werden kopiert |
| | [&] | die Werte werden referenziert |
| ( ) | Argumente des Funktionskörpers (optional) | |
| -> | Rückgabewert (optional) | |
| { } | Funktionskörper | |

## Lambda-Funktionen als temporäre Funktionsobjekte

Dabei lässt sich eine Lambda-Funktion als Funktionsobjekt vorstellen, das an Ort und Stelle implizit definiert und ausgeführt wird.

lambdaFunctionObject.cpp

**Beispiel 6-12:** Lambda-Funktion als lokales, temporäres Funktionsobjekt

```
#include <algorithm>
#include <iostream>
#include <vector>

class AccumTemp{
    int& sum;
    int inc;

  public:

    AccumTemp (int& sum_, int inc_): sum(sum_), inc(inc_) {}

    int operator()(int v) const {
      return sum += v+inc;
    }
};

int main(){

  std::cout << std::endl;

  std::vector<int> vecInt{1,2,3,4,5,6,7,8,9,10};
  int sumLambda=0;
  int inc=5;

  // summation with the lambda function
  std::for_each(vecInt.begin(),vecInt.end(),
     [&sumLambda,inc](int v){sumLambda += v+inc;});

  std::cout << "Summation with the Lambda Function: "
            << sumLambda << std::endl;

  std::cout << std::endl;

  int sumFunctionObject=0;

  // summation with the function object
  std::for_each(vecInt.begin(),vecInt.end(),
     AccumTemp(sumFunctionObject,inc));

  std::cout << "Summation with the Function Object: "
            << sumFunctionObject << std::endl;

```

**Beispiel 6-12:** Lambda-Funktion als lokales, temporäres Funktionsobjekt (Fortsetzung)

```
40   std::cout << std::endl;
41
42 }
```

Der Aufruf der Lambda-Funktion wie auch der des Funktionsobjekts erzielen das gleiche Ergebnis – 105 (Abbildung 6-4).

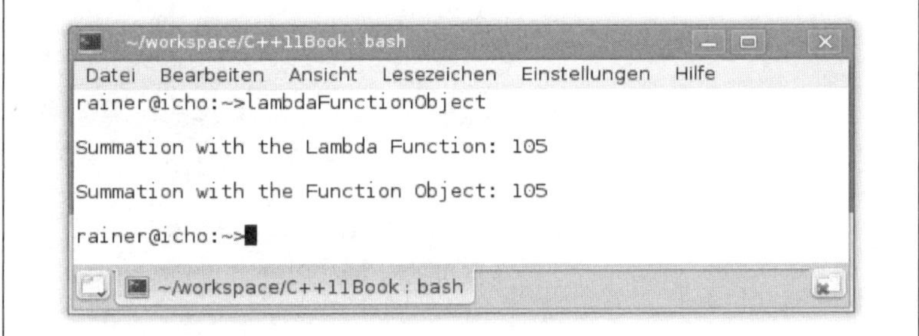


◀ **Abbildung 6-4**
Lambda-Funktion und Funktionsobjekt als Akkumulator

Die Lambda-Funktion in Beispiel 6-12 `[&sumLambda,inc](int v){sumLambda += v+inc;}` (Zeile 27) ist über ihren Funktionskörper am einfachsten zu verstehen. In diesem wird die lokale Summationsvariable `sumLambda` (Zeile 23) per Referenz adressiert, da der Wert der Summation nach der Schleife zur Verfügung stehen soll. Erreicht wird das dadurch, dass die Bindung mit einer Referenz `&sumLambda` in dem Bindungsbereich `[]` deklariert wird. Hingegen ist es für das lokale `inc` (Zeile 5) ausreichend, kopiert zu werden. Das Argument `v` der Lambda-Funktion nimmt die Werte des Vektors an.

Lambda-Funktion versus Funktionsobjekte

Ein scharfer Blick auf das Funktionsobjekt und die Lambda-Funktion zeigt die Parallelität auf. Der Funktionskörper der Lambda-Funktion findet sich im überladenen Klammeroperator (Zeile 13) wieder. Sein Argument `v` entspricht dem Argument der Lambda-Funktion. Die Summationsvariable `sumFunctionObject` wird per Referenz im Objekt gebunden, `inc` hingegen kopiert.

## Exkurs: Änderbare Lambda-Funktionen

Änderbare Lambda-Funktionen sind sehr spezielle Lambda-Funktionen. Für den Fall, dass Ihnen solch ein Exemplar in Ihrer C++11-Karriere begegnet, hier die Details. In Beispiel 6-13 fällt das Schlüsselwort `mutable` ins Auge. Damit wird die Lambda-Funktion zur änderbaren Lambda-Funktion.

mutableLambda.cpp

**Beispiel 6-13: Änderbare Lambda-Funktion**

```
01 int main(){
02
03   int mut=0;
04   auto mutableLambda= [=]() mutable {mut= 5;};
05   // auto mutableLambda= [=]{mut= 5;};
06   mutableLambda();
07
08 }
```

Wieso ist das notwendig? Wird in Beispiel 6-14 Zeile 5 statt 4 verwendet, beendet der VC10-Compiler dies mit der aussagekräftigen Fehlermeldung:

`e:\rainer\c++\lambda.cc(5): error C3491: "mut": Eine Erfassung nach Wert kann in einem nicht änderbaren Lambda nicht geändert werden.`

Der Grund liegt darin, dass der Funktionskörper der Lambda-Funktion `const` ist. Das lässt sich schön an dem Funktionsobjekt `AccumTemp` aus Beispiel 6-12 in Zeile 5 nachvollziehen, das der Lambda-Funktion in Zeile 27 entspricht. Der Klammeroperator des Funktionsobjekts `AccumTemp` ist als `const` deklariert. Damit darf er den Zustand des Objekts nicht ändern. Durch das Schlüsselwort `mutable` ist dies erlaubt, sodass die Zeile 4 in Beispiel 6-13 zulässig ist.

## Bindung an den lokalen Bereich: [ ]

Das Referenzieren des lokalen Bereichs im Bindungsbereich [ ] ist beliebig feingranular spezifizierbar. Neben dem Verhalten »Kopiere oder referenziere alle im Funktionskörper verwendeten Variablen des lokalen Bereichs« lassen sich explizite Ausnahmen festlegen. Dies ist am einfachsten anhand eines kleinen Beispiels erklärt. Für dieses Beispiel sollen die drei Variablen `a`, `b` und `c` deklariert sein und für den Bindungsbereich verschiedene Möglichkeiten durchgespielt werden. Für die drei Variablen ist explizit angegeben, ob sie im Funktionsblock nicht (∅), per Referenz (&) oder per Kopie (=) zur Verfügung stehen.

**Tabelle 6-2 ▶** Variationen des Bindungsbereichs

| Bindungsbereich | a | b | c |
|---|---|---|---|
| [] | ∅ | ∅ | ∅ |
| [&] | & | & | & |
| [=] | = | = | = |
| [a] | = | ∅ | ∅ |

| Bindungsbereich | a | b | c |
|---|---|---|---|
| [&b] | ∅ | & | ∅ |
| [a,&b] | = | & | ∅ |
| [&,c] | & | & | = |
| [=,&c] | = | = | & |

Lambda-Funktionen können als Funktionen angesehen werden, die ihren Aufrufkontext konservieren.

Closure und Funktionsabschluss

## Definition: Closures

Closures sind spezielle Funktionen, die ihren Aufrufkontext konservieren. In der funktionalen Programmierung sind sie auch unter dem Namen Funktionsabschluss bekannt. Lambda-Funktionen vereinen in C++11 die Funktionalität von Closures, die Funktionen mit Gedächtnis darstellen, mit der Funktionalität zustandsbehafteter Funktionsobjekte, die sich wie Funktionen aufrufen lassen. Closures sind in der Regel kompakter als Funktionsobjekte.

**Beispiel 6-14:** Lambda-Funktionen als Closures

closure.cpp

```
#include <algorithm>
#include <iostream>
#include <string>
#include <vector>


int main(){

  std::cout << std::endl;

  std::vector<int> vecInt={1,2,3,4,5,6,7,8,9,10};

  std::string seperator="";
  auto sepEmp= [seperator](int i)
               {std::cout << i << seperator;};

  seperator=":";
  auto sepColon=[seperator](int i)
                {std::cout << i << seperator;};

  seperator="-";
  auto sepHyphen=[seperator](int i)
                 {std::cout << i << seperator;};

  seperator=",";
  auto sepComma=[seperator](int i)
```

**Beispiel 6-14:** Lambda-Funktionen als Closures (Fortsetzung)

```
                       {std::cout << i << seperator;};
24
25
26   std::for_each(vecInt.begin(),vecInt.end(),sepEmp);
27   std::cout << std::endl;
28
29   std::for_each(vecInt.begin(),vecInt.end(),sepColon);
30   std::cout << std::endl;
31
32   std::for_each(vecInt.begin(),vecInt.end(),sepHyphen);
33   std::cout << std::endl;
34
35   std::for_each(vecInt.begin(),vecInt.end(),sepComma);
36   std::cout << std::endl;
37
38   std::cout << std::endl;
39
40 }
```

Das konstruierte Beispiel 6-14 verdeutlicht, wie Lambda-Funktionen ihren Aufrufkontext binden können. Ziel des Programms ist es, den Vektor über natürliche Zahlen mit verschiedenen Trennzeichen auszugeben. Beim Definieren der Lambda-Funktionen in den Zeilen 14, 17, 20 und 23 wird der String `seperator` gebunden. Dies ist der Grund dafür, dass jede Iteration über den Vektor mithilfe dieser Lambda-Funktionen ein anderes Trennzeichen anwendet (Zeilen 26, 29, 32 und 35) und ausgibt.

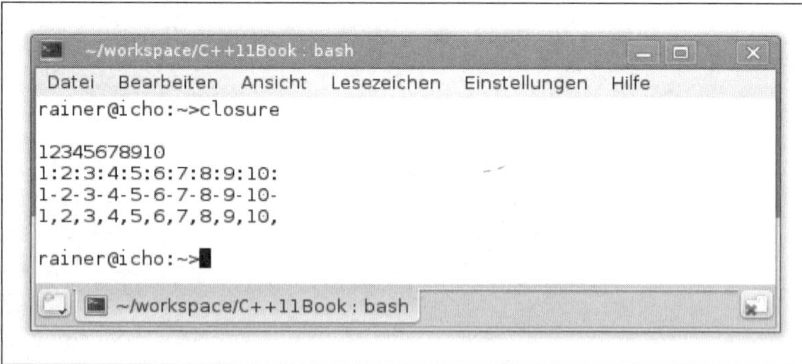


**Abbildung 6-5 ►** Ausgabe eines Containers mit verschiedenen Trennzeichen

dangling reference

Bindet die Lambda-Funktion die Variablen ihres Aufrufkontexts per Referenz, muss sichergestellt sein, dass die Lambda-Funktion ihre verwendeten Variablen überlebt. Genau das ist in Beispiel 6-15 nicht der Fall.

**Beispiel 6-15:** Lambda-Funktion mit dangling reference

danglingReference.cpp

```
01 #include <functional>
02 #include <iostream>
03
04 std::function<std::string()> makeLambda() {
05     const std::string val="very bad";
06     return [&val]{ return val;};
07 }
08
09 int main(){
10
11   std::cout << std::endl;
12
13   auto bad= makeLambda();
14   std::cout << bad() << std::endl;
15
16   std::cout << std::endl;
17
18 }
```

Die Funktion makeLambda in Beispiel 6-15 erzeugt eine einfache Lambda-Funktion und gibt diese zurück. Die Lambda-Funktion benötigt kein Argument und soll einen std::string zurückgeben. Genau so ist der Rückgabewert durch das Funktionsobjekt std::function<std::string()> definiert. In Zeile 13 wird die Lambda-Funktion an bad zugewiesen und in der nächsten Zeile ausgeführt. Das Programm besitzt undefiniertes Verhalten. Führt dies mit dem GCC 4.6 (Abbildung 6-6) zu einem Speicherzugriffsfehler, so wird mit dem GCC 4.7 (Abbildung 6-7) der String "very bad" gar nicht ausgegeben.

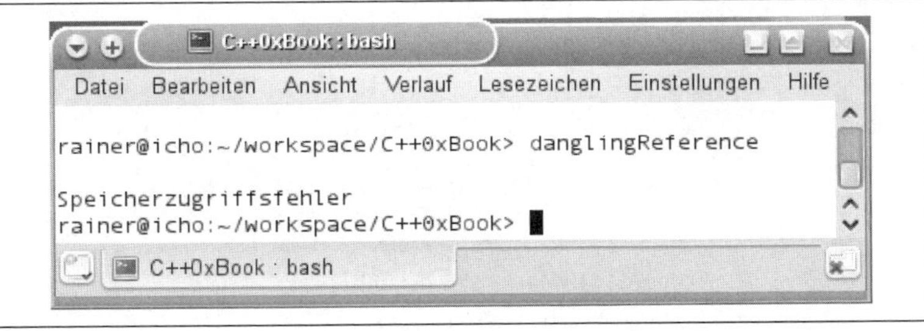


◀ **Abbildung 6-6**
Speicherzugriffsfehler aufgrund einer dangling reference

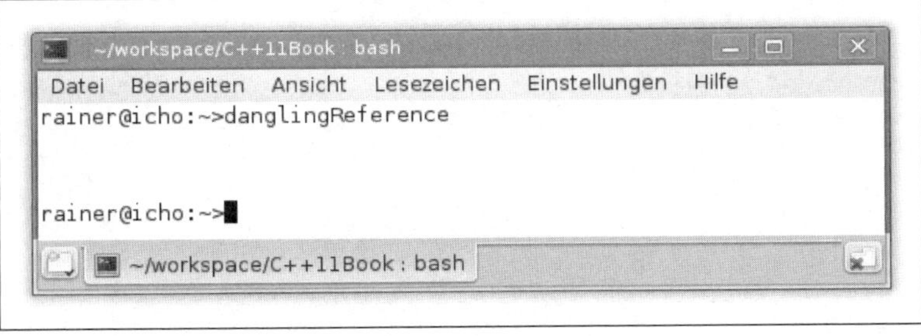


◀ **Abbildung 6-7**
Fehlende Ausgabe aufgrund einer dangling reference

Was ist der Grund? In der Lambda-Funktion wird in Beispiel 6-15 der String `val` per Referenz gebunden. Ist die Funktion ausgeführt, endet der Lebenszyklus der Variablen. Die Lambda-Funktion referenziert bei ihrer Ausführung eine Variable, die nicht mehr existiert. Es entsteht eine klassische *dangling reference*.

**Praxistipp** **Beachten Sie die Lebenszeit von Referenzen in Lambda-Funktionen.**

Binden Lambda-Funktionen Variablen per Referenz, muss die Variable die Lambda-Funktion überleben.

Klassenmethode

Will eine Lambda-Funktion, die in einer Methode implementiert ist, auf die Klassenelemente zugreifen, muss sie einen Standardbindungsmodus `[&]` oder `[=]` oder `this` angeben. Damit kann die Lambda-Funktion in ihrem Funktionskörper auf alle Elemente der Klasse per Referenz (`[&]`), per Copy (`[=]`) oder auf die Elemente des Objekts (`this`) zugreifen, unabhängig davon, ob diese `privat`, `protected` oder `public` definiert sind (Beispiel 6-16).

classMember.cpp

**Beispiel 6-16:** Binden von Klassenelementen in Lambda-Funktionen

```
#include <iostream>

class ClassMember{

  const static int a= 1;

  int get10(){
    return 10;
  }
  public:
    void showAll(){
      // define and invoke (trailing ()) the lambda functions
      [this]{std::cout << "by this= "
                << get10() + a  << std::endl;}();
      [&]{std::cout << "by reference= "
                << get10() + a  << std::endl;}();
      [=]{std::cout << "by copy= "
                << get10() + a << std::endl;}();
    }
};

int main(){
  std::cout << std::endl;

  ClassMember cM;
  cM.showAll();
```

**Beispiel 6-16:** Binden von Klassenelementen in Lambda-Funktionen (Fortsetzung)

```
24
25   std::cout << std::endl;
26 }
```

In Beispiel 6-16 kann sowohl das private Element a als auch die private Methode `get10()` in den drei Lambda-Funktionen (Zeilen 13, 14 und 15) verwendet werden. Damit die Lambda-Funktion direkt aufgerufen werden kann, kommt auf jedem der drei Funktionsobjekte der `()`-Operator zum Einsatz.

Es fehlt noch das Ergebnis des Programmlaufs:

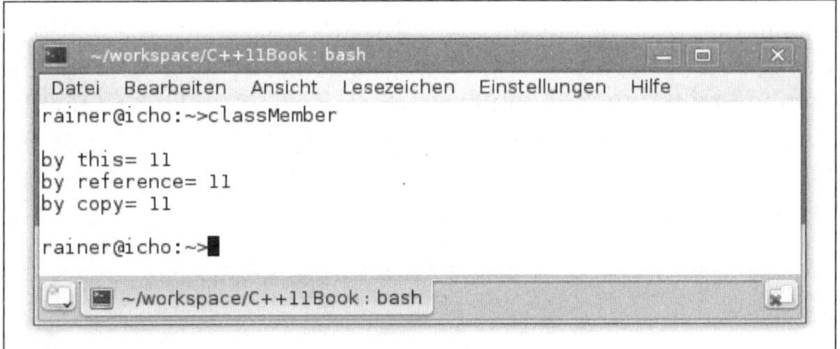


◀ **Abbildung 6-8**
Lambda-Funktionen mit Bindung der Klassenelemente

## Argumente: ( )

Lambda-Funktionen, die keine Parameter besitzen, können auf das Klammerpaar () verzichten. Dies ist in den drei Lambda-Funktionen (Zeilen 13, 14 und 15) in Beispiel 6-16 zu sehen.

## Rückgabewert: →

Besteht der Funktionskörper einer Lambda-Funktion nur aus einem `return Ausdruck;` oder gibt die Lambda-Funktion keinen Wert zurück, kann auf die Angabe des Rückgabetyps verzichtet werden. Die meisten Lambda-Funktionen, die bisher verwendet wurden, machten von dieser Option Gebrauch.

Verlangt eine Lambda-Funktion die explizite Angabe des Rückgabetyps, muss dieser in der alternativen Funktionssyntax angegeben werden.

**Beispiel 6-17:** Lambda-Funktion mit Rückgabetyp

```
auto addLambda= [](int x,int y)-> int{
  int z;
  z= x+y;
  return z;
};
```

## Funktionskörper: { }

Lambda-Funktionen in C++11 sind relativ mächtig, verglichen mit Lambda-Funktionen in anderen Programmiersprachen wie Python. Sie können aus mehreren Ausdrücken und sogar Statements bestehen.

Komplexere Lambda-Funktionen verlangen ein geschultes Auge. In Beispiel 6-17 wird eine Lambda-Funktion erklärt, die als Ergebnis die zwei Argumente addiert und zurückgibt. Die Lambda-Funktion erhält mithilfe von `auto` den Namen `addLambda` und verhält sich wie die Funktion `addFunction`:

**Beispiel 6-18:** Die Lambda-Funktion in Beispiel 6-17 als gewöhnliche Funktion

```
int addFunction(int x,int y){
  int z;
  z= x+;y
  return z;
}
```

**Praxistipp** **Einsatz von Lambda-Funktionen**

Lambda-Funktionen sind dazu da, die Funktionalität an Ort und Stelle auf den Punkt zu bringen. Werden Lambda-Funktionen wiederverwendet oder bestehen sie aus mehr als einem Ausdruck, sollte darüber nachgedacht werden, die Funktionalität in einer Funktion oder einem Funktionsobjekt anzubieten.

danglingReference.cpp

### Aufgabe 6-8

Korrigieren Sie das Programm *danglineReference.cpp* in Beispiel 6-15.

Wie müsste *danglingReference.cpp* in Beispiel 6-15 implementiert werden, damit das Programm wohldefiniert ist? Hierzu bieten sich einige Variationen an:

- Geben Sie den Rückgabewert per Copy zurück.
- Verwenden Sie eine globale Variable für den Rückgabewert.

- Erweitern Sie `makeLambda` um einen Eingabeparameter `std::string`.
- Erweitern Sie die von `makeLambda` erzeugte Lambda-Funktion um einen Eingabeparameter `std::string`.

## Aufgabe 6-9

createClosure.cpp

Lassen Sie sich ein Closure von einer Klasse zurückgeben.

Die Klasse kann ganz einfach strukturiert sein.

**Beispiel 6-19: Programmrumpf für das Erzeugen eines Closure**

```
01 class CreateClosure{
02 public:
03   void setName(const std::string& n){
04     name=n;
05   }
06   . . .
07 private:
08   std::string name;
09 };
10
11
12 int main(){
13
14   std::cout << std::endl;
15
16   CreateClosure creatClos;
17
18   creatClos.setName("first");
19   auto first= creatClos.getIt();
20   std::cout << "first(): " << first() << std::endl;
21
22   creatClos.setName("second");
23   std::cout << "createClos.getIt()(): "
              << creatClos.getIt()() << std::endl;
24
25   std::cout << std::endl;
26
27 }
```

Nun soll die Klasse eine Methode erhalten, die auf Anfrage einen Closure zurückgibt. Wird der Closure ausgeführt, gibt er den Wert der Variablen `name` zurück. Die entscheidende Zeile 6 fehlt in Beispiel 6-19. Ausgeführt, soll das Programm die Ausgabe aus Abbildung 6-9 besitzen.

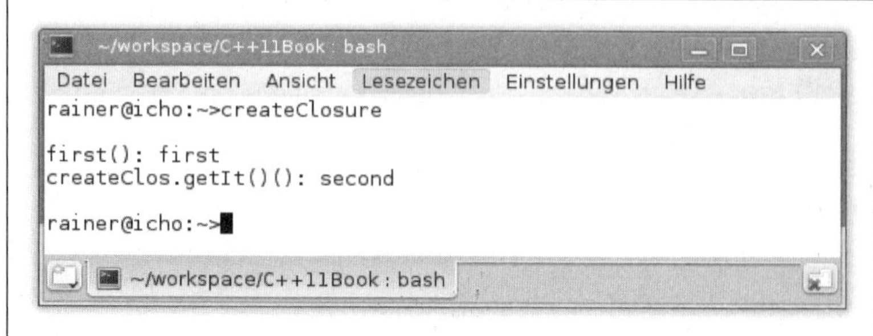


**Abbildung 6-9** ▶ Anwenden des Closure CreateClosure

### Aufgabe 6-10

Implementieren Sie ein Funktionsobjekt.

In folgendem Listing ist eine einfache Lambda-Funktion definiert.

```
const std::string hello("lambda");
auto myLambda= [hello](const std::string& a)
               {return hello + " " + a; };
std::cout << myLambda("function") << std::endl;
```

Ausgeführt, gibt die Lambda-Funktion `lambda function` aus. Implementieren Sie ein Funktionsobjekt mit der gleichen Funktionalität, das sich wie eine Lambda-Funktion anfühlt.

```
const std::string helloFunc("function");
auto myFunctionObject= MyFunctionObject(helloFunc);
std::cout << myFunctionObject("object") << std::endl;
```

## Vereinheitlichte Initialisierung

Vereinheitlichte Initialisierung überall

{}-Initialisiererlisten können in C++11 universell eingesetzt werden. Die Initialisierung mit {}-Listen verdrängt nicht die Initialisierung der Daten in C++98, sondern ergänzt sie. In Teil I, *Tour de C++11*, war dieses Feature schon häufig im Einsatz, da das Initialisieren von Containern damit sehr praktisch ist. Ein paar weitere Beispiele, die nicht alle Anwendungsfälle abdecken können, sollen dieses mächtige Feature noch besser veranschaulichen.

uniformInitialization.cpp

**Beispiel 6-20:** Vereinheitlichte Initialisierung

```
#include <unordered_map>
#include <string>
#include <vector>

struct MyStruct{
    int x;
    double y;
```

**Beispiel 6-20:** Vereinheitlichte Initialisierung (Fortsetzung)

```
};

class MyClass{
public:
    int x;
    double y;
};

struct Telephone{
  std::string name;
  int number;
};

Telephone getTelephone(){
  // Telephone("Rainer Grimm",12345) created
  return {"Rainer Grimm",12345};
}

struct MyArray {
    public:
        MyArray(): data {1, 2, 3, 4, 5} {}
    private:
        const int data[5];
};

void getVector(const std::vector<int>& v){
  // some code
}

int main(){

  // built-in datatypes and strings
  bool b{true};
  bool b2= true;
  int i{2011};
  int i2= {2011};
  std::string s{"string"};
  std::string s2= {"string"};

  // struct and class
  MyStruct basic{5,3.2};
  MyStruct basic2= {5,3.2};
  MyClass alsoClass{5,3.2};
  MyClass alsoClass2= {5,3.2};

  // C-Array
  // dynamic array initialization
  const float * pData = new const float[4] { 1.5, 4, 3.5, 4.5 };

  // STL-Container
```

**Beispiel 6-20:** Vereinheitlichte Initialisierung (Fortsetzung)

```
58   // a vector of 1 element
59   std::vector<int>oneElement{1};
60   std::vector<int>oneElement2= {1};
61
62   std::unordered_map<std::string,int> um {
     {"Dijkstra",1972},{"Scott",1976},{"Wilkes",1967},
     {"Hamming",1968} };
63   std::unordered_map<std::string,int> um2=  {
     {"Dijkstra",1972},{"Scott",1976},{"Wilkes",1967},
     {"Hamming",1968} };
64   // special cases
65   // brace initialization for a std::vector
66   getVector({ oneElement[0],5, 10, 20, 30 });
67
68   // methode
69   std::vector<int> v {};
70   v.insert(v.end(), { 99, 88, -1, 15 });
71
72   // getTelephone returns a initializer list
73   Telephone tel(getTelephone());
74 }
```

In Beispiel 6-20 sind viele verschiedene Variationen der vereinheitlichten Initialisierung dargestellt. In der Regel wird sowohl die direkte als auch die Kopierinitialisierung unterstützt. Diese trifft auf einfache Datentypen (Zeilen 40 bis 45), auf Strukturen und Klassen (Zeilen 48 bis 51), aber auch auf STL-Container (Zeilen 57 bis 63) zu. Sehr interessant ist die Initialisierung des Arguments der Funktion `getVector` über eine Initialisiererliste. Der `std::vector` erhält mit C++11 eine weitere Methode `insert` (Zeile 70), die direkt mit einer Initialisiererliste angesprochen werden kann. In der Funktion `getTelephone` in Zeile 23 wird implizit ein Objekt `Telephone("Rainer Grimm",12345)` erzeugt. Damit ist es möglich, als Rückgabewert eine Initialisiererliste zu verwenden.

initializerList.cpp

## Aufgabe 6-11

Initialisieren Sie verschiedene Container mit Initialisiererlisten.

Initialisieren Sie ein `std::array`, ein `std::vector`, ein `std::set` und ein `std::unordered_multiset` durch die `{-10,5,1,4,5}`-Initialisiererliste und geben Sie die Elemente aus.

Beachten Sie die feinen Unterschiede:

- Wie wird die Länge der Container angegeben?
- Werden mehrfach vorkommende Elemente respektiert?
- Sind die Elemente im Container sortiert?

### Aufgabe 6-12

Unterscheiden Sie zwischen direkter und Kopierinitialisierung mit Initialisiererlisten.

In Beispiel 6-20 behaupte ich, dass in der Regel die direkte wie auch die Kopierinitialisierung mit Initialisiererlisten unterstützt werden.

- Worin unterscheiden sich die zwei Zeilen?

```
const float* pData = new const float[2]{1.5,4};
const float* pData = new const float[2]={1.5,4};
```

- Warum lässt sich `MyData` zwar direkt, aber nicht kopierinitialisieren?

```
struct MyData{
  explicit MyData(int){};
}
```

### Aufgabe 6-13

Entdecken Sie den feinen Unterschied zwischen der Initialisierung mit den runden () und den geschweiften {} Klammern.

Einen feinen Unterschied gibt es zwischen der Initialisierung mit runden () und der mit geschweiften {} Klammern. Beim bekannten Initialisieren mit den runden Klammern findet gegebenenfalls eine implizite Verengung (*narrowing*) des Datentyps statt. Bei der Initialisierung mit den eckigen Klammern ist das nicht der Fall.

Machen Sie sich den feinen Unterschied an ein paar Beispielen aus dem Entwurf N3242 von Pete Becker (Becker, 2011) des kommenden C++11 klar.

**Beispiel 6-21:** Keine implizite Verengung in C++11 mit {}-Initialisiererlisten

```
01 const int y = 999;
02 const int z = 99;
03 char c3{y}; // error: narrows (assuming char is 8 bits)
04 char c4{z}; // OK: no narrowing needed
05 unsigned char uc1 = {5}; // OK: no narrowing needed
06 unsigned char uc2 = {-1}; // error: narrows
07 unsigned int ui1 = {-1}; // error: narrows
08 int ii = {2.0}; // error: narrows
09 float f2 { 7 }; // OK: 7 can be exactly represented as a float
```

Die Zeilen 4, 5 und 9 stellen intelligente Ausnahmen der Regel vor. Passt der Quelltyp ohne Informationsverlust in den Zieltyp, findet das implizite Verengen des Datentyps auch mit der {}-Initialisiererliste statt.

# KAPITEL 7

# Entwurf von Klassen

**In diesem Kapitel:**

- Initialisierung von Objekten
- Explizite Klassendefinitionen

Mit der erweiterten Funktionalität zur Initialisierung von Objekten und den expliziten Klassendefinitionen durch neue Schlüsselwörter kann C++11 in zwei Aspekten deutlich punkten: Zum einen lässt sich Lebenszeit eines Objekts einfacher und expliziter steuern, zum anderen drücken Klassendefinitionen rein deklarativ ihre Intention aus und sind damit viel leichter wartbar.

## Initialisierung von Objekten

Mit Initialisiererlisten für Konstruktoren, der Delegation und Vererbung von Konstruktoren und auch dem direkten Initialisieren von Klassenelementen wird die Initialisierung von Objekten in C++11 deutlich erweitert.

### Initialisiererlisten für Konstruktoren

Sequenzkonstruktor

Konstruktoren, die ein Template vom Typ `std::initializer_list` annehmen, werden Konstruktoren mit Initialisiererliste genannt. Sie werden auch als Sequenzkonstruktor bezeichnet. Der Sequenzkonstruktor ist die Grundlage dafür, dass sich die STL-Container-Strings direkt über Initialisiererlisten wie C-Aggregate initialisieren lassen. Nicht nur die neuen Konstruktoren, auch Zuweisungsoperatoren unterstützen die neue Syntax. Dabei besitzt das äußerst praktische Template `std::initializer_list`, das unter der Decke ein Array ist, nur drei Methoden (Tabelle 7-1):

**Tabelle 7-1** ▶ Methoden der Initialisiererliste

| Methode | Beschreibung |
|---|---|
| `begin` | Zeiger auf das erste Element des Arrays. |
| `end` | Zeiger auf eine Position hinter dem letzten Element des Arrays. |
| `size` | Anzahl der Elemente des Arrays. |

Aus diesem einfachen Interface ist unmittelbar ersichtlich: Initialisiererlisten können nicht modifiziert werden. Die drei Methoden sind ausreichend, um einen `std::vector` über eine Initialisiererliste zu initialisieren:

**Beispiel 7-1:** Sequenzkonstruktor von std::vector

```
01 template<typename T>
02 class vector {
03   public:
04     vector (std::initializer_list<T> inList){
05       reserve(inList.size());
06       uninitialized_copy(inList.begin(),inList.end(), elem);
07       sz = inList.size();
08     }
09     // the rest
10
11 // ...
12 };
```

In Beispiel 7-1 wird der `std::vector` über die Initialisiererliste `inList` (Zeile 4) initialisiert. Die Methode `reserve` (Zeile 5) stellt ausreichend Speicher zur Verfügung, um mit der Methode `unitialized_copy` (Zeile 6) `elem` mit den Elementen von `inList` zu initialisieren. `sz` merkt sich abschließend die Anzahl der Elemente von `inList` (Zeile 7).

**Überladen von Konstruktoren**

Konstruktoren werden in der Regel überladen. Hierzu gilt es, ein paar Regeln im Gedächtnis zu behalten, wenn ein Datentyp sowohl einen Sequenzkonstruktor als auch klassische Konstruktoren besitzt.

1. Im Konstruktoraufruf wird eine Initialisiererliste verwendet.
   - Falls sowohl der Sequenzkonstruktor als auch der klassische Konstruktor angewandt werden kann, wird der Sequenzkonstruktor vorgezogen.
   - Falls der Sequenzkonstruktor nicht angewandt werden kann (z. B. Typinkompatibilität), werden die klassischen Konstruktoren angewendet.
2. Im Konstruktoraufruf wird keine Initialisiererliste genutzt.
   - Der Sequenzkonstruktor wird nicht verwendet.

**Praxistipp**

**Initialisiererlisten bei benutzerdefinierten Typen setzen einen definierten Sequenzkonstruktor voraus.**

Falls für den Datentyp kein Konstruktor definiert ist, ist die Verwendung einer Initialisiererliste nur dann zulässig, wenn dieser ein Aggregat oder ein Built-in-Typ ist.

Beispiel 7-2 soll die Theorie mit der Praxis verknüpfen.

**Beispiel 7-2:** Verschiedene Sequenzkonstruktoren

initializerListOverload.cpp

```
#include <initializer_list>
#include <iostream>

class MyData{
  public:

    MyData(std::string,int){
      std::cout << "MyData(std::string,int)" << std::endl;
    }

    MyData(int,int){
      std::cout << "MyData(int,int)" << std::endl;
    }

    MyData(std::initializer_list<int>){
      std::cout << "MyData(std::initializer_list<int>)"
                << std::endl;
    }
};

int main(){

  std::cout << std::endl;

  // sequence constructor has a higher priority
  MyData{1,2};

  // invoke the classical constructor explicitly
  MyData(1,2);

  // use the classical constructor
  MyData{"dummy",2};

  // still valid with C++11
  int a{1};

  // still valid with C++11
  int intArray[] = {1,2};

  std::cout << std::endl;

}
```

Beispiel 7-2 ist aufs Wesentliche reduziert. So besitzen die Konstruktorargumente in `MyData` keinen Namen (Zeilen 7, 11 und 15), und die Objekte aus den Konstruktoraufrufen in Zeile 25, 28 und 31 werden an keine Variable gebunden. Die Ausgabe bestätigt die erweiterten Regeln zum Überladen von Konstruktoren:

**Abbildung 7-1 ▶** Überladener Sequenzkonstruktor

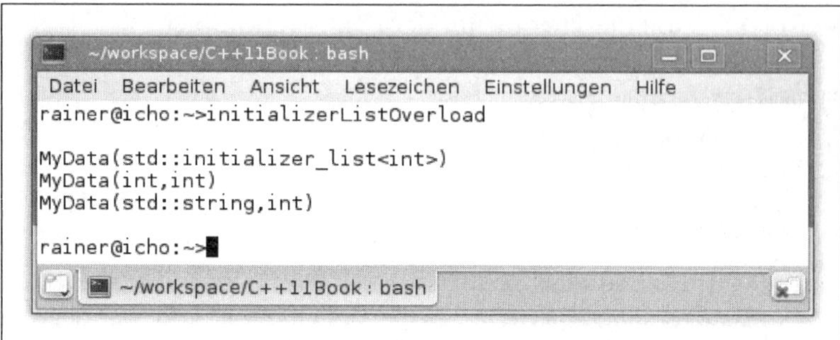


`MyData{1,2}` in Zeile 25 wird auf den Sequenzkonstruktor in Zeile 15 abgebildet, obwohl der klassische Konstruktor in Zeile 11 anwendbar ist. Um diesen Konstruktor aufzurufen, muss `MyData(1,2)` in Zeile 31 mit runden Klammern verwendet werden. Anders verhält es sich mit dem dritten Konstruktoraufruf `MyData{"dummy",2}` in Zeile 37. Da kein Sequenzkonstruktor die richtige Signatur besitzt, wird trotz Initialisiererliste der klassische Konstruktor in Zeile 7 verwendet. Sowohl der Built-in-Typ `int` als auch das Aggregat `intArray` kann weiterhin über Initialisiererlisten initialisiert werden.

**Praxistipp** **Unterscheiden Sie die Konstruktoraufrufe des Vektors.**

Unterscheiden Sie genau zwischen den beiden Konstruktoraufrufen:

- std::vector<int> myVec1(10);
- std::vector<int> myVec2{10};

Im ersten Fall wird ein Vektor mit zehn Elementen erzeugt, im zweiten Fall hingegen ein Vektor mit dem Element 10. Entsprechend führt die Anweisung `myVec1= 5` zu einer Fehlermeldung, während nach der Anweisung `myVec2= {5}` der Vektor `myVec2` das Element 5 besitzt.

initListConstructor.cpp

## Aufgabe 7-1

Schreiben Sie einen Datentyp, der eine Initialisiererliste von Paaren (`int,std::string`) annimmt.

Iterieren Sie im Initialisiererlisten-Konstruktor Ihres Datentyps über die Initialisiererliste und geben Sie alle Paare aus.

### Aufgabe 7-2

initializerListDirect.cpp

Definieren Sie eine Initialisiererliste.

Viel hat eine `std::initializer_list<std::string>` nicht zu bieten (Tabelle 7-1). Definieren Sie eine Initialisiererliste und geben Sie deren Elemente aus.

### Aufgabe 7-3

myStrangeType.cpp

Erweitern Sie den Datentyp `MyStrangeType` um einen klassischen Konstruktor und einen Sequenzkonstruktor.

```
template<typename T>
class MyStrangeType{};
```

Dabei soll der Sequenzkonstruktor der Standardkonstruktor von `MyStrangeType` sein. Entwerfen Sie den Datentyp und wenden Sie beide Konstruktoren an.

## Delegation von Konstruktoren

Da die Delegation von Konstruktoren recht intuitiv ist, gibt es zur Abhandlung der Delegation von Konstruktoren in Teil I, *Tour de C++11*, nur noch ein paar Anmerkungen.

Fertig konstruiertes Objekt

In klassischem C++ ist ein Objekt fertig konstruiert, wenn sein Konstruktor ausgeführt wurde. Dies ändert sich mit C++11. Hier gilt: Sobald der erste Konstruktor fertig ausgeführt wurde, ist das Objekt fertig konstruiert. Das bedeutet natürlich, dass jeder weitere Konstruktor auf einem fertig konstruierten Objekt agiert.

Auszeichner von Konstruktoren

Zugriffsbeschränkungen auf Konstruktoren wie `public`, `protected` oder `private` oder auch Auszeichner von Konstruktoren wie `inline` oder `explicit` haben keinen Einfluss auf die Delegation von Konstruktoren.

ill-formed

Eine Gefahr muss aber im Fokus bleiben. Konstruktoren, die direkt oder indirekt rekursiv aufgerufen werden, führen zu einem `ill-formed`-Programm. Ein `ill-formed`-Programm ist ein Programm, das nicht der Syntax genügt. Dabei muss der Compiler nicht mal eine Warnung ausgeben. Ein Beispiel aus dem aktuellen C++11 Draft (Komitee, 2008) zur Delegation von Konstruktoren folgt:

**Beispiel 7-3:** Rekursive Delegation von Konstruktoren

```
struct C {
  C( int ) { }              // 1: non-delegating constructor
  C(): C(42) { }            // 2: delegates to 1
```

**Beispiel 7-3:** Rekursive Delegation von Konstruktoren (Fortsetzung)

```
  C( char c ) : C(42.0) { }  // 3: ill-formed due to recursion with 4
  C( double d ) : C('a') { } // 4: ill-formed due to recursion with 3
};
```

delegateConstructor.cpp

### Aufgabe 7-4

Schreiben Sie ein Programm, das die rekursive Delegation der Konstruktoren von Listing 2.3 anwendet.

Was passiert, wenn Sie das Programm übersetzen bzw. ausführen? Diese spannende Frage lässt sich mit dem aktuellen GCC- und Clang-Compiler beantworten.

## Vererbung von Konstruktoren

Ein einfaches `using Base::Base` in Beispiel 7-4 genügt, und alle Konstruktoren der Klasse `Base` stehen in der Klasse `Derived` zur Verfügung. In Teil I, *Tour de C++11*, ist dieses neue Feature in Aktion zu sehen.

**Beispiel 7-4:** Vererben von Konstruktoren

```
class Base {
// ...
};
class Derived: public Base{
  public:
    using Base::Base;
};
```

Dabei werden die Konstruktoren in der Klasse `Derived` nur impliziert definiert, wenn sie auch benutzt werden.

Kopier-, Move- und Standardkonstruktor

Zwar werden alle Konstruktoren der Basisklasse in die abgeleitete Klasse vererbt, es gibt aber eine Ausnahme zu dieser Regel. Der Kopier-, der Move- und der Standardkonstruktor werden nicht geerbt. Da die drei geerbten Konstruktoren nicht als benutzerdefinierte Konstruktoren behandelt werden, erzeugt der Compiler bei Bedarf die drei Konstruktoren nach den bekannten Regeln.

Vorrang von benutzerdefinierten Konstruktoren

Besitzt ein benutzerdefinierter Konstruktor die gleiche Signatur wie ein geerbter Konstruktor, versteckt der benutzerdefinierte Konstruktor den geerbten. In Beispiel 7-5 wird daher der Konstruktor von `Derived(int i){}` verwendet.

**Beispiel 7-5:** Benutzerdefinierte Konstruktoren besitzen Vorrang

```
class Base {
  public:
    Base(int i){}
};
class Derived: public Base{
  public:
    using Base::Base;
    Derived(int i){}
};
// ...
Derived d(5);
```

Charakteristiken der geerbten Konstruktoren

Die abgeleitete Klasse erbt nicht nur die Konstruktoren, sondern auch deren Charakteristiken. Dies betrifft die Zugriffsbeschränkungen `public`, `protected` und `privat` sowie deren Deklaration als `explicit`- bzw. `constexpr`-Konstruktor. Somit quittiert der Compiler den Aufruf `Derived d(5);` in Beispiel 7-6 mit einer Fehlermeldung, da der Konstruktor der Basisklasse privat ist.

**Beispiel 7-6:** Charakteristiken der Vererbung von Konstruktoren

```
class Base {
  private:
    Base(int i){}
};
class Derived: public Base{
  public:
    using Base::Base;
};
// ...
Derived d(5);
```

Nicht initialisierte Variablen

Besitzt eine abgeleitete Klasse eigene Variablen, ist die Gefahr recht groß, dass diese durch die neue Syntax nicht initialisiert werden. In Beispiel 7-7 wird die Variable `j` des Objekts `d` durch den Aufruf `Derived d(5)` nicht initialisiert.

**Beispiel 7-7:** Nicht initialisierte Variablen

```
class Base {
  private:
    Base(int i){}
};
class Derived: public Base{
  private:
    int j;
  public:
    using Base::Base;

};
```

**Beispiel 7-7:** Nicht initialisierte Variablen (Fortsetzung)

```
// ...
Derived d(5);
```

Mehrfachvererbung

Eine typische Fehlerquelle bei der Mehrfachvererbung fehlt noch. Erbt eine Klasse die Konstruktoren von mehreren Klassen, sodass die erbende Klasse zwei Konstruktoren mit der gleichen Signatur einführt, führt dies zu einem Compiler-Fehler. Diese Zweideutigkeit lässt sich aber einfach auflösen, indem in der erbenden Klasse ein Konstruktor mit der gleichen Signatur definiert wird, der die geerbten versteckt. Durch den Konstruktor `Derived(int i){}` wird der Aufruf `Derived d(5)` gültig.

**Beispiel 7-8:** Auflösung von Konflikten bei Mehrfachvererbung

```
class Base1 {
  public:
    Base1(int i){}
};
class Base2 {
  public:
    Base2(int i){}
};

class Derived: public Base1, public Base2{
  public:
    using Base1::Base1;
    using Base2::Base2;
    Derived(int i){}
};
// ...
Derived d(5);
```

**Praxistipp**

**Seien Sie sich der Gefahren des Vererbens von Konstruktoren bewusst.**

Das Vererben von Konstruktoren ist ein mächtiges Feature, das aber einige neue Gefahren in sich birgt.

- Abgeleitete Klassen besitzen keinen implizit definierten Standardkonstruktor.
- Variablen der erbenden Klasse werden nicht initialisiert.
- Mehrfachvererbung kann zu Konstruktoren mit gleicher Signatur führen.

inheritConstructor.cpp

## Aufgabe 7-5

Leiten Sie `public`, `protected` und `private` von einer Basisklasse `Base` ab und verwenden Sie das Vererben von Konstruktoren.

Die geerbten Konstruktoren der Basisklasse behalten ihre Sichtbarkeit der Basisklasse. Die abgeleiteten Klassen schränken ihre Sichtbarkeit durch `protected` und `private` ein. Was bedeutet das für die Sichtbarkeit der geerbten Konstruktoren?

Bevor Sie das kleine Testprogramm schreiben und ausführen, überlegen Sie sich zuerst den entscheidenden Punkt: Welches Verhalten erwarten Sie?

## Direktes Initialisieren von Klassenelementen

C++11 erlaubt das direkte Initialisieren von Klassenelementen. Damit hebt C++11 die Einschränkung des klassischen C++ auf, das diese Features nur für statische, konstante Elemente integralen Typs zulässt. In Teil I, *Tour de C++11*, wurde diese neue Funktionalität bereits eingeführt. Was noch fehlt, ist das direkte Initialisieren von Klassenelementen für eine Klasse. Als Beispiel soll die Klasse `Widget` in Beispiel 7-9 dienen, die sukzessive refaktoriert werden soll.

### Exkurs: Refaktorierung

Refaktorierung bezeichnet die Verbesserung des funktionierenden Codes unter Beibehaltung seiner Funktionalität. Ziel ist es, die Wartbarkeit, Verständlichkeit und Erweiterbarkeit des Codes zu verbessern.

Der Prozess der Codeverbesserung wird durch die folgenden Punkte erleichtert:

- Eine bestehende Testabdeckung, um Fehler bei der Umgestaltung schnell zu entdecken.
- Integrierte Entwicklungsumgebungen (IDEs), die es dem Anwender ermöglichen, viele Schritte der Refaktorierung automatisch vollziehen zu lassen.
- Streng typisierte Sprachen wie Haskell, in denen der Compiler viele Fehler beim Übersetzen moniert.

Ralph Johnson (Ralph Johnson, 2011) und William Opdyke (William Opdyke, 2011) verwendeten 1990 den Begriff zum ersten Mal.

Gern wird in der Softwareentwicklung fälschlicherweise von Refaktorisierung gesprochen, wenn Refaktorierung gemeint ist.

Zuerst die Ausgangsimplementierung, die ohne C++11-Feature auskommt:

**Beispiel 7-9:** Widget-Klasse ohne direkte Initialisierung von Klassenelementen

```
class Widget{
  public:
    Widget():height(480),width(640),
             frame(false),visible(true) {}
    Widget(int h): height(h),width(getWidth(h)),
                   frame(false),visible(true){}
    Widget(int h,int w): height(h),width(w),
                         frame(false),visible(true){}
  private:
    int height;
    int width;
    bool frame;
    bool visible;
};
```

Hier bietet es sich an, die Variablen `frame` und `visible` direkt zu initialisieren. Damit wird die Klasse `Widget` deutlich übersichtlicher (Beispiel 7-10).

**Beispiel 7-10:** Widget-Klasse mit direkter Initialisierung der Variablen frame und visible

```
class Widget{
  public:
    Widget():height(480),width(640){}
    Widget(int h): height(h),width(getWidth(h)){}
    Widget(int h,int w): height(h),width(w){}
  private:
    int height;
    int width;
    bool frame= false;
    bool visible= true;
};
```

Wird eine direkt initialisierte Variable auch in einem Konstruktoraufruf gesetzt, hat dieser Vorrang. Daher können die Variablen `height` und `width` zusätzlich direkt initialisiert werden. Damit erhalten wir die endgültige Version der Klasse `Widget` in Beispiel 7-11.

**Beispiel 7-11:** Faktorierte Klasse Widget mit direkt initialisierten Variablen

```
class Widget{
  public:
    Widget(){}
    Widget(int h): height(h),width(getWidth(h)){}
    Widget(int h,int w): height(h),width(w){}
  private:
    int height= 480;
    int width= 640;
    bool frame= false;
    bool visible= true;
};
```

Soll die Klasse erweitert oder ein gemeinsamer Konstruktor identifiziert werden, an den alle anderen Konstruktoren ihre Arbeit delegieren, ist dies mit der endgültigen Fassung der Klasse `Widget` in Beispiel 7-11 deutlich einfacher und damit weniger fehleranfällig.

### Aufgabe 7-6

directInitializationOfClassElements.cpp

Wenden Sie Beispiel 7-11 in einem kleinen Programm an.

Schreiben Sie ein kleines Programm rund um Beispiel 7-11 und seien Sie gespannt darauf, ob Ihr C++-Compiler das direkte Initialisieren von Klassenelementen in der erweiterten Form von C++11 unterstützt

# Explizite Klassendefinitionen

Ermöglichen die neuen Schlüsselwörter `default` und `delete`, vom Compiler erzeugte Methoden anzufordern oder zu unterdrücken, so ermöglichen die neuen Schlüsselwörter `override` und `final` mehr Kontrolle über Ableitungshierarchien. Entsprechend dem expliziten Konvertierungskonstruktor erlaubt der explizite Konvertierungsoperator es nun in C++11, implizite Konvertierungen zu unterbinden.

## default und delete

An die Syntax zur Definition von rein virtuellen Funktionen angelehnt (`virtual pureVirtual()=0;`), führt C++11 die zwei neuen Schlüsselwörter `default` und `delete` ein. Dabei erlaubt `default`, die vom Compiler erzeugte Implementierung spezieller Methoden oder Operatoren zu nutzen. Hingegen ermöglicht `delete`, die Definition automatisch sichtbarer Funktionen zu unterbinden.

**Praxistipp** **Instrumentalisieren Sie den Compiler für Ihren Nutzen.**

Von einer anderen Perspektive aus betrachtet, besitzt der Programmierer durch die zwei neuen Schlüsselwörter `default` und `delete` sehr mächtige Werkzeuge, um die automatische Erzeugung von Methoden, Operatoren und Funktionen explizit zu steuern. Er kann den Compiler für seinen Nutzen instrumentalisieren.

In Teil I, *Tour de C++11*, wurden einige typische Anwendungsfälle, wie `default` und `delete`, gezeigt, die bewirken, dass Objekte nicht kopierbar sind, den von Compiler erzeugten Standardkonstruktor besitzen und auf dem Heap angelegt werden. Was nun folgt, sind die Details.

Es verwundert immer wieder, wenn man sich vergegenwärtigt, welche Methoden und Operatoren der Compiler bei Bedarf erzeugt.

Methoden:

- Standardkonstruktor
- Kopierkonstruktor
- Zuweisungsoperator
- Destruktor

Operatoren:

- operator new
- operator delete
- Adresse von
- Indirektion
- Elementzugriff
- Elementindirektion

Operatoren (neu mit C++11):

- Move-Konstruktor
- Move-Zuweisungsoperator

Die Details lassen sich in Anhang D, *Implizit erzeugte Methoden und Operatoren,* auf Seite 491 nachlesen.

**Praxistipp** **Regeln für automatisch erzeugte Methoden**

Bezüglich der automatisch erzeugten Methoden sind noch ein paar Regeln im Gedächtnis zu behalten.

1. Die implizit erzeugten Methoden sind `public`, `inline` und nicht `explicit`.
2. Sobald ein Konstruktor definiert wird, erzeugt der Compiler den Standardkonstruktor nicht mehr automatisch.
3. Ein definierter Move-Konstruktor unterdrückt den automatisch erzeugten Kopierkonstruktor.
4. Ein definierter Move-Zuweisungsoperator unterdrückt den automatisch erzeugten Copy-Zuweisungsoperator.
5. Die Aussagen zu Move-Konstruktor und Move-Zuweisungsoperator gelten auch in die andere Richtung.

Mächtigkeit von default

Diese mächtige Compiler-Funktionalität lässt sich nur explizit mit `default` nutzen. So kann:

- eine Methodenimplementierung in den Fällen erzwungen werden, in denen der Compiler diese nicht automatisch erzeugt.

- der Programmierer die optimierte Implementierung der Compiler-Version verwenden.
- der Anwender die Charakteristik der Methode auf `private`, `virtual` oder auch `explicit` ändern, aber die Standardimplementierung des Compilers verwenden.

Die vom Compiler implizit erzeugte Methode oder der Operator ist trivial. Nicht trivial ist sie dann, wenn der Anwender die Charakteristik dieser speziellen Funktion verändert. Dies umfasst insbesondere die Punkte:

Nicht trivial

1. Zugriff
2. Virtualität
3. Expliziter Konstruktor
4. Ausnahmespezifizierung
5. `const`-Eigenschaften der Parameter

In diesem Fall muss die Methode außerhalb des Klassenkörpers definiert werden.

Beispiel 7-12 soll den verwirrenden Sachverhalt auflösen.

**Beispiel 7-12: Klasse mit nicht trivialen speziellen Funktionen**

```
class MyData{
public:
  explicit MyData(const MyData&);                // 3
  MyData& operator= (MyData&);                   // 5
  virtual ~MyData() throw();                     // 2, 4
private:
  MyData();                                       // 1
};

MyData::MyData()=default;                         // 1
MyData::~MyData() throw() = default;              // 2, 4
MyData::MyData(const MyData&)= default;           // 3
MyData& MyData::operator=(MyData&)= default;     // 5
```

Beispiel 7-12 stellt ein paar nicht triviale spezielle Methoden und Operatoren vor. So ist der Default-Konstruktor (1) privat, der Destruktor ist virtuell (2), und er besitzt eine Ausnahmespezifikation (4), der Copy-Konstruktor ist explizit (3), und zuletzt nimmt der Zuweisungsoperator (5) sein Argument nicht `const` an.

Die Mächtigkeit von `default` lässt sich in einem plakativen Satz zusammenfassen.

Trennung von Interface und Implementierung

## Zusammenfassung
## Trennung von Interface und Implementierung

Der Programmierer gibt das Interface vor, und der Compiler liefert mit `default` die Implementierung.

Beispiel 7-13 zeigt dieses einfache Prinzip explizit auf. In der Klasse `MoveOnly` gibt der Entwickler die Deklaration des Default-Konstruktors in Zeile 6 vor, während der Compiler mit `=default` für die Implementierung sorgt.

default.cpp

**Beispiel 7-13: MoveOnly-Datentyp**

```
01 #include <utility>
02 class MoveOnly {
03
04   int data;
05   public:
06     MoveOnly()= default;
07
08     MoveOnly(const MoveOnly&) = delete;
09
10     MoveOnly(MoveOnly&& other):
              data(std::move(other.data)) {}
11
12     MoveOnly& operator=(const MoveOnly&) = delete;
13
14     MoveOnly& operator=(MoveOnly&& other) {
15         data=std::move(other.data);
16         return *this;
17     }
18 };
19
20 int main(){
21
22   // OK  because of move-semantic
23   MoveOnly m1;
24   MoveOnly m2(std::move(m1));
25
26   // ERROR because of copy-semantic
27   MoveOnly m3;
28   MoveOnly m4(m3);
29
30 }
```

`MoveOnly` unterstützt nur die Move-Semantik, denn sowohl der Kopierkonstruktor (Zeile 8) als auch der Zuweisungsoperator (Zeile 12) ist auf `delete` gesetzt. Interessant an der Implementierung des Move-Konstruktors (Zeile 10) und des Move-Zuweisungsoperators (Zeile 14) ist, dass sie auf die Methode `std::move` zurückgreifen, um die Ressource explizit zu transferieren. Daher ist auch der Aufruf `MoveOnly m2(std::move(m1))` in Zeile 24 gültig. Die Ausführung des Programms führt zur erwarteten Fehlermeldung, da der Kopierkonstruktor (Zeile 28) nicht unterstützt wird.

Eindeutiger kann eine Fehlermeldung nicht sein.

**▼ Abbildung 7-2**
Fehlermeldung beim Kopieren eines Datentyps mit Move-Semantik

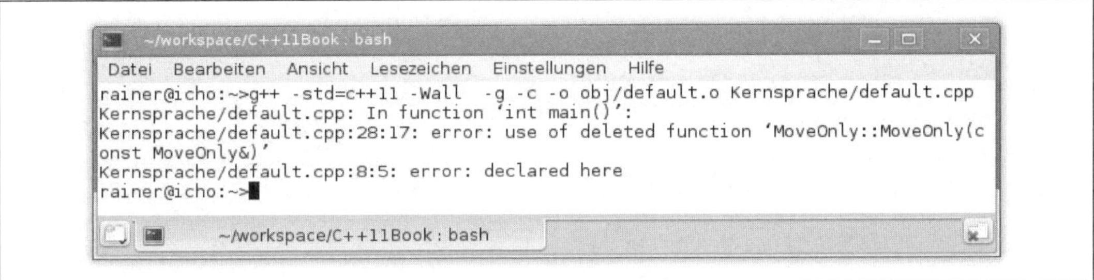


Mächtigkeit von delete

Ist es das Ziel, die vom Compiler erzeugte Funktion zu löschen, ist `delete` das Mittel der Wahl in C++11. Die Funktionalität von `delete` ist nicht auf die gleichen Methoden oder auch Operatoren wie `default` beschränkt. Zwei typische Anwendungsfälle bieten sich für `delete` an:

1. Die Definition von Funktionen löschen, die per Default vom Compiler erzeugt werden.
2. Die kritische Konvertierung von Datentypen verhindern.

Beispiel 7-14 soll diese beiden Anwendungsfälle verdeutlichen. Die Klasse `TypeOnHeap` (Zeile 1) löscht den implizit erzeugten Destruktor. Damit können automatische Variablen nicht mehr angelegt werden, da die C++-Laufzeit den Destruktor beim automatischen Löschen des Objekts benötigt. Ähnlich interessant ist die Struktur `OnlyInt`, die nur mit `int`-Argumenten instanziiert werden kann. Erreicht wird dies durch die zwei Konstruktoren (Zeilen 7 und 10). Der erste wird ausschließlich für `int`-Argumente, der zweite wird bei jedem anderen beliebigen Argument aufgerufen. Damit wird jede Konvertierung nach `int` unterbunden, die ohne das Funktions-Template (Zeile 9) stattfinden würde.

**Beispiel 7-14:** Delete zum Löschen von Methoden

delete.cpp

```
01 class TypeOnHeap{
02   public:
03     ~TypeOnHeap()= delete;
04 };
```

**Beispiel 7-14:** Delete zum Löschen von Methoden (Fortsetzung)

```

struct OnlyInt{
  OnlyInt(int){}

  template<typename T>
  OnlyInt(T) = delete;

};

int main(){

  TypeOnHeap* toH= new TypeOnHeap;
  OnlyInt onlyInt(5);

  TypeOnHeap();
  static TypeOnHeap th;

  OnlyInt(5L);
  OnlyInt(5LL);
  OnlyInt(5UL);
  OnlyInt(5.5);
}
```

Dieses beeindruckende Ergebnis zeigt der Versuch, den Sourcecode zu übersetzen.

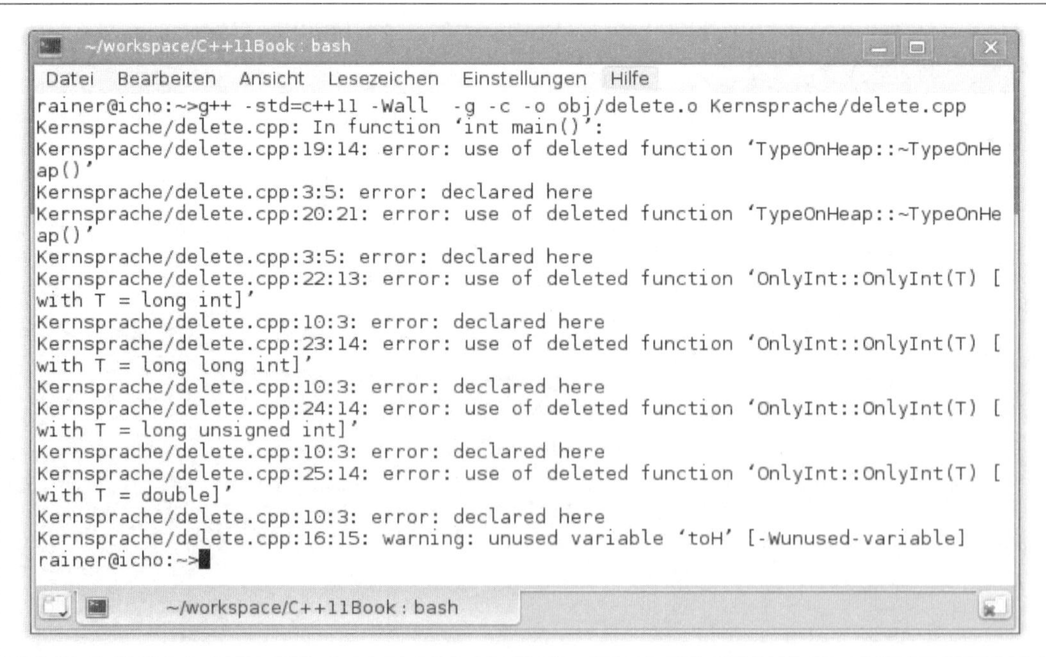


**Abbildung 7-3 ▼** Fehlermeldungen beim Benutzen von gelöschten Funktionen

## Aufgabe 7-7

virtualDestruktor.cpp

Verifizieren Sie, dass der vom Compiler erzeugte triviale virtuelle Destruktor performanter als der vom Anwender implementierte ist.

Polymorphe Basisklassen benötigen einen virtuellen Destruktor, denn das Löschen einer abgeleiteten Klasse durch einen Zeiger auf die polymorphe Basisklasse ist undefiniert, wenn dessen Destruktor nicht virtuell ist.

Das Unheil lässt sich schnell skizzieren:

**Beispiel 7-15:** Undefiniertes Verhalten durch nicht virtuellen Destruktor der polymorphen Basisklasse Base

```
class Base{
public:
  ~Base(){};
};
class Derived: public Base{};

...

Base* base= new Derived();
delete base;
```

C++11 bietet zwei Möglichkeiten an, den trivialen, virtuellen Destruktor zu definieren:

1. von Hand

   ```
   class Base{
   public:
     virtual ~Base(){};
   };
   ```

2. durch den Compiler

   ```
   class Base{
   public:
     virtual ~Base();
   };
   Base::~Base()= default;
   ```

Die interessante Eigenschaft kommt zum Schluss. Der vom Compiler erzeugte virtuelle Destruktor soll performanter sein. Die Frage ist nun, wie kann das verifiziert werden?

singletonDefaultDelete.cpp

### Aufgabe 7-8

Implementieren Sie das Singleton Pattern mit den neuen Schlüsselwörtern `default` und `delete`.

Eines der bekanntesten Design Patterns ist das Singleton Pattern (Singleton, 2011). Dieses Muster sichert im klassischen Fall zu, dass es nur ein Objekt einer Klasse gibt. Erreicht wird dieses Verhalten der Singleton-Klasse dadurch, dass der Standardkonstruktor privat ist und sowohl der Copy-Konstruktor als auch der Zuweisungsoperator privat deklariert sind. Um die einzige Instanz der Singleton-Klasse zu erhalten, bietet diese die statische Methode `getInstance` an. Beim ersten Aufruf der statischen Methode `getInstance` wird die statische Instanz erzeugt. Diese Prosa lässt sich auch in C++-Code formulieren (Beispiel 7-16).

**Beispiel 7-16:** Die klassische Singleton-Implementierung in C++

```
class MySingleton{
public:
  static MySingleton& getInstance(){
    static MySingleton singleton;
    return singleton;
  }
private:
  MySingleton() {}
  ~MySingleton() {}
  MySingleton(const MySingleton&);
  MySingleton& operator=(const MySingleton&);
};
```

Schreiben Sie `MySingleton` mit den neuen Sprachmitteln `default` und `delete` in C++11. Beachten Sie, welche der Methoden trivial bzw. nicht trivial sind. Verwenden Sie die Singleton-Klasse in einem minimalen Programm.

deleteVirtual.cpp

### Aufgabe 7-9

Wenden Sie die virtuelle und die nicht virtuelle Ableitung in einer Klassenhierarchie an.

In Abbildung 7-4 ist die – zugegeben konstruierte – Ableitungshierarchie vorgegeben.

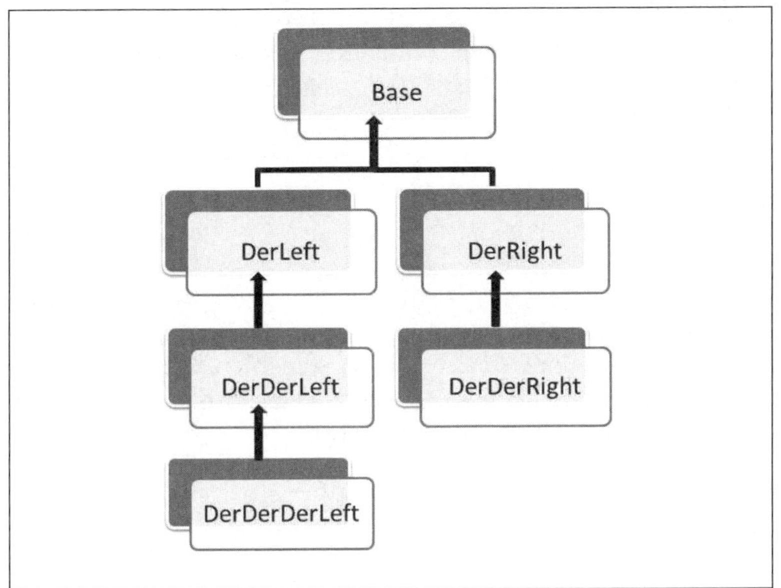


**Abbildung 7-4**
Zweigliedrige Ableitungshierarchie von Base

Implementieren Sie für jede Klasse eine Methode `showMe`, die den Namen der Klasse ausgibt. Variieren Sie nun, indem Sie Methoden der Hierarchie als `delete` deklarieren oder auch als virtuell erklären. Entspricht die Ausgabe des Programms Ihren Erwartungen?

## override und final

Eine Klassenhierarchie, nicht nur von grafischen Frameworks, kann leicht unübersichtlich werden. Diese Problematik wird noch dadurch verstärkt, dass diese gern im Fluss sind. Nicht nur die Applikation, die das Framework nutzt, sondern das Framework selbst befindet sich häufig in der Überarbeitung. Um sicherzustellen, dass virtuelle Funktionen tatsächlich eine Methode der Basisklasse überschreiben und dass eine virtuelle Methode nicht irrtümlich überschrieben wird, führt C++11 zwei neue Bezeichner ein, `override` und `final`. Damit stellt der Compiler sicher, dass der Vertrag eingehalten wird. Tabelle 7-2 fasst die Eigenschaften der zwei Attribute zusammen.

**Tabelle 7-2**
Die zwei neuen Identifier override und final

| Attribut | Eigenschaft |
|---|---|
| `override` | Die Methode muss eine virtuelle Methode der Klassenhierarchie überschreiben. |
| `final` | Die virtuelle Methode darf nicht in abgeleiteten Klassen überschrieben werden. |

Beide Schlüsselwörter werden erst durch den aktuellen GCC 4.7 (GCC 4.7, 2011) unterstützt.

virtualFunctionsOverride.cpp

**Beispiel 7-17: Die Identifier override und final**

```
class Base {

  void func1();
  virtual void func2(float);
  virtual void func3() const;
  virtual long func4(int);

  virtual void f();
  virtual void h(int) final;
};

class Derived: public Base {

  // ill-formed; no virtual method func1 exists
  virtual void fun1() override;

  // ill-formed: bad type
  virtual void func2(double) override;

  // ill-formed: const missing
  virtual void func3() override;

  // ill-formed: wrong return type
  virtual int func4(int) override;

  // well-formed: f override Base::f
  virtual void f() override;

  // well-formed: a new (final) virtual method
  virtual void g(long) final;

  // ill-formed: base method declared final
  virtual void h(int);

  // well-formed: a new virtual function
  virtual void h(double);

};

int main(){

  Base base;
  Derived derived;

}
```

Ein genaueres Studium von Beispiel 7-17 zeigt, dass das beabsichtigte, aber falsche Erklären neuer virtueller Methoden oder auch das unbeabsichtigte Überschreiben von Methoden der Klassenhierarchie, die als `final` deklariert wurden, deutlich schwieriger ist. Denn der Compiler prüft nicht nur den Namen, sondern auch die Parameter (Zeile 18), den Rückgabetyp (Zeile 24) und die `const`-Zusicherung der Methode (Zeile 21). Genau dies moniert der GCC 4.7.

**▼ Abbildung 7-5**
Irrtümliches Überschreiben von virtuell erklärten Methoden

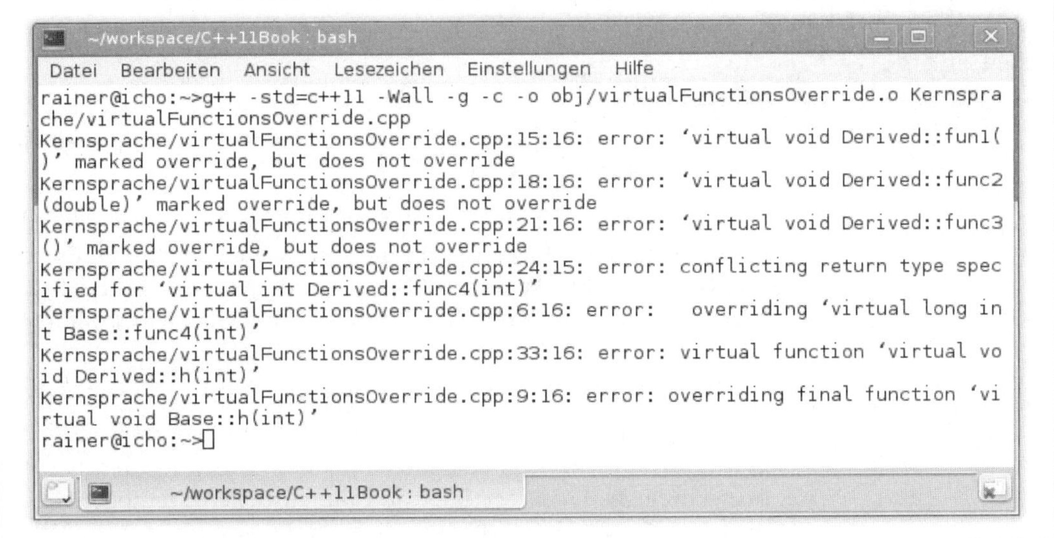


final class

Die Geschichte mit `final` ist noch nicht zu Ende. Durch den Identifier `final` kann eine Klasse als `final` ausgezeichnet werden. Dadurch ist es nicht mehr möglich, von ihr abzuleiten.

**Beispiel 7-18:** final-Klasse

```
struct Base final { };
struct Derived : Base { };
```

Das Übersetzen des kleinen Codeschnipsels in Beispiel 7-18 quittiert der Compiler mit einer eindeutigen Fehlermeldung, zu sehen in Abbildung 7-6.

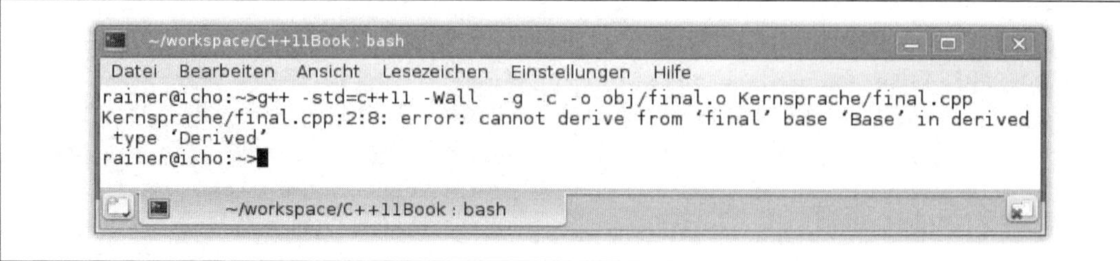


**Abbildung 7-6 ▲**
Ableiten einer als final deklarierten Klasse

sort.cpp

### Aufgabe 7-10

Verwenden Sie für die Implementierung der Template-Methode die Identifier `final` und `override`.

Die Schablonenmethode (*template method*) gibt eine Ablaufstruktur für eine Familie von Algorithmen vor, die aus mehreren Einzelschritten besteht. Während die Reihenfolge der Einzelschritte feststeht, hängt die Logik der Einzelschritte von dem konkreten Algorithmus ab. Die Details zur Schablonenmethode lassen sich bei Wikipedia (Schablonenmethode, 2011) nachlesen.

Entwerfen Sie eine abstrakte Basisklasse `Sort`, die eine Methode `processData` besitzt. Es soll nicht möglich sein, die Methode zu überschreiben. Diese Methode soll die virtuellen Methoden `readData`, `sortData` und `writeData` in dieser Reihenfolge aufrufen. Während die Basisklasse `Sort` einfache Implementierungen für `readData` und `writeData` vorhält, soll die Methode `sortData` rein virtuell sein. Implementieren und instanziieren Sie eine Dummyklasse `QuickSort`, um Ihren Entwurf zu testen. Implementieren Sie dazu auch die zwei Methoden `readData` und `writeData`. Stellen Sie sicher, dass die Methoden die Methoden der Basisklasse `Sort` überschreiben.

## Expliziter Konvertierungsoperator

Konvertierungskonstruktor und Konvertierungsoperator

Beim Entwurf der Klasse `MyClass` stehen dem C++-Entwickler zwei Wege offen, die Konvertierung seines Datentyps `MyClass` in einen fremden Datentyp anzubieten. Über einen Konvertierungskonstruktor wird der fremde Datentyp zu `MyClass` konvertiert. Über einen Konvertierungsoperator wird `MyClass` in einen fremden Datentyp konvertiert. Abbildung 7-7 stellt diese beiden Richtungen exemplarisch dar.

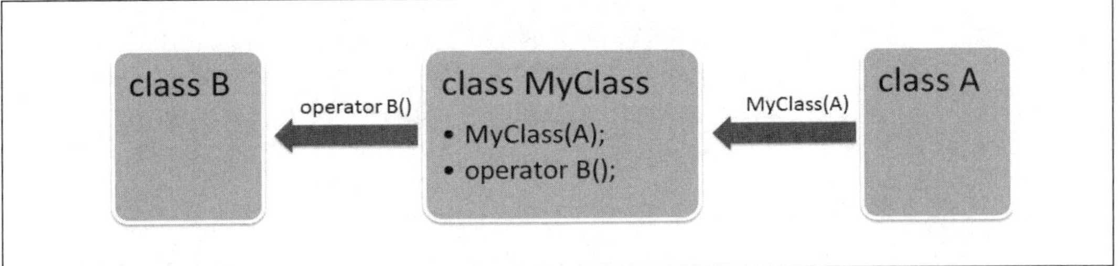


▲ **Abbildung 7-7**
Konvertierungskonstruktor und Konvertierungsoperator

Beispiel 7-19 zeigt die zwei Richtungen in Anwendung.

**Beispiel 7-19:** Implizite Konvertierung erlaubt

convertImplicit.cpp

```
class A{};

class B{};

class MyClass{
  public:
    MyClass(){}
    MyClass(A){}
    operator B(){ return B(); }
};

void needMyClass(MyClass){};
void needB(B){};

int main(){

  // A -> MyClass
  A a;

  // explicit invocation
  MyClass myClass1(a);
  // implicit conversion from A to MyClass
  MyClass myClass2= a;
  needMyClass(a);

  // MyClass -> B
  MyClass myCl;

  // explicit invocation
  B b1(myCl);
  // implicit conversion from MyClass to B
  B b2= myCl;
  needB(myCl);

}
```

Da die heimliche Konvertierung nicht immer erwünscht ist, lässt sich durch die Angabe des Schlüsselworts `explicit` die implizite Konvertierung nach `MyClass` in den Zeilen 23 und 24 unterbinden. Leider ist die Angabe des Schlüsselworts `explicit` im C++98-Standard nur für den Konvertierungskonstruktor möglich, aber nicht für den Konvertierungsoperator. Damit lassen sich die Aufrufe in den Zeilen 32 und 33 nicht verhindern.

Mit C++11 wurde diese Asymmetrie beseitigt. Sowohl der Konvertierungskonstruktor als auch der Konvertierungsoperator von `MyClass` ist `explicit` deklariert (Beispiel 7-20).

convertExplicit.cpp

**Beispiel 7-20:** Implizite Konvertierung nicht erlaubt

```
01 class A{};
02
03 class B{};
04
05 class MyClass{
06   public:
07     MyClass(){}
08     explicit MyClass(A){}      // since C++98
09     explicit operator B(){}    // new with C++11
10 };
11
12 void needMyClass(MyClass){};
13 void needB(B){};
14
15 int main(){
16
17   // A -> MyClass
18   A a;
19
20   // explicit invocation
21   MyClass myClass1(a);
22   // implicit conversion from A to MyClass
23   MyClass myClass2= a;
24   needMyClass(a);
25
26   // MyClass -> B
27   MyClass myCl;
28
29   // explicit invocation
30   B b1(myCl);
31   // implicit conversion from MyClass to B
32   B b2= myCl;
33   needB(myCl);
34
35 }
```

Die entscheidenden Zeilen in Beispiel 7-20 sind die Schlüsselwörter `explicit` in den Zeilen 8 und 9. Sie führen dazu, dass das Programm nicht mehr kompiliert.

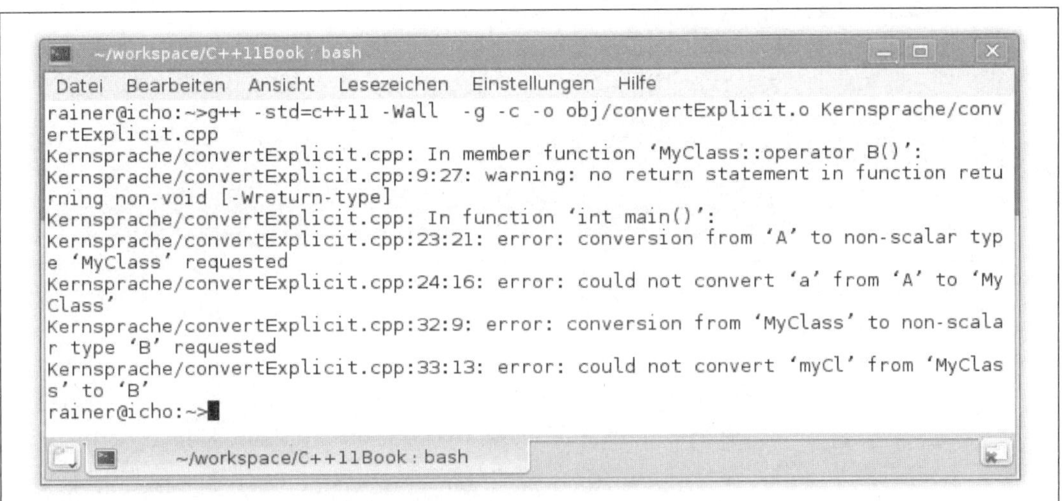


**▼ Abbildung 7-8**
Fehlerhafte Übersetzung bei Verwendung des Schlüsselworts explicit

bool

Die Konvertierung nach `bool` mit dem expliziten Konvertierungsoperator verhält sich speziell. So ignoriert der Compiler das Schlüsselwort `explicit`, damit der Datentyp in Ausdrücken verwendet werden kann, die zu den Wahrheitswerten `true` oder `false` evaluiert werden. Eine implizite Konvertierung nach `int` führt der C++-Compiler hingegen nicht durch (Beispiel 7-21).

**Beispiel 7-21:** Sonderfall Datentyp bool

```
01 struct MyBool{
02   explicit operator bool(){return true;}
03 };
04
05 int main(){
06
07    MyBool myB;
08
09    if (myB){};
10    int a= (myB)? 3: 4;
11    int b= myB + a;
12
13 }
```

`explicit operator bool()` in Zeile 2 bewirkt, dass der arithmetische Ausdruck in Zeile 11 nicht gültig ist. Der Bezeichner `explicit` besitzt keinen Einfluss auf die implizite Konvertierung in den Zeilen 9 und 10 nach `bool`.

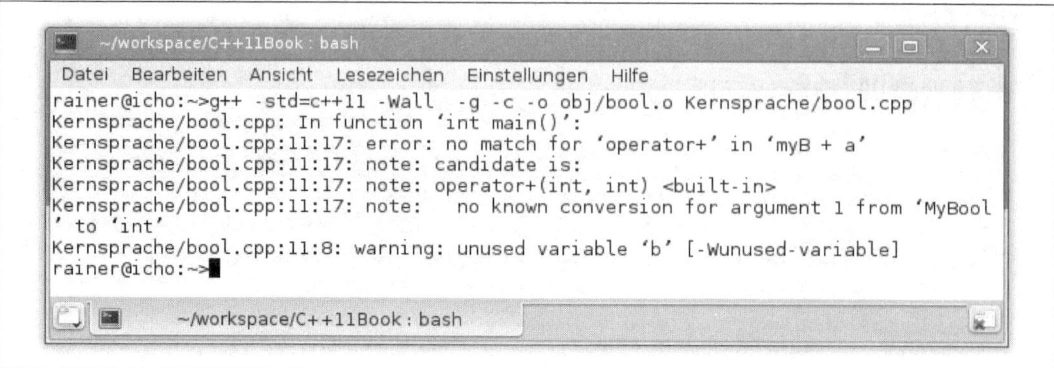


**Abbildung 7-9 ▲**
Keine implizite Arithmetik mit dem Datentyp bool

explicitConvertOperator.cpp

## Aufgabe 7-11

Überprüfen Sie Ihren Sourcecode auf implizite Konvertierungen.

- Durchsuchen Sie Ihren Sourcecode nach der Definition nicht expliziter Konvertierungskonstruktoren und Konvertierungsoperatoren.
- Entscheiden Sie für jede der impliziten Konvertierungsfunktionen, ob diese Eigenschaft beabsichtigt ist.
- Falls die implizite Konvertierung nicht unterstützt werden soll, verwenden Sie das Schlüsselwort `explicit`.
- Übersetzen Sie das Programm, sodass der Compiler implizite Konvertierungen im Sourcecode entdeckt.

Wie erreichen Sie, dass der Code in Listing 2.22 gültig ist, obwohl Sie den Konvertierungsoperator nach `bool` als `explicit` erklärt haben.

## KAPITEL 8

# Rvalue-Referenzen

**In diesem Kapitel:**

- Lvalue- versus Rvalue-Referenzen
- Move-Semantik
- Perfect Forwarding

Rvalue-Referenzen, in Kapitel 3 im Abschnitt »Rvalue-Referenzen« auf Seite 30 eingeführt, sind die Grundlage für zwei mächtige Features: Move Semantik und Perfect Forwarding. Während die Move-Semantik es dem C++11-Autor erlaubt, an der Performanceschraube seiner Anwendung massiv zu drehen, löst Perfect Forwarding das bekannte Problem in C++, Argumente generisch an eine Funktion durchzureichen, ohne ihre Lvalue- und Rvalue-Eigenschaften zu verändern.

### Exkurs: Lvalue versus Rvalue

Die klassische Definition von Lvalue und Rvalue als Werte, die auf der linken bzw. rechten Seite einer Zuweisung stehen dürfen, ist nicht besonders hilfreich, denn konstante Objekte sind auch Lvalues. Diese können aber nicht auf der linken Seite einer Zuweisung stehen. Besser ist es da schon, Lvalue als Ausdruck zu interpretieren, von dem die Adresse bestimmt werden kann. Damit lässt er sich potenziell zuweisen. Ein Rvalue hingegen kann nur gelesen werden.

Gern werden Rvalues auch als temporäre Objekte bezeichnet.

Es folgen ein paar Beispiele für Lvalue und Rvalue: Zuerst definiere ich die zwei Funktionen `int& getThree()` und `int getFour()`:

```
int three= 3;

int&  getThree(){ return three;}
int getFour(){return 4;}
```

- Lvalue

  ```
  int i= 1;
  int& lvalueRef= i;
  getThree()= 4;  // three == 4
  ```

→

- Rvalue

```
int rvalue= getFour();
rvalue= 5;
auto func= []{std::cout << 2011 << std::endl;};
```

`i`, `lvalueRef` wie auch `getThree()` sind Lvalues. Hingegen sind `getFour()`, 5 und die Lambda-Funktion Rvalues.

## Lvalue- versus Rvalue-Referenzen

Lvalue- und Rvalue-Referenzen sind Referenzen auf Lvalues bzw. Rvalues. Eine Lvalue-Referenz wird dadurch erzeugt, dass ein `&` hinter dem Datentyp platziert wird. Zwei `&&` hingegen definieren eine Rvalue-Referenz (Beispiel 8-1).

**Beispiel 8-1:** Definition einer Lvalue- und einer Rvalue-Referenz

```
MyData myData;

MyData& myDataLvalue= myData;
MyData&& myDataRvalue(MyData());
```

**Praxistipp** **Rvalue-Referenzen sind spezielle Referenzen.**

Rvalue-Referenzen verhalten sich wie die bekannten Lvalue-Referenzen. Sie müssen initialisiert werden und können nicht nachträglich auf ein anderes Objekt verweisen.

Wird eine Funktion definiert, die ihre Argumente per Lvalue- und Rvalue-Referenz annimmt, entscheidet der Compiler, welche Funktion verwendet wird. Das Entscheidungskriterium für den Compiler ist, ob das Argument ein Lvalue oder ein Rvalue ist (Beispiel 8-2). Da das Argument in Zeile 21 ein Lvalue ist und das in den Zeilen 22 und 23 jeweils ein Rvalue, wird die entsprechende Funktion `function` in Beispiel 8-2 aufgerufen, die das Argument als Lvalue- oder Rvalue-Referenz bindet.

rvalueReference.cpp

**Beispiel 8-2:** Lvalue- und Rvalue-Referenz

```
01 #include <utility>
02 #include <iostream>
03 #include <string>
04
05 struct MyData{};
06
07 std::string function( MyData & ) {
```

**Beispiel 8-2:** Lvalue- und Rvalue-Referenz (Fortsetzung)

```
08     return "lvalue reference";
09 }
10
11 std::string function( MyData && ) {
12     return "rvalue reference";
13 }
14
15 int main(){
16
17   std::cout << std::endl;
18
19   MyData myD;
20
21   std::cout << "function(myD): "
               << function(myD) << std::endl;
22   std::cout << "function(MyData()): "
               << function(MyData()) << std::endl;
23   std::cout << "function(std::move(myD)): "
               << function(std::move(myD)) << std::endl;
24
25   std::cout << std::endl;
26
27 }
```

Der Aufruf `function(std::move(myD))` in Zeile 23 ist der interessanteste, denn durch das neue C++11-Funktions-Template `std::move` wird aus dem Lvalue ein Rvalue. Dies zeigt die Ausgabe.

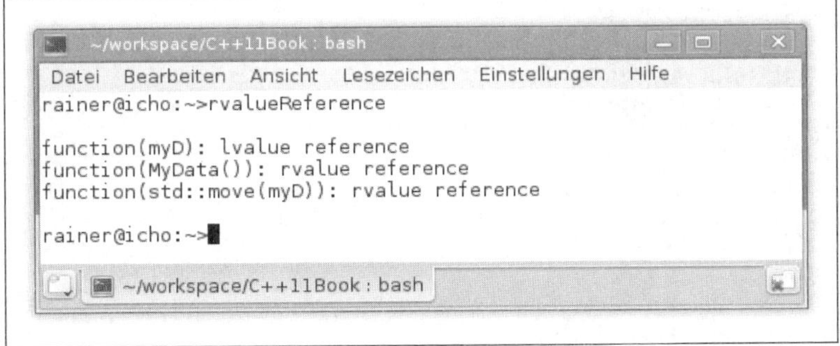


◀ **Abbildung 8-1**
Binden einer Lvalue- und Rvalue-Referenz

`std::move` ist eine wichtige Funktion, wenn es darum geht, die Move-Semantik in C++11 umzusetzen. Dazu bald mehr.

Bindungsregeln Lvalue- und Rvalue-Referenzen

Um bei der Überladung von Funktionen nicht überrascht zu werden, müssen die klassischen Regeln beachtet werden:

- Lvalues können an Lvalue-Referenzen gebunden werden.
- Rvalues können an konstante Lvalue-Referenzen gebunden werden.

Dazu bringt C++11 neue Regeln mit:

- Lvalues können nicht an Rvalue-Referenzen gebunden werden.
- Rvalues können an Rvalue-Referenzen gebunden werden.

## Exkurs: Version 1 und 2 von Rvalue-Referenzen

Im ersten Entwurf von Rvalue-Referenzen konnten Lvalues an Rvalue-Referenzen gebunden werden. Dieses Verhalten wird im Nachhinein als Version 1 von Rvalue-Referenzen bezeichnet. Im aktuellen Standard wird Version 2 implementiert, die dieses Verhalten nicht mehr erlaubt. Genaueres zu den Sicherheitsproblemen mit Version 1 von Rvalue-Referenzen ist im Artikel N2812 von David Abrahams und Doug Gregor (Abrahams & Gregor, 2008) nachzulesen.

Der eine oder andere ältere C++-Compiler mag die Version 1 der Rvalue-Referenz aber noch unterstützen. Vorsicht ist daher geboten.

Die Feinheiten zum Bindungsverhalten von Lvalues und Rvalues soll Beispiel 8-3 klären.

LvalueRvalueOverload.cpp

**Beispiel 8-3:** Bindung von Lvalues und Rvalues an Lvalue- und Rvalue-Referenzen

```
#include <iostream>
#include <string>

struct MyData{};

std::string referenceTo(MyData& ) {
  return "lvalue reference";
}

std::string referenceTo(const MyData&  ) {
  return "const lvalue reference";
}

std::string rValueToFunction(const MyData& ) {
  return "const lvalue reference";
}

std::string rValueToFunction(MyData&& ) {
  return "rvalue reference";
}

std::string onlyRvalue(MyData&& ){
  return "rvalue reference";
}

```

**Beispiel 8-3:** Bindung von Lvalues und Rvalues an Lvalue- und Rvalue-Referenzen (Fortsetzung)

```
26
27 int main(){
28
29   std::cout << std::endl;
30
31   // C++98 rules:
32   // lvalue to lvalue reference
33   // rvalue to const lvalue reference
34   MyData myData;
35   std::cout << "referenceTo(myData): "
               << referenceTo(myData) << std::endl;
36   std::cout << "referenceTo(MyData()): "
               << referenceTo(MyData()) << std::endl;
37
38   std::cout << std::endl;
39
40   // rvalue reference binds stronger than const lvalue reference
41   std::cout << "rValueToFunction(MyData()): "
               << rValueToFunction(MyData()) << std::endl;
42
43   std::cout << std::endl;
44
45   // only for rvalues
46   std::cout << "onlyRvalue(MyData()): "
               <<  onlyRvalue(MyData()) << std::endl;
47
48   // try it with lvalue and const lvalue
49   /*
50   const MyData myConstData= static_cast<MyData>(myData);
51   onlyRvalue(myData);
52   onlyRvalue(myConstData);
53   */
54
55   std::cout << std::endl;
56
57 }
```

In Beispiel 8-3 sind drei Funktionen mit verschiedenen Signaturen definiert:

1. `referenceTo` (Zeilen 6 und 10): Nimmt eine Lvalue-Referenz und eine konstante Lvalue-Referenz an.
2. `rvalueToFunction` (Zeilen 14 und 18): Nimmt eine konstante Lvalue-Referenz und eine Rvalue-Referenz an.
3. `onlyRValue` (Zeile 22): Nimmt eine Rvalue-Referenz an.

`referenceTo`, in den Zeilen 35 und 36 angewandt, zeigt die klassischen C++-Regeln. Lvalues binden an Lvalue-Referenzen, und Rvalues binden an Rvalue-Referenzen. Hingegen ist `rvalueToFunction` schon spannender. Da ein Rvalue sowohl nach der klassischen C++98-Regel an eine konstante Lvalue-Referenz als auch nach der neuen C++11-Regel an eine Rvalue-Referenz binden kann, ist die entscheidende Frage, welche Regel vom Compiler angewandt wird. Der Aufruf in Zeile 41 zeigt, dass die Rvalue-Referenz stärker bindet (Abbildung 8-2). Zuletzt folgt die Funktion `onlyRValue`, die nur eine Rvalue-Referenz als Parameter anbietet.

**Abbildung 8-2 ▶**
Überladen für Lvalues und Rvalues

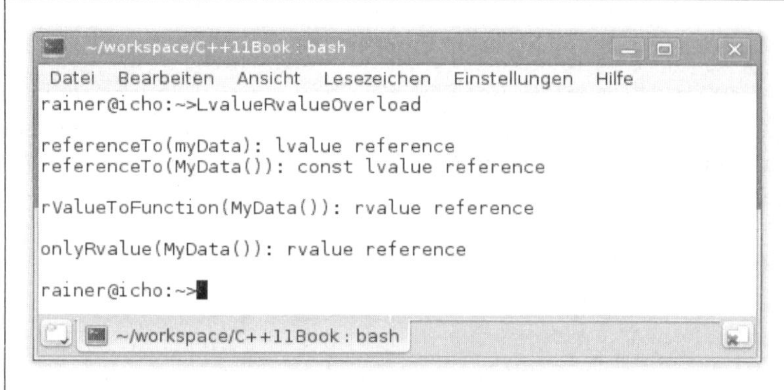

```
rainer@icho:~>LvalueRvalueOverload

referenceTo(myData): lvalue reference
referenceTo(MyData()): const lvalue reference

rValueToFunction(MyData()): rvalue reference

onlyRvalue(MyData()): rvalue reference

rainer@icho:~>
```

Diese kann konsequenterweise nur durch ein Rvalue-Argument verwendet werden. Werden die Zeilen 50 bis 52 jedoch verwendet, um `onlyRValue` durch einen Lvalue in Zeile 51 und einen konstanten Lvalue aufzurufen, quittiert der GCC-Compiler das mit zwei Fehlermeldungen.

**Abbildung 8-3 ▼**
Fehler beim Binden eines Lvalue und konstanten Lvalue an eine Rvalue-Referenz

```
rainer@icho:~>g++ -std=c++11 -Wall  -g -c -o obj/LvalueRvalueOverload.o Kernsprache/Lval
ueRvalueOverload.cpp
Kernsprache/LvalueRvalueOverload.cpp: In function 'int main()':
Kernsprache/LvalueRvalueOverload.cpp:50:20: error: cannot bind 'MyData' lvalue to 'MyDat
a&&'
Kernsprache/LvalueRvalueOverload.cpp:22:13: error:   initializing argument 1 of 'std::st
ring onlyRvalue(MyData&&)'
Kernsprache/LvalueRvalueOverload.cpp:51:25: error: invalid initialization of reference o
f type 'MyData&&' from expression of type 'const MyData'
Kernsprache/LvalueRvalueOverload.cpp:22:13: error: in passing argument 1 of 'std::string
 onlyRvalue(MyData&&)'
rainer@icho:~>
```

## Aufgabe 8-1

lValueRValue.cpp
lValueRValueSolution.cpp

Unterscheiden Sie Lvalues von Rvalues.

Die Unterscheidung von Lvalues und Rvalues geht auf die Vorlesungsskripte »Fundamental Concepts in Programming Languages« (Fundamental Concepts in Programming Languages, 2011) von Christopher Strachey (Christopher Strachey, 2011) aus dem Jahr 1967 zurück. Mit Lvalue- und Rvalue-Referenzen werden diese Konzepte hochaktuell für das tiefere Verständnis von C++11.

Entscheiden Sie in Beispiel 8-4 für jeden Datentyp in der `main`-Funktion, ob es ein Lvalue oder ein Rvalue ist. Wenden Sie dafür die einfache Regel aus Kapitel 3, Abschnitt »Rvalue-Referenzen« auf Seite 30 an: Besitzt ein Objekt einen Namen, ist es ein Lvalue, ansonsten ein Rvalue.

**Beispiel 8-4:** Beispiele für Lvalues und Rvalues

```
#include <string>
#include <vector>

int three= 3;
int& getThree(){return three;}

int main(){
  int n;
  std::vector<char> myVec(10);
  n= 5;
  myVec[0] = 'a';
  int a=1, b=2, c=3;
  a= b + c;
  std::string z= std::string("z");
  int* p= new int;
  getThree()= 10;
  int si= myVec.size();
}
```

## Aufgabe 8-2

Ein kleines Rätsel rund um Pre- und Post-Inkrement.

Das Programm in Beispiel 8-5 verhält sich anständig.

**Beispiel 8-5:** Das Ergebnis einer Pre- und Post-Inkrement-Operation, an eine Rvalue-Referenz gebunden

```
int main(){

  int i= 0;
  //int&& rValue= ++i;
```

**Beispiel 8-5:** Das Ergebnis einer Pre- und Post-Inkrement-Operation, an eine Rvalue-Referenz gebunden (Fortsetzung)

```
05   int&& rvalue=i++;
06
07 }
```

Wird jedoch die Pre-Inkrement-Operation in Zeile 4 verwendet, quittiert das der GCC mit einer Fehlermeldung.

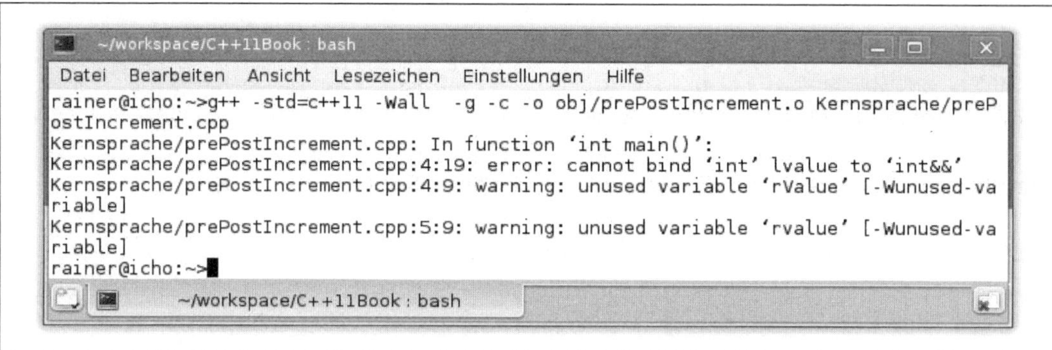


**Abbildung 8-4 ▲** Das Ergebnis einer Pre-Inkrement-Operation lässt sich nicht an eine Rvalue-Referenz binden

Die Lösung des Rätsels liegt in den Lvalue- bzw. Rvalue-Eigenschaften der Inkrement-Operatoren verborgen.

## Aufgabe 8-3

Welche Version der Rvalue-Referenzen implementiert Ihr Compiler?

Diese Frage lässt sich recht einfach beantworten. Übersetzen Sie Beispiel 8-5. Verwenden Sie dabei Zeile 4. Das Übersetzen des Programms sollte zu einer ähnlichen Fehlermeldung wie der in Abbildung 8-4 führen.

Im Exkurs zu Rvalue-Referenzen auf Seite 154 gehe ich auf die Unterschiede zwischen Version 1 und Version 2 der Rvalue-Referenzen ein.

withReferenceMemberFunction.cpp

## Aufgabe 8-4

Elementfunktionen, die als Lvalue- und Rvalue-Referenzen ausgezeichnet sind.

Die Klasse `WithReferenceMemberFunction` besitzt eine eigenwillige Syntax.

```
class WithReferenceMemberFunction{
public:
  void reference() & {
    std::cout << "LValue Reference" << std::endl;
  }
```

```
    void reference() && {
    std::cout << "RValue Reference" << std::endl;
  }
};
```

Erzeugen Sie Lvalue- und Rvalue-Instanzen vom Typ `WithReferenceMemberFunction` und rufen Sie die Elementfunktion `reference` auf.

Entspricht die Ausgabe Ihren Erwartungen? Natürlich müssen Sie auf die Antwort so lange warten, bis Ihr Compiler dieses Feature unterstützt.

# Move-Semantik

**Praxistipp**

**Unterscheiden Sie zwischen Copy- und Move-Semantik.**

Bei der Copy-Semantik wird durch einen Aufruf der Form `a=b` der Inhalt von `b` nach `a` kopiert, während bei der Move-Semantik der Inhalt von `b` nach `a` verschoben wird. Bildlich ist dies in Abbildung 3-9 auf Seite 32 dargestellt.

Der Compiler sorgt dafür, dass ein Lvalue an eine Lvalue-Referenz und ein Rvalue an eine Rvalue-Referenz gebunden wird. Diese Fähigkeit des Compilers ist die Grundvoraussetzung für die Move-Semantik. Der zweite Teil fehlt noch. Der Programmierer hat dafür zu sorgen, dass die automatisch aufgerufenen Funktionen die gewünschte Funktionalität anbieten. Im Fall der STL-Container ist dies bereits geschehen. Beim Entwurf eigener Datentypen muss die Funktionalität beim Klassenentwurf berücksichtigt werden.

Optimiertes Kopieren

Dass die Move-Semantik als optimiertes Kopieren verstanden werden kann, lässt sich schön durch den klassischen swap-Algorithmus zeigen (Beispiel 8-6).

**Beispiel 8-6:** MyData mit Copy- und Move-Semantik

swap.cpp

```
#include <utility>
#include <iostream>
#include <vector>

template <typename T>
void swapCopy(T& a, T& b){
    T tmp(a);
    a = b;
    b = tmp;
}

```

**Beispiel 8-6:** MyData mit Copy- und Move-Semantik (Fortsetzung)

```
template <typename T>
void swapMove(T& a, T& b){
    T tmp(std::move(a));
    a = std::move(b);
    b = std::move(tmp);
}

struct MyData{
  std::vector<int> myData;

  MyData():myData({1,2,3,4,5}){}

  // copy semantic
  MyData(const MyData& m):myData(m.myData){
    std::cout << "copy constructor"  << std::endl;
  }

  MyData& operator=(const MyData& m){
    myData= m.myData;
    std::cout << "copy assignment operator"  << std::endl;
    return *this;
  }

  // move semantic
  MyData(MyData&& m): myData(std::move(m.myData)){
    std::cout << "move constructor" << std::endl;
  }

  MyData& operator=(MyData&& m){
    myData= std::move(m.myData);
    std::cout << "move assignment operator" << std::endl;
    return *this;
  }

};

int main(){

  std::cout << std::endl;

  MyData a,b;
  std::cout << "-- swapCopy -----------" <<std::endl;
  swapCopy(a,b);
  std::cout << "---swapMove -----------" << std::endl;
  swapMove(a,b);

  std::cout << std::endl;

};
```

Das Programm in Beispiel 8-6 ist recht einfach gehalten. Es besteht aus zwei Versionen des `swap`-Algorithmus in den Zeilen 5 und 12, dem einfachen Datentyp `MyData`, der sowohl Copy- als auch Move-Semantik anbietet, und einem kleinen Hauptprogramm, das Objekte vom Typ `MyData` vertauscht. Der Unterschied von `swapCopy` und `swapMove` ist, dass Ersterer beim Dreieckstausch seine Elemente kopiert, während `swapMove` seine Elemente verschiebt. Daher benötigt `swapCopy` sechs Kopien des Typs `T`, `swapMove` hingegen nur drei. Der Grund dafür ist, dass durch das Kopieren die Copy-Semantik von `MyData` angesprochen wird. Sowohl im Kopierkonstruktor als auch im Kopierzuweisungsoperator wird eine Kopie des Eingabetyps erzeugt. Diese Kopie ist beim Move-Konstruktor (Zeile 36) und Move-Zuweisungsoperator nicht notwendig, denn darin wird die Ressource `std::vector<int>` durch `std::move` verschoben.

Für den Aufruf »Methoden für die Copy- bzw. Move-Semantik« sorgt der Compiler.

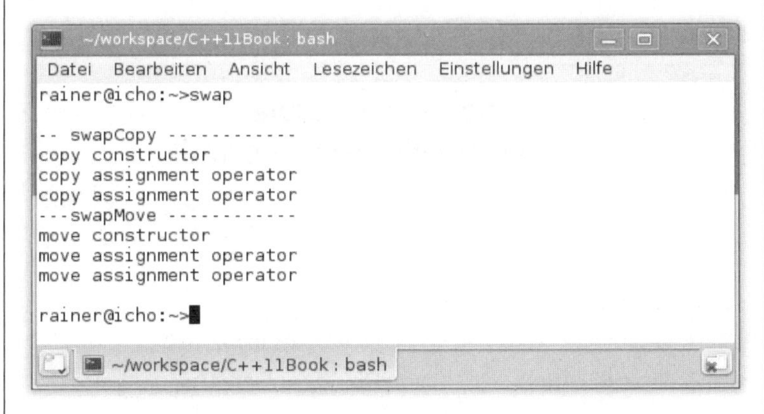


◀ **Abbildung 8-5**
Aufruf der Copy- und Move-Semantik

Werden die Zeilen 36 bis inklusive 44 in Beispiel 8-6 auskommentiert, sodass MyData keine Move-Semantik mehr anbietet, führt die Anwendung von swapMove in Zeile 12 dazu, dass die Copy-Semantik von MyData in die Bresche springt (Abbildung 8-6). Dies ist aber nicht verwunderlich, kann doch ein Rvalue auch an eine konstante Lvalue-Referenz gebunden werden. Genau von diesem Typ sind die Variablen des Kopierkonstruktors und des Kopierzuweisungsoperators. Dieses Verhalten besitzt eine sehr praktische Konsequenz.

**Praxistipp**

**Betrachten Sie die Copy-Semantik als Fallback.**

Implementieren Sie Ihre Algorithmen für die Move-Semantik. Bietet der Datentyp keine Move-Semantik an, wird als Fallback die Copy-Semantik verwendet.

**Abbildung 8-6** ▶ Copy-Semantik als Fallback zur Move-Sematik

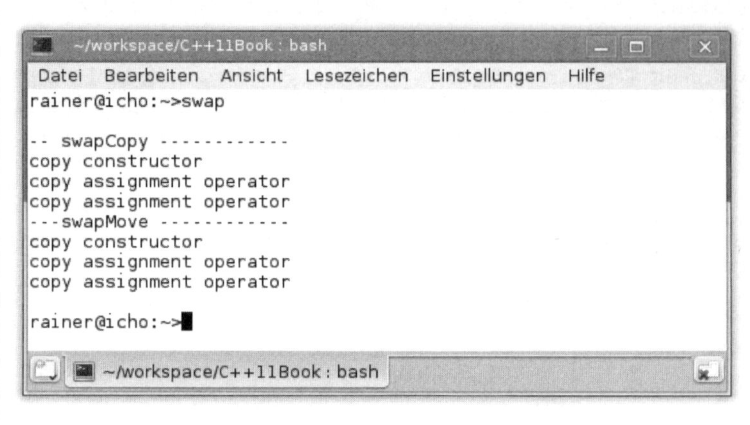


## Zusammenfassung Regeln für die Move-Semantik

Für die Implementierung eines Move-Konstruktors oder eines Move-Zuweisungsoperators sollten die folgenden drei Regeln angewandt werden:

1. Setze die Attribute des neuen Objekts.
2. Verschiebe den Inhalt des alten Objekts in das neue.
3. Setze die Attribute des alten Objekts auf ihre Default-Werte.

Algorithmen für Datentypen, die nur die Move-Semantik unterstützen

Das Implementieren von Algorithmen, die für die Move-Semantik ausgelegt sind, hat weitreichende Konsequenzen. Datentypen, die nur die Move-Semantik anbieten, können diese Algorithmen verwenden. Dies trifft auf viele Implementierungen der STL-Algorithmen zu. Verwendet der Algorithmus unter der Decke jedoch eine Kopieroperation, wird das durch den Compiler moniert. Typische Vertreter dieser nur verschiebbaren Datentypen sind Dateiobjekte, Threads, Smart Pointer oder auch Locks. In Beispiel 8-7 wird der neue C++11-Smart-Pointer `std::unique_ptr` in einem `std::vector` verwendet.

**Beispiel 8-7:** Move-Semantik und Copy-Semantik mit std::unique_ptr moveOnly.cpp

```
01 #include <iostream>
02 #include <memory>
03 #include <vector>
04 #include <utility>
05
06 template <typename T>
07 void swapCopy(T& a, T& b){
08     T tmp(a);
09     a = b;
10     b = tmp;
11 }
12
13 template <typename T>
14 void swapMove(T& a, T& b){
15     T tmp(std::move(a));
16     a = std::move(b);
17     b = std::move(tmp);
18 }
19
20 int main(){
21
22   std::unique_ptr<int> unique1(new int(1));
23   std::unique_ptr<int> unique2(new int(5));
24
25   std::vector<std::unique_ptr<int> > myInt1;
26   myInt1.push_back(std::move(unique1));
27   myInt1.push_back(std::move(unique2));
28
29   std::vector<std::unique_ptr<int> > myInt2;
30   myInt2.push_back(std::move(unique1));
31
32   swapMove(myInt1,myInt2);
33
34   swapCopy(myInt1,myInt2);
35
36 }
```

Während der Aufruf swapMove in Zeile 32 gültig ist, führt der Aufruf swapCopy in Zeile 34 zum Übersetzungsfehler. In der sehr wortreichen Fehlermeldung findet sich die Ursache des Fehlers am Ende des Screenshots wieder (Abbildung 8-7):

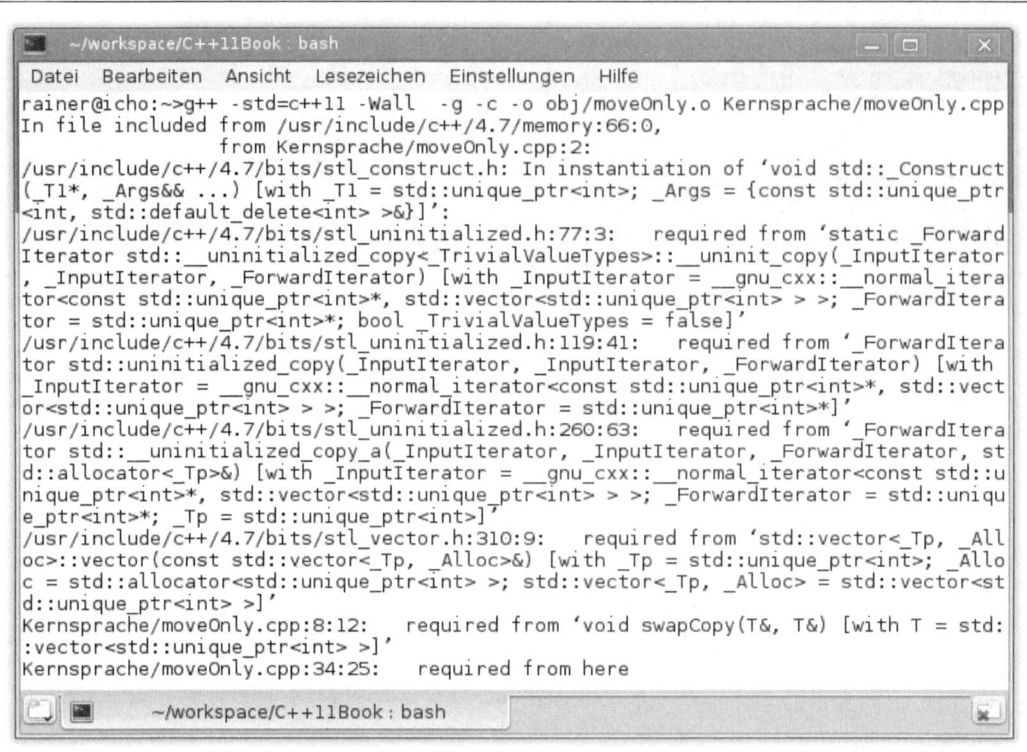


**Abbildung 8-7 ▲** Fehlermeldung beim Versuch, den nur verschiebbaren std::unique_ptr zu kopieren

Neben den Smart Pointern `std::unique_ptr`, die exklusiv eine Ressource besitzen, hat C++11 noch die `std::shared_ptr` im Angebot. `std::shared_ptr` teilt sich eine Ressource und verwaltet den Lebenszyklus dieser Ressource mit einem Referenzzähler. Zwar unterstützt `std::shared_ptr` neben der Move-Semantik auch die Copy-Semantik, jedoch profitiert `std::shared_ptr` auch von der Move-Semantik eines Algorithmus, denn durch die Copy-Semantik wird der Referenzzähler implizit in- und dekrementiert.

std::move-Implementierung

Um aus einem Lvalue in einen Rvalue zu konvertieren, wurde in vielen Beispielen das neue Funktions-Template `std::move` verwendet.

## Exkurs: move-Implementierung

Das Funktions-Template `std::move` besitzt die *prägnante* Implementierung:

**Beispiel 8-8:** std::move-Implementierung

```
template<typename T>
typename std::remove_reference<T>::type&&
std::move(T&& obj) {
  return static_cast<typename
           std::remove_reference<T>::type&&>(obj);
}
```

Auch oder vielleicht gerade weil das Funktions-Template `std::move` kurz und bündig ist, kommen einige mächtige C++11-Regeln ins Spiel, um einen Lvalue in einen Rvalue zu konvertieren. Das Verständnis seiner Implementierung ist aber nicht für deren richtige Anwendung notwendig. Die folgende Erläuterung lässt sich auch auf `std::forward` anwenden, das für Perfect Forwarding eine ähnlich wichtige Rolle spielt wie `std::move` für die Move-Semantik.

Zuerst verwundert die Signatur von `std::move`, da diese ihre Argumente als Rvalue-Referenz annimmt. Wie ist das möglich, da wir doch von den Bindungsregeln von Rvalue-Referenzen wissen, dass Lvalues nicht an Rvalue-Referenzen gebunden werden können (Beispiel 8-3)? Der feine Unterschied ist: `std::move` ist ein Funktions-Template und keine Funktion. Bei Funktions-Templates der Form

```
template <typename T>
void function(T&& ) { ... }
```

kommen die mit C++11 erweiterten Referenz-Collapsing-Regeln (siehe Tabelle 8-1) zur Anwendung. Diese bewirken, dass das Funktions-Template als ein *catch-all*-Funktions-Template verwendet werden kann.

Tabelle 8-1 zeigt in einer Übersicht über den Datentyp `T`, wie dieser im Funktions-Template zur Verfügung steht, abhängig davon, ob das Argument durch eine Lvalue- oder Rvalue-Referenz gebunden wird, und abhängig davon, ob das Argument ein Lvalue oder Rvalue ist. In der letzten Spalte ist noch vermerkt, seit welcher C++-Version diese Regel zur Verfügung steht.

→

**Tabelle 8-1** ▶ Referenz-Collapsing-Regeln

| Lvalue- oder Rvalue-Referenz | Lvalue oder Rvalue | Resultierender Datentyp T | Regel verfügbar seit |
|---|---|---|---|
| T& | & | T& | C++98 |
| T& | && | T& | C++11 |
| T&& | & | T& | C++11 |
| T&& | && | T&& | C++11 |

Die Tabelle lässt sich auf die einfache Faustformel reduzieren:

- Der Template-Parameter T steht als Rvalue-Referenz zur Verfügung, wenn das Argument ein Rvalue ist, der per Rvalue-Referenz angenommen wird.

Ein kleiner Baustein fehlt noch, um `std::move` zu verstehen. Das Funktions-Template `std::remove_reference<T>::type` ist Bestandteil der neuen C++11-Type-Traits-Bibliothek. Die konkrete Funktion entfernt gegebenenfalls von ihrem Argument zur Übersetzungszeit die Referenz und gibt einen neuen Typ ohne Referenz zurück, der mit `::type` angesprochen werden kann. Referenzen werden durch das Funktions-Template `std::remove_reference` nicht verändert.

Was passiert nun, wenn `std::move` auf einem Lvalue `myData` angewandt wird:

```
MyData myData;
std::move(myData);
```

1. Der Compiler instanziiert das Funktions-Template `std::move` mit `MyData&` für den Template-Parameter T.

```
typename std::remove_reference<MyData&>::type&&
std::move(MyData& && obj) {
  return static_cast<typename
  std::remove_reference<MyData&>::type&&>(obj);
}
```

2. `std::remove_reference` und die Referenz-Collapsing-Regeln werden angewandt.

```
MyData&& std::move(MyData& obj){
  return static_cast<MyData&&>(obj);
}
```

Dieselben Überlegungen lassen sich natürlich auch auf Rvalues anwenden, sodass `std::move` immer Rvalue-Referenzen zurückgibt. Interessant ist der Rückgabewert von `std::move`, nachdem alle C++- und C++11-Regeln angewandt wurden. Der ganze Prozess reduziert sich im Wesentlichen auf ein einfaches `static_cast`.

Parameter, die als Rvalue-Referenzen deklariert werden, können Lvalues sein. Verwirrend? Beispiel 8-9 bringt das Problem, das auf den ersten Blick nicht intuitiv erscheint, auf den Punkt.

Lvalue als Rvalue-Referenz deklariert

**Beispiel 8-9:** Rvalue-Referenzen, die zu Lvalues werden

rvalueReferenceToLvalue.cpp

```
#include <utility>
#include <iostream>


struct MyData{

  MyData()= default;

  // copy constructor
  MyData(const MyData& m){
    std::cout << "copy constructor MyData"  << std::endl;
  }

  // move constructor
  MyData(MyData&& m){
    std::cout << "move constructor MyData" << std::endl;
  }

};

struct CopyMyData{

  CopyMyData()= default;

  MyData myData;

  // move constructor
  CopyMyData(CopyMyData&& m): myData(m.myData){
    std::cout << "move constructor CopyMyData" << std::endl;
  }

};

struct MoveMyData{

  MoveMyData()= default;

  MyData myData;

  // move constructor
  MoveMyData(MoveMyData&& m): myData(std::move(m.myData)){
    std::cout << "move constructor MoveMyData" << std::endl;
  }

};

void rvalueReferenceToLvalue(MyData&& myData){
```

**Beispiel 8-9:** Rvalue-Referenzen, die zu Lvalues werden (Fortsetzung)

```
48   std::cout << "rvalueReferenceToLvalue(MyData&& myData): ";
49   MyData myData1(myData);
50 }
51
52 void rvalueReferenceToRvalue(MyData&& myData){
53   std::cout << "rvalueReferenceToRvalue(MyData&& myData): ";
54   MyData myData1(std::move(myData));
55 }
56
57 int main(){
58
59   std::cout << std::endl;
60
61   rvalueReferenceToLvalue(MyData());
62   rvalueReferenceToRvalue(MyData());
63
64   std::cout << std::endl;
65
66   CopyMyData copyMyData;
67   CopyMyData c(std::move(copyMyData));
68
69   std::cout << std::endl;
70
71   MoveMyData moveMyData;
72   MoveMyData m(std::move(moveMyData));
73
74   std::cout << std::endl;
75
76 }
```

Die Ausgabe von Beispiel 8-9 sollte vorhersehbar sein. Sowohl die Funktionen `rvalueReferenceToLvalue` und `rvalueReferenceToRvalue` in den Zeilen 61 und 62 als auch die Objekte `c` und `m` vom Typ `CopyMyData` und `MoveMyData` erhalten ihre Argumente als Rvalues und nehmen sie als Rvalue-Referenz an. Damit ist klar: Beim Initialisieren von `MyData` in den Funktionskörpern und den Move-Konstruktoren wird der Move-Konstruktor von `MyData` verwendet. Die Ausgabe des Programms entspricht nicht dieser naiven Annahme.

Der Grund für dieses Verhalten ist schnell exemplarisch an der Funktion `rvalueReferenceToLvalue(MyData&& myData)`in Zeile 47 erklärt. Die Rvalue-Referenz besitzt den Namen `myData`, der im Konstruktoraufruf `MyData myData1(myData)` (Zeile 49) verwendet wird. Die einfache Regel zum Unterscheiden eines Lvalue von einem Rvalue aus Kapitel 3, »Rvalue-Referenzen«, auf Seite 30 lautet:

**Praxistipp** **Rvalues besitzen keinen Namen.**

Besitzt ein Objekt einen Namen, ist es ein Lvalue, ansonsten ein Rvalue.

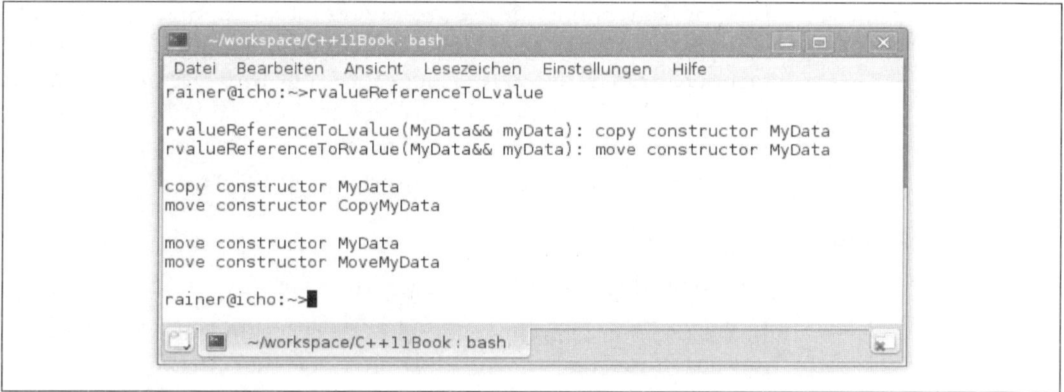


▲ **Abbildung 8-8**
Irrtümliches Kopieren von MyData

Dieses Verhalten trifft natürlich auch auf den Move-Konstruktor von `CopyMyData` in Zeile 28 zu. Nur durch das explizite Verwenden des Funktions-Templates `std::move` in den Zeilen 41 und 54 wird der Move-Konstruktor von `MyData` angestoßen.

**Praxistipp**

**Verwenden Sie move, wenn möglich.**

Da `std::move` einerseits die Intention des Codes explizit ausdrückt und andererseits das Laufzeitverhalten des Programms durch den Gebrauch des Funktions-Templates nicht negativ beeinflusst wird, spricht nichts dagegen, `std::move` im Zweifelsfall zu oft zu verwenden. `std::move` wird als Funktions-Template zur Übersetzungszeit evaluiert, sodass der neue Typ zur Laufzeit fertig vorliegt.

Return-Value-Optimierung

Return-Value-Optimierung (RVO) ist eine Technik, die zeitgemäße C++-Compiler anwenden. Funktionen der Form

```
MyData function(){
  MyData myData;
  ...
  return myData;
}
```

kann ein Compiler so optimieren, dass der Wert `myData` direkt in den Rückgabewert von `function` kopiert wird. Somit wird das teure zweimalige Kopieren von `myData` vermieden. Dank RVO ist es nicht sinnvoll, die Funktion so umzuschreiben, dass sie einen Rvalue zurückgibt.

Move-Semantik automatisch erzeugt

Sind alle Datenelemente einer Klasse und deren Basisklasse verschiebbar (*moveable*), erzeugt der Compiler automatisch den Move-Konstruktor und den Move-Zuweisungsoperator neben dem Copy-Konstruktor und dem Copy-Zuweisungsoperator.

Unterbinden der Move- bzw. Copy-Semantik

Das Implementieren des Move-Konstruktors verhindert das automatische Erzeugen des Copy-Konstruktors, und durch das Implementieren des Move-Zuweisungsoperators wird das automatische Erzeugen des Copy-Zuweisungsoperators unterbunden. Durch die Definition eines Copy-Konstruktors wird die Erzeugung des Move-Konstruktors und des Copy-Zuweisungsoperators verhindert.

swapMe.cpp

## Aufgabe 8-5

Lassen Sie den Compiler entscheiden.

In Beispiel 8-6 wird ein generisches `swapCopy` und `swapMove` angeboten. Der Anwender muss selbst entscheiden, ob er kopieren oder verschieben will. Das ist nicht schön. Diese Entscheidungen sollten automatisch durch den C++-Compiler getroffen werden. Genau das tut er automatisch. Vereinfachen Sie Beispiel 8-6 so, dass nur die Funktion `swapMe` verwendet wird. Diese soll die Implementierung der `swapMove`-Funktion verwenden. Erzeugen Sie zusätzlich zwei Datentypen, die jeweils nur die Copy- bzw. Move-Semantik unterstützen, und wenden Sie die neue Funktion `swapMe` an. Beeindruckt?

myIntCopy.cpp

## Aufgabe 8-6

Wenden Sie Rvalue-Referenzen beim +-Operator an.

Der Datentyp `MyInt` ist eine einfache Hülle um den Datentyp `int`.

**Beispiel 8-10: MyInt als einfache Hülle um den Datentyp int**

```
struct MyInt{
  int val;
  MyInt(int i):val(i){
    std::cout << i << std::endl;
  }
};
```

- Variation 1:

  Implementieren Sie den +-Operator für `MyInt` zuerst in der klassischen Weise mit konstanten Lvalue-Referenzen. Berechnen Sie diesen Ausdruck:

  `MyInt erg= MyInt(1)+MyInt(2)+MyInt(3)+MyInt(4);`

  Wie viele temporäre `MyInt`-Objekte wurden durch den arithmetischen Ausdruck erzeugt?

- Variation 2:

  Implementieren Sie zusätzlich den +-Operator für Rvalue-Referenzen und führen Sie die Arithmetik nochmals aus. Vergleichen Sie die Ergebnisse von Variation 1 und 2.

## Perfect Forwarding

Die Idee des Perfect Forwarding ist recht einfach. Eine Funktion nimmt ihre Daten als Lvalue- oder Rvalue-Referenz an und verwendet diese, um eine weitere Funktion oder auch einen Konstruktor mit diesen Datentypen aufzurufen. Der entscheidende Punkt beim Perfect Forwarding ist, dass dabei die Lvalue- bzw. Rvalue-Eigenschaften des Datentyps erhalten bleiben.

### Definition: Perfect Forwarding

Nimmt eine Funktion ihre Daten als Lvalue bzw. Rvalue an und verwendet sie, um eine weitere Funktion genau mit diesen Daten aufzurufen, sodass deren ursprüngliche Lvalue- bzw. Rvalue-Eigenschaften erhalten bleiben, spricht man von Perfect Forwarding.

Howard E. Hinnant, Bjarne Stroustrup und Bronek Kozicki stellen dazu lapidar in »A Brief Introduction to Rvalue References« fest: »... a herefore unsolved problem in C++.« (Hinnant, Stroustrup, & Kozicki, 2006)

Problem Perfect Forwarding

Für das bessere Verständnis des Problems und insbesondere für dessen generische Lösung mithilfe von Perfect Forwarding dient Beispiel 8-11. Die Grundidee des Programms ist, dass alle Datentypen ein oder zwei große interne Daten besitzen, die über den Konstruktoraufruf initialisiert werden sollen.

**Beispiel 8-11:** Perfect Forwarding

perfectForwarding.cpp

```
#include <utility>
#include <string>
#include <vector>

class BigData1{
  public:
    BigData1(std::vector<int> data):data(data){}
  private:
    std::vector<int> data;
```

**Beispiel 8-11:** Perfect Forwarding (Fortsetzung)

```
};
class BigData2{
  public:
    BigData2(std::vector<int>& data):data(data){}
    BigData2(std::vector<int>&& data)
             :data(std::move(data)){}
  private:
    std::vector<int> data;
};
class BigData3{
  public:
    BigData3(std::vector<int>& data,std::string& str)
             :data(data),str(str){}
    BigData3(std::vector<int>& data,std::string&& str)
             :data(data),str(std::move(str)){}
    BigData3(std::vector<int>&& data,std::string& str)
             :data(std::move(data)),str(str){}
    BigData3(std::vector<int>&& data,std::string&& str)
             :data(std::move(data)),str(std::move(str)){}
  private:
    std::vector<int> data;
    std::string str;
};
class BigDataNew{
  public:
    template<typename T1, typename T2>
    BigDataNew(T1&& vec,T2&& s)
     :data(std::forward<T1>(vec)),str(std::forward<T2>(s)){}
  private:
    std::vector<int> data;
    std::string str;
};
int main(){
  std::vector<int> myVec{1,2,3,4,5,6,7,8,9};
  // copy
  BigData1 bigData11(myVec);
  // copy
  BigData2 bigData21(myVec);
  // move
  BigData2 bigData22({1,2,3,4,5,6,7,8,9});
```

**Beispiel 8-11:** Perfect Forwarding (Fortsetzung)

```
54   std::string s{"Only for testing purpose."};
55
56   // copy, copy
57   BigData3 bigData31(myVec,s);
58   // copy, move
59   BigData3 bigData32(myVec,{"Only for testing purpose."});
60   // move, copy
61   BigData3 bigData33({1,2,3,4,5,6,7,8,9},s);
62   // move, move
63   BigData3 bigData34({1,2,3,4,5,6,7,8,9},
                        {"Only for testing purpose."});
64
65
66   std::string tempStr{"testing first"};
67   std::vector<int>vec{10,20};
68   // copy, copy
69   BigDataNew bigData41(myVec,s);
70   // copy, move
71   BigDataNew bigData42(myVec,std::move(tempStr));
72   // move, copy
73   BigDataNew bigData43(std::move(myVec),s);
74   // move, move
75   BigDataNew bigData44(std::move(vec),std::move(s));
76
77 }
```

Die erste, naive Lösung bietet `BigData1` in Beispiel 8-11, Zeile 5, an. Diese Lösung ist nicht optimal, da sowohl beim Aufruf des Konstruktors in Zeile 44 als auch beim Initialisieren des `std::vector<int>` in Zeile 7 unnötig kopiert wird. Das geht besser. `BigData2` vermeidet das erste Kopieren, da es `myVec` in Zeile 50 per Referenz adressiert. Werden darüber hinaus die Initialisierungsdaten `{1,2,3,4,5,6,7,8,9}` (Zeile 52) als Rvalue übergeben, nimmt der zweite Konstruktor von `BigData2` diese (Zeile 16) per Rvalue-Referenz an. Somit kann in der Initialisiererliste des Konstruktors `std::move` verwendet werden, und jegliches Kopieren wird vermieden. Das Überladen des Konstruktors mit einer Lvalue- und Rvalue-Referenz hat aber einen entscheidenden Nachteil. Ist die Anzahl der zu initialisierenden Elemente n, werden 2^n verschiedene Versionen des Konstruktors benötigt. Diese kombinatorische Explosion ist nicht zu meistern, denn selbst `BigData3` benötigt schon vier verschiedene Konstruktoren. Die Lösung des Problems ist das C++11-Funktions-Template `std::forward` in Zeile 36, das in dem generischen Konstruktor (Zeile 36) die Argumente von `BigDataNew` an die zu initialisierenden Daten weiterdelegiert. Die Arbeit von 2^n überladenen Konstruktoren wird durch ein Konstruktor-Template erledigt. Das Zusammenspiel des Funktions-Templates mit den Rvalue-Referenzen bewirkt in diesem speziellen Konstruktor, dass er sowohl Lvalues als auch Rvalues annimmt. Hier wirken die gleichen Gesetzmäßigkeiten zur Template-Instanziierung und die Referenz-Collapsing-Regeln wie bei `std::move` (Tabelle 8-1). Die eigentliche Arbeit wird an das Funktions-Template `std::forward` delegiert.

forward

`std::forward` besitzt nur eine einzige Aufgabe. Das Funktions-Template soll die Argumente exakt weiterreichen. Seine Implementierung erinnert an die von `std::move`.

```
template<typename T>
struct identity {
  typedef T type;
};

template<typename T>
T&& forward(typename identity<T>::type&& param){
  return static_cast<identity<T>::type&&>(param);
}
```

Für den Rückgabewert wird ein `static_cast` auf `identity<T>::type&&` durchgeführt. Dieser Trick, das Hilfs-Template `identity` anzuwenden, bewirkt, dass das Template-Argument explizit angegeben werden muss und nicht automatisch abgeleitet werden kann. Das automatische Ableiten des Template-Arguments hat den unerwünschten Nebeneffekt, dass `param` einen Namen besitzt und daher ein Lvalue ist.

**Praxistipp** **Übergeben Sie explizit das Template-Argument bei forward.**

Im Gegensatz zu `std::move` verlangt `std::forward`, dass das Template-Argument explizit angegeben wird.

```
data(std::move(vec))
data(std::forward<T1>(vec))
```

Variadic Templates

Variadic Templates sind Templates, die beliebig viele Argumente annehmen können. Wird dieses C++11-Feature zusammen mit Perfect Forwarding verwendet, können generische Fabrikfunktionen implementiert werden, die beliebig viele Argumente annehmen und dabei deren Lvalue- bzw. Rvalue-Eigenschaften respektieren.

**Beispiel 8-12:** Eine generische Fabrikfunktion mit Perfect Forwarding

```
template <typename T, typename ... Args>
T createT(Args&&...args){
  return T(std::forward<Args>(args)...);
}
```

createT ist solch eine Fabrikfunktion, die eine Klasse T instanziiert und zurückgibt.

## Aufgabe 8-7

createT.cpp

Wenden Sie die generische Fabrikfunktion createT in Beispiel 8-12 an.

Ein paar Ideen: Instanziieren Sie:

- `int()`
- `int(1)`
- `std::string("Only for testing purpose")`
- `MyData()`
- `MyData(1,3.14,'a')`
- `std::vector<int>{1,2,3,4,5}`

## Aufgabe 8-8

baseDerived.cpp

Verwenden Sie Perfect Forwarding, um die Argumente der abgeleiteten Klasse an ihre Basisklasse unverändert durchzureichen.

Python kennt schon lange Perfect Forwarding, um die Argumente der abgeleiteten Klasse Derived generisch an ihre Basisklasse Base durchzureichen.

**Beispiel 8-13:** Perfect Forwarding in Python

```
class Derived(Base):
  def __init__(self, *args, **kwargs):
    Base.__init__(self,*args, **kwargs)
```

Dieses Python-Idiom lässt sich jetzt auch in C++11 implementieren. Die Lösung führt über eine Variation von Beispiel 8-12. Prüfen Sie Ihre Lösung, indem Sie in Base zwei Konstruktoren implementieren. Der erste soll sein Argument als konstante Lvalue-Referenz annehmen, der zweite als Rvalue-Referenz.

## KAPITEL 9

# Generische Programmierung

**In diesem Kapitel:**

- Variadic Templates
- Zusicherungen zur Compile-Zeit
- Aliase Templates

Generische Programmierung besitzt eine lange Tradition in C++, erlaubt sie es doch, Funktions- und Templateklassen zu definieren, die über Typen parametrisiert werden. Mit Variadic Templates, Zusicherungen zur Compile-Zeit und Aliase Templates wird die generische Programmierung in C++11 noch mächtiger.

## Variadic Templates

Variadic Templates sind ein mächtiges Werkzeug für den Bibliotheksautor, Algorithmen zu schreiben, die beliebig viele Argumente annehmen können. Da Templates zur Übersetzungszeit instanziiert werden, steht das Ergebnis zur Laufzeit fest. Die Laufzeit wird spürbar entlastet.

Neben `std::tuple` profitieren noch andere Funktionen von Variadic Templates – `std::thread` und die Funktion `sizeof`, die direkt auf Variadic Templates aufgerufen werden kann.

Struktur

Die Struktur eines Variadic Template ist relativ ungewohnt.

```
01 template <typename ... Args>
02 void variadicTemplate(Args ... args){
03   // do something with args
04 }
```

Durch die Ellipse `...` wird `Args` zum Template Parameter Pack. Mit einem Parameter Pack sind zwei Operationen möglich. Es kann entpackt oder gepackt werden. Stehen die Punkte links von `Args` (Zeile 1), wird das Parameter Pack gepackt, stehen sie rechts davon (Zeile 2), wird es entpackt. Die Leerzeichen vor und hinter der Ellipse sind nicht notwendig.

Variadic Templates über Werten

Templates können nicht nur Typen, sie können auch Werte annehmen. Variadic Templates als spezielle Templates können dies natürlich auch. Die Templates in Beispiel 9-1, die Zahlen addieren bzw. multiplizieren und das Ergebnis zur Laufzeit anbieten, sind bewusst einfach gehalten, um den Blick aufs Wesentliche zu lenken.

calc.cpp

**Beispiel 9-1:** Addition und Multiplikation von Werten mit Variadic Templates

```
#include <iostream>

// primary template
template<int ...> struct sum;

// specialization for no argument
template<>struct
sum<>{
  static const int value= 0;
};

// specialization for one or more arguments
template<int i, int ... tail> struct
sum<i,tail...>{
  static const int value= i + sum<tail...>::value;
};

template<int ...> struct mult;

template<>struct
mult<>{
  static const int value= 1;
};

template<int i, int ... tail> struct
mult<i,tail...>{
  static const int value= i * mult<tail...>::value;
};

int main(){

  std::cout << std::endl;

  std::cout << "sum<>: " << sum<>::value <<std::endl;
  std::cout << "sum<1,2,3,4,5>::value: "
            << sum<1,2,3,4,5>::value << std::endl;
  std::cout << "sum<-20,-10,10,20>::value: "
            << sum<-20,-10,10,20>::value << std::endl;

  std::cout << std::endl;

  std::cout << "mult<>: " << mult<>::value
            <<std::endl;
  std::cout << "mult<1,2,3,4,5>::value: "
            << mult<1,2,3,4,5>::value << std::endl;
```

**Beispiel 9-1:** Addition und Multiplikation von Werten mit Variadic Templates (Fortsetzung)

```
42   std::cout << "mult<-20,-10,10,20>::value: "
              << mult<-20,-10,10,20>::value << std::endl;
43
44
45   std::cout << std::endl;
46
47 }
```

Zuerst die Ausgabe, dann die Analyse des Programms.

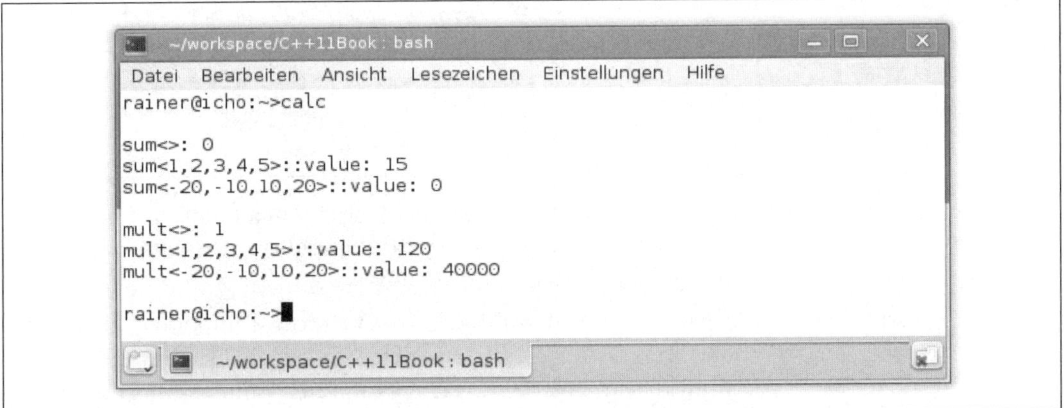


▲ **Abbildung 9-1**
Variadic Templates zur Berechnung von Werten

Betrachten wir die drei Klassen-Templates `sum` in den Zeilen 4, 7 und 13 (Beispiel 9-1), fällt zuallererst auf, dass das primäre oder allgemeine Template in Zeile 4 lediglich deklariert ist. Die C++-Syntax schreibt vor, dass das primäre Template zumindest deklariert werden muss. Darüber hinaus gilt, dass dies vor seiner Spezialisierung erfolgen muss. Das Klassen-Template `calc` besitzt zwei Spezialisierungen. In Zeile 7 steht die Spezialisierung für den Aufruf mit keinem Element, Zeile 13 enthält die für den Aufruf mit mindestens einem Element. Dieses Variadic Template verdient eine genauere Betrachtung. In `sum<i,tail ... >` werden die Argumente entpackt. Dabei wird das erste Argument an `i`, der Rest an `tail` gebunden. Die eigentliche Addition findet dann im Template-Körper statt, denn für `tail` wird `sum` rekursiv aufgerufen. Nach endlich vielen Iterationen sind alle Argumente abgearbeitet, und die Spezialisierung, die kein Argument erwartet, kommt zum Einsatz. Sie gibt als Ergebnis 0 zurück, das neutrale Element der Addition und das Ergebnis stehen durch `::value` zur Verfügung (Zeilen 34 bis 42).

**Rekursive Instanziierung**

In Abbildung 9-2 ist exemplarisch die rekursive Instanziierung des Klassen-Templates `sum` für den Wert `sum<1,2,3,4,5>::value` dargestellt.

Die Klassen-Templates `mult` folgen der gleichen Struktur wie `sum`. Es gibt nur zwei kleine Modifikationen zu `sum`. Das neutrale Element der Multiplikation ist die `1` (Zeile 22), und zur Verrechnung der Elemente wird die Multiplikation verwendet (Zeile 27). Natürlich ist es möglich, dieses Beispiel so generisch zu definieren, dass es zwei

**Abbildung 9-2 ▶** Instanziierung von sum<1,2,3,4,5>::value

$$
\begin{aligned}
& sum<1,2,3,4,5>::value \\
& \Rightarrow 1+sum<2,3,4,5>::value \\
& \Rightarrow 1+2+sum<3,4,5>::value \\
& \Rightarrow 1+2+3+sum<4,5>::value \\
& \Rightarrow 1+2+3+4+sum<5>::value \\
& \Rightarrow 1+2+3+4+5+sum<>::value \\
& \Rightarrow 1+2+3+4+5+0=15
\end{aligned}
$$

Parameter mehr erhält: das neutrale Element und ein Funktions-Template, das die arithmetische Operation definiert. Genau das wird das Thema der Übungsaufgabe sein.

Typsicheres printf mit C++11

Ein Klassiker für den Einsatz von Variadic Templates ist ein typsicheres `printf` in C++11 (*en.wikipedia.org*, 2011). Ein kleines Programm darum gestrickt, `printf` in `printf_` umbenannt, damit das C++11-`printf_` mit dem C-`printf` nicht kollidiert, und die neue Funktionalität kann angewandt werden.

printf.cpp

**Beispiel 9-2:** C++11- und C-printf-Funktion

```
#include <iostream>
#include <stdexcept>
#include <string>

void printf_(const char *s){
  while (*s) {
    if (*s == '%' && *(++s) != '%')
      throw std::runtime_error("invalid format string:
                                 missing arguments");
    std::cout << *s++;
  }
}

template<typename T, typename... Args>
void printf_(const char *s, T value, Args... args){
  while (*s) {
    if (*s == '%' && *(++s) != '%') {
      std::cout << value;
      ++s;
      printf_(s, args...); // call even when *s == 0 to detect
                           // extra arguments
```

**Beispiel 9-2:** C++11- und C-printf-Funktion (Fortsetzung)

```
20        return;
21      }
22      std::cout << *s++;
23    }
24    throw std::logic_error("extra arguments provided to printf");
25 }
26
27
28 int main() {
29
30    std::cout << std::endl;
31
32    const char* m = "The value of %s is about %g.\n";
33    printf_(m,"pi", 3.14159);
34    printf(m,"pi", 3.14159);
35
36    /*
37    printf_("A string: %s");
38    printf("A string: %s");
39    */
40
41    std::cout << std::endl;
42
43 }
```

Das C++11-`printf_` und das C-`printf` erzeugen die gleiche Ausgabe (Beispiel 9-2).

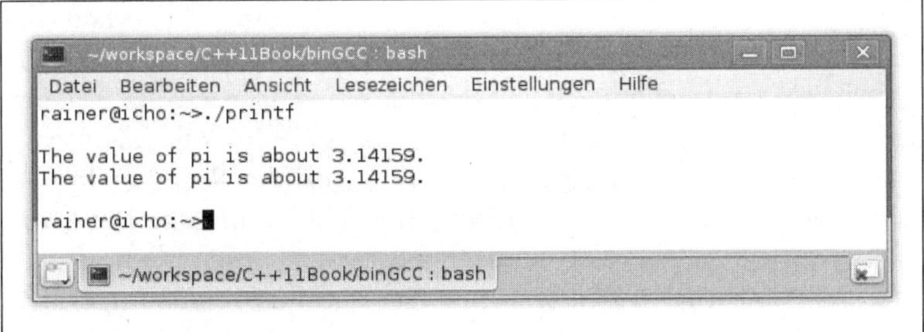


◀ **Abbildung 9-3**
C++11- und C-printf

Interessanter ist es aber, wenn die fehlerhaften `printf`-Aufrufe in den Zeilen 37 und 38 angewandt werden. Während die C++11-`printf`-Funktion mit einer eindeutigen Fehlermeldung das fehlende Argument moniert (Abbildung 9-4), erzeugt die C-`printf`-Funktion keine Fehlermeldung, dafür aber eine undefinierte Ausgabe (Abbildung 9-5).

**Abbildung 9-4 ▶**
C++11-Fehlermeldung bei falscher Verwendung von C++11-printf

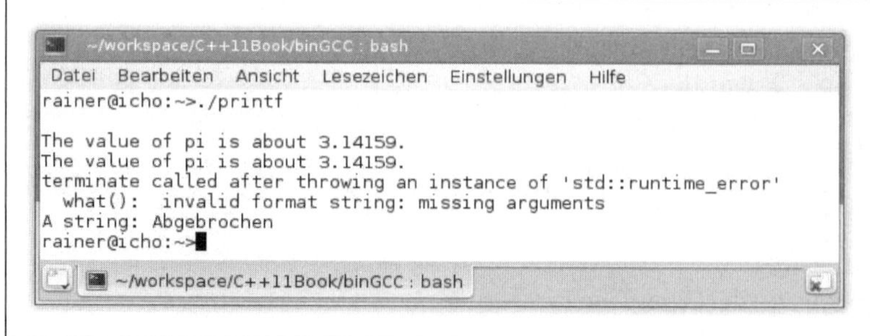


**Abbildung 9-5 ▶**
Undefinierte Ausgabe bei falscher Verwendung von C-printf

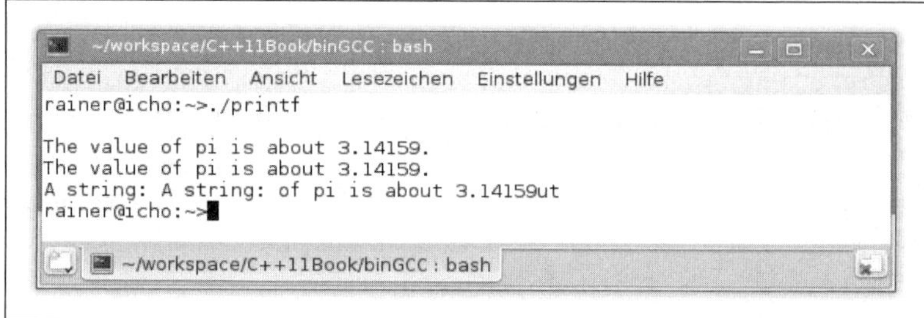


Ein paar erläuternde Worte zu Beispiel 9-2: Die `printf`-Funktionalität wird durch die `printf_`-Funktion (Zeile 5) und das `printf_`-Funktions-Template (Zeile 13) angeboten. Die `printf_`-Funktion gibt einen Formatstring ohne Argumente direkt aus. Sie prüft in Zeile 8 lediglich, ob dieser ein gültiges Format besitzt. Das Funktions-Template ist da schon deutlich mächtiger. Es erhält drei Argumente: den Formatstring, den ersten Wert und die restlichen Werte als Parameter Pack. Im Formatstring werden die Zeichen, die keine Formatanweisungen sind, sukzessive in Zeile 22 ausgegeben. Wird ein Formatzeichen entdeckt, wird der Wert direkt nach `std::cout` (Zeile 17) geschrieben, und das Formatzeichen wird übersprungen (Zeile 18). Danach beginnt die eigentliche Rekursion. `printf_` wird in Zeile 19 ohne das erste Argument aufgerufen.

fold.cpp

## Aufgabe 9-1

Fassen Sie die Algorithmen `sum` und `mult` aus Beispiel 9-1 zu einem generischen Algorithmus zusammen.

Die beiden Algorithmen `sum` und `mult` folgen der gleichen Struktur. Sie unterscheiden sich nur in zwei Punkten. Zum einen ist dies das neutrale Element der Addition und der Multiplikation, und zum anderen sind es die Operationen auf den Elementen. Parametrisieren Sie daher das Template über beide Werte und testen Sie anschließend den generischen Algorithmus.

Wem diese Funktion bekannt vorkommt, der täuscht sich nicht. Die klassische `fold*`-Funktionsfamilie (Fold, 2011) aus der funktionalen Programmierung bietet eine Algorithmenstruktur an, die durch einen Startwert und eine Operation parametrisiert wird. Aber nicht nur in einer funktionalen Programmiersprache wie Haskell ist diese mächtige Funktion zu Hause, auch in Python ist sie unter dem Namen `reduce` und in C++ unter dem Namen `accumulate` im Einsatz. Mehr dazu findet sich in Anhang F, *Funktionale Programmierung,* auf Seite 499.

### Aufgabe 9-2

showTuple.cpp

Schreiben Sie ein Template, das die Werte eines `std::tuple` ausgibt.

`std::tuple` ist sehr umständlich auszugeben, da die Indizes Compile-Zeitkonstanten sein müssen. Hier kann nur Template-Metaprogramming (oder konstante Ausdrücke) eine generische Lösung anbieten. Schreiben Sie ein Template, das die Werte eines `std::tuple` ausgibt.

Vorsicht, die Aufgabe ist nicht einfach.

## Zusicherungen zur Compile-Zeit

`static_assert` ist das Mittel der Wahl, um in C++11 Bedingungen zur Übersetzungszeit zu formulieren. Die Syntax ist recht einfach:

*`static_assert(Ausdruck,Text)`*

Dabei muss `Ausdruck` eine Compile-Zeitkonstante sein, und `Text` ist die Nachricht, die ausgegeben wird, wenn die Bedingung nicht zutrifft. Der Ausdruck wird validiert, unabhängig davon, in welchem Bereich er sich befindet. Es sei nochmals explizit darauf hingewiesen:

**Praxistipp** **static_assert verursacht keine Laufzeiteinschränkungen.**

`static_asserts` werden zur Übersetzungszeit ausgewertet. Das heißt insbesondere, dass keine negativen Auswirkungen auf das Laufzeitverhalten des Programms bestehen.

Statische Zusicherungen an den Programmcode sind aber nicht nur für Templates sinnvoll.

**Beispiel 9-3:** static_asserts in der main-Funktion und in Templates

static_assert.cpp

```
#include <iostream>
#include <type_traits>

```

**Beispiel 9-3:** static_asserts in der main-Funktion und in Templates (Fortsetzung)

```
04 template< class T >
05 struct Add{
06
07   // check the assertion
08   static_assert(std::is_arithmetic<T>::value,
                  "Argument T must be an arithmetic type");
09
10 } ;
11
12 int main(){
13
14   // will work on my hardware
15   static_assert(sizeof(void*) >= 8,
       "64-bit addressing is required for this program");
16
17   // int is arithmetic
18   Add<int> addInt= Add<int>();
19
20   // double is arithmetic
21   Add<double> addDouble= Add<double>();
22
23   // char is arithmetic
24   Add<char> addChar= Add<char>();
25
26   // std::string is not arithmetic
27   Add<std::string> addString= Add<std::string>();
28
29 }
```

Zwei verschiedene `static_asserts` werden in Beispiel 9-3 verwendet. In Zeile 15 wird geprüft, ob `sizeof(void*)` mindestens 8 Byte groß ist. In Zeile 8 wird die Bedingung `std::is_arithmetic<T>::value` an die Template-Parameter formuliert. `std::is_arithmetic` ist eine Funktion aus der neuen Type-Traits-Bibliothek, der in Kapitel 19 noch ein eigener Abschnitt »Type-Traits« auf Seite 338 gewidmet ist.

**Abbildung 9-6 ▼**
static_assert-Fehler

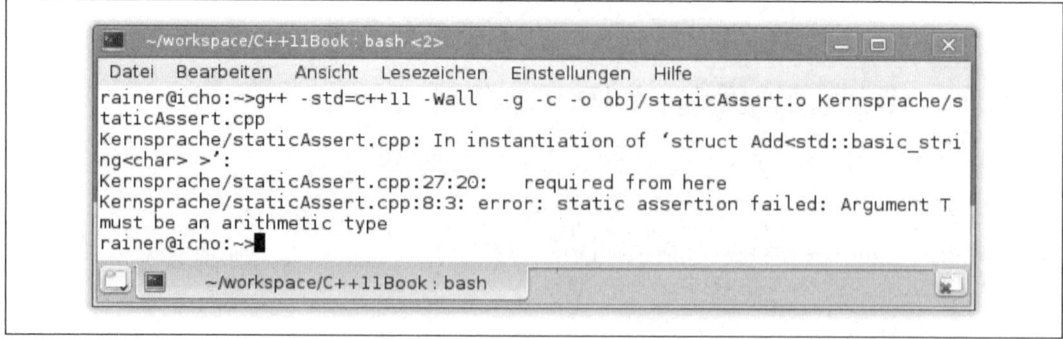

Das Übersetzen des Programms scheitert. Offensichtlich ist `std::string` kein arithmetischer Datentyp. Dies ist ein Beispiel für ein `static_assert` auf den Klassenbereich und damit eine Bedingung, die von jeder Template-Instanziierung eingehalten werden muss.

**Praxistipp** **Kombinieren Sie static_assert und die Type-Traits-Bibliothek.**

Die volle Mächtigkeit entfaltet `static_assert` in Kombination mit der Type-Traits-Bibliothek. Erlaubt es die Type-Traits-Bibliothek, mächtige Zusicherungen als Compile-Zeit-Ausdrücke zu formulieren, validiert `static_assert` diese zur Übersetzungszeit.

## Aufgabe 9-3

myMatrix.cpp

Machen Sie sich mit der Type-Traits-Bibliothek vertraut.

In Kapitel 19 im Abschnitt »Type-Traits« auf Seite 338 ist die Funktionalität der neuen C++11-Type-Traits-Bibliothek detailliert beschrieben.

## Aufgabe 9-4

Implementieren Sie eine einfache statische Matrix.

Implementieren Sie eine einfache statische Matrix. Die Template-Signatur ist in Beispiel 9-5 vorgegeben. Die Matrix soll über den Datentyp und die Anzahl der Zeilen und Spalten parametrisierbar sein. Stellen Sie zwei Punkte sicher:

1. Die Anzahl der Zeilen und der Spalten soll nicht negativ sein.
2. Die Anzahl der Zeilen oder der Spalten soll mindestens die Länge 1 besitzen.

Ziel der Aufgabe ist es, nur die Zusicherung an die Matrix zu stellen. Daher ist es nicht notwendig, die Klasse `Matrix` vollständig zu implementieren.

Ein paar Beispiele für Instanziierungen der Klasse `Matrix`:

**Beispiel 9-4:** Matrix-Instanziierungen

```
int main() {
  Matrix<int,10,5> intArray;
  Matrix<std::string,3,4> strArray;
  Matrix<double,0,1> doubleArray;
  Matrix<long long,1,0> longArray;
  Matrix<char,0,0> charArray;
}
```

staticAssertScope.cpp

### Aufgabe 9-5

Verwenden Sie statische Zusicherungen in verschiedenen Bereichen.

Schreiben Sie ein kleines Programm, das eine einfache statische Zusicherung `static_assert (1 == 1,"1 == 1")` in verschiedenen Bereichen anwendet.

- Globaler Bereich
- Bereich eines Namensraums
- Blockbereich
- Funktionsbereich
- Klassenbereich

Sind Sie skeptisch, ob alle statischen Zusicherungen durch den Übersetzer geprüft wurden, ändern Sie die Zusicherung auf `static_assert (1 == 0,"1 == 0")`.

## Aliase Templates

Aliase Templates, ursprünglich unter dem Namen Template Aliases oder auch Template Typedef bekannt, werden über `using` definiert. Damit erlaubt es die C++11-Syntax, Synonyme auf teilweise gebundenen Templates zu erklären.

Syntax

Das einfache Klassen-Template `Matrix` in Beispiel 9-5, das über seinen Datentyp `T`, die Anzahl der Zeilen `Line` und Spalten `Column` parametrisierbar ist, soll dazu dienen, die Syntax des neuen Features zu veranschaulichen.

**Beispiel 9-5:** Synonyme auf das Klassen-Template Matrix

```
01 template < typename T, int Line, int Column >
02 class Matrix;
03
04 template <typename T, int Line >
05 using Square= Matrix< T, Line, Line >;
06
07 template <typename T, int Line >
08 using Vector= Matrix< T, Line, 1 >;
```

Sowohl `Square` (Zeilen 4 und 5) als auch `Vector` (Zeilen 7 und 8) sind Typsynonyme auf teilweise gebundenen Templates. Die partielle Spezialisierung bei `Square` besteht darin, dass die `Matrix` genauso viele Zeilen wie Spalten besitzen soll, die von `Vektor`, dass sie genau eine Spalte besitzt. Genauer betrachtet, besteht das Template-Synonym `Square` aus den folgenden Komponenten:

- Template-Parameter-Deklaration: `template <typename T, int Line >`
- Schlüsselwort: `using`
- neuer Template-Name: `Square`
- Zeichen: `=`
- Typausdruck: `Matrix< T, Line, Line>`

Spezialisierung

Zwar können Synonyme auf die Spezialisierung eines Templates definiert werden (Beispiel 9-5), Spezialisierungen für Synonyme hingegen sind in C++11 nicht erlaubt. Template-Spezialisierungen auf den `std::vector` sollen dies verdeutlichen. Die Spezialisierung des Synonyms `MyVector` für Zeigertypen, die einen speziellen Speicheranforderer besitzen sollen, ist nicht zulässig.

**Beispiel 9-6:** Unzulässige Spezialisierung eines Aliase Templates

```
template<typename T>
using MyVector = std::vector<T, MyAllocator<T> >;

template<typename T>
using MyVector= std::vector<T*, MyPointerAllocator<T> >;
```

Hier ist die Anwendung eines Traits-Templates, das abhängig vom Argumenttyp den Speicheranforderer zurückgibt, die Lösung:

**Beispiel 9-7:** Traits-Template für die Spezialisierung eines Alias

```
01 template<typename T>
02 struct MyAlloc{
03   typedef MyAllocator<T> type;
04 };
05
06 template<typename T>
07 struct MyAlloc<T*>{
08   typedef MyPointerAllocator<T> type;
09 };
10
11 template <typename T>
12 using MyVector= std::vector<T, typename MyAlloc<T>::type >;
13
14 MyVector<T> myVec1;
15 MyVector<T*> myVec2;
```

Das primäre Template (Beispiel 9-7) in Zeile 1 stellt `MyAllocator<T>` (Zeile 3) die Spezialisierung für Zeiger `MyPointerAllocator<T>` in Zeile 6 über type zur Verfügung. Abhängig davon, ob `T` ein Zeiger ist, wird über `MyAlloc<T>::type` in Zeile 12 der richtige Speicheranforderer verwendet.

typedef

Die neue using-Syntax lässt sich als einfache Syntax für Synonyme auf Typen durch typedef verwenden.

**Beispiel 9-8: typedef und using für die Definition von Typaliasen**

```
01 typedef std::vector<int> IntVec;        // C++98
02 using IntVec = std::vector<int>;        // C++11
03
04 typedef void (*FuncPtr)(int,double);  // C++98
05 using FuncPtr = void (*)(int,double); // C++11
```

Die Paare in Beispiel 9-8 erklären die gleichen Synonyme auf Typen. Wenn es um die Deklaration eines Funktionszeigers FuncPtr in den Zeilen 4 und 5 geht, ist die neue using-Syntax einfacher anzuwenden und zu lesen.

templateAliase.cpp

### Aufgabe 9-6

Definieren Sie ein Typsynonym für std::set.

Die Elemente des STL-Containers std::set sind lexikografisch aufsteigend sortiert. Das ist nicht immer gewünscht. Tatsächlich ist std::set deutlich flexibler:

**Beispiel 9-9: Deklaration von std::set**

```
template <typename T,
          typename Compare= less<T>,
          typename Allocator= allocator<T> >
class set;
```

Definieren Sie ein Synonym für Typen für std::set, sodass dessen Elemente lexikografisch absteigend sortiert sind.

### Aufgabe 9-7

Wenden Sie Ihr Typsynonym aus Aufgabe 9-6 an.

Für die Vergleichsfunktion aus Aufgabe 9-6 gibt es in C++11 drei verschiedene Möglichkeiten:

1. Funktionen
2. Funktionsobjekte
3. Lambda-Funktionen

Spielen Sie alle Variationen durch und vergleichen Sie sie. Ein Funktionsobjekt müssen Sie nicht selbst implementieren, denn die Standard Template Library hat bereits eines im Angebot.

## KAPITEL 10

# Erweiterte Datenkonzepte und Literale

**In diesem Kapitel:**



Datenkonzepte werden in C++11 deutlich erweitert. Zum einen führt C++11 neue Ideen wie konstante Ausdrücke, Raw-String-Literale und benutzerdefinierte Literale ein, zum anderen rundet es bestehende Konzepte ab. Dies betrifft die erweiterten PODs, unbeschränkte Unions, streng typisierte Aufzählungstypen, die bessere Unicode-Unterstützung und das neue Nullzeigerliteral `nullptr`.

## Konstante Ausdrücke

Konstante Ausdrücke sind Ausdrücke, die zur Übersetzungszeit evaluiert werden können. Das Konzept der konstanten Ausdrücke wurde in C++11 erweitert. Es umfasst in C++11 Funktionen und benutzerdefinierte Typen.

**Praxistipp** **Beachten Sie das Optimierungspotenzial durch konstante Ausdrücke.**

Konstante Ausdrücke stellen eine Möglichkeit zur Optimierung für den Compiler dar. Einerseits liegen die Ergebnisse der Berechnung schon zur Übersetzungszeit vor und stehen zur Laufzeit als Konstanten zur Verfügung, andererseits erhält der Compiler einen tieferen Einblick in den evaluierten Code und besitzt daher ein weiter reichendes Optimierungspotenzial.

Statische und dynamische Initialisierung

Den Unterschied zwischen statischer und dynamischer Initialisierung soll Beispiel 10-1 aufzeigen. Dabei bezeichnet die statische Initialisierung die Initialisierung zur Übersetzungszeit und die dynamische die zur Laufzeit.

constExpression.cpp

**Beispiel 10-1:** Konstante Ausdrücke und Funktionen angewandt

```
01 #include <iostream>
02
03 constexpr int square(int x) { return x * x; }
04 constexpr int squareToSquare(int x)
     { return square(square(x));}
05
06 int main() {
07
08   std::cout << std::endl;
09
10   static_assert(square(10) == 100,
                   "you calculated it wrong");
11   static_assert(squareToSquare(10) == 10000 ,
                   "you calculated it wrong");
12
13   std::cout<< "square(10)= " << square(10) << std::endl;
14   std::cout<< "squareToSquare(10)= "
              << squareToSquare(10) << std::endl;
15   constexpr int constExpr= square(10);
16
17   int arrayClassic[100];
18   int arrayNewWithConstExpression[constExpr];
19   int arrayNewWithConstExpressioFunction[square(10)];
20
21   std::cout << std::endl;
22
23 }
```

Sowohl die Funktion `square` (Zeile 3) als auch die Funktion `squareToSquare` (Zeile 4) in Beispiel 10-1 sind konstante Ausdrücke. Der Beweis wird durch `static_assert` in den Zeilen 10 und 11 erbracht. Aufrufe werden zur Übersetzungszeit evaluiert, sodass das Ergebnis als Konstante vorliegt. Damit ist es möglich, das Array `arrayNewWithConstExpressioFunction` in Zeile 19 direkt zu initialisieren. Dies ist mit C++98 nicht möglich, da ein Funktionsaufruf immer ein Aufruf zur Laufzeit ist. Das Array `arrayNewWithConstExpression` in Zeile 18 wird indirekt über den Funktionsaufruf initialisiert. Dazu ist es notwendig, dass `constExpr` in Zeile 15 als konstanter Ausdruck definiert wird.

Der Programmlauf ergibt das erwartete Ergebnis aus Abbildung 10-1.

**Abbildung 10-1**
Berechnung zur Übersetzungszeit mit konstanten Ausdrücken

Variablen, Funktionen und benutzerdefinierte Typen

C++11 unterstützt drei Typen von konstanten Ausdrücken: Variablen, Funktionen und benutzerdefinierte Typen. Letztere werden auch benutzerdefinierte Literale genannt. An jeden dieser Typen sind bestimmte strenge Bedingungen geknüpft, damit sie zur Übersetzungszeit evaluiert werden können.

1. Variable (`constexpr type name= value;`)
   - `name` ist implizit `const`.
   - `name` kann das Ergebnis eines konstanten Ausdrucks oder den Aufruf eines sogenannten konstanten Ausdruckkonstruktors speichern.
2. Funktion (`constexpr type func(){return expr;}`)
   - `func` muss einen Wert zurückgeben (kein `void`).
   - An den Funktionskörper `expr` sind Bedingungen geknüpft:

     `Der Funktionskörper expr darf nur aus einer Rückgabeanweisung bestehen.`

     `expr` muss ein konstanter Ausdruck nach der Variablenersetzung sein.

     In `expr` dürfen nur Funktionen oder Variablen verwendet werden, die konstante Ausdrücke sind.
   - `func` darf erst nach seiner Definition aufgerufen werden.
3. Benutzerdefinierte Typen (`struct MyLit{ . . . };`)
   - `MyLiteral` benötigt einen Konstruktor, der als konstanter Ausdruck definiert ist (*constant expression constructor*) (`constexpr MyLit(type v):v_(v) {}`).
   - Der Funktionskörper des Konstruktors muss leer sein.
   - In der Elementinitialisierungsliste (`v_(v)`) können nur konstante Ausdrücke verwendet werden.
   - `MyLiteral` kann Methoden besitzen, die konstante Ausdrücke sind.

Benutzerdefinierte Literale werden zu konstanten Ausdrücken, wenn sie mit konstanten Ausdrücken aufgerufen werden. Erhalten diese aber ein dynamisches Argument, verhalten sie sich wie gewöhnliche benutzerdefinierte Datentypen und werden zur Laufzeit evaluiert (Beispiel 10-2).

myDouble.cpp

**Beispiel 10-2:** Das benutzerdefinierte Literal MyDouble

```
01 #include <iostream>
02
03 class MyDouble{
04   private:
05     double myVal1;
06     double myVal2;
07   public:
08     constexpr MyDouble(double v1,
                           double v2):myVal1(v1),myVal2(v2){}
09     constexpr double getSum(){ return myVal1+myVal2;}
10 };
11
12
13 int main(){
14
15   std::cout << std::endl;
16
17   // use a constant expression
18   constexpr double myStatVal= 2.0;
19   constexpr MyDouble myStatic(10.5,myStatVal);
20   constexpr double sumStat= myStatic.getSum();
21
22   static_assert(myStatic.getSum() == 12.5,
                   "you calculated it wrong");
23   static_assert(sumStat == 12.5,
                   "you calculated it wrong");
24   std::cout << "myStatic.getSum()= "
               << myStatic.getSum() << std::endl;
25
26   // use the constant expression at runtime
27   double myDynVal= 2.0;
28   MyDouble myDyn(10.5,myDynVal);
29   double sumDyn= myDyn.getSum();
30   std::cout << "myDyn.getSum()= "
               << myDyn.getSum() << std::endl;
31
32   std::cout << std::endl;
33
34 }
```

In Beispiel 10-2 wird das Literal `MyDouble` definiert. Dies besitzt zwei konstante Ausdrücke, einen Konstruktor und die Methode `getSum()` in den Zeilen 8 und 9. Verwenden lässt sich der Datentyp sowohl statisch (Zeile 19) als auch dynamisch (Zeile 28). Der entscheidende Punkt ist, ob die Argumente konstante Ausdrücke sind. Auch der Rvalue `10.5` im Konstruktoraufruf ist zulässig. Da `myDynVal` in Zeile 27 ein dynamischer Wert ist, kann `myDyn` nicht als `constexpr` definiert werden. Die ganze Funktionalität der Klasse `MyDouble` steht aber zur Verfügung, um ein Objekt zur Laufzeit zu instanziieren. Die Ausgabe ist unabhängig davon, ob der Code zur Übersetzungs- oder zur Laufzeit ausgeführt wird.

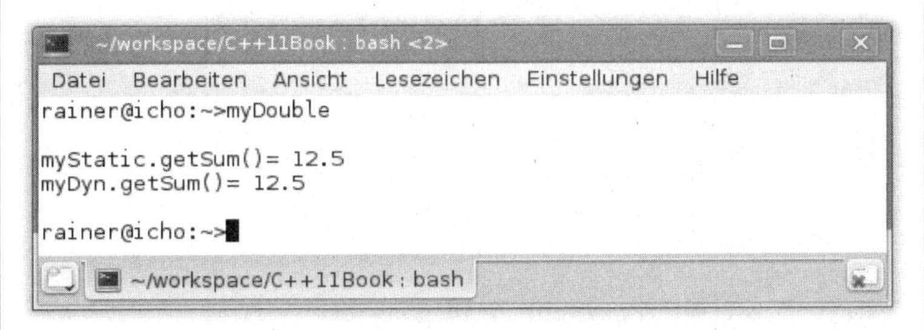


◀ **Abbildung 10-2**
MyDouble zur Compile- und Laufzeit evaluiert

## Exkurs: Konstante Ausdrücke versus Template-Metaprogramming

Die Funktionalität von konstanten Ausdrücken deckt ähnliche Anwendungsbereiche ab, wie es Template-Metaprogramming tut. Während Template-Metaprogramming eine rein funktionale Subsprache in C++ ist, verfolgen konstante Ausdrücke das imperative Programmierparadigma. Gemeinsam ist beiden Techniken, dass sie zur Compile-Zeit ausgeführt werden. Daniel Krügler stellte in der Newsliste *comp.lang. c++. moderated* (Krügler, 2011) ein Programm vor, das herausfinden soll, ob eine vorgegebene Zahl eine Primzahl darstellt.

**Beispiel 10-3:** Daniel Krüglers Programm zum Primzahltest

```
constexpr int divisors_do(int n, int m) {
   return m == 1 ? 0 : divisors_do(n, m - 1) + ((n % m) == 0);
}

constexpr int divisors(int q) {
   return divisors_do(q, q - 1);
}
```

→

```
constexpr bool is_prime(int p) {
   return divisors(p) == 0;
}

constexpr int nth_prime_do(int n, int m) {
   return n == 1 ? m - 1 : nth_prime_do(n - is_prime(m), m + 1);
}
constexpr int nth_prime(int i) {
   return i > 0 ? nth_prime_do(i, 3) : throw "Bad input";
}
static_assert(nth_prime(1) == 2, "nth-prime error");
static_assert(nth_prime(2) == 3, "nth-prime error");
static_assert(nth_prime(3) == 5, "nth-prime error");
static_assert(nth_prime(4) == 7, "nth-prime error");
static_assert(nth_prime(5) == 11, "nth-prime error");
static_assert(nth_prime(6) == 13, "nth-prime error");
static_assert(nth_prime(7) == 17, "nth-prime error");
static_assert(nth_prime(8) == 19, "nth-prime error");
static_assert(nth_prime(9) == 23, "nth-prime error");
static_assert(nth_prime(10) == 29, "nth-prime error");
static_assert(nth_prime(20) == 71, "nth-prime error");
static_assert(nth_prime(30) == 113, "nth-prime error");
static_assert(nth_prime(40) == 173, "nth-prime error");
static_assert(nth_prime(50) == 229, "nth-prime error");
```

unruh.cpp

## Aufgabe 10-1

Wie alles begann:

Erwin Unruh (Erwin Unruh, 2002) schrieb 1994 auf dem C++-Standardisierungs-Meeting in San Diego sein berühmtes Primzahlenprogramm, das die Primzahlen zur Übersetzungszeit berechnet. Damit war der Beweis erbracht, dass Berechnungen zur Übersetzungszeit durch Template-Instanziierung ausgeführt werden können. In seinem Buch ist eine leicht modifizierte Form zu sehen, die aktuelle Compiler ausführen können.

**Beispiel 10-4:** Primzahlenprogramm von Erwin Unruh

```
// Prime number computation by Erwin Unruh

template <int i> struct D { D(void*); operator int(); };

template <int p, int i> struct is_prime {
  enum { prim = (p==2) || (p%i) && is_prime<(i>2?p:0),
         i-1> :: prim };
};

template <int i> struct Prime_print {
```

**Beispiel 10-4:** Primzahlenprogramm von Erwin Unruh (Fortsetzung)

```
  Prime_print<i-1> a;
  enum { prim = is_prime<i, i-1>::prim };
  void f() { D<i> d = prim ? 1 : 0; a.f();}
};

template<> struct is_prime<0,0> { enum {prim=1}; };
template<> struct is_prime<0,1> { enum {prim=1}; };

template<> struct Prime_print<1> {
  enum {prim=0};
  void f() { D<1> d = prim ? 1 : 0; };
};

#ifndef LAST
#define LAST 10
#endif

main() {
  Prime_print<LAST> a;
  a.f();
}
```

Das Ergebnis des Algorithmus ist in den Compiler-Warnungen versteckt. Die wesentlichen Zeilen wurden aus den Compiler-Warnungen herausgefiltert und bringen die ersten Primzahlen bis zur 15 hervor.

```
unruh.cpp: In Elementfunktion »void Prime_print<i>::f()
[mit int i = 13]«:
unruh.cpp: In Elementfunktion »void Prime_print<i>::f()
[mit int i = 11]«:
unruh.cpp: In Elementfunktion »void Prime_print<i>::f()
[mit int i = 7]«:
unruh.cpp: In Elementfunktion »void Prime_print<i>::f()
[mit int i = 5]«:
unruh.cpp: In Elementfunktion »void Prime_print<i>::f()
[mit int i = 3]«:
unruh.cpp: In Elementfunktion »void Prime_print<i>::f()
[mit int i = 2]«:
```

Vergleichen Sie die Berechnung der Primzahlen durch konstante Ausdrücke von Daniel Krügler mit der durch Template-Metaprogramming von Erwin Unruh. Welche Technik ist einfacher zu verstehen?

## Aufgabe 10-2

primeNumbers.cpp

Entscheiden Sie zur Übersetzungszeit, ob eine gegebene Zahl eine Primzahl ist.

Erwin Unruhs Programm lässt sich mit Template-Metaprogramming deutlich lesbarer schreiben. Versuchen Sie Ihr Glück.

# Plain Old Data (POD)

Plain Old Data folgen dem C-Standardlayout. Damit können sie direkt mit den C-Funktionen `memcpy` und `memmove` kopiert und verschoben oder auch mit `memset` initialisiert werden. Ihre Definition ist aber zu restriktiv für C++, daher wurden die Regeln für PODs in C++11 erweitert.

Eine Klasse ist ein POD, wenn sie trivial ist, ein Standardlayout besitzt und alle ihre nicht statischen Datenelemente PODs sind.

trivial

Eine Klasse oder Struktur ist trivial, wenn sie

1. einen trivialen Konstruktor besitzt.
2. einen trivialen Kopierkonstruktor besitzt.
3. einen trivialen Zuweisungsoperator besitzt.
4. einen trivialen, nicht virtuellen Destruktor besitzt.

Standardlayout

Eine Klasse oder Struktur besitzt ein Standardlayout, wenn sie

1. keine virtuelle Funktion besitzt.
2. keine virtuelle Basisklasse besitzt.
3. keine Referenzen besitzt.
4. keine verschiedenen Zugriffsspezifizierer besitzt.

Um herauszufinden, ob ein Datentyp ein POD ist, hilft Template-Metaprogramming mit der neuen Type-Traits-Bibliothek (Beispiel 10-5).

isPod.cpp

**Beispiel 10-5:** Test auf Plain Old Data

```
#include <iostream>
#include <type_traits>
struct Pod {
  int a;
};
struct NotPod {
  int a;
  NotPod() : a(0) {}
  virtual int getA(){ return a;}
};
int main(){
  std::cout << std::endl;
```

**Beispiel 10-5:** Test auf Plain Old Data (Fortsetzung)

```
20
21   // Pod remains POD in C++11
22   Pod pod;
23   pod.a=10;
24
25   // still not Pod
26   NotPod notPod();
27
28   const bool isPodPod= std::is_pod<Pod>::value == true;
29   const bool isPodNotPod=
       std::is_pod<NotPod>::value == true;
30
31   std::cout << std::boolalpha;
32   std::cout << "Pod is Pod: " << isPodPod << std::endl;
33   std::cout << "NotPod is Pod: " << isPodNotPod
               << std::endl;
34
35   std::cout << std::endl;
36
37 }
```

Die Funktion `std::is_pod` (Zeilen 29 und 30) der Type-Traits-Bibliothek wird zur Übersetzungszeit ausgewertet und gibt zurück, ob das Template-Argument ein POD ist. Die Ausgabe gibt Aufschluss.

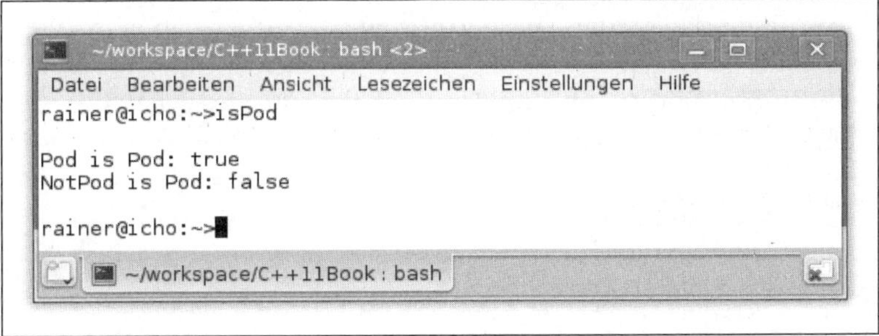


◀ **Abbildung 10-3**
Test auf Plain Old Data

## Aufgabe 10-3

Performance zählt.

Es mag verwunderlich erscheinen, warum in einem Buch über das neue C++ die C-Funktionen `memcpy`, `memmove` und `memset` erwähnt werden, werden doch `memcyp` und `memmove` durch `std::copy` und `std::move` in der STL und `memset` über Initialisiererlisten-Konstruktoren angeboten. Um an der Performanceschraube zu drehen, greifen die C++-Algorithmen gern auf die C-Algorithmen zurück. Eine typische Anwendung von `memcpy` im Copy-Algorithmus ist in Kapitel 19 im Abschnitt »Type-Traits« auf Seite 338 dargestellt.

Lange Rede, kurzer Sinn: Machen Sie sich mit dem Einsatzgebiet der C-Funktionen `memcpy`, `memmove` und `memset` vertraut.

## Unbeschränkte Unions

Unions beherbergen Datentypen, die sich denselben Speicherbereich teilen. Dabei wird die Größe der Union durch die Größe ihres größten Datentyps vorgegeben. Sie spielen eine wichtige Rolle bei der Implementierung von Bibliotheken und Frameworks. Für die Anwendung von Unions gibt es zwei typische Bereiche:

- Automatische Typkonvertierung.
- Erzwingen von strenger Speicherausrichtung (*Alignment*) der Datentypen.

**Einschränkungen von C++98 Unions**

An die klassischen C++98-Unions sind einige Einschränkungen gebunden, so dürfen sie

- keine virtuellen Funktionen enthalten,
- keine Referenzen enthalten,
- keine Basisklasse besitzen,
- keinen Datentyp mit speziellen Elementfunktionen besitzen.

Die letzte Einschränkung gilt nicht mehr in C++11. In C++11 ist eine Union erlaubt, die zum Beispiel einen `std::string` beinhaltet. Dies führt aber dazu, dass die speziellen Elementfunktionen der Union gelöscht werden. Für deren Implementierung hat nun der Programmierer zu sorgen. Werden aus der Union `UnionWithString` in Beispiel 10-6, Zeile 14, der Konstruktor und der Destruktor entfernt, zeigt der GCC unmissverständlich einen Fehler an (Abbildung 10-4).

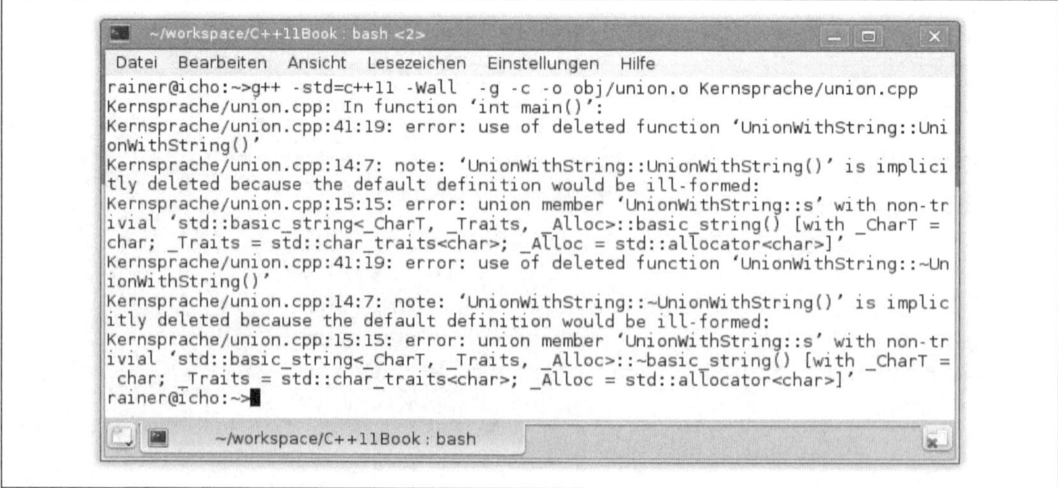


**Abbildung 10-4** ▼ Union mit implizit gelöschtem Standardkonstruktor und Destruktor

**Beispiel 10-6:** Einfacher Einsatz einer Union in C++11 union.cpp

```
#include <iostream>
#include <string>

union MemorySizeChar{
    char a;
    char b;
};

union MemorySizeDouble{
    char a;
    double d;
};

union UnionWithString{
  std::string s;
  int i;
  UnionWithString():s("hello"){}
  ~UnionWithString(){}
};

using std::string;

int main(){

  std::cout << std::endl;

  MemorySizeChar mSC{'a'};
  std::cout << "mSC.a= " << mSC.a << std::endl;
  mSC.b='b';
  std::cout << "mSC.b= " << mSC.b << std::endl;

  std::cout << std::endl;

  std::cout << "sizeof(mSC)= " << sizeof(mSC) << std::endl;

  MemorySizeDouble mSD;
  std::cout << "sizeof(mSC)= " << sizeof(mSD) << std::endl;

  std::cout << std::endl;

  UnionWithString uWithString;

  std::cout << uWithString.s << std::endl;
  // invoke the destructor explicitly
  uWithString.s.~string();

  uWithString.i=10;
  std::cout << uWithString.i << std::endl;

  // use placement new
  new (&uWithString.s) std::string("hello again");
```

**Beispiel 10-6:** Einfacher Einsatz einer Union in C++11 (Fortsetzung)

```
52   std::cout << uWithString.s << std::endl;
53   // invoke the destructor explicitly
54   uWithString.s.~string();
55
56   std::cout << std::endl;
57
58 }
```

Werden der Standardkonstruktor und der Destruktor für die Union definiert, lässt sich die Union `UnionWithString` verwenden (Abbildung 10-5).

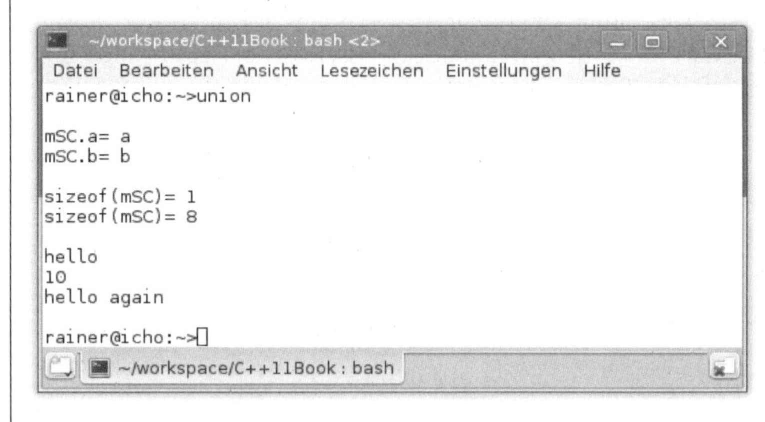


**Abbildung 10-5 ▶** Einfacher Einsatz einer Union mit std::string

Die Ausgabe zeigt schön, dass die Länge der Union `MemorySizeChar` (Zeile 4) bzw. `MemorySizeDouble` (Zeile 9) in Beispiel 10-6 von der Größe ihres größten Datentyps abhängt. Während `char` 1 Byte beansprucht, benötigt `double` 8 Byte. Ab Zeile 41 wird der Typ `UnionWithString` verwendet. Zuerst wird der Wert der Variablen `uWithString.s` ausgegeben, die in der Initialisiererliste des Konstruktors gesetzt wird, danach wird die Variable `uWithString.i` gesetzt und deren Wert ausgegeben. Beim Wechsel von `uWithString.s` nach `uWithString.i` muss explizit der Destruktor in Zeile 45 aufgerufen werden. Genau das Gegenteil ist in Zeile 51 notwendig, wenn `uWithString.s` mit dem Operator `placement-new` wieder auf einen Wert gesetzt wird.

Die weiteren Details rund um Unions lassen sich schön im C++ Reference Guide (Kalev, 2004 ) von Danny Kalev nachlesen.

> **Exkurs: Einführen von string**
>
> Eine Besonderheit in Beispiel 10-6 ist das explizite Einführen von `std::string` (Zeile 21) in den globalen Namensbereich. Dadurch ist der Destruktoraufruf in den Zeilen 45 und 54 deutlich einfacher zu schreiben. Ohne `using`-Deklaration lautet die Syntax: `uWithString.s.std::string::~string()`

### Aufgabe 10-4

Alignment-Unterstützung in C++11.

Die Alleinstellungsmerkmale von Unions beginnen zu bröckeln. Mit C++11 werden zwei neue Schlüsselwörter `alignas` und `alignof` eingeführt. Damit lässt sich die Speicherausrichtung für Datentypen setzen (`alignas`) und ermitteln (`alignof`). Die Anwendung ist sehr explizit (Stroustrup, 2011) und daher der impliziten Speicherausrichtung mit unbeschränkten Unions vorzuziehen.

**Beispiel 10-7:** Alignment-Unterstützung in C++11

```
alignas(double) unsigned char c[1024]; // array of characters,
suitably aligned for doubles
alignas(16) char[100]; // align on 16 byte boundary

constexpr int n = alignof(int); // ints are aligned on n byte
boundaries
```

Den besten Überblick über das neue Feature geben die zwei Vorschläge von Attila Farkas »Adding Alignment Support to the C++ Programming Language« (Feher, 2002) und von Lawrence Crowl »C and C++ Alignment Compatibility« (Crowl, 2010). Machen Sie sich mit der Alignment-Unterstützung in C++11 vertraut.

## Streng typisierte Aufzählungstypen

Die neuen *scoped* und streng typisierten Aufzählungstypen (*scoped and strongly typed enums*) räumen mit drei Problemen der klassischen Aufzählungstypen auf.

Typsicher, scoped und mit definiertem zugrunde liegendem Typ

1. Sie sind typsicher, da sie nicht implizit zu `int` konvertieren.
2. Sie verschmutzen (*namespace pollution*) nicht den umgebenen Bereich (*scope*), da sie keine Namenskollisionen verursachen.
3. Ihr zugrunde liegender Typ ist definiert, sodass Aufzählungstypen vorwärts deklariert werden können.

Der neue streng typisierte Aufzählungstyp `enum class Color1` ist einfach erklärt.

**Beispiel 10-8:** Streng typisierter Aufzählungstyp Color1

```
enum class Color1{
  red,
  blue,
  green
};
```

Optional kann statt `class` `struct` und der zugrunde liegende Typ angegeben und der Enumerator über einen konstanten Ausdruck initialisiert werden.

**Beispiel 10-9:** Der streng typisierte Aufzählungstyp Color2 mit zugrunde liegendem Typ char

```
enum struct Color2: char{
  red= 100,
  blue, // 101
  green // 102
};
```

Das Schlüsselwort `class` bzw. `struct` unterscheidet insbesondere die klassischen Aufzählungstypen von den C++11-Aufzählungstypen und drückt es explizit aus, dass die C++11-Aufzählungstypen nur über ihren Bereich adressiert werden können. Wird der zugrunde liegende integrale Typ nicht angegeben, ist `int` der Default-Typ. Beispiel 10-10 zeigt `Color1` und `Color2` im Einsatz.

enum.cpp

**Beispiel 10-10:** Die neuen streng typisierten Aufzählungstypen

```
#include <iostream>

enum class Color1{
  red,
  blue,
  green
};

enum struct Color2: char{
  red= 100,
  blue, // 101
  green // 102
};

void useMe(Color2 color2){

  switch(color2){
```

**Beispiel 10-10:** Die neuen streng typisierten Aufzählungstypen (Fortsetzung)

```
18   case Color2::red:
19     std::cout << "Color2::red " << std::endl;
20     break;
21   case Color2::blue:
22     std::cout << "Color2::blue" << std::endl;
23     break;
24   case Color2::green:
25     std::cout << "Color2::green" << std::endl;
26     break;
27   }
28
29 }
30
31
32 int main(){
33
34   std::cout << std::endl;
35
36   std::cout << "sizeof(Color1)= "  << sizeof(Color1)
               << std::endl;
37   std::cout << "sizeof(Color2)= "  << sizeof(Color2)
               << std::endl;
38
39   std::cout << std::endl;
40
41   Color2 color2Red{Color2::red};
42   useMe(color2Red);
43
44   std::cout << std::endl;
45
46 }
```

Die Ausgabe des Programms in Beispiel 10-10 in Abbildung 10-6 zeigt, dass `Color2` mit 1 Byte deutlich kompakter als `Color1` ist, der 4 Bytes beansprucht. Der Grund liegt in der Definition des Aufzählungstyps. Während `Color1` (Zeile 3) den Standarddatentyp `int` verwendet, wird für `Color2` (Zeile 9) explizit `char` spezifiziert. `useMe` in Zeile 15 verwendet als Typ des Parameters `Color2`. Schön ist im Funktionskörper der Funktion und der Definition des Enumerators `color2Red` in Zeile 41 zu sehen, dass nur ein qualifizierter Zugriff auf den Enumerator zulässig ist.

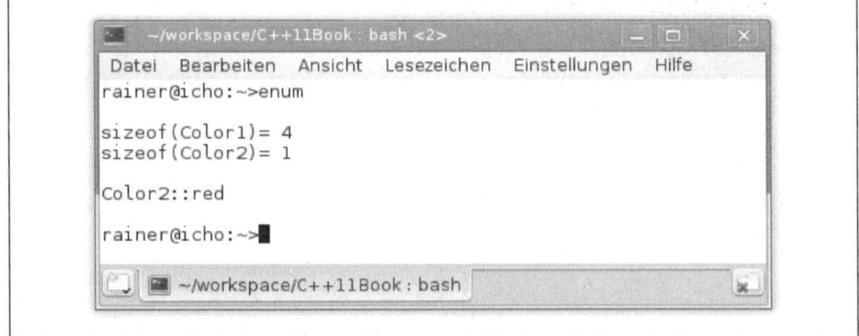


**Abbildung 10-6 ▶** Verwendung der neuen streng typisierten Aufzählungstypen

enumAdd.cpp

## Aufgabe 10-5

Vergleichen Sie die klassischen mit den neuen Aufzählungstypen.

In Beispiel 10-11 geschieht ein bisschen Arithmetik mit den Aufzählungstypen. Vergleichen Sie die Anwendung von `OldEnum` und `NewEnum`.

**Beispiel 10-11:** Arithmetik mit klassischen und neuen Aufzählungstypen

```
#include <iostream>

enum OldEnum{
  one= 1,
  ten= 10,
  hundred= 100,
  thousand= 1000
};

enum struct NewEnum: int {
  one= 1,
  ten= 10,
  hundred= 100,
  thousand= 1000
};

int main(){

  std::cout << "C++11= "
            << 2*thousand + 0*hundred + 1*ten + 1*one
            << std::endl;
  std::cout << "C++11= "
                 << 2*static_cast<int>(NewEnum::thousand) +
                    0*static_cast<int>(NewEnum::hundred) +
                    1*static_cast<int>(NewEnum::ten) +
                    1*static_cast<int>(NewEnum::one)
                 << std::endl;

}
```

Die Anwendung des klassischen Aufzählungstyps `OldEnum` ist recht einfach. In Zeile 19 kann direkt auf die Elemente des Aufzählungstyps zugegriffen werden, da sie im globalen Namensraum verfügbar sind. Diese Elemente des `OldEnum` konvertieren implizit nach `int`, sodass die einzelnen Elemente addiert werden können. Das ist mit `NewEnum` in Zeile 20 nicht möglich. Hier müssen die Elemente mit `NewEnum::` qualifiziert aufgerufen und explizit nach `int` konvertiert werden.

#### Aufgabe 10-6

Werden Sie mit den Anwendungsfällen der streng typisierten Aufzählungstypen vertraut.

In der neuen C++11-Standardbibliothek werden die streng typisierten Aufzählungstypen gern für Fehlercodes benutzt. Schauen Sie ihre Anwendung im Sourcecode der STL an.

## Raw-String-Literale

Die Besonderheit eines Raw-String-Literals ist, dass die in ihm enthaltenen Zeichen nicht interpretiert werden. Damit erlauben es Raw-String-Literale bei regulären Ausdrücken oder auch Pfadangaben, den Backslash »\« direkt zu verwenden, da er keine Fluchtsequenz mehr darstellt.

Ein Raw-String wird in C++11 durch `R"(raw string)"` definiert. Optional ist auch die Syntax `R"Trenner(raw string)Trenner"` möglich. An den String-Trenner sind Bedingungen geknüpft. So darf er maximal 16 Zeichen lang sein und weder Leerzeichen noch öffnende »)« oder schließende »)« Klammern oder den Backslash »\« enthalten.

**Beispiel 10-12:** Raw-String-Anwendung rawString.cpp

```
#include <iostream>
#include <string>

int main(){

  std::cout << std::endl;

  std::string nat="a \t native string \n a native string";
  std::cout << nat << std::endl;

  // including \t \n
  std::string raw1=
       std::string(R"(a \t raw string \n a raw string)");
```

**Beispiel 10-12:** Raw-String-Anwendung (Fortsetzung)

```
13   std::cout << "\n" << raw1 << std::endl;
14
15   // including \t \n and using delimiter
16   std::string raw2= std::string(
          R"MyDel(a \t raw string \n a raw string)MyDel");
17   std::cout << "\n" << raw2 << std::endl;
18
19   // raw string including
20   std::string raw3=
          std::string(R"(a raw string including ")");
21   std::cout << "\n" << raw3 << std::endl;
22
23   std::cout << std::endl;
24
25 }
```

Das Programm *rawString* in Beispiel 10-12 ergibt ausgeführt das erwartete Ergebnis. Im normalen String (Zeile 8) werden der Tabulator und der Zeilenumbruch bei der Ausgabe korrekt interpretiert. Die zwei Raw-Strings (Zeilen 12 und 16) geben den String unverändert aus. In einem Raw-String kann auch ein Anführungszeichen (") eingebettet und ausgegeben werden.

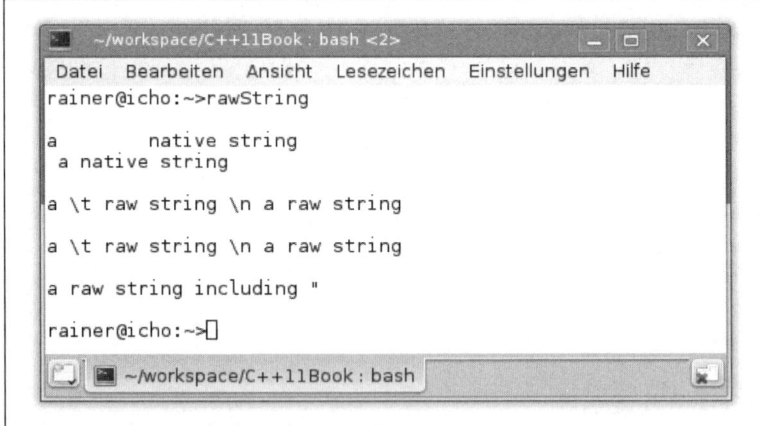


**Abbildung 10-7 ▶** Anwendung mit Raw-Strings

## Aufgabe 10-7

Welche Anwendungsfälle von Raw-String-Literalen fallen Ihnen ein?

Reguläre Ausdrücke oder auch Pfadangaben unter Windows sind typische Anwendungsfälle für Raw-String-Literale. Dies sind aber natürlich nicht alle. Welche weiteren Anwendungsfälle gibt es für Raw-String-Literale?

### Aufgabe 10-8

costumizeRawString.cpp

Wie lässt sich ein Raw-String-Literal definieren, das ein (")) enthält?

Angenommen, Ihr regulärer Ausdruck, den Sie als Raw-String-Literal definieren wollen, soll die Zeichenkette (")) enthalten. Dies ist die Zeichenkombination, mit der ein Raw-String-Literal beendet wird. Wie können Sie das Problem lösen?

Definieren Sie ein Raw-String-Literal, das die Zeichenkombination (")) enthält, und geben Sie es aus.

## Unicode-Unterstützung

Der zweite neue Typ von String-Literalen sind die Unicode-String-Literale. Zwar besitzt C++98 die sogenannten Wide-Strings, die durch ein `L"wide String"` eingeleitet werden. Diese haben aber einen entscheidenden Nachteil, sodass sie nicht plattformunabhängig verwendet werden können. Ihre Länge ist nicht exakt spezifiziert.

UTF-8, UTF-16 und UTF-32

C++11 unterstützt die drei Unicode-Kodierungen UTF-8, UTF-16 und UTF-32. Für UTF-16 und UTF-32 wurde C++11 um zwei neue Zeichentypen `char16_t` und `char32_t` erweitert.

◀ **Tabelle 10-1**
Gegenüberstellung der neuen String-Literale

| Unicode-Kodierung | Zeichentypen | String-Literale |
|---|---|---|
| **UTF-8** | char | u8"UTF-8 String" |
| **UTF-16** | char16_t | u"UTF-16 String" |
| **UTF-32** | char32_t | U"UTF-32 String" |

Durch die Zeichenkombination `\u` oder `\U` eingeleitet, können in Unicode-Strings Unicode-Codepunkte eingebettet werden (Zeilen 6, 10 und 14 in Beispiel 10-13). Dabei muss nach dem `\u` eine 16-Bit-, hingegen nach dem `\U` eine 32-Bit-Hexadezimalzahl stehen. Die Unicode-Präfixe `u8`, `u` und `U` oder auch die Wide-String-Präfixe `L` können mit dem Raw-String-Präfix `R` kombiniert werden (Zeilen 22, 23 und 24), wobei das Raw-String-Präfix an letzter Stelle folgen muss.

**Beispiel 10-13:** String-Beispiele

unicodeString.cpp

```
01 #include <string>
02
03 int main(){
04
```

**Beispiel 10-13:** String-Beispiele (Fortsetzung)

```
    // initialize std::string with the UTF-8 literal
    const char* u8=
      u8"I'm a UTF-8 literal including a codepoint \u2620";
    std::string s1{u8};

    // initialize std::wstring with the wide literal
    const wchar_t* w=
      L"I'm a wide literal including a codepoint \u2620";
    std::wstring s2{w};

    // initialize std::u16string with the UTF-16 literal
    const char16_t* u16=
      u"I'm a UTF-16 literal including a codepoint \u2620";
    std::u16string u16string{u16};

    // initialize std::u32string with the UTF-32 literal
    const char32_t* u32=
      U"I'm a UTF-32 literal including a codepoint\u2620";
    std::u32string u32string{u32};

    // combine unicode and raw String literale
    const char* u8R= u8R"XXX(I'm a "raw UTF-8" literal.)XXX";
    const char16_t* uR16=
      uR"*(This is a "raw UTF-16" literal.)*";
    const char32_t* uR32=
      UR"(This is a "raw UTF-32" literal.)";

}
```

## Exkurs: Neue String-Typen

Neben den bekannten string- und wstring-typedefs auf basic_string wird es mit den neuen Zeichentypen neue typedefs geben. Damit lassen sich die neuen Strings so angenehm wie der bekannte std::string verwenden.

**Tabelle 10-2 ▶** Gegenüberstellung der String-Typen

| String-Typ | Typedef | Beispiel |
|---|---|---|
| std::string | std::basic_string<char> | "standard string"<br>u8"standard string" |
| std::wstring | std::basic_string<wchar_t> | L"wide string" |
| std::u16string | std::basic_string<char16_t> | u"UTF-16 string" |
| std::u32string | std::basic_string<char32_t> | U"UTF-32 string" |

Für die Konvertierung zwischen den verschiedenen Kodierungen steht das Klassen-Template codecvt, eine sogenannte Fassette (facet), bereit. Das Klassen-Template codecvt verlangt drei Typparameter:

Konvertierung zwischen den Kodierungen

```
template <class internT, class externT, class stateT>
class codecvt;
```

Dabei beschreiben die Typparameter die Konvertierung:

- internT: Zeichentyp für den internen Zeichensatz
- externT: Zeichentyp für den externen Zeichensatz
- stateT: Status der Konvertierung

Über die Methoden codecvt::in und codecvt:out wird die Richtung der Konvertierung vorgegeben. Für das Klassen-Template codecvt stehen Spezialisierungen bereit, die die tatsächlich implementierten Konvertierungen spezifizieren. In Tabelle 10-3 und Tabelle 10-4 werden die verschiedenen Konvertierungen dargestellt.

Zuerst die Konvertierungen, die im klassischen C++ möglich sind.

◀ **Tabelle 10-3**
C++98-codecvt-Fassetten

| Zeichentyp | Zeichentyp | Name |
|---|---|---|
| char | char | std::codecvt<char,char,std::mbstate_t> |
| wchar_t | char | std::codecvt<wchar_t,char,std::mbstate_t> |

Mit dem neuen Zeichentyp bringt C++11 einige neue Template-Spezialisierungen mit.

◀ **Tabelle 10-4**
C++11-codecvt-Fassetten

| Zeichentyp | Zeichentyp | Name |
|---|---|---|
| UTF-16 | UTF-8 | std::codecvt<char16_t,char,std::mbstate_t> |
| UTF-32 | UTF-8 | std::codecvt<char32_t,char,std::mbstate_t> |
| UTF-8 | UCS-2<br>UCS-4 | std::codecvt_utf8 |
| UTF-16 | UCS-2<br>UCS-4 | std::codecvt_utf16 |
| UTF-8 | UTF-16 | std::codecvt_utf8_utf16 |

Die neuen Klassen-Templates std::wstring_convert und std::wbuffer_convert vollziehen ihre Konvertierung direkt ohne einen *Stream* oder eine *Locale*. Beide werden über eine codecvt-Fassette parametrisiert. Dabei wirkt std::wstring_convert auf einem String und std::wbuffer_convert auf einem Byte-Stream-Puffer.

wstring_convert wbuffer_convert

Die nicht so ganz einfachen Details zu IOStreams, Fassetten und Locales lassen sich in dem Standardwerk »C++ IOStreams and Locales« von Angelika Langer und Klaus Kreft nachlesen (Langer & Kreft, 2000).

### Aufgabe 10-9

Was jeder Softwareentwickler mindestens und unbedingt über Unicode und Zeichensätze wissen muss (kein Pardon!).

Verbindlicher lässt sich die Übungsaufgabe nicht beschreiben als der Titel des Dokuments »The Absolute Minimum Every Software Developer Absolutely, Positively Must Know About Unicode and Character Sets (No Excuses!)« von Joel on Software (Spolsky, 2003). Die deutsche Übersetzung von Hans-Werner Heinzen ist auch verfügbar (Heinzen, 2009).

### Aufgabe 10-10

Machen Sie sich nach der Theorie mit der Praxis vertraut.

Es wird anspruchsvoller. C++ besitzt eine Lokalisierungsbibliothek `local (locale)`. Machen Sie sich damit vertraut, wenn Sie Ihr C++-Programm lokalisieren wollen.

## Benutzerdefinierte Literale

C++ kennt viele Literale:

- `true`: Wahrheitswerte
- `'c'`: Zeichen
- `2`, `0x2`: ganze Zahlen
- `0.123`, `6.7L`: Fließkommazahlen
- `"Text"` , `L"Text"`, `u"Text"` , `rU"text"`: Strings

Neu hingegen ist in C++11, dass der Anwender Literale selbst definieren kann. Häufig gewünschte Literale, die sich mit der neuen Syntax umsetzen lassen, sind:

- `1101010101010101_b`: binäre Literale
- `63_s`: Sekundenangabe
- `123.45_km`: Abstandsangabe
- `33_cent`: Währungsangabe
- `"Hallo"_i18n`: Text zur Lokalisierung

## Zusammenfassung
## Syntax der benutzerdefinierten Literale

Die Syntax der benutzerdefinierten Literale ist:

Benutzerdefiniertes Literal = <built – in Literal> + _ + <Suffix>

So besteht die benutzerdefinierte Abstandsangabe `123.45_km` aus dem Built-in-Literal `123.45` für die Fließkommazahl und dem Suffix `km`.

Details

Ein benutzerdefiniertes Literal besteht aus einem C++98-Built-in-Literal ohne Suffix, das mit einem Unterstrich und einem Bezeichner verbunden ist. Es ist nur zulässig, den Bezeichner als Suffix anzuhängen. Literale besitzen keine Längeneinschränkung. Bestehende C++-Literale dürfen nicht neu definiert werden. Diese Literale werden dann von der C++11-Laufzeit auf den Literal-Operator abgebildet, der den Wert aus dem Literal extrahiert und, wie in Beispiel 10-14 exemplarisch dargestellt, als Distanzobjekt zur Verfügung stellt.

**Beispiel 10-14:** Literal-Operator für MyDistance-Literale (Cooked Form)

```
MyDistance operator "" _km(long double d){
  return MyDistance(d);
}
```

inline und constexpr

Dabei können die Literal-Operatoren `inline` oder als konstanter Ausdruck mit `constexpr` deklariert werden, damit sie zur Übersetzungszeit evaluiert werden.

Aufgabe des Anwenders

Die Aufgabe des Anwenders ist es, die speziellen Konvertierungsoperatoren, Literal-Operatoren genannt, zu implementieren. Dabei kann der Wert in `raw`- oder in `cooked`-Form von den Literal-Operatoren angenommen werden. In der `raw`-Form nimmt das Literal sein Argument als `const char*` entgegen, in der `cooked`-Form als Zahl. Ein paar Beispiele sollen die Begrifflichkeiten entflechten.

◀ **Tabelle 10-5** raw- und cooked-Form von Literalen

| Benutzerdefiniertes Literal | raw-Form | cooked-Form |
|---|---|---|
| 101010101_b | "101010101" | 101010101 |
| 63_s | "63" | 63 |
| 2.17_km | "2.17" | 2.17 |

## Zusammenfassung char, wchar_t, char16_t und char32_t

Der Zeichentyp char steht in diesem Kapitel nur exemplarisch für die Zeichentypen char, wchar_t, char16_t und char32_t. Denn sowohl das benutzerdefinierte Literal kann mit diesen Zeichentypen definiert werden als auch der Literal-Operator. Der Compiler sorgt für die richtige Zuordnung des Literals zu seinem Literal-Operator.

raw- und cooked-Form

Im Gegensatz zu Beispiel 10-14, in dem das Literal 123.45km in cooked-Form angenommen wird, nimmt der Literal-Operator in Beispiel 10-15 die Distanzangabe in raw-Form entgegen. Damit steht das Literal im Funktionskörper als const char* zur Verfügung.

**Beispiel 10-15:** Literal-Operator für MyDistance-Literale (Raw-Form)

```
MyDistance operator"" _km(const char* c){
  return MyDistance(c);
}
```

C++11 unterstützt Literale für natürliche Zahlen, Fließkommazahlen, Strings und Zeichen. Während die natürlichen Zahlen und Fließkommazahlen in raw- und cooked-Form angenommen werden können, ist das für Strings und Zeichen nur in raw-Form möglich. In der folgenden Tabelle sind die Typen der Argumente abhängig vom Datentyp dargestellt. Dies bildet die Grundlage für den Compiler, die Literal-Operatoren implizit aufzurufen.

Tabelle 10-6 ▶ Argumente der Literal-Operatoren

| Datentyp | raw-Form | cooked-Form |
|---|---|---|
| **Ganze Zahlen** | const char* | unsigned long long |
| **Fließkommazahlen** | const char* | long double |
| **Strings** | (const char*, size_t) | |
| **Zeichen** | char | |

Wird sowohl die raw- als auch die cooked-Form für ein Literal definiert, besitzt die raw-Form die höhere Präzedenz. Die raw-Form wird in der Literatur auch als uncooked-Form bezeichnet.

Eine Besonderheit stellen die String-Literale dar. In Beispiel 10-16 wird die Funktion func (Zeile 1) mit dem String-Literal "myString"_str (Zeile 7) aufgerufen. Dies führt dazu, dass der Literal-Operator

(Zeile 3) verwendet wird. Da die Länge des String-Literals 8 ist, wird `len` implizit auf 8 gesetzt und kann im Konstruktor von `std::string` (Zeile 4) angewandt werden. Das Ergebnis der Konvertierung ist, dass die Funktion mit einem String-Objekt aufgerufen wird.

**Beispiel 10-16:** Literal-Operator für ein eigenes String-Literal

```
01 void func(std::string s);
02
03 std::string operator "" _str(const char* s, size_t len){
04   return std::string(s,len);
05 }
06
07 func("myString"_str);
```

**Praxistipp**

**Verwenden Sie Namensräume für Literale.**

Um Namenskollisionen von eigenen Literalen zu vermeiden, da sie in der Regel recht kurze Identifier besitzen, ist es eine gute Idee, die Literale in Namenräumen zu definieren und sie für ihre Anwendung in den globalen Namensraum zu importieren.

**Beispiel 10-17:** Namensraum für Literale

```
namespace Distance{
  class MyDistance { /* ... */ };
  namespace Unit{
    operator "" _km(long double d){
      return MyDistance(d);
    }
  }
}

/* ... */

using namespace Distance::Unit;

MyDistance myDistance{123.45_km};
```

Das zugegeben etwas konstruierte Beispiel für die Berechnung von Abständen in Beispiel 10-18 soll die Vorteile der benutzerdefinierten Literale auf den Punkt bringen. Werden die Literal-Operatoren mit Operatorüberladung geschickt kombiniert, entsteht eine *Domain-Specific-Embedded-Language*, kurz DSEL.

**Beispiel 10-18:** Die DSEL für die Berechnung von Abständen

```
namespace Distance{
  class MyDistance{
    private:
```

**Beispiel 10-18:** Die DSEL für die Berechnung von Abständen (Fortsetzung)

```
04       int meter;
05     public:
06       /* ... */
07   };
08   MyDistance operator +(const MyDistance& a,
09                         const MyDistance& b){
10     return MyDistance(a.meter + b.meter);
11   }
12   MyDistance operator -(const MyDistance& a,
13                         const MyDistance& b){
14     return MyDistance(a.meter - b.meter);
15   }
16   namespace Unit{
17     operator "" _km(long double d){
18       return MyDistance(1000*d);
19     }
20     operator "" _m(long double m){
21       return MyDistance(m);
22     }
23     operator "" _dm(long double d){
24       return MyDistance(d/10);
25     }
26     operator "" _cm(long double c){
27       return MyDistance(c/100);
28     }
29   }
30 }
31
32 using namespace Distance::Unit;
33
34 Distance::MyDistance myDistance= 10345.5_dm + 123.45_km - 1200_m +
                                   150000_cm;
```

Im Namensraum Distance in Beispiel 10-18 wird eine Subsprache in C++ definiert, auf der die Addition und Subtraktion von verschiedenen Längenangaben implementiert sind. Erreicht wird dies durch das Überladen des +- und des --Operators in den Zeilen 8 und 12 und die Literal-Operatoren in den Zeilen 17, 20, 23 und 26, die den numerischen Wert aus dem Literal extrahieren und damit ein Distance-Objekt normiert instanziieren.

Domain-Specific-Embedded-Language

## Definition: Domain-Specific-Embedded-Language

Eine *Domain-Specific-Language* ist eine Sprache, die auf einen speziellen Anwendungsbereich ausgerichtet ist. Ist diese Sprache darüber hinaus noch in der Gastgebersprache integriert, spricht man von einer *Domain-Specific-Embedded-Language*.

→

Bekannte Beispiele für Domain-Specific-Languages sind die Parser-Generatoren YACC, antlr oder das Bildwerkzeug make. Template-Metaprogramming in C++ oder auch Lisp-Makros sind Domain-Specific-Embedded-Languages.

**Aufgabe 10-11**

userDefinedLiterale.cpp

Implementieren Sie Beispiel 10-18.

In Beispiel 10-18 wird die Idee einer Domain-Specific-Language für die Berechnung von Abständen skizziert. Ein Punkt fehlt noch: Die Klasse MyDistance benötigt einen Konstruktor und einen Ausgabeoperator.

# nullptr

0 und NULL

Das neue Nullzeiger-Literal nullptr räumt mit der Mehrdeutigkeit der Zahl 0 und dem Makro NULL in C++ auf. Das Problem mit dem Literal 0 ist, dass es abhängig vom Kontext den Nullzeiger ((void*)0) oder die natürliche Zahl 0 bezeichnet. Das Problem an dem C-Makro NULL ist, dass NULL sich in der Regel nach int konvertieren lässt. Dieses Verhalten hängt von der Definition des Makros NULL ab.

Das C++11-Schlüsselwort nullptr besitzt ein eindeutiges Verhalten. Es lässt sich als Zeiger, als Zeiger auf ein Klassenmitglied oder als bool-Wert verwenden. Es kann aber nicht nach int konvertiert werden.

**Beispiel 10-19:** Vergleich 0 und nullptr-Literal

nullptr.cpp

```
#include <iostream>
#include <string>

std::string overloadTest(char*){
  return "char*";
}

std::string overloadTest(int){
  return "int";
}

int main(){

  std::cout << std::endl;

```

**Beispiel 10-19:** Vergleich 0 und nullptr-Literal (Fortsetzung)

```
16   int* pi = nullptr;    // OK
17   // int i= nullptr;        // ERROR
18   bool b = nullptr;     // OK. b is false.
19
20   std::cout << std::boolalpha << "b: "  << b << std::endl;
21
22   // calls int
23   std::cout << "overloadTest(0)= " <<
                   overloadTest(0) << std::endl;
24
25   // calls char*
26   std::cout << "overloadTest(static_cast<char*>(0))= "
               << overloadTest(static_cast<char*>(0))
               << std::endl;
27
28   // calls char*
29   std::cout << "overloadTest(nullptr)= "
               << overloadTest(nullptr)
               << std::endl;
30
31   // ambiguous error
32   // std::cout << "overloadTest(NULL)= "
                  << overloadTest(NULL)
                  << std::endl;
33
34   std::cout << std::endl;
35
36 }
```

In Beispiel 10-19 (Zeilen 16 und 18) wird der `nullptr` nach `int*` und `bool` konvertiert. Der in Zeile 20 ausgegebene Wert der booleschen Variablen `b` ergibt `false`. Interessanter sind die Ausgaben der Funktion `overloadTest` (Zeilen 23, 26 und 29). `(char*)0` und `nullptr` werden als `char*` interpretiert, hingegen `0` als Integer.

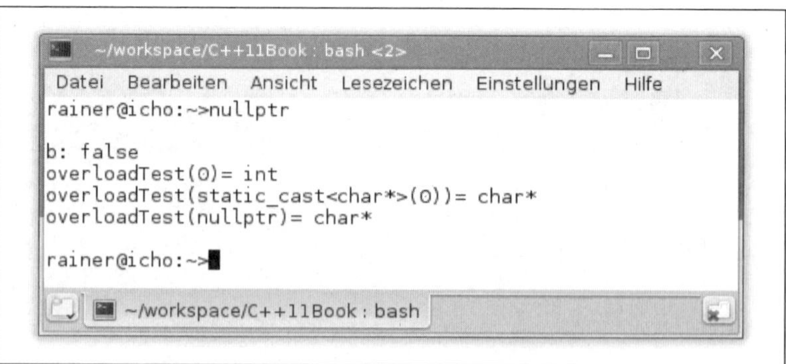


**Abbildung 10-8 ▶** Vergleich 0 und nullptr-Literal

Werden die Zeilen 17 und 32 in Beispiel 10-19 auskommentiert, bricht die Übersetzung des Programms mit dem aktuellen GCC ab, denn einerseits lässt sich der `nullptr` nicht nach `int` konvertieren, und andererseits lässt sich `NULL` sowohl nach `char*` als auch nach `int` konvertieren.

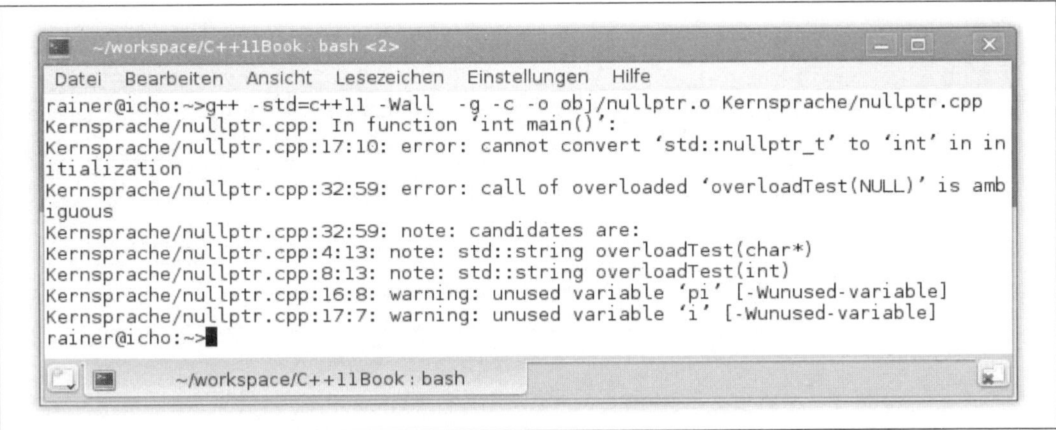


▼ **Abbildung 10-9**
Fehler beim Konvertieren eines nullptr nach int und Zweideutigkeit des Makros NULL

**Praxistipp** **Verwenden Sie in Ihrem neuen C++11-Code nullptr.**

### Aufgabe 10-12

nullptrPerfectForwarding.cpp

Überprüfen Sie Ihren Sourcecode auf Nullzeiger.

Durchsuchen Sie Ihren Sourcecode auf die Verwendung der Zahl `0` als Nullzeiger und das Makro `NULL`.

Entscheiden Sie, welche Konsequenzen der Einsatz des neuen `nullptr` gegenüber dem Einsatz der Zahl `0` oder des Makros `NULL` als Nullzeiger mit sich bringt.

### Aufgabe 10-13

Lassen Sie `nullptr` mit Perfect Forwarding zusammenarbeiten.

Rufen Sie die die zwei Funktionen `overloadTest(char*)` und `overloadTest(int)` aus Listing 4.19 indirekt über Perfect Forwarding auf. Dies ist am einfachsten, wenn Sie `createT` aus Listing 2.12 als Grundlage nehmen. Prüfen Sie zum Abschluss, ob der direkte Aufruf der `overloadTest`-Funktionen zum gleichen Ergebnis (Abbildung 10-8 und Abbildung 10-9) führt wie der indirekte Aufruf.

KAPITEL 11

# Removed und Deprecated

In diesem Kapitel:

- Removed
- Deprecated

Ein wichtiges Design-Ziel von C++11 ist es, abwärtskompatibel zu sein. So verwundert es nicht, das nur wenige Features aus dem alten C++-Standard entfernt bzw. auf *deprecated* gesetzt wurden.

## Removed

Durch `auto int a= 5;` wurde in C++98 die Variable a auf dem Stack angelegt. Das Schlüsselwort `auto` ist redundant, da das Anlegen einer Variablen auf dem Stack automatisch geschieht. Dies ist der Grund dafür, dass `auto` sehr selten verwendet wurde. In C++11 deklariert `auto` eine Variable, die ihren Typ durch Typableitung automatisch erhält: auto

```
auto a=5;
```

Das Schlüsselwort `export` wurde aus C++11 entfernt. Die Idee von `export` war es, dass nur die Deklaration und nicht die Definition eines Templates an der Stelle ihrer Anwendung bekannt sein muss. Sieht man von dem Comeau-Compiler (Comeau.Computing, 2008) ab, hat dieses Feature kein Compiler-Hersteller umgesetzt. Da ist es sehr pragmatisch, es wieder aus dem neuen Standard zu entfernen. export

## Deprecated

Mit dem Schlüsselwort `register` ließ sich in C++98 spezifizieren, dass die Variable a in der Anweisung `register int a;` in einem Prozessorregister angelegt werden soll. Dies war nur eine Empfehlung an den Prozessor, um häufige Zugriffe auf die Variable möglichst schnell auszuführen. register

Ausnahmespezifikation

Ausnahmespezifikationen sind in C++11 auch *deprecated*. Die Ausnahmespezifikation einer Funktion gibt an, welche Ausnahmen die Funktion auslösen kann. Worin die Probleme von Ausnahmespezifikationen bestehen und warum sie in C++ nicht verwendet werden sollen, lässt sich schön in Herb Sutters Artikel »A Pragmatic Look at Exception Specifications« (Sutter, 2002) nachlesen.

**Praxistipp**

**Verwenden Sie keine Ausnahmespezifikationen.**

Herb Sutter fasst die Erfahrung der letzten Jahre mit Ausnahmespezifikationen in zwei Ratschlägen zusammen.

**Moral #1: Never write an exception specification.**

**Moral #2: Except possibly an empty one, but if I were you I'd avoid even that.**

Die Moral von der Geschichte ist schnell paraphrasiert:

Verwenden Sie keine Ausnahmespezifikationen.

## Exkurs: noexcept

Die Geschichte der Ausnahmen ist in C++11 noch nicht zu Ende. Relativ spät wurde in C++11 das neue Schlüsselwort `noexcept` aufgenommen. Damit lässt sich in C++11 eine Funktion auszeichnen, für die eine der beiden Bedingungen gelten soll:

1. Die Funktion wird keine Ausnahmen werfen.
2. Das Programm kann auf eine Ausnahme, die durch diese Funktion geworfen wird, nicht reagieren. In diesem Fall wird direkt `std::terminate` aufgerufen.

Im Gegensatz zur Ausnahmespezifikation `throw` wird das Schlüsselwort `noexcept` zur Übersetzungszeit ausgewertet. Die Idee ist, dass dem Compiler durch die Zusicherung mit `noexcept` weitere Optionen zur Optimierung offenstehen.

Dies ist der Grund dafür, dass das Schlüsselwort `noexcept` verbreitet und einheitlich in der Standard Template Library verwendet wird, um die Performance zu verbessern und die Anforderungen explizit herauszustellen: »`noexcept` is widely and systematically used in the standard library to improve performance and clarify requirements.« (Stroustrup, 2011)

Die Implementierung des neuen Smart Pointer `std::unique_ptr` ist ein typisches Beispiel für den Einsatz von `noexcept`.

**Beispiel 11-1:** noexcept-Schlüsselwort in den Konstruktoren von std::unique_ptr

```
constexpr unique_ptr() noexcept;
explicit unique_ptr(pointer p) noexcept;
unique_ptr(pointer p, see below d1) noexcept;
unique_ptr(pointer p, see below d2) noexcept;
unique_ptr(unique_ptr&& u) noexcept;
constexpr unique_ptr(nullptr_t) : unique_ptr() { }
template <class U, class E>
unique_ptr(unique_ptr<U, E>&& u) noexcept;
template <class U>
unique_ptr(auto_ptr<U>&& u) noexcept;
```

auto_ptr, bind1st und bind2nd

Der Vollständigkeit halber seien hier noch `std::auto_ptr` sowie `std::bind1st` und `std::bind2nd` erwähnt, die ebenfalls mit C++11 *deprecated* sind. Während der Smart Pointer `std::auto_ptr` durch `std::unique_ptr` ersetzt wird, bietet `std::bind`, indem er eine Funktion und ihre Argumente bindet, die Funktionalität von `std::bind1std` und `std::bind2nd` deutlich komfortabler an. Insbesondere `std::unique_ptr` und `std::bind` werden in Teil IV, *Die Standardbibliothek*, auf Seite 301 noch ausführlich erläutert.

# Teil III: Multithreading

KAPITEL 12

# Das C++11-Speichermodell

Die Grundlage für Multithreading ist ein definiertes Speichermodell. Dieses erhält C++11 in Anlehnung an Java.

Grundproblem des konkurrierenden Zugriffs

Das Grundproblem des konkurrierenden Zugriffs auf Variablen lässt sich einfach formulieren. Schreibt ein Thread eine gemeinsam genutzte Variable, während ein anderer diese liest, ist das Verhalten nicht deterministisch.

Der bekannte Programmschnipsel in Abbildung 12-1, der auf Deckers Algorithmus basiert (Dekker, 2011), soll das verdeutlichen, denn am Ende des Programms können sowohl `r1` als auch `r2` den Wert `0` besitzen.

x=y= 0
Thread 1
Thread 2
x= 1
y= 1
r1= y
r2= x

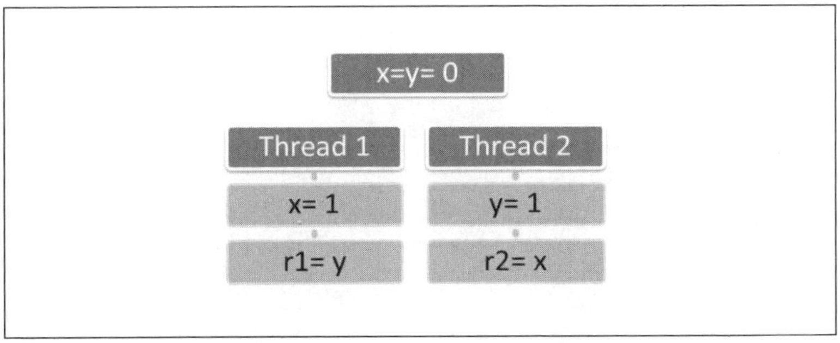

◀ **Abbildung 12-1**
Bruch der sequenziellen Konsistenz

Wie kann das passieren?

Die Antwort für dieses nicht sehr intuitive Verhalten ist, dass durch Optimierung auf Hardwareebene (Schreibpuffer) oder auch Standard-Compiler-Transformationen die Reihenfolge der Operationen des Prozessors nicht der des Programmcodes entsprechen muss. Dieses Verhalten ist ein Bruch der sequenziellen Konsistenz.

### Definition: Sequenzielle Konsistenz

Sequenzielle Konsistenz (*sequential consistency*) wurde von Leslie Lamport (Lamport, 1979) wie folgt definiert:

> »... the results of any execution is the same as if the operations of all the processors were executed in some sequential order, and the operations of each individual processor appear in this sequence in the order specified by its program.«

Sequenzielle Konsistenz stellt zwei Bedingungen an die Ausführung eines Programms:

- Die Operationen aller Prozessoren sollen sequenziell erscheinen.
- Die Operationen jedes einzelnen Prozessors sollen so erscheinen, als wurden sie in der Reihenfolge des Programmcodes ausgeführt.

C++11 bietet für dieses Problem zwei Lösungen an: Locks und atomare Datentypen.

Schutz der Daten durch Locks

Durch den Lock `lock` wird der Zugriff auf den kritischen Bereich synchronisiert. Der Thread in Abbildung 12-2, der zuerst den Lock erhält, kann seinen Code zuerst ausführen. Nun sind alle Fälle möglich, einzig das Paar (`r1`,`r2`) kann nicht den Fall (`0`,`0`) annehmen.

**Abbildung 12-2 ▶** Schutz der kritischen Region durch Locks

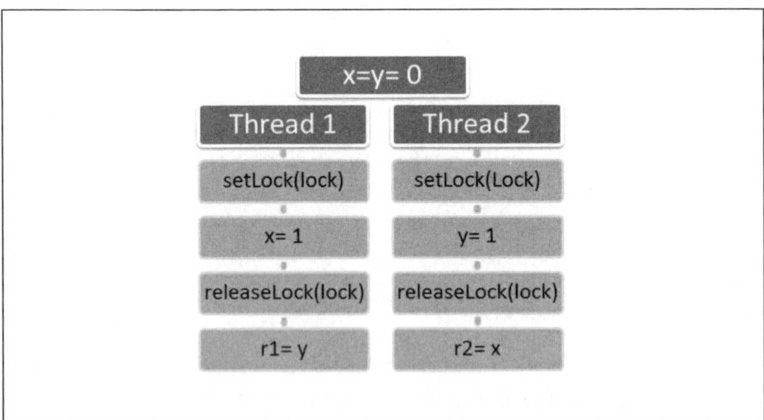


Schutz der Daten durch Atome

Durch Atome werden die Schreibzugriffe auf x und y sofort in beiden Threads sichtbar. Das Ergebnis ist das gleiche wie im Fall der Locks (Abbildung 12-2). (r1,r2) kann wiederum den Fall (0,0) nicht annehmen.

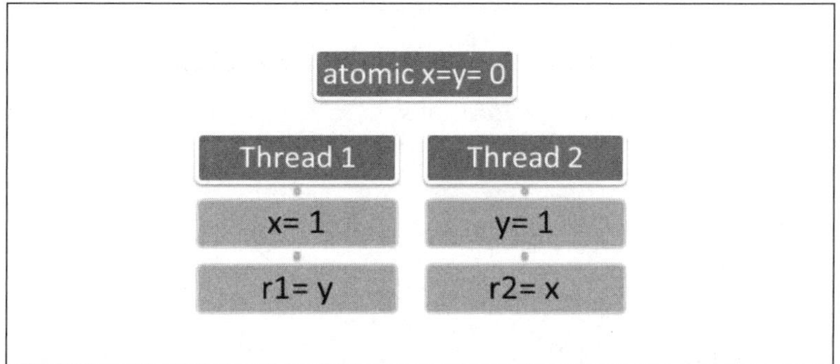
atomic x=y= 0
Thread 1
Thread 2
x= 1
y= 1
r1= y
r2= x

**Abbildung 12-3**
Schutz der Daten durch atomare Datentypen

Rund um Wahrheitswerte, Zeichen und Ganzzahlen bringt C++11 verschiedene atomare Datentypen mit. Außerdem lässt sich die Speicherordnung beim Lesen und Schreiben atomarer Datentypen exakt spezifizieren. Der Standard, der auch Grundlage des Beispiels in Abbildung 12-3 war, ist die sequenzielle Konsistenz.

Punkte eines Speichermodells

Auf den Punkt gebracht, muss sich ein Speichermodell mit folgenden Punkten auseinandersetzen:

- *Atomare Operationen*: Operationen, die ohne Unterbrechung ausgeführt werden können.
- *Partielle Ordnung von Operationen*: Reihenfolge von Operationen, die der Compiler nicht verändern darf.
- *Speichersichtbarkeit*: Zeitpunkt, ab dem der gemeinsame Speicher für alle Threads den gleichen Wert besitzt.

Denn das Speichermodell ist die Grundlage für den Compiler, den Code zu optimieren, ohne seine Semantik zu ändern.

Für weitergehende Informationen hat Hans Boehm viele Artikel zum anspruchsvollen C++-Speichermodell unter (Boehm, 2011) zusammengetragen.

## Aufgabe 12-1

Watch video!

Sich dem C++11-Speichermodell direkt zu nähern, ist nicht zu empfehlen. Der sichere Weg führt über das Java-Speichermodell. Zu dem Thema gibt es zwei hervorragende Videovorstellungen. Jeremy Manson präsentiert das »Java Memory Model« in der Serie »Advanced Topics in Programming Language« (Manson, 2007) und Bartosz Milewskis »The Java Memory Model« (Bartosz, 2009). Gestählt mit dem Wissen, ist der Angriff auf das C++11-Speichermodell möglich (Boehm, 2011).

# KAPITEL 13

# Atomare Datentypen

C++11 bringt im Header <atomic> atomare Datentypen mit. Operationen auf diesen Datentypen sind atomar.

> **Definition: Atomare Operation**
>
> Eine atomare Operation ist eine unteilbare Operation. Sie wird entweder ganz oder gar nicht ausgeführt.

Neben dem Klassen-Template `std::atomic` für das Erzeugen eines atomaren Typs bietet C++11 die entsprechenden Built-in-Datentypen in atomarer Ausprägung an (Tabelle 13-1).

**Tabelle 13-1** Atomare Typen und ihre Built-in-Pendants

| Atomarer Typ | Built-in-Typ |
|---|---|
| atomic_bool | bool |
| atomic_char | char |
| atomic_schar | signed char |
| atomic_uchar | unsigned char |
| atomic_int | int |
| atomic_unit | unsigned int |
| atomic_short | short |
| atomic_ushort | unsigned short |
| atomic_long | long |
| atomic_ulong | unsigned long |
| atomic_llong | long long |
| atomic_ullong | unsigned long long |
| atomic_char16_t | char16_t |
| atomic_char32_t | char32_t |

| Atomarer Typ | Built-in-Typ |
|---|---|
| atomic_wchar_t | wchar_t |
| atomic_adress | void* |

Das kleine Beispiel in Abbildung 12-3 lässt sich nun mit den neuen atomaren Datentypen als lauffähiges Programm formulieren.

atomic.cpp

**Beispiel 13-1:** Die atomaren Datentypen im Einsatz

```
#include <atomic>
#include <chrono>
#include <iostream>
#include <thread>

std::atomic_int x;
std::atomic_int y;
int r1;
int r2;

void writeX(){
  x.store(1);
  //std::this_thread::sleep_for(
           std::chrono::milliseconds(10));
  r1= y.load();
}

void writeY(){
  y.store(1);
  //std::this_thread::sleep_for(
           std::chrono::milliseconds(10));
  r2=x.load();
}

int main(){

  std::cout << std::endl;

  x= 0;
  y= 0;
  std::thread a(writeX);
  std::thread b(writeY);
  a.join();
  b.join();
  std::cout << "(r1,r2)= "
            << "(" << r1 << "," << r2 << ")" << std::endl;

  std::cout << std::endl;

}
```

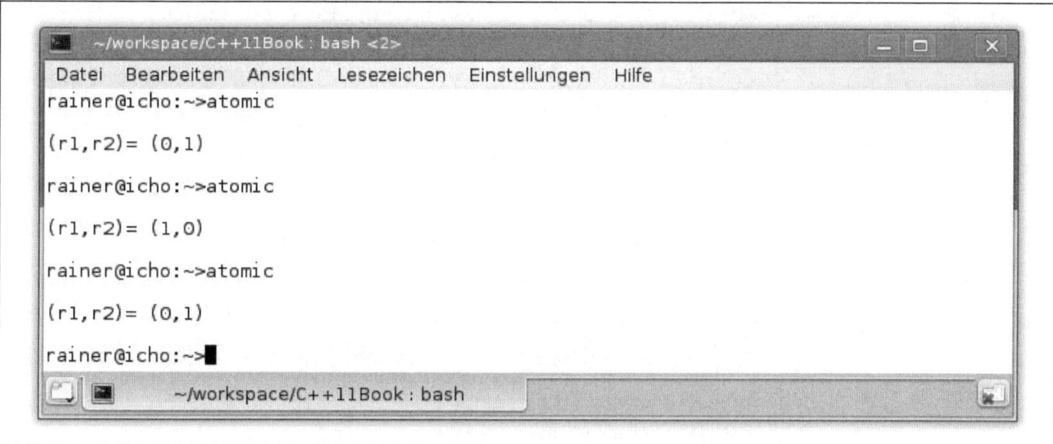


▲ **Abbildung 13-1**
Einsatz von atomaren natürlichen Zahlen ohne sleep_for

Wird das Programm in Beispiel 13-1 ausgeführt, sind fast alle Kombinationen für `r1` und `r2` möglich. Da die Schreib- und Leseoperationen auf `x` und `y` atomar sind, ist einzig das Ergebnis `(0,0)` für `(r1,r2)` nicht möglich. Um das Ergebnis `(1,1)` für `(r1,r2)` zu erzwingen, müssen die Threads schlafen gelegt werden, denn die Funktionskörper für `writeX` (Zeile 11) und `writeY` (Zeile 17) sind zu schnell abgearbeitet. Daher wird die Ausführung der beiden Threads in Zeile 13 und Zeile 19 für 10 Millisekunden ausgesetzt. Abbildung 13-1 zeigt die Ausführung des Programms mit auskommentiertem `sleep_for`-, Abbildung 13-2 ohne auskommentierten `sleep_for`-Aufruf.

▼ **Abbildung 13-2**
Einsatz von atomaren natürlichen Zahlen mit einem 10-Millisekunden-Schlaf

std::atomic-Klassen-Template

Mit dem `std::atomic`-Klassen-Template kann der Anwender seinen eigenen atomaren Typ definieren. Ein Typ `MyType` hat aber strenge Kriterien einzuhalten, damit er zum atomaren Typ `std::atomic<MyType>` erklärt wird.

Einschränkungen von `MyType` sind:

- Er darf keine virtuellen Funktionen besitzen.
- Er darf keine virtuelle Basisklasse besitzen.
- Er und alle seine Basisklassen dürfen nur den automatisch erzeugten Copy-Zuweisungsoperator besitzen.
- Er muss bitweise auf Gleichheit vergleichbar sein.

Diese Eigenschaften sichern zu, dass `std::atomic<MyType>` von den C-Funktionen `memcpy` und `memcmp` verwendet werden kann.

**Praxistipp** **Schützen Sie Ihre Daten.**

Erfüllt `MyType` nicht die Anforderungen, um durch ihn einen atomaren Typ `std::atomic<MyType>` zu erklären, sollte der Zugriff auf `MyType` über einen Mutex `std::mutex` oder noch besser ein Lock `std::lock_guard` geschützt werden.

Operationen auf Atomen

Operationen auf atomaren Datentypen sind atomar. Ohne Anspruch auf Vollständigkeit folgen ein paar Operationen, die abhängig vom atomaren Datentyp angewandt werden können. Dabei soll `a` der atomare Datentyp, `res` das Ergebnis und `arg` das Argument der Operation sein.

Tabelle 13-2 ▶ Auswahl von Operationen auf Atomen

| Funktion | Beschreibung |
|---|---|
| `res= a.load()` | Lade den Wert von `a` und speichere ihn in `res`. |
| `a.store(arg)` | Speichere `arg` in `a`. |
| `a.is_lock_free()` | Prüfe, ob `a` Lock-frei ist. |
| `res=a.compare_exchange_strong (e,arg)` | Lese-Verändere-Schreibe-Operation<br>Vergleiche `a` mit `e`, falls:<br>`e == a:`<br>`a.store(arg);`<br>`res= true;`<br>`e != a:`<br>`e= a.load();`<br>`res= false;` |
| `a++`<br>`a--` | Inkrementiere `a`.<br>Dekrementiere `a`. |
| `a += arg` | Erhöhe `a` um `arg`.<br>Kombinierte Zuweisungsoperatoren:<br>+=, -=, \|=, &=, ^= |

Das Speichermodell in C++11 ist per Default sequenziell konsistent. Dieses intuitive Modell lässt sich mit C++11 aufbrechen, um so die Lese- und Schreibordnung von Operationen genauer zu spezifizieren. Die extrem haarigen Details rund um das Aufbrechen der Speicherordnung und um Fences (Speicherbarrieren) mit dem Ziel die Reihenfolge von Operationen auf atomaren Datentypen zu gewährleisten, sollten aber besser in dem Buch »C++ Concurrency in Action« von Anthony Williams nachgelesen werden. In seinem Werk gibt der Betreuer der Boost Thread Library sehr tiefe Einsichten in die neuen Multithreading-Fähigkeiten von C++11 (Williams, 2011).

**Praxistipp**

**Unterscheiden Sie Java volatile von C++ volatile.**

Eine Warnung noch zum Abschluss: In Java werden atomare Datentypen durch das Schlüsselwort `volatile` deklariert. Das C++-Schlüsselwort `volatile` hat aber nichts gemein mit Multithreading. Atomare Variablen werden in C++11 durch die vorgestellten atomaren Datentypen definiert.

## Aufgabe 13-1

Watch more videos: Lock-freie Datenstrukturen.

Beispiel 13-1 zeigt das Lock-freie Programmieren. Ein Lock-freies Programm ist ein Programm, das den Thread-sicheren Zugriff auf die gemeinsam genutzten Variablen ohne Locks sicherstellt. Einen ersten Einblick in Lock-freie Datenstrukturen in C++ gibt Tony Van Eerd in seiner Vorstellung »Lockfree Programming Part 2: Data Structures« (Van Eerd, 2011), die er auf der Boost Library Conference (boostcon) 2011 hielt. Van Eerd stellte unter anderem eine Lock-freie Stack- und Queue-Implementierung vor.

KAPITEL 14

# Threads

**In diesem Kapitel:**

- Erzeugen von Threads
- Lebenszeit der Daten
- Operationen auf Threads

Bevor mit einem Thread und seinen Daten interagiert werden kann, muss er erzeugt und seine ganze Lebenszeit explizit verwaltet werden. Mit C++11 stehen alle notwendigen Werkzeuge dazu zur Verfügung.

## Erzeugen von Threads

Der einfache Umgang mit Threads in C++11 wurde bereits in Kapitel 4 im Abschnitt »Threads« auf Seite 47 dargestellt. Ein Thread benötigt als Argument eine aufrufbare Einheit in Form eines Funktionszeigers, eines Funktionsobjekts oder einer Lambda-Funktion, und schon kann die Aktion ausgeführt werden. Dies ist der Standardfall. Betrachten wir die verschiedenen Konstruktoren von `std::thread` genauer, fallen zwei besondere Konstruktoren auf (Beispiel 14-1): ein Standardkonstruktor, mit dem keine aufrufbare Einheit assoziiert ist (Zeile 1), und ein Variadic-Template-Konstruktor (Zeile 2).

**Beispiel 14-1:** Standardkonstruktor und Variadic-Template-Konstruktor für std::thread

```
01 thread();
02 template <class F, class ... Args>
   thread(F&& f, Args&& ... args);
```

Standardkonstruktor

Legt der Anwender einen Pool von Threads an und weist diesen zu einem späteren Zeitpunkt erst die Funktionalität zu, die sie ausführen sollen, lässt sich dieser Anwendungsfall mit dem Standardkonstruktor umsetzen.

Variadic-Template-Konstruktor

Variadic-Template-Konstruktoren erlauben es, diesen mit beliebig vielen Argumenten aufzurufen. Bemerkenswert an dem Konstruktor ist darüber hinaus, dass er seine Argumente als Rvalue-Referenzen annimmt. Perfect Forwarding ist für einen Thread-Konstruktor durchaus sinnvoll, soll dieser doch seine Argumente an die aufrufbare Einheit identisch weiterleiten. Aufgrund des Variadic-Template-Konstruktors kann ein Thread mit zehn Argumenten parametrisiert werden (Beispiel 14-2).

variadicTemplateConstructor.cpp

**Beispiel 14-2:** Variadic-Template-Konstruktor für std::thread

```
#include <iostream>
#include <thread>

void sumUp10Arguments(int a, int b, int c, int d, int e,
                      int f ,int g, int h ,int i, int j){
  int res= a + b + c + d + e + f + g + h + i + j;
  std::cout<< "a + b + c + d + e + f + g + h + i + j= "
           << res <<std::endl;
}

int main(){

  std::cout << std::endl;

  std::thread calcMe(sumUp10Arguments,1,2,3,4,5,6,7,8,9,10);
  calcMe.join();

  std::cout << std::endl;

}
```

Eine Funktion zu definieren, die zehn Argumente erwartet, sollte hinterfragt werden. In diesem konkreten Anwendungsfall zeigt es die Mächtigkeit eines Variadic-Template-Konstruktors auf.

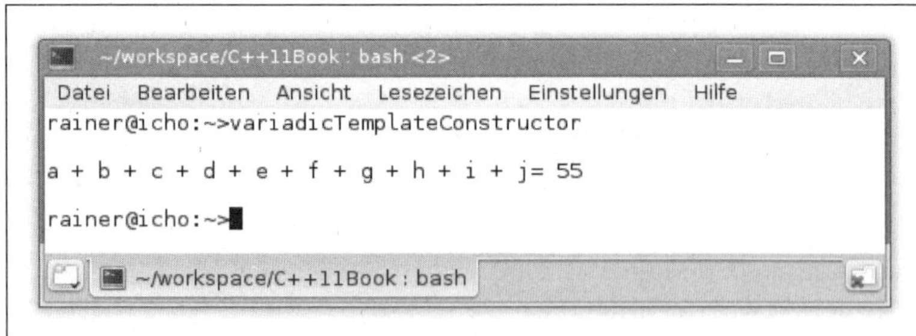


**Abbildung 14-1** ▶ Variadic-Template-Konstruktor der std::thread-Klasse

# Lebenszeit der Daten

Im Standardfall sollten Argumente an den Thread kopiert werden. Argumente, die per Referenz oder Zeiger übergeben werden, können sehr leicht zu undefiniertem Verhalten führen. Zum einen kann die referenzierte Variable ihre Gültigkeit verlieren, zum anderen kann der neue Thread seinen Vater-Thread überleben.

**Praxistipp** **Kopieren Sie Daten per Default in einen Thread.**

Daten sollten per Default in einen Thread kopiert werden, um Lebenszeitprobleme zu vermeiden. Wird jedoch eine Referenz oder ein Zeiger verwendet, muss deren bzw. dessen Anwendung genau geprüft werden.

Das Problem der Lebenszeit von Variablen zeigt Beispiel 14-2 in ziemlich deutlicher Weise.

**Beispiel 14-3:** Problematik mit Referenzen auf lokale Variablen in Threads variableOutOfScope.cpp

```
#include <chrono>
#include <iostream>
#include <thread>

void runThread(){
  int valRunThread= 10;
  std::thread t([&]{std::cout << "valRunThread= "
                  <<  valRunThread << std::endl;});
  t.join();
}

class Sleeper{

  public:
    Sleeper(int& i_):i{i_}{};
    void operator() (int k){
      for (unsigned int j= 0; j <= 5; ++j){
        std::this_thread::sleep_for(
          std::chrono::milliseconds(100));
        i += k;
      }
    }
  private:
    int& i;
};


int main(){

  std::cout << std::endl;
  runThread();

  std::cout << std::endl;

  int valSleeper= 1000;
```

**Beispiel 14-3:** Problematik mit Referenzen auf lokale Variablen in Threads (Fortsetzung)

```
34    std::thread t(Sleeper(valSleeper),5);
35    t.detach();
36    //t.join();
37    std::cout << "valSleeper = " << valSleeper << std::endl;
38
39    std::cout << std::endl;
40
41 }
```

Die Ausgabe des Programms offenbart noch nicht, dass das Programm in Beispiel 14-3 an zwei Stellen auf Variablen zugreift, die ihre Gültigkeit verloren haben. Es verwundert lediglich, dass die Variable `valSleeper` nicht den erwarteten Wert 1030 = 1000 + 6*5, sondern nur 1000 besitzt, denn `valSleeper` wurde als Referenz (Zeile 34) an den Thread `t` übergeben (Abbildung 14-2).

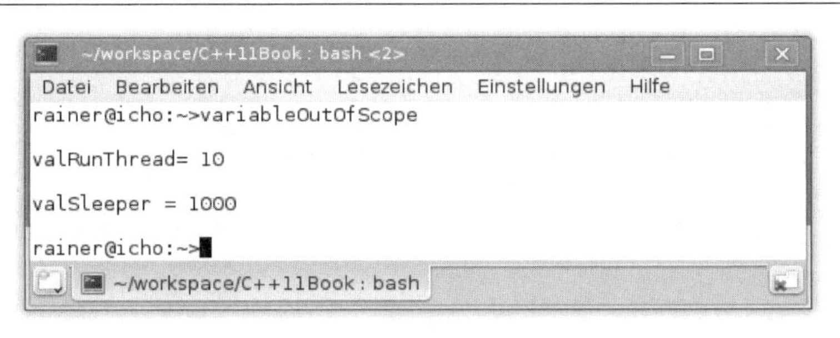


**Abbildung 14-2 ▶** Ausgabe von Beispiel 14-3

Nun zu den zwei Variablen `valRunThread` in Zeile 10 und `valSleeper` in Zeile 33, die beide verwendet werden, obwohl sie ihre Gültigkeit verloren haben.

`valRunThread` gibt zwar den erwarteten Wert 10 aus, dies ist aber nicht zugesichert. Die Problematik mit `valRunThread` ist, dass die lokale Variable am Ende des Funktionskörpers in Zeile 9 ihren Gültigkeitsbereich verliert. Der Thread `t` referenziert sie per Referenz in Zeile 7 `[&]`. Verliert nun die Variable `valRunThread` schneller ihre Gültigkeit als die Abarbeitung des Threads Zeit benötigt, greift der Thread über eine Referenz auf eine lokale Variable zu.

Ignorieren wir vorerst, dass `valSleeper` (Zeile 37) 1000 statt des Werts 1030 ausgibt. Das Funktionsobjekt `Sleeper(valSleeper)` arbeitet auf einer Referenz zu der lokalen Variablen `valSleeper`. Da der Thread `t` von der Lebenszeit seines Erzeugers mittels `detach` in Zeile 35 getrennt wird, passiert es, dass das Kind deutlich länger lebt als sein Vater. Somit ist aber die Referenz auf die Variable `valSleeper` nicht mehr gültig, da diese am Ende der `main`-Funktion ihre Gültigkeit verliert. Dass der Thread t deutlich seinen Vater überlebt, ist aus dem Wert der Variablen valSleeper in Zeile 37 leicht ersichtlich. Wird der Aufruf t.detach() in Zeile 35 durch den Aufruf t.join() ersetzt, sodass der Erzeuger nach dem Kind terminiert, besitzt valSleeper den erwarteten Wert 1030. In diesem Fall ist auch der Gebrauch der Referenz auf die Variable valSleeper wohldefiniert.

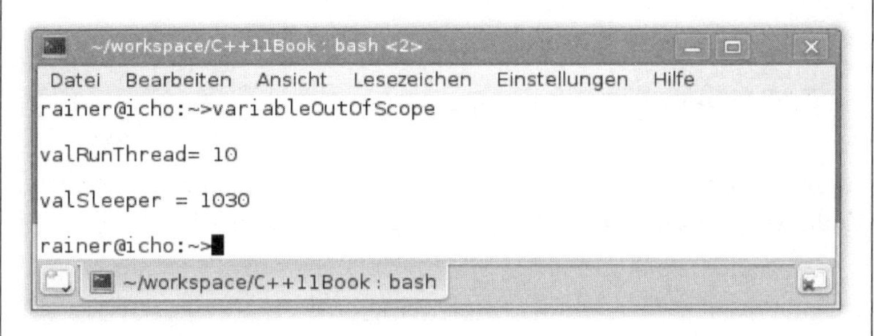


◀ **Abbildung 14-3**
Ausgabe von Beispiel 14-3 mit korrigierter Lebenszeit des zweiten Threads

Eigentumsübergabe

Neben dem Kopieren und Referenzieren der Argumente in einem Thread gibt es noch eine dritte Möglichkeit. Das Argument kann an den Thread übergeben werden. Diese Eigentumsübergabe (*transfer of ownership*) ist nur ein anderer Ausdruck für die bereits bekannte Move-Semantik. Die Move-Semantik ist die einzige Möglichkeit, Objekte an einen Thread zu übergeben, die keine Copy-Semantik unterstützen. Dabei wird vorausgesetzt, dass keine Referenzsemantik angewandt werden soll. Der Smart Pointer std::unique_ptr, die Dateiströme (filestream), aber auch std::thread selbst sind prominente Beispiele für Datentypen, die nicht kopiert werden können.

Der scoped_thread von Anthony Williams (Williams, 2011) kapselt die Lebenszeit eines Threads gemäß RAII-Idiom.

**Beispiel 14-4:** scoped_thread von Anthony Williams

```
class scoped_thread
{
    std::thread t;
public:
    explicit scoped_thread(std::thread t_):
    t(std::move(t_))
    {
      if(!t.joinable())
        throw std::logic_error("No thread");
    }
    ~scoped_thread()
    {
      t.join();
```

**Beispiel 14-4:** scoped_thread von Anthony Williams (Fortsetzung)

```
14     }
15     scoped_thread(scoped_thread const&)=delete;
16     scoped_thread& operator=(scoped_thread const&)=delete;
17 };
18
19 void func(int&);
20
21 void f()
22 {
23     int some_local_state;
24     scoped_thread t(std::thread(func(some_local_state)));
25     do_something_in_current_thread();
26 }
```

Der Thread `std::thread(func(some_local_state))` in Zeile 24 wird direkt in den Thread des `scoped_thread` mittels `std::move` (Zeile 6) verschoben. `scoped_thread` stellt durch `t.joinable()` sicher, dass er die Lebenszeit des Threads überwachen kann. Dazu ruft er in seinem Destruktor (Zeile 13) `t.join()` auf. Geht nun die Lebenszeit des Haupt-Threads regulär oder durch eine Ausnahme zu Ende, wird der Destruktor von `scoped_thread` aufgerufen und `t.join()` abgearbeitet. Dies gewährleistet, dass der Thread `t` seine Arbeit noch zu Ende ausführen kann.

bind

Neben den bekannten aufrufbaren Einheiten Funktionszeiger, Funktionsobjekt und Lambda-Funktion, mit denen ein Thread seine Funktionalität erhält, steht mit dem neuen C++11 noch die Funktion `std::bind` aus dem `<functional>`-Header zur Verfügung. `std::bind` erlaubt es auf generische Weise, eine Funktion mit einem Argument zu einem Funktionsobjekt zu binden und wie im Fall des `std::thread`-Konstruktors direkt zu benutzen. Da sich die gleiche Funktionalität aber einfacher und lesbarer mit Lambda-Funktionen umsetzen lässt, sollten diese bevorzugt angewandt werden. In Beispiel 14-5 wird exemplarisch die Funktion `sin` für den Wert 1 ausgewertet. Dies geschieht in zwei Variationen: zuerst über eine Lambda-Funktion und dann über einen `std::bind`-Ausdruck.

**Beispiel 14-5:** Vergleich std::bind und Lambda-Funktion beim Aufruf von sin

```
double val= 1.0;
std::thread threadL([=]{sin(val);});
std::thread threadB(std::bind(sin,val));
```

Kommt ein bisschen Ausgabe dazu, wird der `std::bind`-Ausdruck deutlich unhandlicher, denn für ihn muss die Funktion `sinAt` in Beispiel 14-6 definiert werden.

**Beispiel 14-6:** Vergleich std::bind und Lambda-Funktion beim Aufruf von sin mit zusätzlicher Ausgabe auf die Konsole

```
void sinAt(double val){
  std::cout << sin(val) << std::endl;
}
double val= 1.0;
std::thread threadLOut([=]{std::cout<< sin(val) << std::endl;});
std::thread threadBOut(std::bind(sinAt,val));
```

**Praxistipp** **Entscheiden Sie sich im Zweifelsfall für eine Lambda-Funktion.**

Es gilt als guter Stil, im Zweifelsfall eine Lambda-Funktion einem Funktionsobjekt vorzuziehen. Lediglich wenn der Funktionskörper komplex ist oder öfter verwendet wird, ist eine aufrufbare Einheit wie ein Funktionsobjekt oder ein Funktionszeiger die bessere Wahl.

## Aufgabe 14-1

threadBindLambda.cpp

Schreiben Sie ein kleines Hauptprogramm um Beispiel 14-6.

## Aufgabe 14-2

variableOutOfScopeSolution.cpp

Variieren Sie die Schlafdauer von `Sleeper` in Beispiel 14-3.

Wird in Beispiel 14-3 die Lebenszeit des Threads vom Haupt-Thread gelöst, ist das Ergebnis der Summation 1000. Parametrisieren Sie `Sleeper` zusätzlich über seine Schlafperiode und rufen Sie

```
~/workspace/C++11Book : variableOutOfSc
Datei  Bearbeiten  Ansicht  Lesezeichen  Einstellungen  Hilfe
rainer@icho:~>variableOutOfScopeSolution

valSleeper = 1030
valSleeper = 1005
valSleeper = 1010
valSleeper = 1015
valSleeper = 1015
valSleeper = 1015
valSleeper = 1005
valSleeper = 1020
valSleeper = 1010
valSleeper = 1010
valSleeper = 1010
valSleeper = 1020
valSleeper = 1005
valSleeper = 1015
valSleeper = 1015
valSleeper = 1010
valSleeper = 1005
valSleeper = 1025
valSleeper = 1000
valSleeper = 1020
valSleeper = 1015

rainer@icho:~>
~/workspace/C++11Book : variableOutOfSc
```

▼ **Abbildung 14-4**
Variationen der Schlafdauer von Sleeper

ihn aus einer Schleife mit ansteigenden Werten auf. Wie können Sie die Schlafdauer geschickt wählen, sodass alle Werte von 1000 bis 1030 ausgegeben werden? Denken Sie auch über eine kurze Schlafphase des Haupt-Threads nach.

Ich will es explizit betonen:

**Variationen des Laufzeitverhaltens ersetzen keine explizite Synchronisation der Threads.**

## Operationen auf Threads

Viele Operationen auf Threads wurden im Laufe des Buchs schon genannt. Tabelle 14-1 soll nochmals einen Überblick über die wichtigsten Operationen geben, wobei `t` und `t2` für die Namen der Threads in der Syntaxbeschreibung stehen. Der erzeugende Thread wird kurz Erzeuger genannt. `abs_time` steht für die absolute und `rel_time` für die relative Zeitangabe.

**Tabelle 14-1** ▶ Operationen auf Threads

| Beispiel | Beschreibung |
|---|---|
| `t.joinable()` | Prüft, ob `t` `join` oder `detach` unterstützt. |
| `t.join()` | Sichert zu, dass der Erzeuger sein Kind `t` überlebt. |
| `t.detach()` | Trennt die Lebenszeit des Erzeugers von seinem Kind `t`. |
| `t.swap(t2)` | Tauscht den Zustand von `t` und `t2` aus. |
| `t.get_id()` | Gibt die `id` des Threads zurück. |
| `t.native_handle()` | Erlaubt den Zugriff auf die Thread-Implementierung. |
| `std::thread:: hardware_concurrency()` | Hinweis für die Anzahl der Threads, die gleichzeitig laufen können. |
| `std::this_thread:: get_id()` | Gibt die `id` des aktuellen Threads zurück. |
| `std::this_thread:: sleep_until(abs_time)` | Blockiert den Thread `t` bis zum absoluten Zeitpunkt. |
| `std::this_thread:: sleep_for(rel_time)` | Blockiert den Thread `t` für die relative Zeitangabe. |
| `std::this_thread:: yield()` | Bietet dem Betriebssystem die Möglichkeit an, einen anderen Thread auszuführen. |
| `std:this_thread:: swap(t,t2);` | Tauscht den Zustand von `t` und `t2` aus. |

Bevor in Beispiel 14-8 die Operationen in der Anwendung zu sehen sind, noch ein paar Anmerkungen.

Lebenszeit des Threads

Auf die Lebenszeit eines Threads kann nur ein einziges Mal mittels `join` oder `detach` Einfluss genommen werden. Ob dies für den Thread `t` möglich ist, beantwortet die Methode `t.joinable()`. Während join sicherstellt, dass der Erzeuger sein Kind t überlebt, trennt detach die Lebenszeit des Erzeugers von seinem Kind, sodass das Kind seinen Erzeuger überleben kann. Der Vater eines *detached* Threads ist die C++-Laufzeit. Neben Daemons, die ihre Aufgabe unauffällig im Hintergrund ausführen, sind Aufgaben, die nach dem Prinzip *fire and forget* gestartet werden, typische Kandidaten für *detached* Threads.

**Praxistipp** **Kümmern Sie sich um die Lebenszeit Ihrer Threads.**

Threads, auf denen nicht explizit join oder detach aufgerufen wurde, beenden sich automatisch, wenn ihr Erzeuger sich beendet. In diesem Fall wird die Funktion std:terminate aufgerufen.

transfer of ownership

Die Eigentumsübergabe oder auch *transfer of ownership* ist für Thread-Objekte möglich, da diese die Move-Semantik unterstützen. Beispiel 14-7 zeigt den Funktionskörper einer einfachen swap-Implementierung.

**Beispiel 14-7:** swap für std::thread

```
void swap(std::thread& t,std::thread& t2){
  std::thread tmp(std::move(t));
  t= std::move(t2);
  t2=std::move(tmp);
}
```

Threads identifizieren

Während t.get_id() die Identität des Threads t zurückgibt, gibt std::this_thread::get(i) die Identität des aktuellen Threads zurück. Die zurückgegebenen Identitäten sind eindeutig und lassen sich vergleichen. Damit können sie als Schlüssel in einem assoziativen Container (std::map oder std::unordered_map) verwendet werden.

Thread schlafen legen

Mit den Funktionen sleep_until und sleep_for besitzt der Anwender die Möglichkeit, einen Thread für eine relative oder absolute Zeit schlafen zu legen. Als Argument benötigen die beiden Funktionen Zeitobjekte der neuen chrono-Bibliothek.

Systemunterstützung

Für den nativen Umgang mit der Thread-Bibliothek bietet C++11 drei Funktionen an. Mittels yield kann der C++-Laufzeit empfohlen werden, einen neuen Thread auszuführen. Die statische Funktion hardware_concurrency erlaubt es, das System zu fragen, wie viele Threads tatsächlich gleichzeitig laufen können. Das Betriebssystem kann mit der Anzahl der verfügbaren Prozessoren oder auch mit 0 antworten, falls diese Funktionalität nicht implementiert ist.

Ähnlich verhält es sich mit der Funktion `native_handle`. Abhängig von der Plattform erhält der Anwender einen Handle auf die plattformspezifischen Threads. So kann die `pthread`-Funktionalität unter Linux genutzt werden, um einen Thread zu beenden – eine Funktionalität, die die C++11-Abstraktion über den nativen Thread nicht anbietet.

Die meisten Operationen auf den Threads sind in den letzten Beispielen schon angewandt worden. Insbesondere in Beispiel 14-3 wurde die Lebenszeit eines Threads über `join` und `detach` verwendet und ein Thread schlafen gelegt. Die fehlenden Operationen werden in Beispiel 14-8 schnell nachgeholt.

threadingOperation.cpp

**Beispiel 14-8:** Ein paar Thread-Operationen im Einsatz

```
#include <iostream>
#include <thread>
int main(){
  std::cout << std::endl;
  std::cout << "std::thread::hardware_concurrency()= "
     << std::thread::hardware_concurrency() << std::endl;
  std::cout << std::endl;
  std::thread t1([]{std::cout << "hello from t1 with id= "
     << std::this_thread::get_id() << std::endl;});
  std::thread t2([]{std::cout << "hello from t2 with id= "
     << std::this_thread::get_id() << std::endl;});
  std::cout << std::endl;
  std::cout << "FROM MAIN: id of t1 " << t1.get_id()
            << std::endl;
  std::cout << "FROM MAIN: id of t2 " << t2.get_id()
            << std::endl;
  std::cout << std::endl;
  std::swap(t1,t2);
  std::cout << "FROM MAIN: id of t1 " << t1.get_id()
            << std::endl;
  std::cout << "FROM MAIN: id of t2 " << t2.get_id()
            << std::endl;
  std::cout << std::endl;
  std::cout << "FROM MAIN: id of main= "
```

**Beispiel 14-8:** Ein paar Thread-Operationen im Einsatz (Fortsetzung)

```
             << std::this_thread::get_id() << std::endl;
30
31   t1.join();
32   t2.join();
33
34   std::cout << std::endl;
35
36 }
```

In der Ausgabe des Programms lässt sich schön erkennen, dass die Identität der Threads `t1` und `t2` sowohl aus den Threads `t1` (Zeile 13) und `t2` (Zeile 14) ausgegeben werden kann als auch im Main-Thread (Zeilen 18 und 19). Der Aufruf `std::swap` in Zeile 22 führt dazu, den Thread-Zustand zu tauschen. Dies ist daran zu erkennen, dass die Threads `t1` und `t2` dadurch ihre Identität gewechselt haben. In meiner aktuellen C++11-Thread-Implementierung ist die statische Variable `std::thread::hardware_concurrency` noch nicht umgesetzt, denn ich besitze definitiv mehr als 0 CPUs. Der Umgang mit der Konsole ist in dem Programm dem Zufall überlassen, denn der Zugriff auf `std::cout` aus den Threads `t1` und `t2` ist nicht synchronisiert.

▼ **Abbildung 14-5**
Ausgabe der Thread-Identität vor und nach dem Vertauschen der Thread-Zustände

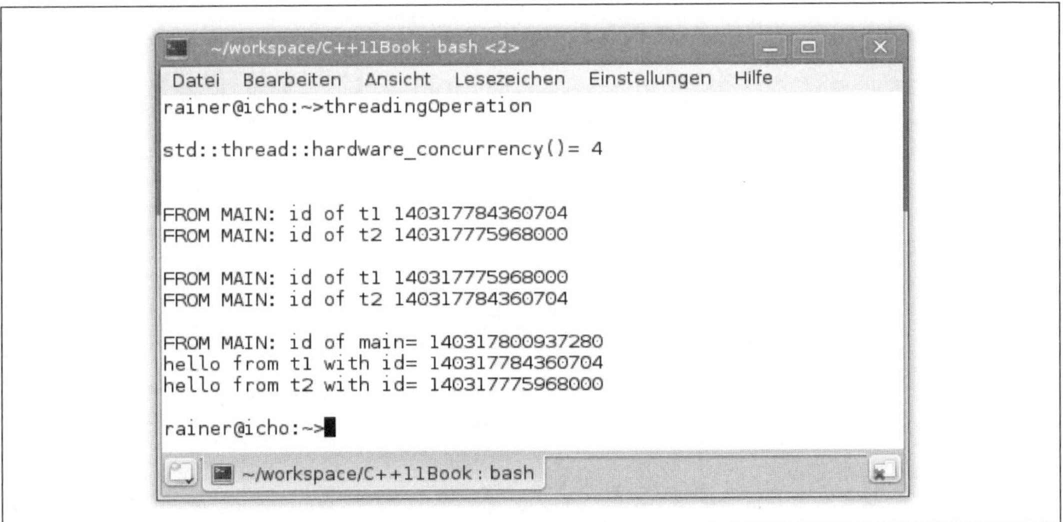


## Aufgabe 14-3

hardwareConcurrency.cpp

Bestimmen Sie `std::thread::hardware_concurrency()` auf Ihrer Plattform.

Auf meiner Plattform GCC 4.7 ergibt die statische Funktion `std::thread::hardware_concurrency()` den Wert 0. Das ist nicht hilfreich, denn diese Funktion bietet die Möglichkeit, Programme auf die Anzahl der vorhandenen CPUs anzupassen.

So muss eine der Plattform angepasste Parallelität

```
unsigned const hardwareThreds=
  std::thread::hardware_concurrency();
for (unsigned i=0, i < hardwareThreads;++i){
 ...
```

einer Heuristik weichen:

```
unsigned const numThreads= 4;
for (unsigned i=0; i < numThreads; ++i){
 ...
```

Schreiben Sie ein kleines Programm, das mittels `std::thread::hardware_concurrency` die Anzahl der CPUs auf Ihrer Plattform bestimmt.

KAPITEL 15

# Gemeinsam von Threads genutzte Daten

**In diesem Kapitel:**

- Schutz der Daten
- Sichere Initialisierung der Daten

Daten, die von mehreren Threads gemeinsam genutzt werden, müssen geschützt werden. Dieser ressourcenintensive Schutz kann die ganze Lebenszeit oder auch nur die sichere Initialisierung der Daten betreffen.

## Schutz der Daten

Zum Schutz der Daten bietet C++11 zwei Mechanismen an: Zum einen Mutexe, die den exklusiven Zugriff eines Threads auf die Daten regeln, und zum anderen Locks, die Mutexe kapseln und den Umgang mit ihnen deutlich vereinfachen.

### Mutexe

Das elementare Bausteinchen zum Schutz der gemeinsam genutzten Daten in C++11 ist der Mutex. Jeder Thread, der die gemeinsam genutzten Daten verwenden will, muss den mit ihnen assoziierten Mutex zuerst locken, bevor er die kritische Region betreten darf. Erhält der Thread den Lock nicht, wird er im Standardfall blockiert.

Vier verschiedene Mutexe

C++11 hat vier verschiedene Mutexe im Angebot:

- `std::mutex`: nicht rekursiv
- `std::recursive_mutex`: rekursiv
- `std::timed_mutex`: nicht rekursiv mit relativer oder absoluter Zeitangabe
- `std::recursive_timed_mutex`: rekursiv mit relativer oder absoluter Zeitangabe

Wird ein Mutex mehrfach von einem Thread gelockt, ist das Verhalten bei einem nicht rekursiven Mutex undefiniert. Der rekursive Mutex hingegen erhöht einen internen Zähler, sodass der Mutex genauso oft wieder freigegeben werden muss. Die Mutexe mit Time-out-Angabe versuchen, den Lock nur für die Zeit des Timeouts zu erhalten. Dabei kann die Zeitangabe relativ oder absolut angegeben werden.

Tabelle 15-1 stellt die Funktionen der Mutexe dar.

**Tabelle 15-1** ▶ Funktionen der Mutexe

| **Funktion** | mutex | recursive_mutex | timed_mutex | recursive_timed_mutex |
|---|---|---|---|---|
| lock | ja | ja | ja | ja |
| unlock | ja | ja | ja | ja |
| try_lock | ja | ja | ja | ja |
| try_lock_for | | | ja | ja |
| try_lock_until | | | ja | ja |
| native_handle | ja | ja | ja | ja |

Durch `lock` wird das Lock angefordert, durch `unlock` wieder freigegeben. `try_lock` hingegen versucht, den Lock zu erhalten, blockiert aber nicht, falls er ihn nicht erhält. Im Erfolgsfall gibt er `true` zurück, sonst `false`. Mit `try_lock_for` bzw. `try_lock_until` lassen sich für diesen Versuch noch eine relative und eine absolute Zeitangabe spezifizieren. Zugriff auf den nativen Lock erhält man mit `native_handle`. Beispiel 15-1 zeigt den einfachen Umgang mit den dargestellten Funktionen.

mutex.cpp

**Beispiel 15-1:** Naiver Umgang mit Mutexen

```
#include <iostream>
#include <map>
#include <string>
#include <mutex>
#include <thread>

std::timed_mutex myMapMutex;

 std::map<std::string,int>myMap
          {{"red",1},{"green",2},{"blue",3}};

// critical region => modifying the global variable myMap
void addToMap(const std::string& key,int value){
  auto it= myMap.find(key);
  if ( it == myMap.end()) myMap[key]= value;
}

```

**Beispiel 15-1:** Naiver Umgang mit Mutexen (Fortsetzung)

```
void workThread1(){

  std::this_thread::sleep_for(std::chrono::milliseconds(5));

  // try to get the lock; potential blocking
  myMapMutex.lock();
  std::cout<< "Thread1 get the lock"  << std::endl;
  addToMap("yellow",4);
  std::this_thread::sleep_for(
           std::chrono::milliseconds(500));
  myMapMutex.unlock();

}

void workThread2(){

  // try to get the lock once
  if ( myMapMutex.try_lock() ){
    std::cout << "Thread2 get the lock" << std::endl;
    addToMap("brown",5);
    myMapMutex.unlock();
  }

}

void workThread3(){

  std::this_thread::sleep_for(
       std::chrono::milliseconds(15));

  // try to get the lock for 2000 Milliseconds
  if( myMapMutex.try_lock_for(
      std::chrono::milliseconds(2000)) ){
    std::cout << "Thread3 get the lock" << std::endl;
    addToMap("purple",6);
    myMapMutex.unlock();
  }

}

int main(){

  std::cout << std::endl;

  std::thread t1([=]{workThread1();});
  std::thread t2([=]{workThread2();});
  std::thread t3([=]{workThread3();});

  t1.join();
  t2.join();
  t3.join();
```

**Beispiel 15-1:** Naiver Umgang mit Mutexen (Fortsetzung)

```
65
66   for ( auto mapIt: myMap) std::cout << mapIt.first <<  ": "  <<
              mapIt.second << std::endl;
67
68   std::cout << std::endl;
69
70 }
```

Die Funktion `addToMap` (Zeile 12 in Beispiel 15-1) steht für die kritische Region, die es zu schützen gilt. Der Grund ist, dass die Map `myMap` eine globale Variable ist, auf die in `addToMap` nicht gleichzeitig zugegriffen werden darf. Die Funktionen `workThread1`, `workThread2` und `workThread3` (Zeilen 17, 30 und 41) stehen für die Aufgaben, die die entsprechenden Threads zu erfüllen haben. Die Aufgabe ist denkbar einfach, jeder Thread soll ein neues Schlüssel/Wert-Paar zu `myMap` hinzufügen. `addToMap` sorgt dafür, dass kein Wert in `myMap` überschrieben wird. Jede Funktion `workThread` verfolgt eine andere Strategie, den Lock auf `addToMap` zu erhalten. `workThread1` wartet so lange auf den Lock (Zeile 22), bis er ihn erhält. Hat er ihn, behält er ihn für 500 Millisekunden. `workThread2` versucht es nur einmal. `workThread3` hingegen versucht es für 2 Sekunden. Erst wenn `workThread2` und `workThread3` den Lock erhalten haben, geben sie ihn wieder frei (Zeilen 36 und 49).

Abbildung 15-1 oder auch ein bisschen Arithmetik zeigt, dass jeder Thread zum Zuge kommt.

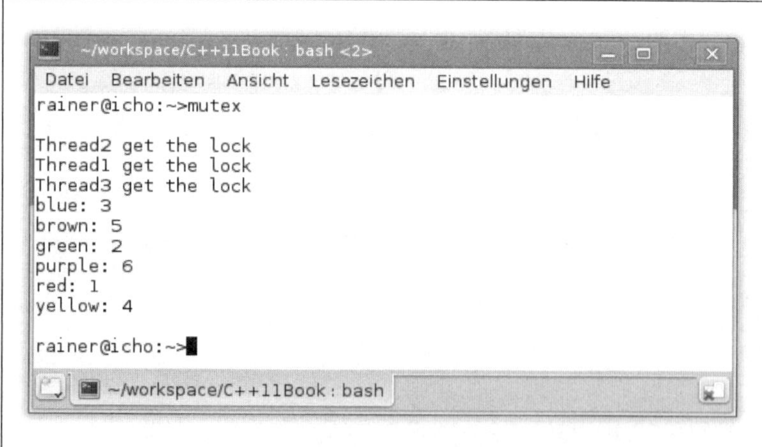


**Abbildung 15-1 ▶** Konkurrierende Threads um eine Map

Das Beispiel 15-1 besitzt noch Verbesserungspotenzial. `std::cout` ist eine globale Variable. Der Zugriff auf diesen Ausgabekanal wird aber nur zufällig durch die vielen `sleep`-Aufrufe synchronisiert.

Neben dem optischen Problem ist der ungeschützte Zugriff auf addToMap sehr kritisch zu sehen. Wirft addToMap beim ersten Aufruf eine Ausnahme, wird der Lock nicht mehr freigegeben, und jeder Versuch, ihn zu erhalten, scheitert. Dies ist für den try_lock_for-Aufruf (Zeile 45) nicht so kritisch. Er kann lediglich seine Aufgabe nicht erfüllen. Nun beginnt erst die große Warterei. Der lock-Aufruf (Zeile 21) wartet vergeblich, bis er den Lock erhält. Genauso wartet der Main-Thread darauf, dass der Thread seine Arbeit vollendet hat, da seine Lebenszeit an die Lebenszeit seiner Threads gebunden ist (Zeilen 61 bis 63). Zuletzt wartet der Anwender auf die Ausgabe des Programms.

Aus diesem Grund sollte die Verwendung der kritischen Region durch eine Ausnahmebehandlung geschützt werden. Im Fall des lock-Aufrufs ergibt sich die Struktur in Beispiel 15-2.

**Beispiel 15-2:** Ausnahmebehandlung für die kritische Region beim lock-Aufruf

```
myMapMutex.lock();
try{
  addToMap("purple",6);
  myMapMutex.unlock();
}
catch(...){
  myMapMutex.unlock();
  throw;
}
```

Im Fall von try_lock, try_lock_for oder try_lock_until ergibt sich die folgende Struktur in Beispiel 15-3.

**Beispiel 15-3:** Ausnahmebehandlung für die kritische Region beim bedingten Locken

```
if (myMapMutex.try_lock() ){
  try{
    addToMap("purple",6);
    myMapMutex.unlock();
  }
  catch(...){
    myMapMutex.unlock();
    throw;
  }
}
```

**Praxistipp** **Geben Sie Locks wieder frei.**

Beim Locken einer Ressource muss unbedingt sichergestellt werden, dass der Lock wieder freigegeben wird. Daher sollte eine kritische Region nur im Zusammenhang mit einer Ausnahmebehandlung verwendet werden.

forceDeadlock.cpp

### Aufgabe 15-1

Versuchen Sie, einen Mutex zweimal zu locken.

Aus dem Text N3242 von Pete Becker (Becker, 2011) zum Entwurf des neuen C++11-Standards: Wird ein Mutex zweimal gelockt, kann dies in einem Deadlock (siehe den Abschnitt »Locks« unten auf dieser Seite) resultieren:

[ Note: A program may deadlock if the thread that owns a mutex object calls lock() on that object. If the implementation can detect the deadlock, a resource_deadlock_would_occur error condition may be observed. —end note +]

Testen Sie, wie intelligent Ihre C++11-Laufzeit ist.

### Aufgabe 15-2

Rufen Sie eine rekursive Funktion auf, die synchronisiert werden muss.

Ein typischer Anwendungsfall für rekursive Mutexe sind rekursive Funktionen, deren Zugriff synchronisiert werden muss.

Die rekursive Funktion `recur` soll diese einfache Struktur besitzen:

```
std::mutex m;
```

**Beispiel 15-4:** Falsche Verwendung eines einfachen Mutex in einer rekursiven Funktion

```
void recur() {
  m.lock();
  recur();
  m.unlock();
}
```

Die Funktion `recur` besitzt undefiniertes Verhalten, denn ein einfacher Mutex wird mehrfach gelockt.

Skizzieren Sie zwei Lösungen des Problems:

- mit nicht rekursiven Mutexen
- mit rekursiven Mutexen

## Locks

lock_guard

In Kapitel 4 im Abschnitt »Schutz der Daten« ab Seite 50 wurde der `std::lock_guard` schon vorgestellt. Mit dem `std::lock_guard` lässt sich der aufwendige Code aus Beispiel 15-2 einfacher ausdrücken.

**Beispiel 15-5:** Locken mit std::lock_guard

```
std::mutex myMapMutex;
{
  std::lock_guard<std::mutex> myMapLock(myMapMutex);
  addToMap("purple",6);
}
```

Viel mehr gibt es zu ihm nicht zu erzählen. Selbst das bedingte Locken in Beispiel 15-3 ist mit ihm nicht möglich, denn der `lock_guard` besitzt keine Funktion dafür. Der `lock_guard` lockt den Mutex beim Konstruktoraufruf und gibt ihn im Destruktoraufruf wieder frei. Dies ist in dem kleinen Codeschnipsel genau dann der Fall, wenn der Lock `myMapLock` beim abschließenden »}« seinen Gültigkeitsbereich verlässt.

**Praxistipp** **Verwenden Sie einen Mutex nicht direkt.**

Verwenden Sie einen Mutex nicht direkt, sondern verpacken Sie ihn in einem Lock. Für den Standardfall bietet C++11 den `std::lock_guard` an, für die anspruchsvolleren Anwendungsfälle den `std::unique_lock`.

Damit wird der den Lock betreffende Code automatisch Exception-safe, denn im Fall einer Ausnahme wird der Lock und somit sein Mutex automatisch freigegeben.

Der große Bruder von `std::lock_guard` `std::unique_lock` besitzt ein mächtiges Interface, mit dem sich viele Anwendungsfälle umsetzen lassen: unique_lock

- Das Erzeugen einer `std::unique_lock`-Instanz ohne einen assoziierten Mutex.
- Das Erzeugen einer `std::unique_lock`-Instanz mit einem Mutex, der nicht automatisch gelockt wird.
- Das explizite Setzen oder Freigeben des Lock.
- Das wiederholte Freigeben oder Setzen des Lock, damit der Lock möglichst kurz gehalten wird.
- Der Transfer des Lock zu einer anderen Instanz von `std::unique_lock`.
- Testen, ob die `std::unique_lock`-Instanz den Mutex besitzt.
- Das zeitlich verzögerte Locken.
- Das versuchsweise Locken.
- Das versuchsweise Locken mit Angabe einer absoluten oder relativen Zeitspanne.
- Austausch des Lock zwischen `std::unique_lock`-Instanzen.

Tabelle 15-2 fasst die wichtigsten Funktionen der `std::unique_lock` `lk` und `lk1` zusammen.

**Tabelle 15-2** ▶ Funktionen von std::unique_lock

| Funktion | Beschreibung |
|---|---|
| `lk.lock()` | Lockt den assoziierten Mutex. |
| `lk.try_lock()` | Versuchsweises Locken. |
| `lk.try_lock_until(<abs_time>)` | Versuchsweises Locken unter Angabe einer absoluten Zeitspanne. |
| `lk.try_lock_for(<rel_time>)` | Versuchsweises Locken unter Angabe einer relativen Zeitspanne. |
| `lk.unlock` | Freigabe eines Lock. |
| `lk.swap(lk1)`<br>`std::swap(lk,lk1)` | Tauschen von Locks. |
| `lk.release()` | Rückgabe des Lock.<br>Der Lock `lk` besitzt danach keinen Mutex mehr. |
| `lk.owns_locks()` | Rückgabe des Wahrheitswerts, ob der Lock einen Mutex besitzt. |
| `lk.mutex()` | Rückgabe des Lock. |

Es ist nicht untypisch, dass beim Verarbeiten einer kritischen Region zwei Locks benötigt werden. Dies kann leicht zu einem Deadlock führen (Beispiel 15-6).

## Definition: Deadlock

Ein Deadlock beschreibt eine Situation, in der zwei oder mehrere Threads blockiert sind. Dies tritt auf, wenn die Threads wechselseitig auf die Freigabe einer Ressource durch die anderen Threads warten, bevor sie weiterarbeiten können.

deadlock.cpp

**Beispiel 15-6:** Deadlock durch falsche Lock-Reihenfolge

```
#include <iostream>
#include <chrono>
#include <mutex>
#include <thread>

struct CriticalData{
  std::mutex mut;
};

void deadLock(CriticalData& a, CriticalData& b){

  std::lock_guard<std::mutex>guard1(a.mut);
```

**Beispiel 15-6:** Deadlock durch falsche Lock-Reihenfolge (Fortsetzung)

```
13   std::cout << "get the first mutex" << std::endl;
14   std::this_thread::sleep_for(std::chrono::milliseconds(1));
15   std::lock_guard<std::mutex>guard2(b.mut);
16   std::cout << "get the second mutex" << std::endl;
17   // do something with a and b
18 }
19
20 int main(){
21
22   CriticalData c1;
23   CriticalData c2;
24
25   std::thread t1([&]{deadLock(c1,c2);});
26   std::thread t2([&]{deadLock(c2,c1);});
27
28   t1.join();
29   t2.join();
30
31 }
```

Die Funktion deadLock in Beispiel 15-6 birgt ein konzeptionelles Problem. In ihr werden die Locks nicht gleichzeitig gelockt. Durch den Aufruf von deadLock mit den zwei Locks – wobei deren Reihenfolge variiert – nimmt das Unheil seinen Lauf. Der kurze Schlaf von 1 Millisekunde (Zeile 14) stellt nur sicher, dass jeder Thread zwar den ersten, aber nicht mehr den zweiten Lock erhält. Somit wartet Thread t1 auf Lock c2 und Thread t2 auf Lock c1. Das Programm kann nur noch durch (Strg+C) beendet werden.

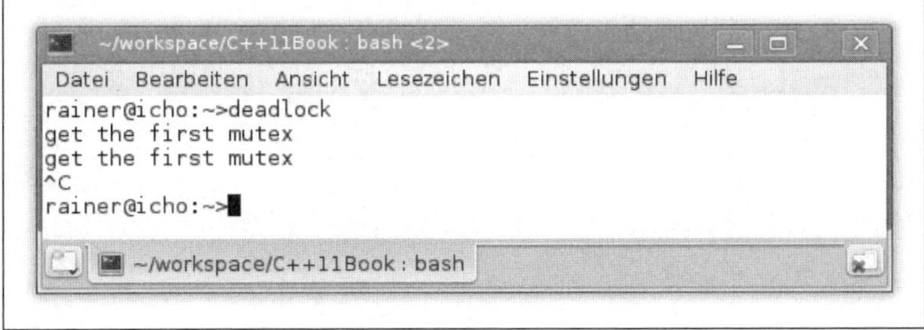


◀ **Abbildung 15-2**
Das Programm deadlock lässt sich nur durch (Strg+C) beenden

Die Deadlock-Situation lässt sich einfach verhindern. Dazu müssen die Locks atomar gelockt werden.

**Beispiel 15-7:** Deadlocks verhindert durch atomares Locken der Locks

deadlockResolved.cpp

```
#include <iostream>
#include <chrono>
#include <mutex>
#include <thread>
```

**Beispiel 15-7: Deadlocks verhindert durch atomares Locken der Locks (Fortsetzung)**

```
05
06 struct CriticalData{
07   std::mutex mut;
08 };
09
10 void deadLock(CriticalData& a, CriticalData& b){
11
12   std::unique_lock<std::mutex>guard1(a.mut,std::defer_lock);
13   std::cout << "Thread: " << std::this_thread::get_id()
               << " defer the locking of the first mutex"
               << std::endl;
14
15   std::this_thread::sleep_for(std::chrono::milliseconds(1));
16
17   std::unique_lock<std::mutex>guard2(b.mut,std::defer_lock);
18   std::cout << "Thread: " << std::this_thread::get_id()
              << " defer the locking of the second mutex"
              <<  std::endl;
19
20   std::cout << "Thread: " << std::this_thread::get_id()
               << " locking them both atomically" << std::endl;
21   std::lock(guard1,guard2);
22   // do something with a and b
23 }
24
25 int main(){
26
27   std::cout << std::endl;
28
29   CriticalData c1;
30   CriticalData c2;
31
32   std::thread t1([&]{deadLock(c1,c2);});
33   std::thread t2([&]{deadLock(c2,c1);});
34
35   t1.join();
36   t2.join();
37
38   std::cout << std::endl;
39
40 }
```

Eine kleine Modifikation an der Funktion `deadlock` in Zeile 9, und das Programm führt zu der erwarteten Ausgabe in Beispiel 15-7. `std::lock(guard1,guard2)` in Zeile 21 ist der entscheidende Ausdruck. In ihm werden die Locks atomar gebunden. Neben dem Funktions-Template `std::lock` kennt C++11 noch das weitere Funktions-Template `std::try_lock`. Der aufmerksame Leser ahnt es schon: Beide Funktions-Templates sind Variadic Templates und können mehrere

Locks gleichzeitig binden. `std::lock` setzt Locks voraus, die ihren Mutex verzögert locken können. Genau dies wird durch den Aufruf `std::defer_lock` auf einem `std::unique_lock` erreicht.

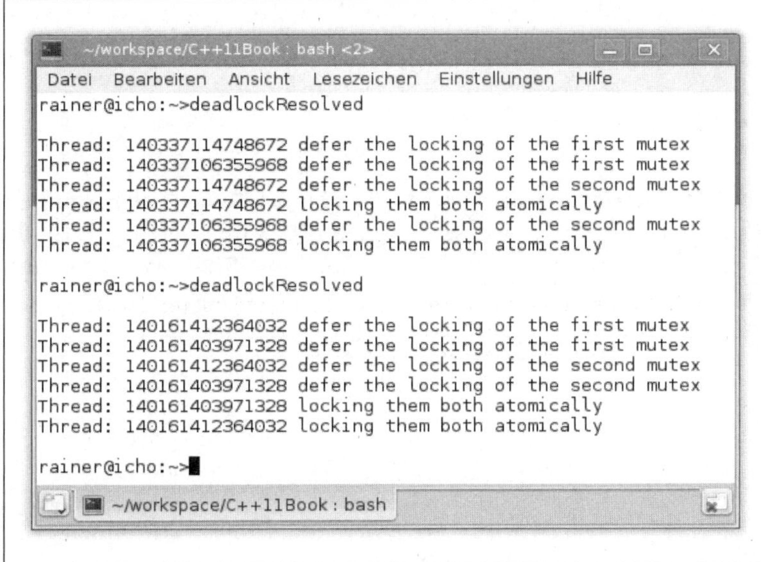


◀ **Abbildung 15-3**
Deadlocks gelöst durch atomares Locken mehrerer Locks

Anwendungsfälle für unique_lock

Ein paar weitere Anwendungsfälle, die sich mit `std::unique_lock` umsetzen lassen:

Versuchen Sie, einen Lock für eine vorgegebene Zeitspanne zu erhalten, und führen Sie gegebenenfalls eine Aktion aus.

**Beispiel 15-8:** Versuchen Sie, einen Lock für eine vorgegebene Zeitspanne zu erhalten

```
std::timed_mutex timedMutex;
MyClass myData;

void foo(){

  // wait up to 5 ms
  std::unique_lock<std::timed_mutex>
    lck(timedMutex,std::chrono::milliseconds(5));

  // process myData, if possible
  if(lck) process(myData);

}
```

Geben Sie den Lock zeitweise frei, wenn er nicht benötigt wird.

**Beispiel 15-9: Geben Sie einen Lock zeitweise frei**

```
std::mutex myMutex;
CriticalData criticalData;

std::unique_lock<std::mutex> myLock(myMutex);
modify(criticalData);
myLock.unlock();
// a longer job, not concerning criticalData
myLock.lock(),
modify(criticalData);
```

Durch Übertragung des Eigentums *transfer of ownership* kann ein Lock seinen Besitzer wechseln, sodass nur der Besitzer des Lock die kritische Ressource modifizieren kann. Trotz Besitzerwechsel muss der Lock nicht freigegeben werden.

**Beispiel 15-10: Besitzerwechsel eines Lock**

```
class CritData{

  private:
    std::unique_lock<std::mutex>&& myLock;

  public:
    CritData(std::unique_lock<std::mutex>&&
             myLo_):myLock(std::move(myLo_)){}

    CritData(CritData&& other)
      :myLock(std::move(other.myLock)){}

    CritData& operator=(CritData&& other){
        if(&other != this){
            myLock=std::move(other.myLock);
        }
        return *this;
    }
    void doCriticalWork(){
      std::cout << "a lot to do" << std::endl;
    }
};

void exclusiveExecution(){

  static std::mutex myMutex;
  std::unique_lock<std::mutex> myLock(myMutex);

  // owner of myLock
  CritData criticalData(std::move(myLock));
  criticalData.doCriticalWork();

  // new owner of myLock
  CritData
```

**Beispiel 15-10:** Besitzerwechsel eines Lock (Fortsetzung)

```
      criticalData2(std::move(criticalData));
33  criticalData.doCriticalWork();
34
35 }
```

Ein paar Worte noch zu `CritData`. `CritData` unterstützt nur die Move-Semantik, denn dem Datentyp ist ein `std::unqique_lock` zugeordnet (Zeile 4). Jede Instanz der Klasse `CritData` in `exclusiveExecution` benötigt den Lock und damit den Mutex `myMutex`. Besitzt die Instanz den Lock, kann sie die Funktion `doCriticialWork` (Zeilen 29 und 33) anwenden. Die statische Variable `myMutex` in Zeile 24 stellt sicher, dass nur ein Thread die Funktion `exclusiveExecution` ausführen kann.

## Aufgabe 15-3

critData.cpp

Korrumpieren Sie `CritData`.

Durch den statischen Mutex `myMutex` und das Binden des Lock im Konstruktoraufruf von `CritData` (Beispiel 15-10) ist sichergestellt, dass nur ein Objekt vom Typ `CritData` den Lock hält. Darüber hinaus bleibt der Lock während der Ausführung von `exclusiveExecution` gebunden. Dabei stört das kleine Nickerchen in der leicht modifizierten `exclusiveExecution`-Funktion nicht.

```
void exclusiveExecution(){

  static std::mutex myMutex;
  std::unique_lock<std::mutex> myLock(myMutex);

  std::cout << std::this_thread::get_id() << std::endl;

  // owner of myLock
  CritData criticalData(std::move(myLock));
  criticalData.doCriticalWork();

  std::this_thread::sleep_for(std::chrono::milliseconds(100));

  // new owner of myLock
  CritData criticalData2(std::move(criticalData));
  criticalData.doCriticalWork();

  std::cout << std::this_thread::get_id() << std::endl;

}
```

Rufen Sie die Funktion aus mindestens zwei Threads auf. Was passiert, wenn der Mutex `myMutex` zur automatischen Variable wird? Exemplarisch ist in Abbildung 15-4 die Ausführung des Programms mit der statischen Variablen `myMutex` und zwei Threads dargestellt.

Abbildung 15-4 ▶ Korrekte Ausführung von exclusiveExecution

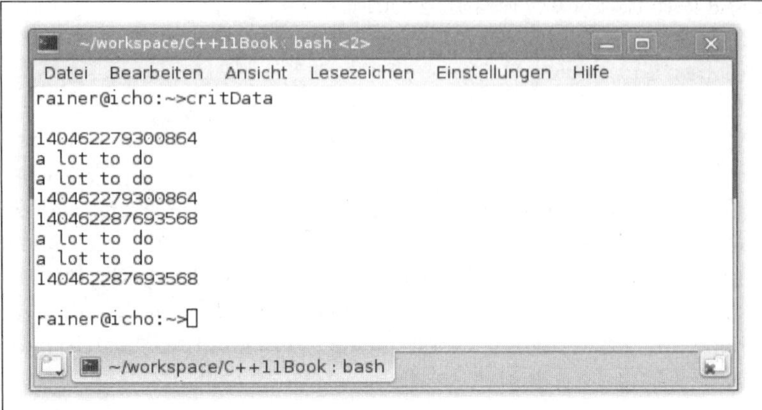


## Sichere Initialisierung der Daten

Lesender Zugriff

Während Mutexe und die darauf abstrahierenden Locks darauf abzielen, von Threads gemeinsam genutzte Daten während ihres ganzen Lebenszyklus zu schützen, ist es oft ausreichend, ein Datum nur geschützt zu initialisieren. Dieser Anwendungsfall ist für ein Datum typisch, auf das nach seiner Initialisierung nur lesend zugegriffen wird. Nicht nur, dass der Umgang mit diesem Datum ohne Locks deutlich einfacher ist, auch der unnötige und teure Schutz wird vermieden.

Mit konstanten Ausdrücken, statischen Variablen mit Blockgültigkeit und den neuen Funktionen `std::call_once` und `std::once_flag` bietet C++11 drei verschiedene Formen der geschützten Initialisierung an.

### Konstante Ausdrücke

C++11 unterstützt konstante Ausdrücke in drei Variationen: als Variablen, Funktionen und auch als benutzerdefinierte Datentypen. Durch die Deklaration `constexpr` drückt der Anwender aus, dass dieser Ausdruck zur Übersetzungszeit ausgewertet werden soll. In Beispiel 10-2 auf Seite 192 wurde die Klasse bereits `MyDouble` definiert.

**Beispiel 15-11:** Die Klasse MyDouble

```
class MyDouble{
  private:
    double myVal1;
```

**Beispiel 15-11:** Die Klasse MyDouble (Fortsetzung)

```
    double myVal2;
  public:
    constexpr MyDouble(double v1,
                       double v2):myVal1(v1),myVal2(v2){}
    constexpr double getSum(){ return myVal1+myVal2;}
};
```

Objekte der Klasse `MyDouble` können zur Übersetzungszeit instanziiert und damit initialisiert werden.

Dass das geschützte Initialisieren von Variablen eine nicht zu unterschätzende Komplexität haben kann, zeigt das bekannte *Double-Checked Locking Pattern*.

## Exkurs: Das Double-Checked Locking Pattern

Das Double-Checked Locking Pattern wird gern als sichere Variante des Singleton Pattern in Multithreading-Umgebungen dargestellt.

**Das klassische Singleton Pattern**

Das Singleton Pattern, beschrieben in »Design Patterns. Elements of Reusable Object-Oriented Software« von Erich Gamma, Richard Helm, Johnson Ralph und John Vlissides (Gamma, Helm, Ralph, & Vlissides, 1994), soll sicherstellen, dass nur ein Objekt einer Klasse erzeugt wird. Mit C++11-Features lässt sich das Entwurfsmuster einfach implementieren und anwenden.

**Beispiel 15-12:** Single-Threaded Singleton-Implementierung

```
class MySingleton{

  private:

    static MySingleton* instance;
    MySingleton()= default;
    ~MySingleton()= default;

  public:

    MySingleton(const MySingleton&)= delete;
    MySingleton& operator=(const MySingleton&)= delete;
    static MySingleton& getInstance();

};

MySingleton* MySingleton::instance = 0;
```

→

```
20   if ( !instance )
21     instance = new MySingleton();
22   return *instance;
23 }
18
19 MySingleton& MySingleton::getInstance(){
```

Die Klasse `MySingleton` zeichnet sich dadurch aus, dass sowohl der Standardkonstruktor (Zeile 6) als auch der Destruktor (Zeile 7) privat sind. Das C++11-Schlüsselwort `default` stellt sicher, dass der Compiler die Funktionskörper beider Funktionen vorhält. Damit lassen sich Instanzen der Klasse `MySingleton` nur durch den Aufruf `MySingleton::getInstance()` erzeugen. Selbst die Erzeugung des Copy-Konstruktors und des Copy-Zuweisungsoperators wird durch das Schlüsselwort `delete` unterdrückt.

Der Grund dafür, dass `MySingleton` in einer Multithreading-Umgebung nicht sicher ist, liegt in der statischen Methode `getInstance` (Zeile 19). Die Prüfung, ob `instance` initialisiert ist (Zeile 20), und das Initialisieren von `instance` in der folgenden Zeile sind nicht atomar. Damit ist es möglich, dass mehrere Threads den Test (`!instance`) bestehen und jeder für sich `instance` neu initialisiert (`instance = new MySingleton()`). Wie kann das passieren? Wenn ein Thread den Test in Zeile 20 besteht und `instance` in Zeile 21 initialisieren wird, kann es passieren, dass die C++-Laufzeit entscheidet, dass ein anderer Thread zum Zuge kommen soll. Damit ist natürlich `MySingleton` kein Singleton mehr.

**1. Variation von getInstance**

Die Lösung des Problems ist ziemlich naheliegend: Schütze die kritische Region durch einen Lock.

**Beispiel 15-13: Thread-sichere Initialisierung eines Singleton**

```
MySingleton& MySingleton::getInstance(){

  std::mutex myMutex;
  std::lock_guard<std::mutex> myLock(myMutex);
  if ( !instance ) {
    instance= new MySingleton();
  }
  return *instance;
}
```

Diese Implementierung besitzt aber einen entscheidenden Nachteil. Für jeden Zugriff auf das Singleton muss der Lock gesetzt und wieder freigegeben werden, obwohl dies nur bei der Initialisierung notwendig ist.

→

Hier setzt das Double-Checked Locking Pattern an. Dem teuren Lock wird ein billiger Test vorangestellt. In ihm wird getestet, ob `instance` initialisiert ist. Wenn ja, ist das teure Locking nicht notwendig, wenn nein, muss das Objekt `instance` einmalig initialisiert werden. Ein Test um den Funktionskörper aus Beispiel 15-13, und schon ist die neue `getInstance`-Methode vermeintlich Thread-sicher und billig.

**Beispiel 15-14:** Das Double-Checked Locking Pattern

2. Variation von getInstance

```
MySingleton& MySingleton::getInstance(){

 if ( !instance ){                    // first check
   std::mutex myMutex;
   std::lock_guard<std::mutex> myLock(myMutex);
   if ( !instance ){                  // second check
     instance= new MySingleton();
   }
 }

  return *instance;
}
```

Aus der Struktur der `getInstance`-Methode in Beispiel 15-14 ist leicht ersichtlich, woher das Pattern seinen Namen hat. Es wird zweimal gecheckt und einmal gelockt.

Für die meisten Entwickler ist hier die Geschichte zu Ende, denn das Double-Checked Locking Pattern gilt als Thread-sicher. Dies ist es aber nicht. Die Initialisierung von `instance` durch den Ausdruck `instance= newMySingleton();` ist nicht unzertrennlich. Genau genommen besteht sie aus drei Schritten:

1. Stelle Speicher für das `MySingleton`-Objekt bereit.
2. Erzeuge `MySingleton` im gerade bereitgestellten Speicher.
3. Lasse `instance` auf das neue Objekt zeigen.

Diese logische Folge der Initialisierungsschritte lässt sich in C++ direkt umsetzen. Damit wird das Problem bei der Initialisierung von `MySingleton` offensichtlich.

**Beispiel 15-15:** Double-Checked Locking Pattern mit dem placement new-Operator

3. Variation von getInstance

```
MySingleton& MySingleton::getInstance(){

 if ( !instance ){                               // first check
   std::mutex myMutex;
   std::lock_guard<std::mutex> myLock(myMutex);
   if ( !instance ){                             // second check
```

→

```
      instance=                                    // Schritt 3
        static_cast<MySingleton*>
          (operator new(sizeof(MySingleton)));     // Schritt 1
      new (instance) MySingleton;                  // Schritt 2
    }
  }

  return *instance;
}
```

Der erste Thread betritt die kritische Region, da `instance` noch nicht initialisiert ist. Er erhält den Lock, testet sicherheitshalber noch mal, ob `instance` initialisiert, und beginnt in Schritt 1, den Speicher zu reservieren und ihn dem Zeiger `instance` in Schritt 3 zuzuweisen. Bevor er aber seine Arbeit zu Ende bringt, wird er unterbrochen. Die entscheidende Beobachtung ist, dass `instance` in Schritt 2 noch nicht konstruiert wurde. Ein zweiter Thread, der `MySingleton::getInstance()` aufruft und den ersten Check ausführt, stellt aber fest, dass `( !instance )` nicht zutrifft. Aus der Sicht des zweiten Threads ist `instance` ein vollständig initialisiertes Objekt vom Typ `MySingleton`.

Scott Meyers und Andrei Alexandrescu stellen in ihrem Artikel »C++ and the Perils of Double-Checked Locking« (Meyers & Andrei, 2004) deutlich ausführlicher die Gefahren des berühmten Pattern in Multithreading-Umgebungen dar.

Die lange Geschichte rund um das Double-Checked Locking Pattern lässt sich in C++ auf einen einfachen Nenner bringen.

**Praxistipp** **Verwenden Sie nicht das Double-Checked Locking Pattern.**

Das Double-Checked Locking Pattern stellt nicht die geschützte Initialisierung einer Ressource in einer Multithreading-Umgebung sicher.

In C++11 ist durch das Paar `std::call_once` und `std::once_flag` das Double-Checked Locking Pattern nicht notwendig.

## call_once und once_flag

call_once in Kombination mit once_flag

Das neue Funktions-Template `std::call_once` löst das Problem in C++, dass eine Funktion genau einmal aufgerufen wird. Dazu benötigt `std::call_once` das `std::once_flag`, eine aufrufbare Einheit und die Argumente der aufrufbaren Einheit. Da `std::call_once` ein Variadic Template ist, kann es beliebig viele Argumente annehmen, um die aufrufbare Einheit zu parametrisieren.

Mit `std::call_once` und `std::once_flag` lässt sich die Single-Threaded Singleton-Implementierung in Beispiel 15-12 fast direkt in eine sichere Multithreaded-Implementierung übersetzen.

**Beispiel 15-16:** Ein sicheres Singleton in Multithreaded-Umgebungen mit dem Funktions-Template std::call_once und dem Flag std::once_flag

Thread-sichere Singleton-Implementierung

```
class MySingleton{

  private:

    static MySingleton* instance;
    static std::once_flag initInstanceFlag;

    static void initInstance(){
        instance= new MySingleton();

    }

    MySingleton()= default;
    ~MySingleton()=  default;

  public:
    //MySingleton(const  MySingleton&)= delete;
    MySingleton& operator=(const  MySingleton&)= delete;

    static MySingleton& getInstance();
};

std::once_flag MySingleton::initInstanceFlag;

MySingleton* MySingleton::instance=  nullptr;

MySingleton& MySingleton::getInstance(){

  std::call_once(initInstanceFlag,
                 &MySingleton::initInstance);
  return *instance;

}
```

Über den Aufruf der Funktion `getMySingleton()` steht der Singleton zur Verfügung.

## Statische Variablen in einem Blockbereich

Deutlich einfacher lässt sich der Singleton durch eine statische Variable in einem Blockbereich umsetzen. Die C++11-Laufzeit (aber nicht die C++-Laufzeit) stellt sicher, dass die statische Variable Thread-sicher initialisiert wird.

Thread-sichere Singleton-Implementierung

**Beispiel 15-17:** Multithreaded Singleton mit lokaler statischer Variable

```
class MySingleton{

  private:

    MySingleton()= default;
    ~MySingleton()= default;

  public:

    MySingleton(const MySingleton&)= delete;
    MySingleton& operator=(const MySingleton&)= delete;

    static MySingleton& getInstance(){
      static MySingleton instance;
      return instance;
    }
};
```

Wem diese Implementierung des Singleton Pattern mit einer lokalen statischen Variablen vertraut vorkommt, dem sei versichert – dies ist die bekannte Alternativimplementierung des Singleton Pattern im Single-Threaded-Anwendungsfall aus C++, auch bekannt unter dem Namen Meyers Singleton Pattern (San Kent, 2003). Das Schöne ist, dass eine Implementierung für den Single- und den Multithreaded-Anwendungsfall geeignet ist.

**Praxistipp** **Ziehen Sie das Meyers Singleton Pattern im Zweifelsfall vor.**

Das Meyers Singleton Pattern ist am einfachsten anzuwenden, für die Single- und Multithreaded-Umgebung geeignet und in der C++-Community schon lange als C++-Idiom im Einsatz. Viele Argumente, die für dieses Pattern sprechen.

### Aufgabe 15-4

Vergleichen Sie die drei Techniken zur Thread-sicheren Initialisierung von Daten.

Wägen Sie die Vor- und Nachteile der drei vorgestellten Techniken zur Thread-sicheren Initialisierung der kritischen Daten ab. Fragen, die Sie sich stellen sollten:

- Was passiert, wenn das Programm irrtümlich mit einer C++-Laufzeit übersetzt wird?
- Welche Technik ist am einfachsten zu verstehen?
- Ist immer gewährleistet, dass das Objekt zur Übersetzungszeit initialisiert wird?
- Ist es möglich, das kritische Datum zu initialisieren, wenn noch kein Thread aktiv ist?

### Aufgabe 15-5

Beachten Sie die Thread-sichere Initialisierung von konstanten Ausdrücken.

Benutzerdefinierte konstante Ausdrücke wie die Klasse `MyDouble` in Beispiel 15-11 können zur Übersetzungszeit initialisiert werden. Dazu muss das Objekt aber als `constexpr` deklariert werden. Geschieht das nicht, wird das Objekt zur Laufzeit initialisiert.

Was bedeutet das für den Schutz der Initialisierung in Multithreaded-Umgebungen?

# KAPITEL 16

# Thread-lokale Daten

Durch das Schlüsselwort `thread_local` wird eine Thread-lokale Variable, auch unter dem Namen Thread-lokaler Speicher bekannt, definiert. Jeder Thread besitzt eine Kopie der Variablen, die an die Lebenszeit des Threads gebunden ist. Genau genommen ist es eine statische Variable, da sie dann initialisiert wird, wenn sie das erste Mal verwendet wird. Ihr Wert bleibt für die Lebenszeit des Threads erhalten.

**Beispiel 16-1:** Thread-lokale Daten — threadLocal.cpp

```
#include <iostream>
#include <string>
#include <mutex>
#include <thread>

std::mutex coutMutex;

thread_local std::string s("hello from ");

void addThreadLocal(std::string const& s2){

  s+=s2;
  // protect std::cout
  std::lock_guard<std::mutex> guard(coutMutex);
  std::cout << s << std::endl;

}

int main(){

  std::cout << std::endl;

  std::thread t1(addThreadLocal,"t1"); // hello from t1
  std::thread t2(addThreadLocal,"t2"); // hello from t2
```

**Beispiel 16-1:** Thread-lokale Daten (Fortsetzung)

```
25   std::thread t3(addThreadLocal,"t3"); // hello from t3
26   std::thread t4(addThreadLocal,"t4"); // hello from t4
27
28   t1.join();
29   t2.join();
30   t3.join();
31   t4.join();
32
33   std::cout << std::endl;
34
35 }
```

In Beispiel 16-1 werden vier Threads erzeugt, die die Funktion `addThreadLocal` (Zeile 10) ausführen. Jeder Thread erhält eine Kopie der Variablen `s` (Zeile 8). Der Zugriff der neuen Threads auf `std::cout` wird durch `std::lock_guard` geschützt. Eine mögliche Ausgabe des Programms ist:

**Beispiel 16-2:** Ausgabe der Thread-lokalen Daten

```
hello from t1
hello from t2
hello from t3
hello from t4
```

Natürlich kann die Reihenfolge der Ausgabezeilen variieren.

Dynamische und statische Initialisierung

Thread-lokale Variablen können nicht nur zur Übersetzungszeit, sondern in C++11 auch zur Laufzeit initialisiert werden. So wird die Thread-lokale Variable `s` in Beispiel 16-1 durch den Ausdruck `thread_local std::string s("hello from ")` dynamisch (zur Laufzeit) initialisiert. Hingegen bewirkt `thread_local int number=5`, dass die Variable `number` statisch (zur Übersetzungszeit) initialisiert wird.

**Praxistipp**

**Denken Sie über den Einsatz von Thread-lokalen Daten beim Portieren eines Single- auf ein Multithreaded-Programm nach.**

Thread-lokaler Speicher bietet einen einfachen Migrationsweg für die Portierung eines Single-Threaded- auf ein Multithreaded-Programm an. Gemeinsam genutzte Variablen können im ersten Schritt als `thread_local` erklärt werden.

### Aufgabe 16-1

Welche der Thread-lokalen Daten werden statisch bzw. dynamisch initialisiert?

```
constexpr int square(int x) { return x*x;}
int square2(int x){ return x*x;}

thread_local std::string s("hello from");
thread_local int number=5;
thread_local int2= square(3);
thread_local int3= square2(3);
thread_local static int buf[10];
```

Wie können Sie Ihre Ergebnisse verifizieren? Dies setzt natürlich die optimistische Annahme voraus, dass die aktuellen Compiler die C++11-Thread-lokalen Daten vollständig unterstützen.

## KAPITEL 17

# Synchronisation der Threads

Bedingungsvariablen geben dem C++11-Entwickler das Werkzeug an die Hand, Aktionen von Threads zu synchronisieren. Im Standardfall agiert ein Thread als Sender, ein anderer Thread als Empfänger des Signals. Der Empfänger wartet blockierend auf das Signal, um mit seiner Aktion voranschreiten zu können. Die Beziehung zwischen Sender und Empfänger muss aber nicht 1:1 sein. Es ist durchaus möglich, dass mehrere Threads Sender bzw. Empfänger des Signals sind. Damit die Synchronisation der Threads auch koordiniert ausgeführt wird, setzt die Bedingungsvariable einen Lock voraus.

**Aktionen zwischen Sender und Empfänger**

Das Programm *conditionVariableStructure.cpp* in Beispiel 17-1 soll die Aktionen aufzeigen, die für die Synchronisation des Senders und Empfängers mithilfe der Bedingungsvariablen ausgeführt werden.

**Beispiel 17-1:** Struktur einer Anwendung, die Bedingungsvariablen verwendet

conditionVariableStructure.cpp

```
#include <condition_variable>
#include <thread>

std::mutex mutex_;
std::condition_variable condVar;

bool dataReady;


void waitingForWork(){

  std::unique_lock<std::mutex> lck(mutex_);
  condVar.wait(lck,[]{return dataReady;});

}
```

**Beispiel 17-1:** Struktur einer Anwendung, die Bedingungsvariablen verwendet (Fortsetzung)

```
16
17 void setDataReady(){
18
19   std::lock_guard<std::mutex> lck(mutex_);
20   dataReady=true;
21   condVar.notify_one();
22
23 }
24
25 int main(){
26
27   std::thread t1(waitingForWork);
28   std::thread t2(setDataReady);
29
30   t1.join();
31   t2.join();
32
33 }
```

Die Bedingungsvariable `condVar` (Zeile 5) in Beispiel 17-1 muss sowohl dem Sender als auch dem Empfänger des Signals zur Verfügung stehen. Daher ist sie in dieser konkreten Anwendung eine globale Variable. Dies gilt sowohl für den Mutex `mutex_` in Zeile 4, der in einen Lock verpackt an die Bedingungsvariable übergeben wird, als auch den Wahrheitswert `dataReady` in Zeile 7, der die Verfügbarkeit der Daten anzeigt. Im Hauptprogramm werden sowohl der Sender (Zeile 29) als auch der Empfänger (Zeile 28) des Signals in einem eigenen Thread gestartet.

**Sender**

Der Sender-Thread `t2` lockt den Mutex in Zeile 19, setzt den Wahrheitswert auf `true` und benachrichtigt die assoziierte Bedingungsvariable mit dem Aufruf `condVar.notify_one()`. Der Aufruf dieser Benachrichtigung ist atomar.

**Empfänger**

Der Empfänger-Thread `t1` lockt ebenfalls den Mutex in Zeile 22. Als Nächstes ruft der Empfänger `wait` die gleiche Bedingungsvariable `condVar` auf. `wait` erhält zwei Argumente: den Lock und ein Prädikat in Form einer Lambda-Funktion, die das Aufwachkriterium definiert. Dies ist notwendig, da ein Thread fälschlicherweise (*spurious*) aufgeweckt werden kann. `wait` bewirkt darüber hinaus, dass der Thread seinen Lock freigibt und blockierend wartet.

**Benachrichtigung**

Sendet der Sender an den Empfänger eine Benachrichtigung, lockt der Empfänger den Lock und prüft, ob die Bedingung erfüllt ist. Ist sie erfüllt, vollzieht er seine Arbeit. Ist die Bedingung nicht erfüllt, gibt er den Lock wieder frei und wartet weiter auf die nächste Benachrichtigung.

Dem aufmerksamen Leser wird aufgefallen sein, dass der Sender den Mutex mit einem einfachen Lock `std::lock_guard` lockt, während der Empfänger den deutlich mächtigeren Lock `std::unique_lock` benötigt. Der Unterschied ist schnell erklärt. Während der Sender in der Funktion `setDataReady` in Zeile 17 den Mutex genau einmal lockt und am Ende seiner Funktion wieder freigibt, muss der Lock in der Funktion `waitingForWork` in Zeile 10 öfter gelockt und wieder freigegeben werden. Dies setzt ein `std::unique_lock` voraus.

Verschiedene Locks

Neben der Bedingungsvariablen `std::condition_variable` besitzt C++11 die allgemeinere Bedingungsvariable `std::condition_variable_any`. Beide benötigen einen Mutex. Während es im Fall von `std::condition_variable` ein `std::mutex` sein muss, genügt `std::condition_variable_any` ein Mutex-Typ ohne `try_lock`-Funktionalität.

std::condition_variable_any

In Tabelle 17-1 sind die Funktionen der beiden Bedingungsvariablen `cv` zusammengestellt. `lk` bezeichnet den Lock und `pre` das Prädikat. `abs_time` steht für die absolute, `rel_time` für die relative Zeitangabe.

◀ **Tabelle 17-1**
Funktionen der Bedingungsvariablen

| Funktion | Beschreibung |
|---|---|
| `cv.notify_one()` | Wecke einen wartenden Thread auf. |
| `cv.notify_all()` | Wecke alle wartenden Threads auf. |
| `cv.wait(lk)`<br>`cv.wait(lk,pre)` | Das blockierende Warten auf eine Benachrichtigung (optional ein Prädikat). |
| `cv.wait_until(lk,abs_time)`<br>`cv.wait_until(lk,abs_time,pred)` | Das blockierende Warten auf eine Benachrichtigung mit absoluter Zeitangabe (optional ein Prädikat). |
| `cv.wait_for(lk,rel_time)`<br>`cv.wait_for(lk,rel_time,pred)` | Das blockierende Warten auf eine Benachrichtigung mit relativer Zeitangabe (optional ein Prädikat). |
| `cv.native_handle()` | Der Verweis auf die Implementierung der Bedingungsvariablen. |
| `std::notify_all_at_thread_exit(cv,lk)` | Eine freie Funktion, die den Lock freigibt und die wartenden Threads aufweckt, wenn der aktuelle Thread beendet wird. |

Warten mehrere Threads auf ihre Benachrichtigung und ruft der Sender `notify_one` auf der Bedingungsvariablen auf, wird ein beliebiger Thread aufgeweckt und kann seine Aktion vollziehen, während die übrigen Threads weiter warten. Eine kleine Modifikation von Beispiel 17-1 zeigt dies anschaulich in Beispiel 17-2.

notify_one

conditionVariableNotifyOne.cpp

**Beispiel 17-2:** Fünf Threads, die auf ihre Benachrichtigung warten

```
#include <chrono>
#include <iostream>
#include <condition_variable>
#include <thread>

std::mutex mutex_;
std::condition_variable condVar;

bool dataReady;

void waitingForWork(){

  std::unique_lock<std::mutex> lck(mutex_);
  //condVar.wait(lck,[]{return dataReady;});
  condVar.wait_for(lck,
  std::chrono::milliseconds(10000),[]{return dataReady;});
  std::cout << "Hello from thread: "
            << std::this_thread::get_id() << std::endl;

}

void setDataReady(){

  std::lock_guard<std::mutex> lck(mutex_);
  dataReady=true;
  condVar.notify_one();

}

int main(){

  std::cout << std::endl;

  std::thread w1(waitingForWork);
  std::thread w2(waitingForWork);
  std::thread w3(waitingForWork);
  std::thread w4(waitingForWork);
  std::thread w5(waitingForWork);

  std::thread t(setDataReady);

  t.join();

  w1.join();
  w2.join();
  w3.join();
  w4.join();
  w5.join();

  std::cout << std::endl;

}
```

Die Ausführung von Beispiel 17-2 führt dazu, dass vier der fünf Threads auf ihre Benachrichtigung warten, die sie nie erhalten, denn es wird lediglich eine Benachrichtigung vom Sender verschickt. Hier hilft nur noch eine Unterbrechung des Programmlaufs mit (Strg+C) (Abbildung 17-1).

◀ **Abbildung 17-1**
Erzwungener Programmabbruch wegen vergeblich wartender Threads

Wird die Zeile 14 in Beispiel 17-2 durch die Zeile 15 ersetzt, beendet sich das Programm regulär, denn die *vergessenen* Threads warten nur für 10 Sekunden (Abbildung 17-2).

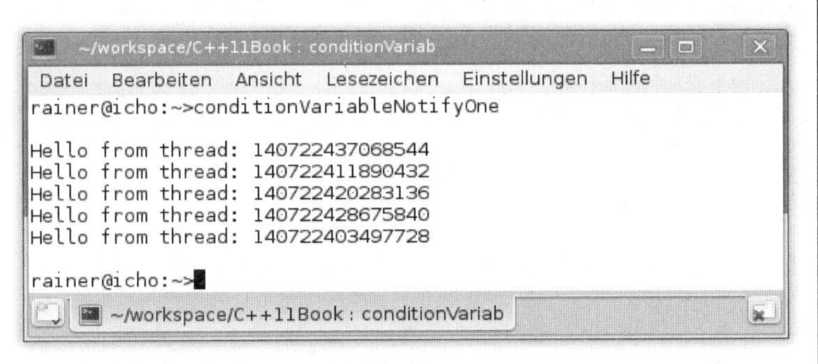


◀ **Abbildung 17-2**
Programmausführung mit zeitlich bedingtem Warten

Das gleiche Verhalten lässt sich natürlich viel direkter erzeugen, wenn statt `condVar.notify_one` `condVar.notify_all` in Beispiel 17-2 verwendet wird. Dies gilt unabhängig vom zeitlich bedingten oder unbedingten Warten. Beispiel 17-3 zeigt die Variationen.

**Beispiel 17-3:** Benachrichtige alle wartenden Threads gleichzeitig

conditionVariableNotifyAll.cpp

```
#include <chrono>
#include <iostream>
#include <condition_variable>
#include <mutex>
#include <thread>

std::mutex mutex_;
std::condition_variable condVar;
```

**Beispiel 17-3:** Benachrichtige alle wartenden Threads gleichzeitig (Fortsetzung)

```
bool dataReady;
void waitingForWork(){
  std::unique_lock<std::mutex> lck(mutex_);
  condVar.wait(lck,[]{return dataReady;});
  std::cout << "Hello from thread: "
            << std::this_thread::get_id() << std::endl;
}
void setDataReady(){
  std::lock_guard<std::mutex> lck(mutex_);
  dataReady=true;
  condVar.notify_all();
}
int main(){
  std::cout << std::endl;
  std::thread w1(waitingForWork);
  std::thread w2(waitingForWork);
  std::thread w3(waitingForWork);
  std::thread w4(waitingForWork);
  std::thread w5(waitingForWork);
  std::thread t(setDataReady);
  t.join();
  w1.join();
  w2.join();
  w3.join();
  w4.join();
  w5.join();
  std::cout << std::endl;
}
```

Zum Abschluss stellt noch Beispiel 17-4 vor, wie mit Bedingungsvariablen Arbeitsabläufe definiert werden können, bei denen jeder Schritt von der Erfüllung des vorherigen abhängt.

**Beispiel 17-4:** Arbeitsablauf mit Bedingungsvariablen conditionVariableWorkflow.cpp

```
#include <iostream>
#include <condition_variable>
#include <thread>

std::mutex mutex1, mutex2, mutex3;

std::condition_variable condVar1, condVar2, condVar3;

bool dataReady1, dataReady2, dataReady3;


void waitingForWork1(){

  std::unique_lock<std::mutex> lck(mutex1);
  condVar1.wait(lck,[]{return dataReady1;});
  std::cout << "--- Worker 1 done" << std::endl;
  std::lock_guard<std::mutex> lckGuard(mutex2);
  dataReady2=true;
  condVar2.notify_one();

}

void waitingForWork2(){

  std::unique_lock<std::mutex> lck(mutex2);
  condVar2.wait(lck,[]{return dataReady2;});
  std::cout << "--- Worker 2 done" << std::endl;
  std::lock_guard<std::mutex> lckGuard(mutex3);
  dataReady3=true;
  condVar3.notify_one();

}

void waitingForWork3(){

  std::unique_lock<std::mutex> lck(mutex3);
  condVar3.wait(lck,[]{return dataReady3;});
  std::cout << "--- Worker 3 done" << std::endl;

}

void setDataReady(){

  std::lock_guard<std::mutex> lck(mutex1);
  std::cout << "Starting Workflow"  << std::endl;
  dataReady1=true;
  condVar1.notify_one();

}

int main(){
```

**Beispiel 17-4:** Arbeitsablauf mit Bedingungsvariablen (Fortsetzung)

```
52
53   std::cout << std::endl;
54
55   std::thread w1(waitingForWork1);
56   std::thread w2(waitingForWork2);
57   std::thread w3(waitingForWork3);
58
59   std::thread t(setDataReady);
60
61   t.join();
62   w1.join();
63   w2.join();
64   w3.join();
65
66   std::cout << "Work done" << std::endl;
67
68   std::cout << std::endl;
69
70 }
```

Der Arbeitsablauf in Beispiel 17-4 wird durch den Thread `t` in Zeile 59 gestartet. Jeder Arbeiter wartet in dem Funktionskörper `waitingForWork` (Zeilen 12, 23 und 34) zuerst auf die Benachrichtigung, um darauf den nächsten Arbeiter durch `notify_one` (Zeilen 19 und 30) aufzuwecken. Schön ist an dem Beispiel zu sehen, dass jede Bedingungsvariable einen eigenen Mutex und ein eigenes Prädikat benötigt.

Die Ausgabe des Programms in Beispiel 17-4 zeigt die Schritte des Arbeitsablaufs.

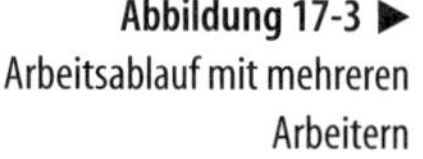

**Abbildung 17-3 ▶** Arbeitsablauf mit mehreren Arbeitern

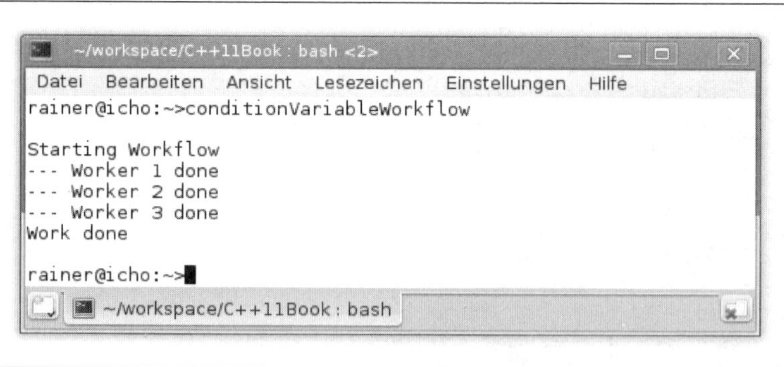

### Aufgabe 17-1

waitForTwo.cpp
waitForOneOfTwo.cpp

Variieren Sie mit der Anwendung in Beispiel 17-1

In Beispiel 17-1 besteht eine 1:1-Beziehung zwischen Sender und Empfänger. Nun soll der Empfänger von zwei Sendern abhängen.

Der Empfänger `waitForWork` soll nur weiter fortfahren können, wenn

- beide Sender `setDataReady1` und `setDataReady2` ihre Benachrichtigung gegeben haben.
- einer der Sender `setDataReady1` oder `setDataReady2` seine Benachrichtigung geschickt hat.

Durch das Setzen von kurzen Schlafperioden `std::this_thread::sleep_for(std::chrono::milliseconds(1000))` lässt sich das richtige Verhalten testen.

### Aufgabe 17-2

pingPongConditionVariable.cpp

Schreiben Sie ein kleines Pingpongspiel.

Zwei Threads sollen abwechselnd einen Wahrheitswert auf `true` bzw. `false` setzen. Dabei setzt der erste Thread den Wahrheitswert auf `true`, gibt den Wert des Wahrheitswerts aus und signalisiert dem zweiten Thread über eine Bedingungsvariable, dass er jetzt an der Reihe ist. Der zweite Thread setzt den Wahrheitswert auf `false`, gibt ihn aus und benachrichtigt den ersten Thread.

## KAPITEL 18

# Asynchrone Aufgaben

**In diesem Kapitel:**

- async
- packaged_task
- future und promise

Mit den Templates `std::async`, `std::packaged_task`, `std::future` und `std::promise` bietet C++11 eine sehr komfortable Schnittstelle zum einfachen Starten einer Aufgabe in einem separaten Thread. Gänzlich ohne Locks oder auch Bedingungsvariablen lässt sich eine Aktion initiieren und das Ergebnis durch einen Funktionsaufruf in der Zukunft abholen. Diese asynchronen Aufgaben (*tasks*) sind auch unter dem Namen *Futures* bekannt.

**Praxistipp** **Verwenden Sie wenn möglich async.**

`std::async` ist von den dargestellten asynchronen Funktionsaufrufen am einfachsten zu verwenden. Ein Thread muss weder explizit gestartet noch muss dessen Lebenszeit verwaltet werden. Die C++-Laufzeit sorgt sogar dafür, ob es sinnvoll ist, den asynchronen Funktionsaufruf in einem separaten Thread zu starten. Erst wenn die Funktionalität von `std::async` nicht mehr ausreicht, sollte `std::packaged_task` für zu definierende Arbeitspakete oder `std::promise` verwendet werden.

## async

`std::async` lässt sich wie eine Funktion verwenden. Die Funktion erhält eine aufrufbare Einheit und deren Argumente und führt die aufrufbare Einheit aus. Das Variadic Template `std::async` gibt das `std::future`-Objekt zurück. Dieses Objekt kann später im Programm verwendet werden, um mit seiner Funktion get das Ergebnis der Funktionsaufführung zu erhalten. Hat der `std::async`-Funktionsaufruf das Ergebnis noch nicht berechnet, blockiert dessen get-Aufruf.

Das einfache Beispiel 18-1 soll die Interaktionen darstellen, bevor die Details folgen.

async.cpp

**Beispiel 18-1:** std::async mit verschiedenen aufrufbaren Einheiten

```
01 #include <future>
02 #include <iostream>
03
04 int product(int a, int b){
05   return a*b;
06 }
07
08 struct Div{
09   int operator()(int a, int b){
10     return a/b;
11   }
12 };
13
14
15 int main(){
16
17   int a= 20;
18   int b= 10;
19
20   std::cout << std::endl;
21
22   std::future<int> sum=std::async([=]{ return a+b;});
23   std::future<int> prod= std::async(&product,a,b);
24   Div divide;
25   auto div=std::async(divide,a,b);
26
27   std::cout << "20+10= " << sum.get() << std::endl;
28   std::cout << "20*10= " << prod.get() << std::endl;
29   std::cout << "20/10= " << div.get() << std::endl;
30
31   std::cout << std::endl;
32 }
```

Als aufrufbare Einheit wurde in Beispiel 18-1 eine Lambda-Funktion (Zeile 22), ein Zeiger auf eine Funktion (Zeile 23) und ein Funktionsobjekt (Zeile 25) verwendet. Der `std::async` startet die Aufgabe und stellt das Ergebnis über das Future bereit. Dabei muss der Rückgabewert des asynchronen Funktionsaufrufs explizit für das Future angegeben werden: `std::future<int>` in den Zeilen 22 und 23. Wird `auto` (Zeile 25) verwendet, ist das nicht notwendig. Durch die get-Funktionsaufrufe des Future werden die Werte explizit angefordert.

Abbildung 18-1 zeigt die Ausgabe des Programms.

**Abbildung 18-1**
std::async mit verschiedenen aufrufbaren Einheiten

Das Klassen-Template `std::future` bietet ein deutlich mächtigeres Interface als eine einfache Methode get an. Dazu aber mehr im Kapitel »future und promise«.

Starten eines Threads

Es ist anzunehmen, dass das Ausführen der Berechnungen in Beispiel 18-1 im Main-Thread deutlich schneller ist, als für jede einzelne Aufgabe einen Thread zu erzeugen und seine Datenzugriffe zu koordinieren. Tatsächlich startet `std::async` die Aufgabe nicht automatisch in einem neuen Thread. Die C++-Laufzeit nimmt dem Anwender diese Entscheidung ab. Entscheidungskriterien für die C++-Laufzeit können die tatsächlich vorhandene Anzahl der Prozessoren (`std::thread::hardware_concurrency`) oder die Anzahl der aktiven Threads sein.

launch::async und launch::deferred

Der Anwender kann mit den Optionen `std::launch::async` bzw. `std::launch::deferred` explizit bestimmen, ob die Aufgabe in einem neuen bzw. dem gleichen Thread gestartet werden soll. Durch `std::launch::deferred` wird der Wert erst berechnet, wenn dieser explizit angefordert wird. Diese aus der funktionalen Programmierung bewährte Strategie spart Zeit und Ressourcen und ist unter dem Namen Bedarfsauswertung (*lazy evaluation*) bekannt.

In Beispiel 18-2 ist zu sehen, wie eine Aufgabe verzögert `std::launch::deferred` gestartet wird. Der GCC 4.6 (C++11 Support in GCC 4.7, 2012) kennt die Bitmaske `std::launch::deferred` noch unter ihrem alten Namen `std::launch::sync` (Zeile 14).

**Beispiel 18-2:** Verzögertes Ausführen einer asynchronen Aufgabe

asyncLazy.cpp

```
01 #include <chrono>
02 #include <future>
03 #include <iostream>
04
05 int main(){
06
```

**Beispiel 18-2:** Verzögertes Ausführen einer asynchronen Aufgabe (Fortsetzung)

```
07   std::cout << std::endl;
08
09   auto begin= std::chrono::system_clock::now();
10
11   auto asyncLazy=std::async(std::launch::deferred,
        []{ return  std::chrono::system_clock::now();});
12
13   auto asyncEager=std::async( std::launch::async,[]{ return
       std::chrono::system_clock::now();});
14
15   std::this_thread::sleep_for(std::chrono::seconds(1));
16
17   auto lazyStart= asyncLazy.get() - begin;
18   auto eagerStart= asyncEager.get() - begin;
19
20   auto lazyDuration=
       std::chrono::duration<double>(lazyStart).count();
21   auto eagerDuration=
       std::chrono::duration<double>(eagerStart).count();
22
23   std::cout << "asyncLazy evaluated after : "
               << lazyDuration << " seconds." << std::endl;
24   std::cout << "asyncEager evaluated after: "
               << eagerDuration << " seconds." << std::endl;
25
26
27   std::cout << std::endl;
28
29 }
```

Trotz auto sind die Bezeichner in Beispiel 18-2 sehr lang. In den asynchronen Aufgaben (Zeilen 11 und 13) wird die aktuelle Zeit bestimmt. Dies führt asyncLazy verzögert und asyncEager sofort aus. Um das verzögerte Verhalten auf den Punkt zu bringen, schläft der Main-Thread für 1 Sekunde (Zeile 17). Ein bisschen Zeitarithmetik mit der neuen Zeitbibliothek und die Zeit, die bis zum Ausführen der asynchronen Aufgabe vergangen ist, kann in den Zeilen 23 und 24 ausgegeben werden. Während die Bitmaske std::launch::deferred bewirkt, dass die Funktion erst beim Aufruf der Funktion get ausgeführt wird, bewirkt std::launch::async, dass die Funktion sofort evaluiert wird.

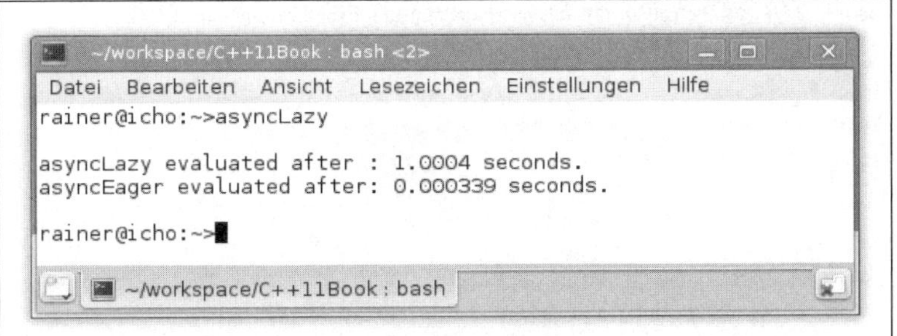


◀ **Abbildung 18-2**
Verzögerte Ausführung einer asynchronen Aufgabe

### Aufgabe 18-1

futuresWorkflow.cpp

Beobachten Sie, wie viele Threads beim Ausführen des Programms in Beispiel 18-2 gestartet werden.

Modifizieren Sie das Programm, indem Sie die Threads länger schlafen lassen oder auch die Threads synchron oder asynchron starten. Ändert sich dadurch die Anzahl der verwendeten Threads?

### Aufgabe 18-2

Implementieren Sie den Workflow in Beispiel 17-4 mit `std::async`.

## packaged_task

`std::package_task` ist ein einfacher Wrapper für ein aufrufbare Einheit, um sie später in einem Thread zu verwenden. Durch `std::packaged_task` wird ein Future mit einem Promise verbunden, sodass mit dem Future der Wert des Promise und somit der Wert der aufrufbaren Einheit ermittelt werden kann.

Beispiel 18-1 lässt sich direkt in `std::packaged_task` in Beispiel 18-3 übersetzen. Die Syntax ist deutlich anspruchsvoller.

**Beispiel 18-3:** std::packaged_task mit verschiedenen aufrufbaren Entitäten

packagedTask.cpp

```
#include <future>
#include <iostream>

int product(int a, int b){
  return a*b;
}

struct Div{
  int operator()(int a, int b){
    return a/b;
  }
```

**Beispiel 18-3:** std::packaged_task mit verschiedenen aufrufbaren Entitäten (Fortsetzung)

```
12 };
13
14
15 int main(){
16
17   std::cout << std::endl;
18
19   // define the package tasks
20   std::packaged_task<int(int,int)> sumTask([]
                      (int x, int y){return x+y;});
21   std::packaged_task<int(int,int)> prodTask(&product);
22   Div divide;
23   std::packaged_task<int(int,int)> divTask(divide);
24
25   // get the futures
26   std::future<int> sumResult= sumTask.get_future();
27   std::future<int> prodResult= prodTask.get_future();
28   std::future<int> divResult= divTask.get_future();
29
30   // calculate the result
31   sumTask(20,10);
32   prodTask(20,10);
33   divTask(20,10);
34
35   // get the result
36   std::cout << "20+10= " << sumResult.get() << std::endl;
37   std::cout << "20*10= " << prodResult.get() << std::endl;
38   std::cout << "20/10= " << divResult.get() << std::endl;
39
40   std::cout << std::endl;
41
42 }
```

Diese Berechnung der Werte in Beispiel 18-3 findet in vier Schritten statt:

1. Die Aufgaben werden verpackt (Zeile 19).
2. Die Promises werden mit den Futures verbunden (Zeile 25).
3. Die Argumente werden an die Promises übergeben, und die Ergebnisse werden berechnet (Zeile 30).
4. Die Futures holen die Ergebnisse ab (Zeile 35).

Nach diesem oberflächlichen Blick noch ein paar Details: Die eigenwillige Syntax `int(int,int)` in `std::packaged_type<int(int,int)>` beschreibt eine Funktion, die zwei `int`-Argumente erwartet und einen `int`-Rückgabewert liefert. Durch `sumTask.get_future()` in Zeile 26 gibt der Promise den Future zurück. In den Zeilen 31 bis 33 werden die Argumente an den Promise übergeben, um dessen Berechnung anzustoßen. Da die Funktionen im Main-Thread gestartet wurden (Zeilen 31 bis 33), findet deren Berechnung auch in diesem statt. Die Ausgabe des Programms ist bereits bekannt.

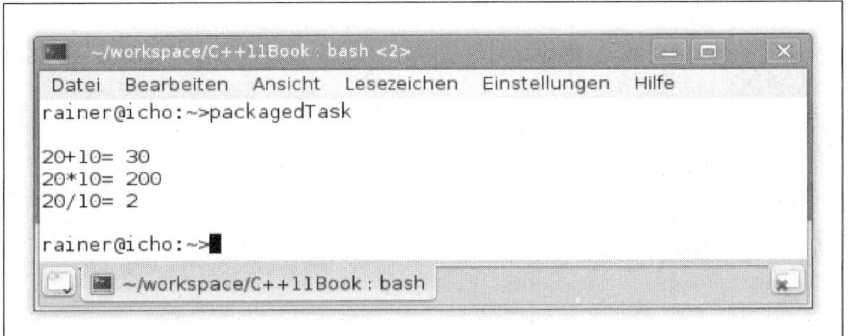


◄ **Abbildung 18-3**
std::packaged_task mit einer Lambda-Funktion, einem Funktionszeiger und einem Funktionsobjekt

Master-Worker-Threads

Ein typischer Anwendungsfall für `std::packaged_task` ist es, die Arbeitspakete im Main-Thread zu schnüren und sie in einem Container zu speichern, um sie anschließend auf verschiedene Arbeiter-Threads zu verteilen und auszuführen. Zuletzt werden die Ergebnisse eingesammelt.

In Beispiel 18-4 wird diese Strategie angewandt, um die Zahlen von 0 bis 10000 in vier Threads aufzusummieren.

**Beispiel 18-4:** Summation von natürlichen Zahlen in vier Threads

packagedTaskSum.cpp

```
#include <utility>
#include <future>
#include <iostream>
#include <thread>
#include <deque>

class SumUp{
  public:
    SumUp(int b, int e): beg(b),end(e),sum(0){}
    int operator()(){
      for (int i= beg; i < end; ++i ) sum += i;
      return sum;
    }
  private:
    int beg;
    int end;
    int sum;
};

int main(){

  std::cout << std::endl;

  SumUp sumUp1(0,2500);
```

**Beispiel 18-4:** Summation von natürlichen Zahlen in vier Threads (Fortsetzung)

```
25    SumUp sumUp2(2500,5000);
26    SumUp sumUp3(5000,7500);
27    SumUp sumUp4(7500,10001);
28
29    // define the tasks
30    std::packaged_task<int()> sumTask1(sumUp1);
31    std::packaged_task<int()> sumTask2(sumUp2);
32    std::packaged_task<int()> sumTask3(sumUp3);
33    std::packaged_task<int()> sumTask4(sumUp4);
34
35    // get the futures
36    std::future<int> sumResult1= sumTask1.get_future();
37    std::future<int> sumResult2= sumTask2.get_future();
38    std::future<int> sumResult3= sumTask3.get_future();
39    std::future<int> sumResult4= sumTask4.get_future();
40
41    // push the tasks on the container
42    std::deque< std::packaged_task<int()> > allTasks;
43    allTasks.push_back(std::move(sumTask1));
44    allTasks.push_back(std::move(sumTask2));
45    allTasks.push_back(std::move(sumTask3));
46    allTasks.push_back(std::move(sumTask4));
47
48    // execute each task in a separate thread
49    while ( not allTasks.empty() ){
50      std::packaged_task<int()>
           myTask= std::move(allTasks.front());
51      allTasks.pop_front();
52      std::thread sumThread(std::move(myTask));
53      sumThread.detach();
54    }
55
56    // get the results
57    int sum= sumResult1.get() + sumResult2.get()
             + sumResult3.get() + sumResult4.get();
58
59    std::cout << "sum of 0 .. 100000 = " << sum << std::endl;
60
61    std::cout << std::endl;
62
63 }
```

In den Zeilen 24 bis 27 in Beispiel 18-4 werden die Arbeitspakete definiert. Die Funktionsobjekte `sumUp(begin,end)` addieren die natürlichen Zahlen von `begin` ausschließlich `end` zusammen. Diese *teure* Addition soll in separaten Threads vollzogen werden. Dazu werden die Arbeitspakete mit den Futures verbunden (Zeile 35) und auf den Container `allTasks` geschoben (Zeile 41). Die eigentliche Arbeit findet in den Zeilen 49 bis 54 statt. Für jedes Arbeitspaket myTask im Container allTasks wird das Arbeitspaket aus dem Container transferiert (Zeile 50), das nun leere Arbeitspaket vom Container entfernt (Zeile 51) und myTask in einen neuen Thread transferiert und im Hintergrund (Zeile 53) ausgeführt. Zuletzt werden die Ergebnisse der vier Threads eingesammelt, addiert und ausgegeben (Abbildung 18-4).

◀ **Abbildung 18-4**
Summation der Zahlen von 0 bis 100000 mit vier Threads

## Exkurs: Ein bisschen geschummelt

Da der GCC 4.6 (C++11 Support in GCC 4.7, 2012) beim Verschieben eines std::promise-Objekts in Zeile 50 einen Compiler-Bug aufweist, wurden alle Berechnungen im Haupt-Thread ausgeführt. Dieser Satz gehört mit dem GCC 4.7 (C++11 Support in GCC 4.7, 2012) der Vergangenheit an.

Weitere Funktionen

Neben get_future bietet std::packaged_task noch weitere Methoden an. Durch std::packaged_task::valid lässt sich prüfen, ob der std::packaged_task einen geteilten Zustand besitzt. std::packaged_task::reset erlaubt es, diese zurückzusetzen, und std::packaged_task::swap bietet die Möglichkeit an, den Zustand zweier std::packaged_tasks auszutauschen.

### Aufgabe 18-3

packagedTaskSumSolution.cpp

Erweitern Sie Beispiel 18-4.

In Beispiel 18-4 sind vier Arbeiter-Threads aktiv. Viel schöner ist es, wenn die Zahl der Arbeiter der Zahl der CPUs entspricht. Parametrisieren Sie das Beispiel 18-4, sodass die Anzahl der Threads von der Anzahl der vorhandenen CPUs abhängt. Verwenden Sie dazu std::thread::hardware_concurrency(). Falls der Wert 0 ergibt, gehen Sie von vier CPUs aus.

## future und promise

Volle Kontrolle über den Empfänger und den Sender der Nachricht stellt `std::future` in Zusammenarbeit mit `std::promise` zur Verfügung. Hier ist es in der Verantwortung des Programmierers, den Thread zu starten, den `std::future` mit dem `std::promise` zu verbinden, den Rückgabewert oder auch eine Ausnahme des `std::promise` zu setzen und das Ergebnis des asynchronen Funktionsaufrufs abzuholen.

promise als Ersatz für async und packaged_task

Mit `std::future` und `std::promise` lassen sich Beispiel 18-1 und Beispiel 18-3 auch formulieren, wobei `std::promise`, vereinfacht gesagt, die Aufgabe von `std::async` bzw. `std::packaged_task` übernehmen wird. In Beispiel 18-5 kommen als aufrufbare Entitäten lediglich ein Funktionszeiger und ein Funktionsobjekt zum Einsatz, da der Funktionskörper von `std::promise` zu komplex für eine anonyme Funktion ist.

futurePromise.cpp

**Beispiel 18-5:** std::future und std::promise mit verschiedenen aufrufbaren Entitäten

```
#include <future>
#include <iostream>
#include <thread>
#include <utility>

void product(std::promise<int>&& intPromise, int a, int b){
  intPromise.set_value(a*b);
}

struct Div{

  void operator() (std::promise<int>&& intPromise,
                   int a, int b) const {
    intPromise.set_value(a/b);
  }

};

int main(){

  int a= 20;
  int b= 10;

  std::cout << std::endl;

  // define the promises
  std::promise<int> prodPromise;
  std::promise<int> divPromise;

  // get the futures
```

**Beispiel 18-5:** std::future und std::promise mit verschiedenen aufrufbaren Entitäten (Fortsetzung)

```
30    std::future<int> prodResult= prodPromise.get_future();
31    std::future<int> divResult= divPromise.get_future();
32
33    // calculate the result in a separat thread
34    std::thread prodThread(product,
                             std::move(prodPromise),a,b);
35    Div div;
36    std::thread divThread(div,std::move(divPromise),a,b);
37
38    // get the result
39    std::cout << "20*10= " << prodResult.get() << std::endl;
40    std::cout << "20/10= " << divResult.get() << std::endl;
41
42    prodThread.join();
43    divThread.join();
44
45    std::cout << std::endl;
46
47 }
```

Das Hauptprogramm in Beispiel 18-5 sollte vertraut wirken. Der Umgang mit `std::promise` folgt der gleichen Struktur wie der Umgang mit `std::packaged_task` in Beispiel 18-3. Im Funktionskörper der Funktion oder auch des Funktionsobjekts wird mit dem Aufruf `set_value` (Zeilen 7 und 13) der Rückgabewert von `std::promise` gesetzt. Der Aufruf des Promise `product(prodPromise(a,b)` kann natürlich auch im Haupt-Thread erfolgen.

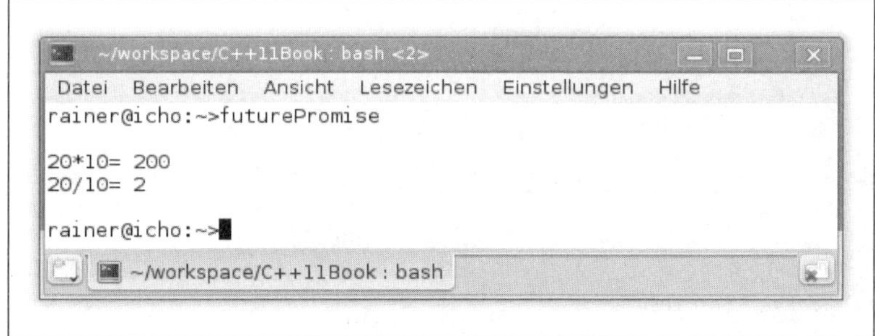


◀ **Abbildung 18-5**
Arithmetik mit std::future und std::promise

Das Programm in Beispiel 18-5 hat ein konzeptionelles Problem. Wird ein Objekt der Struktur `Div` (Zeile 10) mit einem Nenner 0 instanziiert, führt dies zum sofortigen Programmabbruch. `std::async`, `std::packaged_task` und `std::promise` erlauben es, nicht nur den Wert, sondern auch Ausnahmen an das Future zurückzugeben. Im Gegensatz zu `std::async` und `std::packaged_task`, die die Ausnahmen automatisch übertragen, muss bei `std::promise` der Anwender die Funktionalität `set_exception` implementieren.

In Beispiel 18-6 werden der Future und der Promise um eine Ausnahmebehandlung erweitert.

futurePromiseException.cpp

**Beispiel 18-6:** std::promise mit Ausnahmebehandlung

```
#include <exception>
#include <future>
#include <iostream>
#include <thread>
#include <utility>

struct Div{

  void operator()(std::promise<int>&& intPromise,
                  int a, int b){
    try{
      if ( b==0 ) throw std::runtime_error(
                          "illegal division by zero");
      intPromise.set_value(a/b);
    }
    catch ( ...){
      intPromise.set_exception(std::current_exception());
    }
  }

};

int main(){

  std::cout << std::endl;

  // define the promises
  std::promise<int> divPromise;

  // get the futures
  std::future<int> divResult= divPromise.get_future();

  // calculate the result in a separat thread
  Div div;
  std::thread divThread(div,std::move(divPromise),20,0);

  // get the result
  try{
    std::cout << "20/0= " << divResult.get() << std::endl;
  }
  catch (std::runtime_error& e){
    std::cout << e.what() << std::endl;
  }

  divThread.join();

  std::cout << std::endl;

}
```

Die Ausführung des Programms führt dazu, dass die Ausnahme `std::runtime_error("illegal divion by zero")` in Zeile 11 geworfen wird. Im anschließenden `catch`-Block wird die Ausnahme gefangen. Die aktuelle Ausnahme `std::current_exception` (Zeile 15) wird zum Rückgabewert des Promise. Der `get`-Aufruf des Future (Zeile 37) ist in einem `try`-Block gekapselt, sodass die Nachricht der Ausnahme ausgegeben werden kann.

◀ **Abbildung 18-6**
std::promise mit Ausnahmebehandlung

Funktionen des future

Tabelle 18-1 stellt die Funktionen von `std::future` im Überblick dar. Dabei bezeichnet `f` einen `std::future`. `abs_time` bezeichnet die absolute, `rel_time` die relative Zeitangabe.

◀ **Tabelle 18-1**
Funktionen des std::future

| Funktion | Beschreibung |
|---|---|
| `f.share()` | Gibt einen `std::shared_future` zurück. |
| `f.get()` | Wartet, bis der gemeinsame Zustand verfügbar ist, und gibt diesen zurück. Kann einen Wert oder eine Ausnahme zurückgeben. |
| `f.valid()` | Prüft, ob ein gemeinsamer Zustand vorliegt. |
| `f.wait()` | Blockiert, bis der gemeinsame Zustand zur Verfügung steht. |
| `f.wait_for(rel_time)` | Blockiert maximal für eine bestimmte Zeitspanne, bis der gemeinsame Zustand zur Verfügung steht. |
| `f.wait_until(abs_time)` | Blockiert maximal bis zu einem bestimmten Zeitpunkt, bis der gemeinsame Zustand zur Verfügung steht. |

Während `get` implizit `wait` aufruft und so blockiert, bis der gemeinsame Wert mit `std::async`, `std::packed_task` oder auch mit `std::promise` zur Verfügung steht, erlauben es die `wait`-Funktionen von `std::future`, den Future mit dem Promise zu synchronisieren. Damit sind zwei interessante Anwendungsfälle möglich:

1. Wird `std::async` mit `std::launch::deferred` gestartet, bewirkt der Aufruf von `wait`, dass der Funktionskörper von `std::async` erst zu diesem Augenblick ausgeführt wird.

2. std::async-, std::packaged_task- oder std::promise-Aufrufe, die keinen Wert (void) zurückgeben, ermöglichen die Synchronisation zweier Threads ähnlich wie Bedingungsvariablen.

std::shared_future

Soll der gemeinsame Zustand von mehr als einem Thread angefordert werden, ist der Aufruf der get-Funktion undefiniert. Für dieses Szenario besitzt der std::future die Methode share, die einen std::shared_future zurückgibt. Dessen Wert kann mehrfach angefordert werden. Der entscheidende Unterschied zwischen std::future und std::shared_future ist, dass der std::shared_future neben der Move- auch die Copy-Semantik anbietet. Abgesehen von der Methode share des std::future besitzen beiden Future-Typen das gleiche Interface.

Ein std::shared_future lässt sich direkt oder über einen std::future erzeugen. So ist die Zeile 1 äquivalent zu den Zeilen 3 und 4 in Beispiel 18-7.

**Beispiel 18-7:** Direktes und indirektes Erzeugen eines std::shared_future

```
01 std::shared_future<int> divResult= divPromise.get_future();
02
03 std::future<int> divResult1= divPromise.get_future();
04 std::shared_future<int> divResult= divResult1.share();
```

In Beispiel 18-8 wird im Promise das Ergebnis von 20/10 berechnet. Das Ergebnis der Berechnung wird anschließend von fünf Futures angefordert.

sharedFuture.cpp

**Beispiel 18-8:** Mehrfache Abfrage einer Berechnung mit std::shared_future

```
#include <exception>
#include <future>
#include <iostream>
#include <thread>
#include <utility>

std::mutex coutMutex;

struct Div{

  void operator()(std::promise<int>&& intPromise,
                  int a, int b){
    try{
      if ( b==0 ) throw std::runtime_error(
                  "illegal division by zero");
      intPromise.set_value(a/b);
    }
    catch ( ...){
      intPromise.set_exception(std::current_exception());
```

**Beispiel 18-8:** Mehrfache Abfrage einer Berechnung mit std::shared_future (Fortsetzung)

```
    }
  }
};
struct Requestor{
  void operator ()(std::shared_future<int> shaFut){
    // lock std::cout
    std::lock_guard<std::mutex> coutGuard(coutMutex);
    // get the thread id
    std::cout << "threadId("
              << std::this_thread::get_id() << "): " ;
    // get the result
    try{
      std::cout << "20/10= " << shaFut.get() << std::endl;
    }
    catch (std::runtime_error& e){
      std::cout << e.what() << std::endl;
    }
  }
};
int main(){
  std::cout << std::endl;
  // define the promises
  std::promise<int> divPromise;
  // get the futures
  std::shared_future<int> divResult=
                          divPromise.get_future();
  // calculate the result in a separat thread
  Div div;
  std::thread divThread(div,std::move(divPromise),20,10);
  Requestor req;
  std::thread sharedThread1(req,divResult);
  std::thread sharedThread2(req,divResult);
  std::thread sharedThread3(req,divResult);
  std::thread sharedThread4(req,divResult);
  std::thread sharedThread5(req,divResult);
  divThread.join();
```

**Beispiel 18-8:** Mehrfache Abfrage einer Berechnung mit std::shared_future (Fortsetzung)

```
67    sharedThread1.join();
68    sharedThread2.join();
69    sharedThread3.join();
70    sharedThread4.join();
71    sharedThread5.join();
72
73    std::cout << std::endl;
74
75 }
```

Der wesentliche Unterschied von Beispiel 18-6 zu Beispiel 18-8 besteht darin, dass durch `div.get_future` in Zeile 52 der `std::shared_future divResult` instanziiert wird. `divResult` als `std::shared_future` ist kopierbar. Somit kann jeder der fünf Threads (Zeilen 59 bis 63) seine Identität und das Ergebnis der Berechnung ausgeben. `std::cout` als gemeinsam genutzte Variable muss geschützt werden (Zeile 28).

Die Ausgabe des Programms in Abbildung 18-7 zeigt die fünf Threads in Aktion.

**Abbildung 18-7** ▶ Fünf Futures teilen sich einen Promise

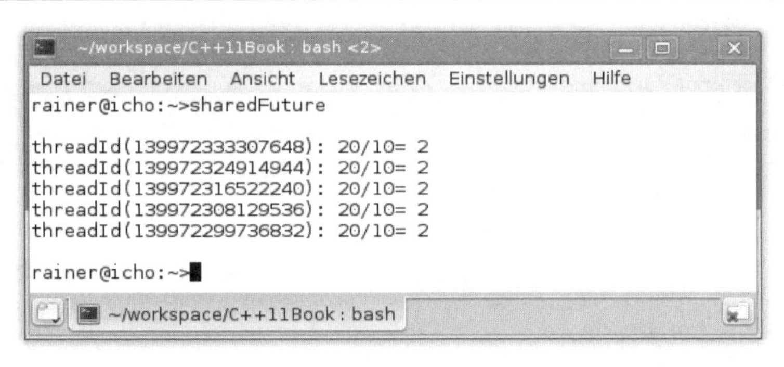


In Tabelle 18-2 folgen die weiteren Funktionen von `std::promise`. `p` und `p1`. `val` steht für den gemeinsamen Wert, `ep` für den Ausnahmezeiger und `alloc` für den Speicherbeschaffer.

**Tabelle 18-2** ▶ Funktionen von std::promise

| Funktion | Beschreibung |
|---|---|
| `p.swap(p1)`<br>`std::swap(p,p1)` | Tausche den gemeinsamen Zustand des Promise. |
| `p.get_future()` | Gibt einen `std::future` mit demselben gemeinsamen Zustand wie der aktuelle Promise zurück. |
| `p.set_value(val)` | Speichert den Wert im gemeinsamen Zustand und setzt diesen auf bereit. |

| Funktion | Beschreibung |
|---|---|
| `p.set_exception(ep)` | Speichert den Ausnahmezeiger im gemeinsamen Zustand und macht diesen bereit. |
| `p.set_value_at_thread_exit(val)` | Speichert den Wert im gemeinsamen Zustand, ohne ihn auf bereit zu setzen. Der Zustand wird auf bereit gesetzt, wenn der aktuelle Thread beendet wird. |
| `p.set_exception_at_thread_exit(ex)` | Speichert die Ausnahme im gemeinsamen Zustand, ohne diesen bereit zu machen. Der Zustand wird auf bereit gesetzt, wenn der aktuelle Thread beendet wird. |
| `std::uses_allocator (p,alloc)` | Verwendet den Allokator `alloc` für den Promise `p`. |

## Aufgabe 18-4

synchroniseThreads.cpp

Verwenden Sie einen `std::shared_future` zur Synchronisation von Threads.

Benutzen Sie dazu einen Promise `prom` im Haupt-Thread, der durch seinen Aufruf von `prom.set_value()` signalisiert, dass alle Threads weiterarbeiten können. Die Signatur des Promise bzw. des Future ist in diesem Fall:

```
std::promise<void>
std::shared_future<void>
```

# Teil IV: Die Standardbibliothek

KAPITEL 19

# Neue Bibliotheken

**In diesem Kapitel:**

- Reguläre Ausdrücke
- Type-Traits
- Zufallszahlen
- Zeitbibliothek
- Referenz-Wrapper

Mit der Bibliothek für reguläre Ausdrücke erhält C++11 ein lang vermisstes Feature, sind doch reguläre Ausdrücke das Standardwerkzeug für anspruchsvolle String-Manipulationen. Aber auch die Type-Traits-Bibliothek mit ihrer Introspektionsfähigkeit zur Übersetzungszeit, die neuen Bibliotheken zu Zufallszahlen und zur Zeit oder die praktischen Referenz-Wrapper werden bald Standardwerkzeuge des professionellen C++-Programmierers sein.

## Reguläre Ausdrücke

<regex>

> **Definition: Regulärer Ausdruck**
>
> Ein regulärer Ausdruck ist eine Zeichenkette, die ein Muster für eine Menge von Zeichenketten mithilfe der Regeln der regulären Ausdrücke beschreibt.

Bevor wir uns die Syntax der regulären Ausdrücke in C++11 genauer anschauen, zunächst ein kleines Beispiel. In Beispiel 19-1 wird aus einem String die E-Mail-Adresse extrahiert und analysiert.

**Beispiel 19-1:** E-Mail-Adresse extrahieren und analysieren

regexEmail.cpp

```
#include <regex>

#include <iostream>
#include <string>

int main(){

  std::cout << std::endl;
```

**Beispiel 19-1: E-Mail-Adresse extrahieren und analysieren (Fortsetzung)**

```
09
10   std::string emailDescription="Email addresses,
        such as rainer@grimm-jaud.de, have two parts.";
11
12   // regular expression for the email address
13   std::string regExprStr(
       R"(([\w.%+-]+)@([\w.-]+\.[a-zA-Z]{2,4}))");
14
15   // regular expression holder
16   std::regex rgx(regExprStr);
17
18   // search result holder
19   std::smatch smatch;
20
21   // looking for a partial match
22   if (std::regex_search(emailDescription,smatch,rgx)){
23
24     std::cout << "Text: " << emailDescription << std::endl;
25
26     std::cout << std::endl;
27
28     std::cout << "Email address: " << smatch[0]
                 << std::endl;
29     std::cout << "Local part: " << smatch[1] << std::endl;
30     std::cout << "Domain name: " << smatch[2] << std::endl;
31
32     std::cout << std::endl;
33
34     std::cout << "Text before the email address: "
                 << smatch.prefix() << std::endl;
35     std::cout << "Text after the email address: "
                 << smatch.suffix() << std::endl;
36
37   }
38
39   std::cout << std::endl;
40
41 }
```

Beispiel 19-1 verfolgt die klassischen drei Schritte beim Umgang mit regulären Ausdrücken in C++11:

1. Erklären Sie den regulären Ausdruck (Zeile 16, `regExprStr`).
2. Halten Sie das Ergebnis der Suche (Zeile 19, `rgx`).
3. Verarbeiten Sie das Suchergebnis weiter (Zeilen 22 bis 37).

Abbildung 19-1 zeigt die Ausgabe von Beispiel 19-1.

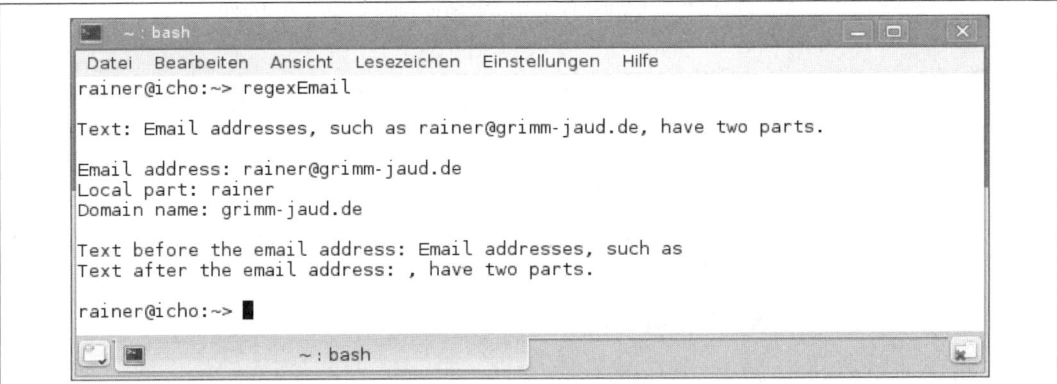


▲ **Abbildung 19-1**
Eine E-Mail-Adresse, aus Text mit regulären Ausdrücken extrahiert

Aus dem Text `emailDescription` in Zeile 10 wird mithilfe des regulären Ausdrucks `regExprStr` die E-Mail-Adresse herausgefiltert und für die Auswertung zur Verfügung gestellt. In den Zeilen 22 bis 37 folgt die Auswertung. `smatch[0]` (Zeile 28) stellt die ganze E-Mail-Adresse, `smatch[1]` die erste Erfassungsgruppe (*capture group*) und `smatch[2]` (Zeile 30) die zweite Erfassungsgruppe zur Verfügung. Die erste Erfassungsgruppe ist der lokale Anteil, die zweite Erfassungsgruppe ist der Domänenanteil der E-Mail-Adresse. Mit `smatch.prefix()` bzw. `smatch.suffix()` (Zeilen 34 und 35) kann der Text vor bzw. nach der E-Mail referenziert und ausgegeben werden.

Raw-String-Literale

Für wen reguläre Ausdrücke nicht zum täglichen Brot gehören (den Autor eingeschlossen), für den ist der Ausdruck `R"(([\w.%+-]+)@([\w.-]+\.[a-zA-Z]{2,4}))"` in Zeile 13 nur schwer verdaulich. Bevor wir uns die Syntax genauer anschauen, noch eine kleine Bemerkung. Durch `R"(...)"` wird ein Raw-String-Literal in C++11 erklärt. Damit ist es nicht mehr nötig, die Backslash-Zeichen »\« im regulären Ausdruck durch einen vorangestellten zweiten Backslash »\« zu maskieren. Das äquivalente String-Literal `"([\\w.%+-]+)@([\\w.-]+\\.[a-zA-Z] {2,4})"` ist da schon schwieriger zu lesen.

## Syntax der regulären Ausdrücke

Reguläre Ausdrücke lassen sich in C++11 in sechs verschiedenen Grammatiken spezifizieren.

1. ECMAScript, sehr ähnlich zu Perl 5
2. basic, POSIX Standard Basic Regular Expressions
3. extended, POSIX Standard Extended Regular Expressions
4. awk, POSIX Standard awk

5. grep, POSIX Standard grep
6. egrep, POSIX Standard grep –E

Per Default wird die ECMAScript-Grammatik in C++11 verwendet, die die mächtigste der sechs vorgestellten Grammatiken darstellt. Daher wird sich meine weitere Ausführung über reguläre Ausdrücke auf die ECMAScript-Syntax beschränken. Die folgende Einführung in die Syntax der regulären Ausdrücke erhebt nicht ansatzweise den Anspruch, vollständig zu sein. Sie soll nur einen pragmatischen Einstieg in reguläre Ausdrücke in der ECMAScript-Grammatik anbieten.

**Praxistipp** **Verwenden Sie die ECMAScript-Grammatik.**

Verwenden Sie bei den regulären Ausdrücken die ECMAScript-Grammatik. Zum einen ist sie die voreingestellte Grammatik in den regulären Ausdrücken von C++11, und zum anderen ist sie von den sechs angebotenen Grammatiken die mächtigste.

## Zeichen

Die meisten Zeichen in regulären Ausdrücken repräsentieren sich selbst. Die Ausnahme sind die Metazeichen.

### Metazeichen

Metazeichen besitzen eine besondere Bedeutung in regulären Ausdrücken. ECMAScript kennt verschiedene Metazeichen:

- `[ ] ( ) { } | ? + - * ^ $ \ .`

Ihr Verständnis ist elementar für das Verständnis von regulären Ausdrücken. In Tabelle 19-1 sind die Metazeichen aufgelistet.

**Tabelle 19-1** ▶ Metazeichen der ECMAScript-Grammatik

| Metazeichen | Bedeutung | Beispiel |
|---|---|---|
| \ | Schützt Metazeichen.<br>Leitet Rückwärtsreferenzen ein.<br>Leitet Zeichenklassen ein. | \\<br>\1<br>\d |
| . (Punkt) | Beliebiges Zeichen außer dem Zeilenendezeichen. | . |
| ^ | Anfang eines Strings.<br>Negiert die Zeichen in einer Auswahl. | ^string<br>[^abc] |
| $ | Ende eines Strings. | string$ |
| \| | Alternativauswahl. | a\|b |
| () | Definiert Teilausdrücke. | (ab(c)d) |
| []<br>- | Auswahl von Zeichen.<br>Definiert einen Zeichenbereich. | [abcde]<br>[a-e] |
| ? | Wiederholungsangabe:<br>null- oder einmal. | a? |

| Metazeichen | Bedeutung | Beispiel |
|---|---|---|
| * | Wiederholungsangabe:<br>null- oder mindestens einmal. | a* |
| + | Wiederholungsangabe:<br>mindestens einmal. | a+ |
| {} | Wiederholungsangabe:<br>genau n-mal.<br>Zwischen n- und m-mal.<br>Mindestens n-mal. | <br>a{3}<br>a{3,5}<br>a{3,} |

Nach der trockenen Theorie der Metazeichen wird es nun deutlich konkreter.

## Zeichenauswahl

Die Zeichenauswahl wird durch die eckigen Klammern definiert. Sie beschreibt eine Menge von Zeichen. Dabei können die einzelnen Zeichen aufgezählt `[abcde]` oder durch den Bindestrich als Bereich `[a-e]` angegeben werden. Zahlenbereiche können mehrfach in eckigen Klammern definiert `[A-Za-z]` werden und Ziffern `[1-5]` enthalten. Der Zirkumflex ^ besitzt eine besondere Bedeutung in einer Zeichenauswahl, da er die Auswahl negiert.

In Tabelle 19-2 sind ein paar Musterdefinitionen dargestellt.

◀ **Tabelle 19-2**
Zeichenauswahl

| Muster | Enthält | Enthält nicht |
|---|---|---|
| "[abcde]" | "a", "b" | "A", "1" |
| "[a-e]" | "a", "b" | "A", "1" |
| "[A-Za-z]" | "A", "c", "X" | "1", "_" |
| "[1-5]" | "1", "4" | "8" |
| "[^a]" | "A", "e" | "a" |
| "[^a-z]" | "A", "_" | "a", "x" |

## Zeichenklassen

Zeichenklassen sind besondere Zeichenauswahlen. In ECMAScript sind die folgenden Zeichenklassen definiert:

◀ **Tabelle 19-3**
Zeichenklassen in ECMAScript

| Zeichenklasse | Beschreibung | Beschreibung |
|---|---|---|
| **[:alnum:]** | Kleinbuchstaben, Großbuchstaben und die Ziffern 0 bis 9 | [:alpha:] oder [:digit:] |
| **[:alpha:]** | Kleinbuchstaben und Großbuchstaben | a bis z oder A bis Z |
| **[:blank:]** | Leerzeichen oder Tabulator | \t |

| Zeichenklasse | Beschreibung | Beschreibung |
|---|---|---|
| [:cntrl:] | Steuerzeichen | \r, \n, \t |
| [:digit:] | die Ziffern 0 bis 9 | 0 bis 9 |
| [:graph:] | Kleinbuchstaben, Großbuchstaben, die Ziffern 0 bis 9 und Satzzeichen | [:alnum:] oder [:punct:] |
| [:lower:] | Kleinbuchstaben | a bis z |
| [:print:] | druckbare Buchstaben | [:alnum:] oder [:punct:] oder Leerzeichen |
| [:punct:] | Satzzeichen | ! " # $ % & ' ( ) * + , - . / : ; < = > ? @ [ \ ] ^ _ ` { \| } ~ |
| [:space:] | Tabulator, Zeilenvorschub, Seitenvorschub, Wagenrücklauf und Leerzeichen | |
| [:upper:] | Großbuchstaben | A bis Z |
| [:xdigit:] | hexadezimale Ziffern | 0 bis 9, A bis F oder a bis f |

Vordefinierte Zeichenklassen

Für häufig benötigte Zeichenklassen gibt es in ECMAScript vordefinierte Kurzschreibweisen, die durch einen Backslash eingeleitet werden.

**Tabelle 19-4** ▶ Kurzschreibweisen für ausgewiesene Typklassen in ECMAScript

| Zeichenklasse | Alternative Schreibweise | Beschreibung |
|---|---|---|
| \d | [[:digit:]] | Ziffern von 0 bis 9 |
| \D | [^[:digit]] | Zeichen, die keine Ziffern sind; [^\d] |
| \s | [[:space:]] | Tabulator, Zeilenvorschub, Seitenvorschub, Wagenrücklauf und Leerzeichen |
| \S | [^[:space:]] | Zeichen, die nicht in [[:space:]] sind; [^\s] |
| \w | [a-zA-Z0-9_] | Buchstaben, Ziffern und der Unterstrich |
| \W | [^a-zA-Z0-9_] | Zeichen, die nicht in [a-zA-Z0-9_]; [^\w] enthalten sind |

## Wiederholungen

Wiederholungen erlauben es, genau zu spezifizieren, wie oft ein Ausdruck vorkommen darf. Dies lässt sich sehr kompakt in der ECMAScript-Grammatik angeben. Am leichtesten fällt der Überblick wieder mit einer Tabelle. Der Wiederholungsfaktor in Tabelle 19-5 bezieht sich immer auf den Ausdruck unmittelbar vor dem Wiederholungsfaktor.

| Wiederholungsfaktor | Beschreibung |
|---|---|
| ? | Der Ausdruck ist optional. |
| + | Der Ausdruck muss mindestens einmal vorkommen. |
| * | Der Ausdruck kann beliebig oft vorkommen. |
| {n} | Der Ausdruck muss genau n-mal vorkommen. |
| {min,} | Der Ausdruck muss mindestens min-mal vorkommen. |
| {min,max} | Der Ausdruck muss zwischen min-mal und max-mal vorkommen. |
| {0,max} | Der Ausdruck darf höchstens max-mal vorkommen. |

◀ **Tabelle 19-5**
Wiederholungsfaktoren in der ECMAScript-Grammatik

Ein paar Beispiele machen die Theorie anschaulicher. Dabei bezeichnet "" die leere Zeichenkette in Tabelle 19-6.

| Muster | Enthält | Enthält nicht |
|---|---|---|
| "a?" | "a", "" | "aa" |
| "a+" | "a", "aaaaaa" | "" |
| "a*" | "", "a", "aaaaaaa", | |
| "a{5}" | "aaaaa" | "aaa" |
| "a{5,}" | "aaaaa", "aaaaaaaaaaaaaaaaaaa" | "aaa" |
| "a{5,10}" | "aaaaaaaaaa" | "aaa" |
| "a{0,5}" | "","a", "aaa", "aaaaa" | "aaaaaaaaaaaaaaaa" |

◀ **Tabelle 19-6**
Beispiele für Wiederholungsfaktoren in der ECMAScript-Grammatik

Bevor wir die Basismuster verlassen, sollte die Alternativauswahl nicht unerwähnt bleiben.

## Alternative

Die Alternative wird durch den senkrechten Strich *(pipe)* definiert. So wird der reguläre Ausdruck `"ab|12"` entweder von der Zeichenkette `"ab"` oder von `"12"` erfüllt, hingegen nicht von `"a1"`.

## Gruppierungen

Werden die bisher dargestellten Bausteine aneinandergereiht, können die Muster deutlich komplexer werden. Die ECMAScript-Grammatik erlaubt es, Teilmuster durch die runden Klammern »( )« in dem Gesamtmuster zu definieren. Die Grundfrage bleibt aber bestehen. Ist ein vorgegebener String in der Menge der Wörter enthalten, die ein Muster beschreibt?

Erfassungsgruppen

Diese Teilmuster werden Erfassungsgruppen *(capture groups)* genannt und bieten mächtige Features an. Zuallererst können die Erfassungsgruppen im Suchergebnis abgefragt werden. Ist `smatch`

(Zeile 19) wie in Beispiel 19-1 das Ergebnis der Suchabfrage, kann mit `smatch[0]` das gesamte Ergebnis oder auch die nullte Erfassungsgruppe, mit `smatch[1]` die erste Erfassungsgruppe, mit `smatch[2]` die zweite Erfassungsgruppe und mit steigendem Index jede weitere Erfassungsgruppe angesprochen werden, die natürlich leer sein kann. Die Nummerierung der Erfassungsgruppen findet in dem Muster von außen nach innen und von links nach rechts statt.

In Beispiel 19-2 sind Erfassungsgruppen im Einsatz zu sehen.

captureGroup.cpp

**Beispiel 19-2:** Verschiedene Variationen von Erfassungsgruppen

```
#include <regex>

#include <iomanip>
#include <iostream>
#include <string>

void showCaptureGroups(const std::string& regEx,
                       const std::string& text){

  // regular expression holder
  std::regex rgx(regEx);

  // result holder
  std::smatch smatch;

  // result evaluation
  if (std::regex_search(text,smatch,rgx)){
    std::cout << std::setw(12) << regEx
              << std::setw(12) << text
              << std::setw(12) << smatch[0]
              << std::setw(10) << smatch[1]
              << std::setw(10) << smatch[2]
              << std::setw(10) << smatch[3] << std::endl;
  }

}

int main(){

  std::cout << std::endl;

  std::cout << std::setw(12) << "reg Expr"
            << std::setw(12) << "text"
            << std::setw(12) << "smatch[0]"
            << std::setw(10) << "smatch[1]"
            << std::setw(10) << "smatch[2]"
            << std::setw(10) << "smatch[3]"  << std::endl;

  showCaptureGroups("abc+","abccccc");
```

**Beispiel 19-2:** Verschiedene Variationen von Erfassungsgruppen (Fortsetzung)

```
    showCaptureGroups("(a+)(b+)(c+)","aaabccc");

    showCaptureGroups("(abc)+","abcabc");

    showCaptureGroups("((abc)+)","abcabc");

    showCaptureGroups("(ab)(abc)+","ababcabc");

    showCaptureGroups("(a(b))(abc)+","ababcabc");

    std::cout << std::endl;

}
```

Da die regulären Ausdrücke in Beispiel 19-2 keine zu schützenden Sonderzeichen enthalten, sind Raw-String-Literale nicht notwendig. Kompiliert und ausgeführt, lässt sich schön die Anwendung der Erfassungsgruppen studieren.

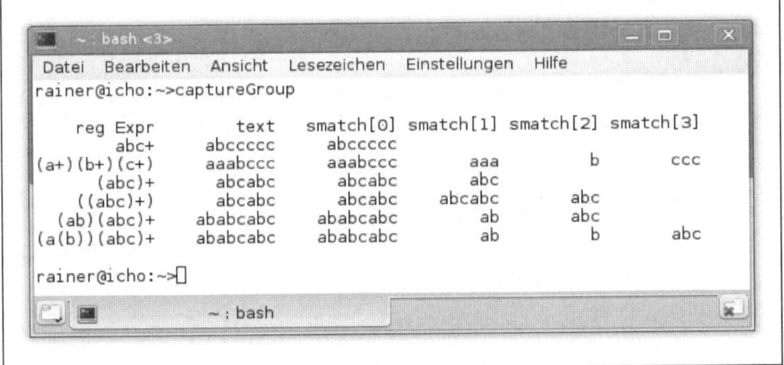


◀ **Abbildung 19-2**
Anwendung der Erfassungsgruppen aus Beispiel 19-2

Rückwärtsreferenzen

Erfassungsgruppen können nicht nur in dem Suchergebnis, sondern direkt im Muster referenziert werden. Dieses mächtige Feature nennt sich Rückwärtsreferenz. So lässt sich mit `\1` die erste, mit `\2` die zweite und mit `\i` die i-te Erfassungsgruppe referenzieren. Dabei ist das Muster nur gültig, wenn für die i-te Rückwärtsreferenz eine i-te Erfassungsgruppe definiert wurde.

In Tabelle 19-7 sind ein paar Beispiele für Rückwärtsreferenzen dargestellt.

Tabelle 19-7 ▶ Beispiele für Rückwärtsreferenzen

| Muster | Gültige Zeichenketten | Beschreibung |
|---|---|---|
| "(\w+)\s+\1" | "12 12"<br>"a a" | Beliebig langes Wort, das sich, durch *space* getrennt, wiederholt. |
| "(\w{3})\w*\1" | "abc___abc"<br>"12_12_" | Drei Zeichen langes Wort, das sich, durch beliebig viele Zeichen getrennt, wiederholt. |
| "(\d+)(\w+)\2\1" | "1aa1"<br>"123TestTest123" | Ziffern gefolgt von Zeichen wiederholen sich. Dabei ist ihre Reihenfolge vertauscht. |
| "(.)(.).*\2\1" | "otto",<br>"rentner"<br>"otABCto" | Zeichenkette endet mit den ersten zwei Buchstaben in umgekehrter Reihenfolge. |

Mit der Syntax für reguläre Ausdrücke gewappnet, lässt sich nun auch der reguläre Ausdruck `([\w.%+-]+)@([\w.-]+\.[a-zA-Z]{2,4})`für die E-Mail-Adresse aus Beispiel 19-1 in Prosa übersetzen, der eine E-Mail-Adresse in ihren lokalen und den Domänenanteil zerlegt. Für die erste Analyse des E-Mail-Ausdrucks werden die Erfassungsgruppen ignoriert. Damit lässt sich der reguläre Ausdruck auf `[\w.%+-]+@[\w.-]+\.[a-zA-Z]{2,4}` vereinfachen.

Der lokale Anteil `[\w.%+-]+` besteht aus:

1. mindestens einem Zeichen (`[...]+`) aus der Menge der Wortzeichen (`\w`), einem Punkt (`.`), einem Plus- (`+`) oder einem Minuszeichen (`-`).

Der Domänenanteil `[\w.-]+\.[a-zA-Z]{2,4}` folgt auf das at-Zeichen `@` und besteht aus:

1. mindestens einem Zeichen (`[...]+`) aus der Menge der Wortzeichen (`\w`), einem Punkt (`.`) oder einem Minuszeichen (`-`),
2. einem Punkt (`\.`),
3. zwei bis vier (`{2,4}`) Buchstaben `[a-zA-Z]`.

Die Zeichenkette `[...]+` enthält mindestens ein Zeichen aus der Zeichenmenge `[...]` im Gegensatz zur Zeichenkette `[...]*`, die auch leer sein kann. Werden zu dem einfachen regulären Ausdruck wieder die Erfassungsgruppen hinzugefügt, lassen sich der lokale und der Domänenanteil aus diesem extrahieren.

Diese Einführung in die ECMAScript-Grammatik sollte ausreichen, um die weitere Funktionalität zu regulären Ausdrücken in C++11 im Detail zu betrachten.

#### Aufgabe 19-1

Mehr Informationen zu regulären Ausdrücken.

Um tiefer in die Syntax der regulären Ausdrücke einzutauchen, sei auf (Friedl, 2002) verwiesen. Auch Onlinetools wie der REGEXP-EVALUATOR von Jens Henneberg (Henneberg, 2010) leisten wertvolle Dienste, wenn es darum geht, schnell einen regulären Ausdruck auszuwerten.

Diese Muster, die reguläre Ausdrücke beschreiben, werden in C++11-Objekten gekapselt.

## Objekte vom Typ regulärer Ausdruck

basic_regex

Objekte vom Typ regulärer Ausdruck sind Instanzen des Klassen-Templates `std::basic_regex`, die über ihren Charaktertyp und die Traits-Klasse parametrisiert werden. Dabei legt die Traits-Klasse fest, wie das Objekt Eigenschaften der regulären Grammatik interpretiert. Das hört sich komplizierter an, als es ist, denn in Anlehnung an `std::string` und `std::wstring` gibt es zwei Typsynonyme für `std::basic_regex`, die diese Komplexität verbergen:

**Beispiel 19-3:** Typsynonyme für std::basic_regex

```
typedef basic_regex<char> regex;
typedef baisc_regex<wchar_t> wregex;
```

Anpassung von regex und wregex

Hier hört aber die Parametrisierung nicht auf. Für Instanzen vom Typ `std::regex` bzw. `std::wregex` lässt sich die verwendete Grammatik, Optimierungseigenschaften und Modifikationen der Syntax des resultierenden Objekts an die eigenen Bedürfnisse anpassen. Als mögliche Grammatiken stehen neben der Standardgrammatik `ECMAScript` auch `basic`, `extended`, `awk`, `grep` und `egrep` zur Verfügung. Während die Optimierung der Instanzen vom Typ regulärer Ausdruck den Spezialisten adressiert, bietet `std::regex_constants::icase` die Möglichkeit, den regulären Ausdruck unabhängig von Groß- und Kleinschreibung (`case insensitive`) zu behandeln. Werden die Optimierungsflags oder auch Modifikatoren der Grammatik verwendet, muss die Syntax der Grammatik verbindlich angegeben werden. Alle drei Parameter werden an den Konstruktor von `std::regex` bzw. `std::wregex` über eine Bitmaske übergeben.

Nach der Theorie nun das einfache Beispiel 19-4, das die *case sensitive* und *case insensitive* Suche in einem String anwendet.

case.cpp **Beispiel 19-4:** case sensitive und case insensitive Suche in einem String

```
01 #include <regex>
02
03 #include <iostream>
04 #include <string>
05
06 int main(){
07
08   std::cout << std::endl;
09
10   std::string theQuestion="C++ or c++, that's the question.";
11
12   // regular expression for c++
13   std::string regExprStr(R"(c\+\+)");
14   // std::string regExprStr("c\\+\\+");
15
16   // regular expression object
17   std::regex rgx(regExprStr);
18
19   // search result holder
20   std::smatch smatch;
21
22   std::cout << theQuestion << std::endl;
23
24   // looking for a partial match (case sensitive)
25   if (std::regex_search(theQuestion,smatch,rgx)){
26
27     std::cout << std::endl;
28     std::cout << "The answer is case sensitive: "
                << smatch[0] <<  std::endl;
29
30   }
31
32   // regular expression object (case insensitive)
33   std::regex rgxIn(regExprStr,
       std::regex_constants::ECMAScript|std::regex_constants::icase);
34
35   // looking for a partial match (case insensitive)
36   if (std::regex_search(theQuestion,smatch,rgxIn)){
37
38     std::cout << std::endl;
39     std::cout << "The answer is case insensitive: "
                << smatch[0] << std::endl;
40
41   }
42
43   std::cout << std::endl;
44
45 }
```

In Zeile 13 in Beispiel 19-4 wird der reguläre Ausdruck definiert, der für die Suche in `std::string theQuestion` (Zeile 10) verwendet werden soll. In Zeile 14 ist der äquivalente reguläre Ausdruck ohne den Einsatz eines Raw-String-Literals dargestellt. Das erste Objekt vom Typ regulärer Ausdruck wird *case sensitive* instanziiert und in Zeile 25 angewandt. Im Gegensatz dazu wird das zweite Objekt über die Bitmaske `std::regex_constants::ECMAScript|std::regex_constants::icase` in Zeile 33 parametrisiert, sodass die Suche *case insensitive* ausgeführt wird. Abbildung 19-3 zeigt die Ausführung des Programms.

**▼ Abbildung 19-3**
Suche in einem String case sensitive und case insensitive

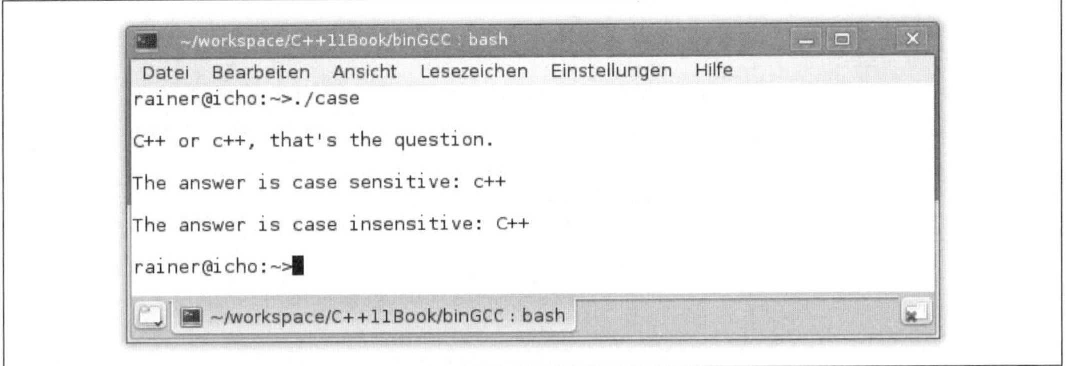


Weitere Elementfunktionen

Objekte vom Typ `std::regex` und `std::wregex` bieten noch weitere Funktionen an. Das Tauschen (`swap`) des Inhalts zweier Objekte wird in C++11 unterstützt. Seine Lokalisierungseigenschaften lassen sich ändern (`imbue`) und ausgeben (`getloc`). Dies ist auch für die Flags (`flags`) möglich. Weiter ist es möglich, die Anzahl der Erfassungsgruppen des regulären Ausdrucks, den das Objekt hält, durch die Elementfunktion (`mark_count`) abzufragen.

### Aufgabe 19-2

Der Blick in die Tiefe.

In dem Buch »The C++ Standard Library Extensions« (Becker, The C++ Standard Library Extension, 2006) lässt Pete Becker in Kapitel 16 keine Frage zu den weiteren Details, insbesondere auch zur Ausnahmebehandlung der Objekte vom Typ reguläre Ausdrücke, offen.

## Analyse des Suchergebnisses mit match_results

**Praxistipp** **Bleiben Sie Ihrem Zeichentyp treu.**

Der Zeichentyp des regulären Ausdrucks, der zu untersuchenden Zeichenkette und des Suchergebnisses müssen übereinstimmen. `char` und `wchar_t` sind die Zeichentypen, die eine Bibliothek zu regulären Ausdrücken in C++11 unterstützen muss.

std::match_results stellt das Ergebnis eines std::regex_match- oder std::regex_search-Aufrufs zur Verfügung. Dabei ist std::match_results ein sequenzieller Container, der seine einzelnen Erfassungsgruppen als std::sub_match-Objekte zurückgibt. std::sub_match ist eine Sequenz von Zeichen.

Damit lässt sich komfortabel in Beispiel 19-5 über die Erfassungsgruppen und die Zeichenketten der Erfassungsgruppen iterieren.

iterate.cpp

**Beispiel 19-5:** Iterieren über die Erfassungsgruppen und die Zeichenketten der Erfassungsgruppen

```
#include <regex>

#include <algorithm>
#include <iomanip>
#include <iostream>
#include <string>

int main(){

  std::cout << std::endl;

  std::string privateAddress="192.168.178.21";

  // regular expression for IP4 adresses
  std::string
  ip4RegEx(R"((\d{1,3})\.(\d{1,3})\.(\d{1,3})\.(\d{1,3}))");

  // regular expression holder
  std::regex rgx(ip4RegEx);

  // search result holder
  std::smatch smatch;

  // looking for the exact match
  if (std::regex_match(privateAddress,smatch,rgx)){

    for ( auto cap: smatch ){

      std::cout << "capture group: " << cap << std::endl;
      if (cap.matched){

        // print each character in hexadecimal notation,
           including the base
        std::cout << "hex: ";
        std::for_each(cap.first,cap.second,
          [](int v){std::cout << std::showbase
                                  << std::hex << v << " ";});
        std::cout << "\n\n";

      }

```

**Beispiel 19-5:** Iterieren über die Erfassungsgruppen und die Zeichenketten der Erfassungsgruppen

```
38      }
39
40    }
41
42 }
```

Beispiel 19-5 beginnt vertraut. In Zeile 15 wird ein regulärer Ausdruck für IP4-Adressen erklärt, der in Zeile 18 an das Objekt vom Typ regulärer Ausdruck übergeben wird. Spannender wird es in dem `if`-Block (Zeilen 24 bis 40). `std::regex_match` prüft, ob der Eingabestring `privateAddress` eine gültige IP4-Adresse ist. Ist das der Fall, wird der `if`-Block ausgeführt und in der `for`-Schleife (Zeilen 26 bis 38) jeder Erfassungsgruppe ausgegeben. Dies ist aber nur die Iteration über alle Erfassungsgruppen. In Zeile 33 wird über die Zeichen jeder Erfassungsgruppe iteriert. Um den Unterschied optisch zu verdeutlichen, stellt die Lambda-Funktion jedes Zeichen hexadezimal dar.

In Abbildung 19-4 ist die Ausgabe des Programms zu sehen.

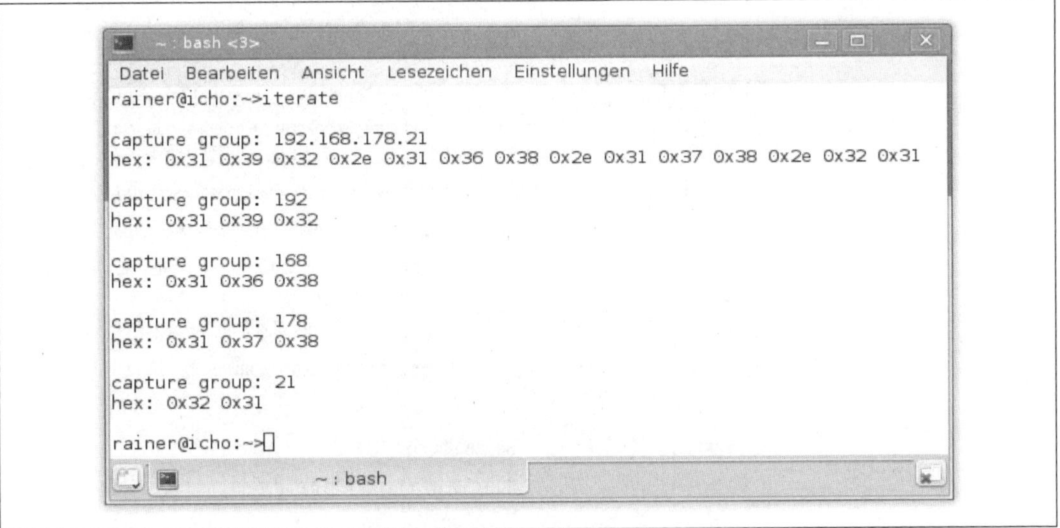


▼ **Abbildung 19-4**
Ausgabe der Erfassungsgruppen und des Zeichens jeder Erfassungsgruppe im hexadezimalen Format

Noch eine Feinheit: Während das Suchergebnis `smatch` vom Typ `std::match_results` ist, ist die Erfassungsgruppe `cap` vom Typ `std::sub_match`. Dies erklärt, warum die Objekte `smatch` und `cap` verschiedene Interfaces anbieten. Um den Überblick zu behalten, sind in den zwei folgenden Tabellen die wichtigsten Funktionen des Datentyps `std::match_results` (Tabelle 19-8) sowie des Datentyps `std::sub_match` (Tabelle 19-9) dargestellt.

Tabelle 19-8 ▶ std::match_results-Funktionen

match_result-Funktionen

| Funktion | Beschreibung |
| --- | --- |
| `smatch.swap(smatch1)`<br>`std::swap(smatch,smatch1)` | Tausche `smatch` und `smatch1`. |
| `smatch[i]` | Gibt die i-te Erfassungsgruppe vom Typ `std::sub_match` zurück. |
| `smatch.position(i)` | Gibt den Offset vom Anfang des Suchstrings bis zum Beginn der i-ten Erfassungsgruppe zurück.<br>Default-Wert i= 0. |
| `smatch.length(i)` | Gibt die Länge der i-ten Erfassungsgruppe zurück.<br>Default-Wert i= 0. |
| `smatch.str(i)` | Gib die Zeichenkette der i-ten Erfassungsgruppe als String zurück.<br>Default-Wert i= 0. |
| `smatch.format( ... )` | Ermöglicht die Formatierung der Eingabestrings mithilfe des Suchergebnisses `smatch`.<br>(Genaueres hierzu folgt in Kapitel 19 im Abschnitt »Formatieren mit regex_replace und match_results.format« auf Seite 327.) |
| `smatch.prefix()` | Gibt ein `sub_match`-Objekt zurück, das die Zeichenkette vor dem Suchergebnis (`smatch[0]`) referenziert. |
| `smatch.suffix()` | Gibt ein `sub_match`-Objekt zurück, das die Zeichenkette nach dem Suchergebnis (`smatch[0]`) referenziert. |
| `smatch.begin()` | Gibt einen Iterator auf die erste Erfassungsgruppe zurück. |
| `smatch.end()` | Gibt die Zeichenkette nach dem Suchergebnis (`smatch[0]`) zurück. |
| `smatch.size()` | Gibt die Anzahl der Erfassungsgruppen zurück. |
| `smatch.max_size()` | Gibt die Länge der längsten Erfassungsgruppe zurück. |
| `smatch.empty()` | Gibt `true` zurück, falls `smatch` keine Erfassungsgruppe besitzt, sonst `false`. |
| `smatch.get_allocator()` | Gibt eine Kopie des Allokators für `smatch` zurück. |
| `smatch == smatch1`<br>`smatch != smatch1` | Vergleicht die Suchergebnisse `smatch` und `smatch1`. |

Tabelle 19-9 ▶ std::sub_match-Funktionen

sub_match-Funktionen

| Funktion | Beschreibung |
| --- | --- |
| `cap.matched` | Rückgabewert `true`, falls die Erfassungsgruppe einen Treffer ergab, sonst `false`. |
| `cap.first` | Iterator auf den Beginn der Zeichenkette. |
| `cap.second` | Iterator auf die Position nach dem letzten gültigen Zeichen der Zeichenkette. |
| `cap.length()` | Gibt die Länge der Zeichenkette zurück. |
| `cap.str()` | Gibt eine Zeichenkette als String zurück. |
| `cap.compare(other)` | Vergleicht `cap` mit `other`, wobei `other` ein `std::sub_match`-Objekt, ein String oder eine Zeichenkette vom gleichen Typ sein kann. |

Für die Zeichentypen char und wchar_t gibt es sowohl für std::match_results als auch für std::sub_match Typsynonyme, die das Leben eines Programmierers einfacher machen.

typdef für match result

**Beispiel 19-6:** Typsynonyme für std::match_results

```
typedef match_results<const char*> cmatch;
typedef match_results<const wchar_t*> wcmatch;
typedef match_results<string::const_iterator> smatch;
typedef match_results<wstring::const_iterator> wsmatch;
```

**Beispiel 19-7:** Typsynonyme für std::sub_match

```
typedef sub_match<const char*> csub_match;
typedef sub_match<const wchar_t*> wcsub_match;
typedef sub_match<string::const_iterator> ssub_match;
typedef sub_match<wstring::const_iterator> wssub_match;
```

### Aufgabe 19-3

iterateSolution.cpp

Implementieren Sie Beispiel 19-5 für den Charaktertyp const char*.

Das Programm *iterate.cpp* aus Beispiel 19-5 ist für den Zeichentyp std::string implementiert. Ein paar Modifikationen, und es kann auf const char* angewandt werden.

## Exakte Treffer mit regex_match

std::regex_match soll helfen, die Frage zu beantworten: Entspricht meine Zeichenkette dem regulären Ausdruck? Da sich diese einfache Frage mit Ja oder Nein beantworten lässt, kann std::regex_match ohne ein Suchergebnis std::match_results (Beispiel 19-5) verwendet werden.

Genau diese Anwendung zeigt Beispiel 19-8.

**Beispiel 19-8:** Aufruf von std::regex_match in drei Variationen

regexMatch.cpp

```
#include <regex>

#include <iostream>
#include <string>
#include <vector>

int main(){

  std::cout << std::endl;

  // regular expression for a number,
     not including an exponent
  std::string numberRegEx(
```

**Beispiel 19-8:** Aufruf von std::regex_match in drei Variationen (Fortsetzung)

```
      R"([-+]?([0-9]*\.[0-9]+|[0-9]+))");
13
14   // regular expression holder
15   std::regex rgx(numberRegEx);
16
17   // using const char*
18   const char* numChar{"2011"};
19   if (std::regex_match(numChar,rgx)){
20     std::cout << numChar << " is a number." << std::endl;
21   }
22
23   // using std::string
24   const std::string numStr{"3.14159265359"};
25   if (std::regex_match(numStr,rgx)){
26     std::cout << numStr << " is a number." << std::endl;
27   }
28
29   // using bidirectional iterators
30   const std::vector<char> numVec{
       {'-','2','.','7','1','8','2','8','1','8','2','8’}};
31   if (std::regex_match(numVec.begin(),numVec.end(),
         rgx)){
32     for (auto c: numVec){ std::cout << c ;};
33     std::cout << " is a number." << std::endl;
34   }
35
36   std::cout << std::endl;
37
38 }
```

In Beispiel 19-8 wird `std::regex_match` in Zeile 19 mit einem Zeiger auf `const char`, in Zeile 25 mit einem `std::string` und in Zeile 31 mit zwei Iteratoren aufgerufen. Alle drei Aufrufe ergeben das erwartete Ergebnis (Abbildung 19-5).

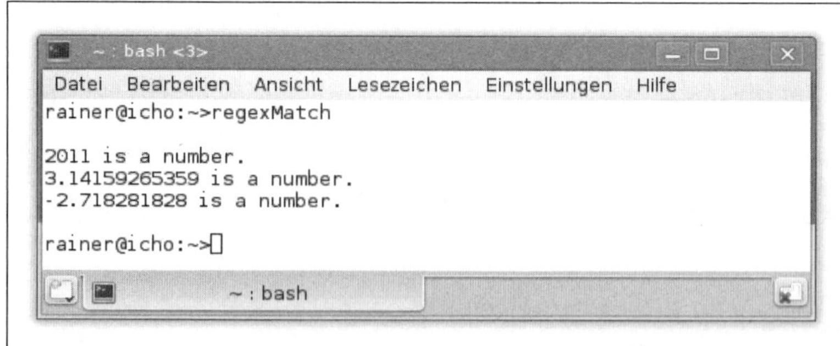


**Abbildung 19-5 ▶** Aufrufe von std::regex_match mit einem const char*, einem std::string und einem std::vector

Neben diesen drei überladenen Versionen des Funktions-Templates `std::regex_match` existieren noch drei weitere Varianten, die ein

Suchergebnis vom Typ `std::match_results` erwarten. Diese sind bereits in Beispiel 19-5 angewandt worden.

Weitere Flags in regex_constants

> ## Exkurs: Weitere Flags, um das Suchverhalten anzupassen
>
> Für spezielle Anwendungsfälle können `std::regex_match`, `std::regex_search` und `std::regex_replace` noch weitere Suchoptionen vom Typ `std::regex_constants` übergeben werden. Die sehr speziellen Details werden in Pete Beckers Standardwerk »The C++ Standard Library Extension« (Becker, The C++ Standard Library Extension, 2006) genau erläutert.

regexMatchSolution.cpp

### Aufgabe 19-4

Erweitern Sie die Zahlenerkennung in Beispiel 19-8 um die Exponentialschreibweise.

Beispiel 19-8 ist nur die halbe Lösung des Problems. Literale der Form »-3.44E+4« sind für das Programm keine Zahlen. Erweitern Sie daher den regulären Ausdruck so, dass er Zahlen in der wissenschaftlichen Notation auch erkennt.

Testen Sie Ihren Algorithmus mit den Zahlen 2011, 3.14159, -3. 44E+4 und -1.02E-4.

## Suchen mit regex_search

regex_search

Die Anwendung von `std::regex_search` ist der von `std::regex_match` sehr ähnlich. Zu jeder der sechs Varianten von `std::regex_match` existiert eine Variante von `std::regex_search`, die die gleiche Signatur besitzt. Während `std::regex_match` entscheidet, ob eine Zeichenkette einem gegebenen regulären Ausdruck entspricht, sucht `std::regex_search` eine dem regulären Ausdruck entsprechende Zeichenkette in dem Eingabetext.

In Beispiel 19-2 und Beispiel 19-3 haben wir schon `std::regex_search` zusammen mit einem Suchergebnis im Einsatz gesehen. Was aber noch fehlt, ist der Einsatz von verschiedenen Zeichentypen. In Beispiel 19-9 wird ein regulärer Ausdruck verwendet, um die Zeit aus der Zeichenkette zu extrahieren. Die Datentypen `const char*`, `std::string`, `cont wchar_t*` und `std::wstring` werden verwendet.

regexSearch.cpp

**Beispiel 19-9:** std::regex_search mit verschiedenen Zeichentypen

```
#include <regex>

#include <iostream>
#include <string>

int main(){

  std::cout << std::endl;

  // regular expression holder for time
  std::regex crgx("([01]?[0-9]|2[0-3]):[0-5][0-9]");

  // const char*
  std::cout << "const char*" << std::endl;
  std::cmatch cmatch;

  const char* ctime{"Now it is 23:10."};

  if (std::regex_search(ctime,cmatch,crgx)){

     std::cout << ctime << std::endl;
     std::cout << "Time: " << cmatch[0] << std::endl;

   }

  std::cout << std::endl;

  // std::string
  std::cout << "std::string" << std::endl;
  std::smatch smatch;

  std::string stime{"Now it is 23:25."};
  if (std::regex_search(stime,smatch,crgx)){

    std::cout << stime << std::endl;
    std::cout << "Time: " << smatch[0] << std::endl;

  }

  std::cout << std::endl;

  // regular expression holder for time
  std::wregex wrgx(L"([01]?[0-9]|2[0-3]):[0-5][0-9]");

  // const wchar_t*
  std::cout << "const wchar_t* " << std::endl;
  std::wcmatch wcmatch;

  const wchar_t* wctime{L"Now it is 23:47."};

  if (std::regex_search(wctime,wcmatch,wrgx)){

```

**Beispiel 19-9:** std::regex_search mit verschiedenen Zeichentypen (Fortsetzung)

```
53          std::wcout << wctime << std::endl;
54          std::wcout << "Time: " << wcmatch[0] << std::endl;
55
56      }
57
58      std::cout << std::endl;
59
60      // std::wstring
61      std::cout << "std::wstring" << std::endl;
62      std::wsmatch wsmatch;
63
64      std::wstring  wstime{L"Now it is 00:03."};
65
66      if (std::regex_search(wstime,wsmatch,wrgx)){
67
68        std::wcout << wstime << std::endl;
69        std::wcout << "Time: " << wsmatch[0] << std::endl;
70
71      }
72
73      std::cout << std::endl;
74
75  }
```

Beispiel 19-9 zeigt den Umgang mit den verschiedenen Datentypen `const char*` (Zeilen 13 bis 24), `std::string` (Zeilen 28 bis 38), `const wchar_t*` (Zeilen 45 bis 56) und `std::wstring` (Zeilen 60 bis 71). Werden alle Parameter von `std::regex_search` mit dem gleichen Zeichentyp verwendet, klappt es auch mit der Ausgabe (Abbildung 19-6).

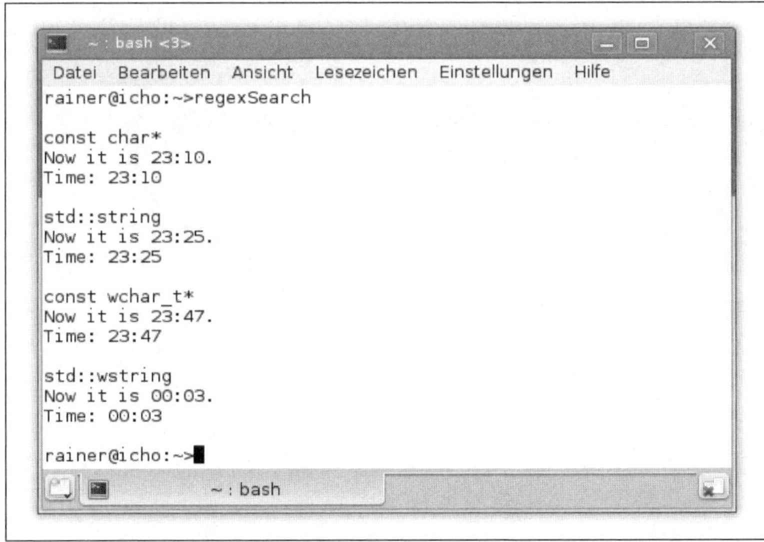


◀ **Abbildung 19-6**
Anwendung von std::regex_search mit verschiedenen Datentypen

Zum Abschluss will ich den Umgang mit `std::wstring` in Beispiel 19-9 explizit auf den Punkt bringen. Für das richtige Verarbeiten von `std::regex_search` ist es erforderlich, dass der reguläre Ausdruck `wrgx` (Zeile 43), das Suchergebnis `wsmatch` (Zeile 62), die zu untersuchende Zeichenkette `wstime` (Zeile 64) und der Ausgabekanal `std::wcout` (Zeile 68) vom gleichen Datentyp sind.

repetitiveSearch

**Aufgabe 19-5**

Verwenden Sie `std::regex_search` für das wiederholte Suchen einer Zeichenkette in einem Eingabestring.

Suchen Sie alle Ganzzahlen in einem Eingabestring und geben Sie diese aus. Bjarne Stroustrup über C++11 als möglichen Eingabestring: »This is close to the final draft international standard formally accepted by a 21-0 national vote in August 2011. Unless the ISO bureaucracy is unusually slow, the standard will be officially issued this year so that it will be referred to as C++11 or C++2011.« (Stroustrup, 2011).

## Ersetzen mit regex_replace

Während die Algorithmen `std::regex_match` und `std::regex_search` mächtige Helfer sind, um einen String in einem Eingabestring mithilfe eines regulären Ausdrucks zu identifizieren, erlaubt es `std::regex_replace`, diesen identifizierten String durch einen neuen String zu ersetzen.

In Beispiel 19-10 wird jeweils `std::string` in zwei Schritten modifiziert zurückgegeben.

regexReplace.cpp

**Beispiel 19-10:** std::regex_replace, auf einen std::string angewandt

```
#include <regex>

#include <iomanip>
#include <iostream>
#include <string>

int main(){

  std::cout << std::endl;

  std::string future{"Future"};
  int len= sizeof(future);

  std::string unofficialStandardName
  {"The unofficial name of the new C++ standard is C++0x."};
```

**Beispiel 19-10:** std::regex_replace, auf einen std::string angewandt (Fortsetzung)

```
15   std::cout << std::setw(len) << std::left << "Now: "
               << unofficialStandardName << std::endl;
16
17   // replace C++0x with C++11
18   std::regex rgxCpp(R"(C\+\+0x)");
19   std::string newCppName{"C++11"};
20
21   std::string newStandardName{std::regex_replace(
       unofficialStandardName,rgxCpp,newCppName)};
22   std::cout << std::setw(len) << std::left <<  "Now: "
               << newStandardName << std::endl;
23
24   // replace unofficial with official
25   std::regex rgxOff{"unofficial"};
26   std::string makeOfficial{"official"};
27
28   std::string officialName{std::regex_replace(
       newStandardName,rgxOff,makeOfficial)};
29   std::cout << std::setw(len) << std::left  << "Future: "
               << officialName << std::endl;
30
31   std::cout << std::endl;
32
33 }
```

Das Programm in Beispiel 19-10 versucht, mit der für einen Autor undankbaren Situation umzugehen, dem neuen Kind einen Namen geben zu müssen. Durch `std::regex_replace` wird in den Zeilen 21 und 28 der bestehende String durch einen neuen ersetzt. So bewirkt der Aufruf von `std::regex_replace(unofficialStandardName,rgxCpp,newCppName)`, dass jeder Teilstring in `unofficialStandardName`, der dem Muster `rgxCpp` entspricht, durch den String `newCppName` ersetzt wird.

In der Hoffnung, dass die Ausgabe in Abbildung 19-7 korrekt ist:

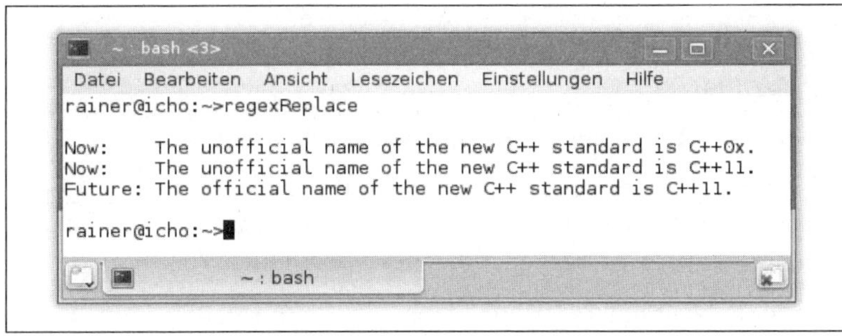


◀ **Abbildung 19-7** Doppelter Einsatz von std::regex_replace

Verallgemeinertes regex_replace

Neben dem dargestellten Funktions-Template `std::regex_replace`, das das Ergebnis der Ersetzung als Rückgabewert zurückgibt, bietet

C++11 noch eine allgemeinere Form des Funktions-Templates an. Dieses Funktions-Template arbeitet in bekannter STL-Manier auf Iteratoren.

Beispiel 19-11 stellt den `std::regex_replace`-Einsatz von Beispiel 19-10 dem verallgemeinernden Iteratorenansatz gegenüber. Der Einfachheit halber sind die Variablennamen deutlich verkürzt.

**Beispiel 19-11: Vergleich der zwei std::regex_replace-Versionen**

```
01 std::string unoff{"The unofficial name of the new C++ standard is 
C++0x."};
02
03 std::regex rgx(R"(C\+\+0x)");
04 std::string cpp{"C++11"};
05
06 // string version
07 std::string newName{std::regex_replace(unoff,rgx,cpp)};
08
09 // iterator version
10 std::string newName2;
11 std::regex_replace(std::back_inserter(newName2),
                      unoff.begin(),unoff.end(),rgx,cpp);
```

In der Iterator-Version in Beispiel 19-11 wird in Zeile 10 eine Variable `newName2` angelegt, in der das Ergebnis gespeichert werden soll. Der Ausdruck in Zeile 11, in Prosa übersetzt, lautet: Gehe durch den Bereich `unoff.begin()` bis `unoff.end()`, indem du alle Treffer von `rgx` durch `cpp` ersetzt und an `newName2` hinten anhängst (`std::back_inserter(newName2)`).

Zwei Flags: format_no_copy, format_first_only

`std::regex_replace` kann über zwei Flags noch weiter parametrisiert werden. So bewirkt `std::regex_constants::format_no_copy`, dass lediglich die Teilstrings in den Ergebnisstring kopiert werden, die den regulären Ausdruck erfüllen. Soll nur der erste Teilstring kopiert werden, lässt sich dieses Verhalten über das Flag `std::regex_constants::format_first_only` steuern.

replaceText.cpp

## Aufgabe 19-6

Schieben Sie alle Treffer auf einen neuen Vektor.

Verwenden Sie `std::regex_replace` und das Flag `std::regex_constants::format_not_copy`, um die Zahlen in dem String auf einen anderen Vektor zu schieben. Geben Sie den neuen Vektor aus.

Ein möglicher Eingabestring: »This is close to the final draft international standard formally accepted by a 21-0 national vote in August 2011. Unless the ISO bureaucracy is unusually slow, the standard will be officially issued this year so that it will be referred to as C++11 or C++2011.« (Stroustrup, 2011).

Nutzen Sie dabei aus, dass in dem Eingabestring nur Ganzzahlen vorkommen. Dabei bezeichnet »$&« den gesamten Treffer im Ersetzungstext (Tabelle 19-10).

**Aufgabe 19-7**

replaceTextFirst.cpp

Ersetzen Sie den ersten Treffer durch einen neuen Text.

Die E-Mail ist leider nicht mehr aktuell. Ersetzen Sie die erste Zahl durch 2012.

»We happily announce to you the draw of the Euro – Afro Asian Sweepstake Lottery International programs held on the first of May 2004 in Dakar Senegal.Your e-mail address attached to ticket number: 564-75600545-188 with Serial number 5388/02 drew the lucky numbers: 31-6-26-13-35-7, which subsequently won you the lottery in the 2nd category.\n\n CONGRATULATIONS!!!«

## Formatieren mit regex_replace und match_results.format

Um in Beispiel 19-10 den endgültigen String zu erhalten, waren zwei Iterationen notwendig. Das ist umständlich, verlangt doch jede Ersetzung eine Iteration. Erfassungsgruppen in Kombination mit der Elementfunktion `std::match_results.format` erlauben dies in einem Schritt. Dabei wird das Problem umformuliert. Statt in einen bestehenden String einen Teilstring über mehrere Iterationen hinweg zu verändern, wird ein Formatstring mit Platzhaltern vorgegeben, in den die neuen Werte eingesetzt werden. Dieser einfache Anwendungsfall lässt sich auch noch mit dem alten Bekannten `std::regex_replace` umsetzen.

**Beispiel 19-12:** Text formatieren mit std::regex_replace und std::match_result.format

regexFormat.cpp

```
#include <regex>

#include <iomanip>
#include <iostream>
#include <string>

int main(){

  std::cout << std::endl;

  std::string future{"Future"};
```

**Beispiel 19-12:** Text formatieren mit std::regex_replace und std::match_result.format (Fortsetzung)

```
12   int len= sizeof(future);
13
14   const std::string unofficial{"unofficial,C++0x"};
15   const std::string official{"official,C++11"};
16
17   std::regex regValues{"(.*),(.*)"};
18
19   std::string standardText{
       "The $1 name of the new C++ standard is $2."};
20
21   // using std::regex_replace
22   std::string textNow= std::regex_replace(
        unofficial,regValues,standardText );
23
24   std::cout <<  std::setw(len) << std::left << "Now: "
               << textNow << std::endl;
25
26   // using std::match_results
27   // typedef match_results<string::const_iterator> smatch;
28   std::smatch smatch;
29   if ( std::regex_match(official,smatch,regValues)){
30
31     std::string textFuture= smatch.format(standardText);
32     std::cout <<  std::setw(len) << std::left << "Future: "
                 << textFuture << std::endl;
33
34   }
35
36   std::cout << std::endl;
37
38 }
```

In Beispiel 19-12 wird die erste Ausgabe mit `std::regex_replace` (Zeile 22), die zweite Ausgabe mit `std::match_results.format` (Zeile 31) formatiert. Durch »$i« kann in dem Formatstring `standardText` (Zeile 19) die i-te Erfassungsgruppe referenziert werden. Dabei beschreibt `regValues{"(.*),(.*)"}` in Zeile 17 die erste und zweite Erfassungsgruppe der Strings `unofficial` (Zeile 14) und `official` (Zeile 15).

Die formatierte Ausgabe ist in Abbildung 19-8 zu sehen.

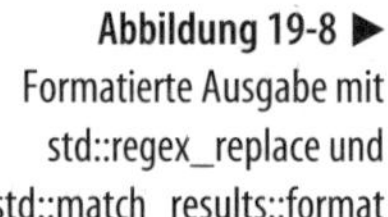

**Abbildung 19-8 ▶** Formatierte Ausgabe mit std::regex_replace und std::match_results::format

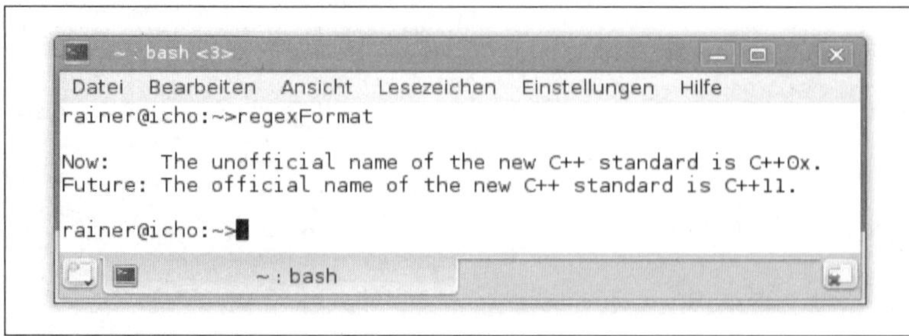

Die weiteren Format-Escape-Sequenzen der ECMAScript-Grammatik sind in Tabelle 19-10 zusammengefasst.

◀ **Tabelle 19-10**
Die Format-Escape-Sequenzen der ECMAScript-Grammatik

| Format-Escape-Sequenz | Ersetzungstext |
|---|---|
| "$&" | Gibt den Gesamttreffer aus. Dies ist die 0-te Erfassungsgruppe. (smatch[0]) |
| "$$" | Gibt »$« aus. |
| "$`"<br>(Dollarzeichen gefolgt vom Backquote) | Gibt den Text vor dem Gesamttreffer aus.<br>(smatch[0].prefix()) |
| "$´"<br>(Dollarzeichen gefolgt vom Vorwärtsquote) | Gibt den Text nach dem Gesamttreffer aus.<br>(smatch[0].suffix()) |
| "$i"<br>(eine Ziffer) | Gibt die i-te Erfassungsgruppe aus.<br>(smatch[i]) |
| "$ii"<br>(zwei Ziffern) | Gibt die ii-te Erfassungsgruppe aus. |

Mächtigkeit von match_results

Auch wenn der Einsatz des Suchergebnisses `std::match_results` aufwendiger ist als der von `std::regex_replace`, so bietet er doch zwei Vorteile.

1. Ein bereits erzeugtes Suchergebnis lässt sich weiterverwenden.
2. Abhängig von den Eigenschaften des Suchergebnisses kann die Ausgabe angepasst werden.

**Praxistipp** **Ziehen Sie regex_replace match_results::format vor.**

Für die meisten Anwendungsfälle ist die direkte Anwendung `std::regex_replace` für die formatierte Ausgabe ausreichend. Der Einsatz von `std::match_results.format` sollte dann in Erwägung gezogen werden, wenn die Erzeugung des Suchergebnisses von dessen Anwendung in einem Formatstring getrennt werden muss.

In Analogie zu `std::regex_replace` (Beispiel 19-11) gibt es die Funktion `std::match_results.format` in zwei Varianten. Die einfache Variante, die in Beispiel 19-12 angewandt wurde, gibt einen String zurück. Die allgemeinere Form setzt Iteratoren voraus.

### Aufgabe 19-8

regexFormatStandard.cpp

Gewappnet für die Zukunft.

Im mittlerweile bekannten Text von Bjarne Stroustrup (Stroustrup, 2011) sind die Jahreszahlen als Variablen vorgehalten.

»This is close to the final draft international standard formally accepted by a 21-0 national vote in August $1. Unless the ISO bureaucracy is unusually slow, the standard will be officially issued this year so that it will be referred to as C++$2 or C++$1.«

Ein einfaches `std::regex_replace` löst das Problem. In erster Annäherung soll $1 den Wert 2011 und $2 den Wert 11 besitzen.

## Wiederholtes Suchen mit regex_iterator und regex_token_iterator

Mit `std::regex_iterator` und `std::regex_token_iterator` bietet die C++11-Bibliothek zwei mächtige Werkzeuge an, um über Vorkommen eines Teilstrings in einem String zu iterieren. Dabei erlaubt `std::regex_iterator` die Iteration über die Suchergebnisse `std::match_results` jedes Teilstrings, der einem regulären Ausdruck entspricht. Im Gegensatz hierzu geht die Iteration bei `std::regex_token_iterator` noch weiter ins Detail. Nicht nur über das Suchergebnis, sondern auch über die einzelnen Erfassungsgruppen wird iteriert. Die Art der Iteration lässt sich bei ihm durch Indizes genauer steuern.

### regex_iterator

Wie oft kommt ein Wort in einem Text vor? Dieser Klassiker aller Programmieraufgaben lässt sich in C++11 annähernd mit der Leichtigkeit einer Interpretersprache wie Python programmieren (Beispiel 19-12).

regexIterator.cpp

**Beispiel 19-13:** Wörter zählen mit std::regex_iterator

```
#include <regex>

#include <iostream>
#include <string>
#include <unordered_map>

int main(){

  std::cout << std::endl;

  // Bjarne Stroustrup about C++0x on
     http://www2.research.att.com/~bs/C++0xFAQ.html
```

**Beispiel 19-13:** Wörter zählen mit std::regex_iterator (Fortsetzung)

```
12   std::string text{"That's a (to me) amazingly frequent
       question. It may be the most frequently asked question.
       Surprisingly, C++0x feels like a new language: The
       pieces just fit together better than they used to and I
       find a higher-level style of programming more natural
       than before and as efficient as ever."};
13
14   // regular expression for a word
15   std::regex wordReg(R"(\w+)");
16
17   // get all words from text
18   std::sregex_iterator wordItBegin(
       text.begin(),text.end(),wordReg);
19   const std::sregex_iterator wordItEnd;
20
21   // use unordered_map to count the words
22   std::unordered_map<std::string, std::size_t> allWords;
23
24   // count the words
25   for (; wordItBegin != wordItEnd;++wordItBegin){
26     ++allWords[wordItBegin->str()];
27   }
28
29   for ( auto wordIt: allWords) std::cout
       << "(" << wordIt.first << ":" << wordIt.second << ")" ;
30
31   std::cout << "\n\n" ;
32
33 }
```

Das Programm in Beispiel 19-12 sollte zum größten Teil vertraut sein. In Zeile 18 wird ein Iterator definiert. In diesem konkreten Fall iteriert er über alle Wörter von `text.begin()` bis `text.end()`, die dem regulären Ausdruck `wordReg` (Zeile 15) entsprechen. Diese Wörter werden in den Zeilen 25 und 26 in die neue C++11-Hashtabelle eingefügt, und der Zähler wird erhöht. Dabei beendet `wordItEnd` die Iteration. `wordItBegin` ist vom bekannten Typ `std::match_results`, sodass die String-Repräsentation der ersten Erfassungsgruppe mittels `wordItBegin->str()` zur Verfügung steht. Sind alle Wörter durchlaufen, kann das Ergebnis in Zeile 29 kompakt ausgegeben werden.

Abbildung 19-9 zeigt das Ergebnis.

**Abbildung 19-9 ▶** Wörter zählen mit std::regex_iterator

Eines sei nochmals explizit erwähnt. Jeder Teilstring, der dem regulären Ausdruck entspricht, wird über den Typ `std::match_results` zur Verfügung gestellt. Damit lässt sich jedes einzelne Suchergebnis mit der Mächtigkeit der Funktionen aus Tabelle 19-8 weiterverarbeiten.

Diese Mächtigkeit zeigt das folgende Beispiel. Darin wird auf jede Erfassungsgruppe direkt Bezug genommen.

regexIteratorIndex.cpp

**Beispiel 19-14:** Iteration über jede Erfassungsgruppe

```
#include <regex>

#include <iostream>
#include <string>
#include <vector>

int main(){

  std::cout << std::endl;

  // a few books
  std::string text{"
    Pete Becker,The C++ Standard Library Extensions,2006:
    Nicolai Josuttis,The C++ Standard Library,1999:
    Andrei Alexandrescu,Modern C++ Design,2001"};

  // regular expression for a book description
  std::regex regBook(
    R"((\w+)\s(\w+),([\w\s\+]*),(\d{4}))");

  // get all books from text
  std::sregex_iterator bookItBegin(
    text.begin(),text.end(),regBook);
  const std::sregex_iterator bookItEnd;
```

**Beispiel 19-14:** Iteration über jede Erfassungsgruppe (Fortsetzung)

```
20
21   // iterate over each match_results
22   while ( bookItBegin != bookItEnd){
23     auto match= *bookItBegin++;
24     // iterate over each capture group
25     for ( size_t i= 0; i < match.size(); ++i){
26       std::cout << i << ": "  << match[i] << std::endl;
27     }
28     std::cout << std::endl;
29   }
30
31 }
```

Der reguläre Ausdruck in Beispiel 19-14 in Zeile 15 ist relativ schwierig zu lesen. Ein Suchergebnis besteht aus dem Vornamen (\w+) und dem Nachnamen des Autors (\w+), dem Titel ([\w\s\+]*) und dem Erscheinungsdatum (\d{4}) des Werks. Diese Einträge, die zugleich die Erfassungsgruppen sind, sind durch Kommata (,) getrennt. Der `std::sregex_token_iterator` in Zeile 18 wendet diesen regulären Ausdruck an. In den Zeilen 21 bis 29 wird das Ergebnis optisch aufbereitet, indem jede Erfassungsgruppe mit ihrem Index und ihrem Wert ausgegeben wird (Beispiel 19-14).

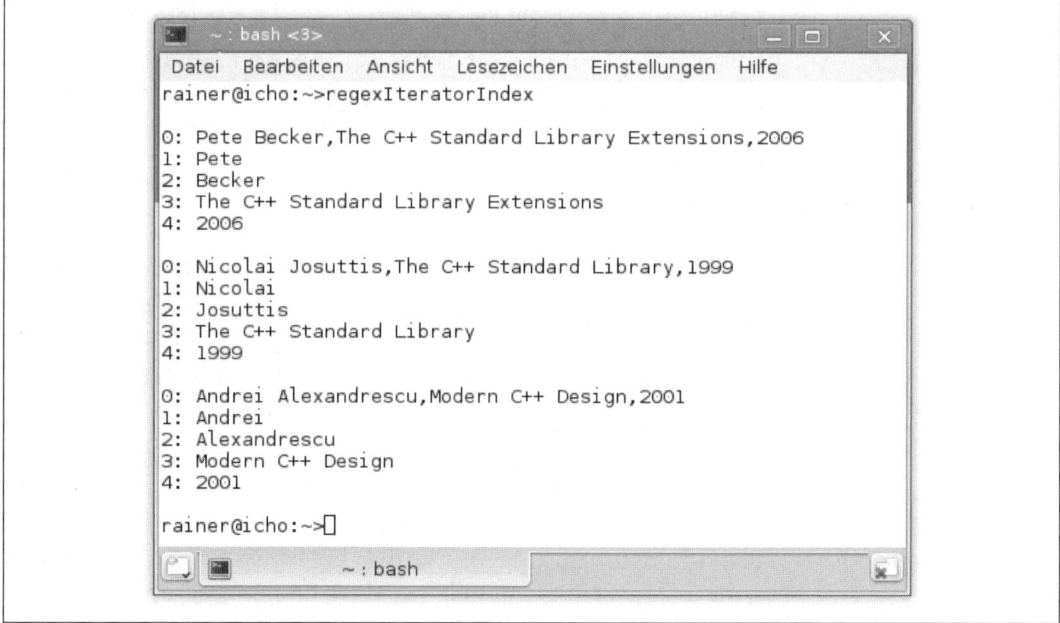


▼ **Abbildung 19-10**
Jede Erfassungsgruppe wird dargestellt

**Praxistipp**

**Verwenden Sie regex_iterator und regex_token_iterator.**

Natürlich bietet `std::regex_search` die ganze Funktionalität an, um einen String von Hand auf Teilstrings zu durchsuchen. Von diesem Unterfangen ist energisch abzuraten, da `std::regex_iterator` und `std::regex_token_iterator` ein mächtiges Interface anbieten. Welche Gefahren im Detail bei der Anwendung von `std::regex_search` lauern, beispielsweise das Verlieren der Wortgrenzen oder leere Treffer, kann wiederum in dem Buch »The C++ Standard Library Extensions« von Pete Becker (Becker, The C++ Standard Library Extension, 2006) nachgelesen werden.

In bekannter C++-Tradition gibt es für die Standardzeichentypen in C++11 die bekannten Synonyme, um Schreibarbeit zu sparen.

**Beispiel 19-15:** Typsynonyme für std::regex_iterator

```
typedef regex_iterator<const char*> cregex_iterator;
typedef regex_iterator<std::string::const_iterator> sregex_iterator;

typedef regex_iterator<const wchar_t*> wcregex_iterator;
typedef regex_iterator<std::wstring::const_iterator> wsregex_iterator;
```

regexIteratorSolution.cpp

### Aufgabe 19-9

Bestimmen Sie, wie oft ein Wort in einem Text vorkommt.

Beispiel 19-13 ist der erste Schritt zur Antwort auf die Frage: Welches Wort kommt am häufigsten im Text vor? Bestimmen Sie die Häufigkeit der Wörter in einem Text und geben Sie diese nach ihrer Häufigkeit sortiert aus.

countAlphabet.cpp

### Aufgabe 19-10

Bestimmen Sie, wie oft ein Buchstabe in einem Text vorkommt.

In der kleinen Variation von Aufgabe 19-9 soll die Häufigkeit der Buchstaben des Alphabets ermittelt werden – und dies ohne Berücksichtigung der Klein- oder Großschreibung. Geben Sie die Buchstaben nach ihrer Häufigkeit sortiert aus.

## regex_token_iterator

`std::regex_token_iterator` iteriert über die Suchergebnisse und deren Erfassungsgruppen. Darüber hinaus ist insbesondere konfigurierbar, welche Komponenten einer Erfassungsgruppe angesprochen werden sollen. Dazu besitzt `std::regex_token_iterator`

Konstruktoren, die im Gegensatz zu `std::regex_iterator` mit Indizes verwendet werden können. Diese Indizes bewirken, dass nur über die entsprechenden Erfassungsgruppen iteriert wird. Ein Index kann die Form einer einfachen Zahl oder auch eines Vektors besitzen. Die Zahl -1 hat eine besondere Bedeutung, da der Teilstring zwischen den Suchergebnissen ausgegeben wird.

Dieser besondere Anwendungsfall soll Variationen von Beispiel 19-14 mit Indizes in Beispiel 19-16 verdeutlichen.

**Beispiel 19-16:** std::regex_token_iterator mit verschiedenen Indizes — regexTokenIterator.cpp

```
#include <regex>

#include <iostream>
#include <string>
#include <vector>

int main(){

  std::cout << std::endl;

  // a few books
  std::string text{
    "Pete Becker,The C++ Standard Library Extensions,2006:
     Nicolai Josuttis,The C++ Standard Library,1999:
     Andrei Alexandrescu,Modern C++ Design,2001"};

  // regular expression for a book
  std::regex regBook(
    R"((\w+)\s(\w+),([\w\s\+]*),(\d{4}))");

  // get all books from text
  std::sregex_token_iterator bookItBegin(
    text.begin(),text.end(),regBook);
  const std::sregex_token_iterator bookItEnd;

  std::cout << "##### std::match_results ######"
            << "\n\n";
  while ( bookItBegin != bookItEnd){
    std::cout << *bookItBegin++ << std::endl;
  }

  std::cout << "\n\n"
            << "##### last name, date of publication ######"
            << "\n\n";

  // get all last name and date of publication for the entries
  std::sregex_token_iterator bookItNameIssueBegin(
    text.begin(),text.end(),regBook,{{2,4}});
  const std::sregex_token_iterator bookItNameIssueEnd;
```

**Beispiel 19-16:** std::regex_token_iterator mit verschiedenen Indizes (Fortsetzung)

```
31   while ( bookItNameIssueBegin != bookItNameIssueEnd){
32       std::cout << *bookItNameIssueBegin++ << ", ";
33       std::cout << *bookItNameIssueBegin++ << std::endl;
34   }
35
36   // regular expression for a book, using negativ search
37   std::regex regBookNeg(":");
38
39   std::cout << "\n\n"
       << "##### get each entry, using negative search ######"
             << "\n\n";
40
41   // get all entries, only using ":" as regular expression
42   std::sregex_token_iterator bookItNegBegin(
       text.begin(),text.end(),regBookNeg,-1);
43   const std::sregex_token_iterator bookItNegEnd;
44    while ( bookItNegBegin != bookItNegEnd){
45        std::cout << *bookItNegBegin++ << std::endl;
46    }
47
48   std::cout << std::endl;
49
50 }
```

Für das Verständnis von Beispiel 19-16 ist die Ausgabe des Programmlaufs sehr hilfreich (Abbildung 19-11), die in drei Drittel geteilt ist.

Wird `std::regex_token_iterator` ohne einen Index verwendet (Zeile 18), zeigt er ähnlich wie `std::regex_iterator` jeden Eintrag an. Die erste und die dritte Teilausgabe sind identisch. Bemerkenswert ist, dass dies durch verschiedene reguläre Ausdrücke erreicht wurde. Während die erste Teilausgabe durch den bekannten regulären Ausdruck `"(\w+)\s(\w+),([\w\s\+]*),(\d{4})"` erzeugt wurde, resultiert die letzte aus dem regulären Ausdruck `":"`. Der Trick besteht darin, alle Teilstrings zu suchen, die nicht diesem regulären Ausdruck entsprechen. Das sind genau die gesuchten Einträge. Für diese negative Suche benötigt der Konstruktor von `std::regex_token_iterator` den Index `-1` (Zeile 42). Die Ausgabe in der Mitte von Abbildung 19-11 besteht nur aus den Nachnamen und dem Veröffentlichungsdatum des Werks. Dazu wird der Konstruktor mit der Initialisiererliste `{2,4}` gefüttert (Zeile 29). Um den Zeilenumbruch für die dargestellten Erfassungsgruppen zu unterdrücken, werden zwei Einträge in einem Schleifendurchlauf ausgegeben (Zeilen 32 und 33).

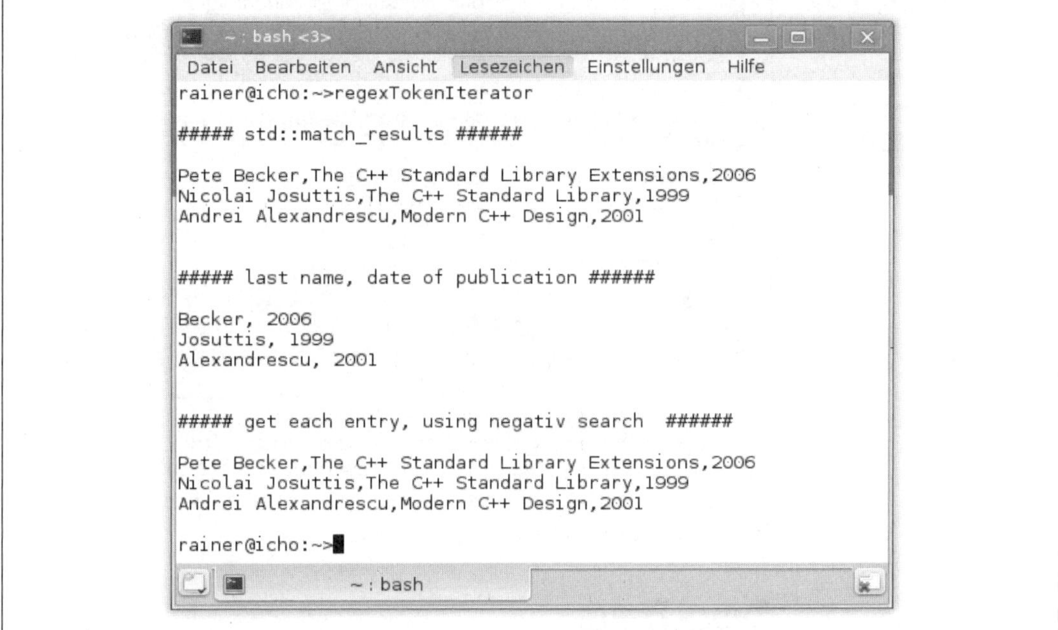


**▲ Abbildung 19-11**
std::regex_token_iterator im Einsatz

Für den einfachen Umgang mit dem Standardzeichentyp hält C++11 wieder die bekannten Typsynonyme vor.

**Beispiel 19-17:** Typsynonyme für std::regex_token_iterator

```
typedef regex_token_iterator<const char*> cregex_token_iterator;
typedef regex_token_iterator<std::string::const_iterator>   sregex_
token_iterator;

typedef regex_token_iterator<const wchar_t*>          wcregex_token_
iterator;
typedef regex_token_iterator<<std::wstring::const_iterator> wsregex_
token_iterator;
```

## Aufgabe 19-11

split.cpp

Schreiben Sie die `split`-Funktion in C++11.

Die Python-Funktion `str.split(sep)`, auf einen String `str` angewandt, gibt eine Liste von Strings zurück, die mittels `sep` getrennt werden.

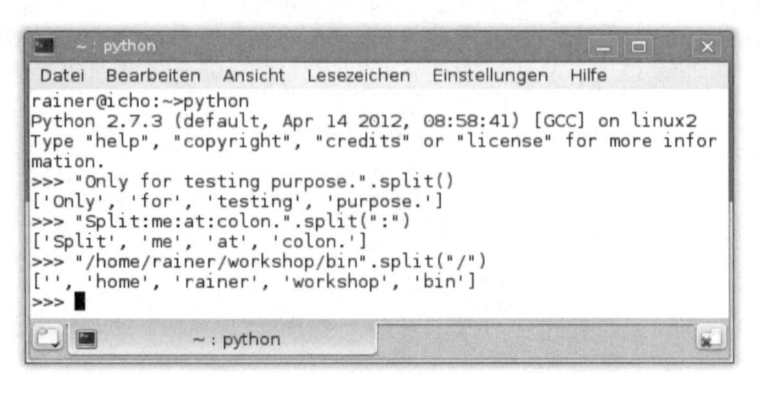


**Abbildung 19-12** ▶ split-Funktion in Python

Das geht auch in C++11. Schreiben Sie eine Funktion `split`, die einen `std::string` und ein Trennzeichen als Argument annimmt und als Ergebnis einen `std::vector<std::string>` zurückgibt. Wenden Sie die Funktion an.

## Type-Traits

Die neue Type-Traits-Bibliothek in C++11 ist ein mächtiges Werkzeug für den Bibliotheksautor, erlaubt sie es doch, Typabfragen und Typvergleiche, ja sogar Typtransformationen zur Übersetzungszeit auszuführen. Kosten für die Laufzeit des C++-Programms sind nicht vorhanden, da der resultierende Code bereits zur Laufzeit vorliegt. Mit dieser Bibliothek verliert Template-Metaprogramming viel von seiner Magie und setzt keinen Expertenstatus in C++ voraus. Konsequenterweise werden die Funktionen, die zur Übersetzungszeit den C++-Sourcecode erzeugen, als Metafunktionen bezeichnet. Der Name Metafunktion trifft natürlich nicht nur auf die Funktionen der Type-Traits-Bibliothek, die unter der Decke Klassen-Templates sind, zu. Dieser Name trifft auf alle Klassen-Templates zu, die zur Übersetzungszeit wie Funktionen angewandt werden können, um den resultierenden C++-Sourcecode zu erzeugen.

Verfolgtes Ziel

Welche Ziele werden mit der Type-Traits-Bibliothek verfolgt? Die Antwort ist schnell parat:

- Optimierung
- Korrektheit

Optimierung, da aufgrund von Typeigenschaften die schnellere Implementierung, Korrektheit, da aufgrund von Typeigenschaften die richtige Implementierung eines Algorithmus ausgewählt werden kann.

Anwendungen

Wer Anwendungen zur neuen Type-Traits-Bibliothek sucht, der wird in der Boost-Bibliothek fündig. Diese Beispiele lassen sich direkt auf C++11 übertragen, da die Boost-Implementierung Grundlage für die C++11-Type-Traits-Bibliothek ist. So finden sich Beispiele für:

1. eine optimierte Version von `std::copy`,
2. eine optimierte Version von `std::fill`,
3. ein Array, das auf den Destruktoraufruf verzichtet,
4. eine verbesserte Version von `std::iter_swap`.

Ermöglicht werden diese Optimierungen und Modifikationen durch die Type-Traits-Bibliothek. Deren Funktionen fragen die Typen zur Übersetzungszeit ab, ob diese hinreichende Bedingungen für die Optimierung anbieten. So setzen `std::copy` und `std::fill` unter anderem voraus, dass die Typen trivial zuweisbar (`std::is_trivially_copy_assignable` in C++11) sein sollen. Sind die Typen hinreichend einfach, können C-Funktionen für die Algorithmen angewandt werden, die die Operationen bitweise und nicht elementweise durchführen. Auf den Destruktoraufruf kann nur verzichtet werden, wenn dieser trivial ist (`std::is_trivially_destructible` in C++11). Die Bedingungen an `std::iter_swap` sind schon strenger. Die zu tauschenden Elemente müssen vom gleichen Typ und Referenzen (`std::is_reference` in C++11) sein. Dadurch lässt sich die `std::iter_swap`-Version anwenden.

### Exkurs: Namensverwirrung in der Type-Traits-Bibliothek

Kurz vor der endgültigen Standardisierung werden gerade die Namen der Type-Traits-Bibliothek heftig durcheinandergewürfelt. Die Abfrage, ob ein Datentyp einen trivialen Zuweisungsoperator besitzt, gibt es leider in drei verschiedenen Namensversionen.

1. `has_trivial_assign`
2. `has_trivial_copy_assign`
3. `is_trivially_copy_assignable`

→

> Der ursprüngliche Name lautet `has_trivial_assign`. Wohl um der Tatsache gerecht zu werden, dass es eine Copy-Zuweisung und eine Move-Zuweisung in C++11 gibt, wurde sie in `has_trivial_copy_assign` umbenannt. Endgültig heißt sie nun `is_trivially_copy_assignable`. Das Ende vom Lied ist, dass mit GCC 4.4 die Version 1 verwendet werden muss, mit GCC 4.7 hingegen die Version 2. Neuere GCC werden die Funktionen dann unter dem Namen 3 anbieten.
>
> Im aktuellen Code wird immer die Namensversion 2 des GCC 4.6 verwendet. Ändert die Funktion im neuen Standard ihren Namen, ist dieser wie in Beispiel 19-18 mit Kommentar auskommentiert. Bei der Beschreibung des Interface werde ich die neuen standardisierten Namen verwenden.

Am einfachsten lässt sich der Einsatz der Type-Traits-Bibliothek an einem Beispiel erläutern. Der Klassiker hierzu ist eine optimierte `std::copy`-Implementierung, die die Struktur in Beispiel 19-18 besitzen kann.

copy.cpp

**Beispiel 19-18:** Optimiertes Kopieren

```
// because of memcpy
#include <string.h>

#include <iostream>
#include <type_traits>


namespace my{

  template<typename I1, typename I2, bool b>
  I2 copy_imp(I1 first, I1 last, I2 out,
              const std::integral_constant<bool, b>&){

    while(first != last){
      *out = *first;
      ++out;
      ++first;
    }

    std::cout << "elementwise." << std::endl;
    return out;

  }

  template<typename T>
```

**Beispiel 19-18:** Optimiertes Kopieren (Fortsetzung)

```
  T* copy_imp(const T* first, const T* last, T* out,
            const std::true_type&){

    memcpy(out, first, (last-first)*sizeof(T));
    std::cout << "bitwise." << std::endl;
    return out+(last-first);

  }

  template<typename I1, typename I2>
  I2 copy(I1 first, I1 last, I2 out){

    typedef typename std::iterator_traits<I1>::value_type
      value_type;
    // standard name commented out
    //return copy_imp(first, last, out,
      std::is_trivially_copy_assignable<value_type>());
    return copy_imp(first, last, out,
      std::has_trivial_copy_assign<value_type>());

  }
}

const int arraySize = 1000;

// intialize all elements to 0
int intArray[arraySize] = {0,};
int intArray2[arraySize]={0,};

int* pArray = intArray;
const int* pArray2 = intArray2;

int main(){

  std::cout << std::endl;

  std::cout << "Copying pArray ";

  my::copy(pArray2, pArray2 + arraySize, pArray);

  std::cout << "\n" << "Copying intArray ";

  my::copy(intArray2, intArray2 + arraySize, intArray);

  std::cout << std::endl;

}
```

Einsatz in der STL

Tatsächlich wird in der Implementierung des `std::copy`-Algorithmus des GCC 4.7 eine Kopierfunktion verwendet, die gegebenenfalls auf die C-Funktion `memmove` zurückgreift. Diese kann überlappende

Speicherbereiche im Gegensatz zu memcpy (Beispiel 19-18, Zeile 27) verwenden. Das verrät die Dokumentation der Funktion std::copy im Sourcecode des STL-Algorithmus: *This inline function will boil down to a call to @c memmove whenever possible.*

In Abbildung 19-13 ist zu sehen, dass pArray2 in Zeile 50 bitweise, intArray2 in Zeile 54 elementweise kopiert wird.

**Abbildung 19-13 ▶** Bitweises und elementweises Kopieren

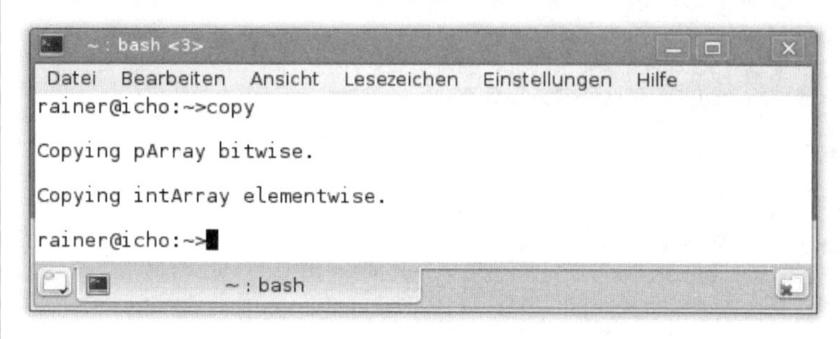


Wie funktioniert dieser Polymorphismus zur Übersetzungszeit? Um die performantere Implementierung von copy_imp in Zeile 24 zu verwenden, müssen die Argumente drei Bedingungen erfüllen. Diese Bedingungen, die sich alle in der Signatur der Funktion wiederfinden, sind insbesondere die, die memcpy fordert, um angewendet werden zu können.

1. Die Iteratoren müssen Zeiger sein:

   `const T* first, const T* last, T* out` (Zeile 25)

2. Die Iteratoren müssen auf die gleichen Typen verweisen:

   `template <typename T>` enthält nur einen Typ (Zeile 24)

3. Die Elemente des Containers müssen einen trivialen Zuweisungsoperator besitzen:

   `const std::true_type&` (Zeile 25)

Den eigentlichen Dispatch vollzieht das Funktions-Template copy in Zeile 33. In Zeile 36 wird durch typedef typename std::iterator_traits<I1>::value_type value_type der Typ der Containerelemente bestimmt, um ihn anschließend im Rückgabewert der Funktion in dem Klassen-Template std::is_trivially_copy_assignable<value_type>() zu nutzen. Ist dieses Klassen-Template von std::true_type abgeleitet worden, findet der Dispatch auf die spezielle Implementierung in Zeile 33, sonst auf die generische Implementierung in Zeile 24 statt.

Zugegeben, das war schwer verdauliche Kost. Zumeist sind die Funktionen der Type-Traits-Bibliothek einfach anzuwenden.

## Typeigenschaften abfragen

### Primäre Typkategorien

Die primären Typkategorien sind vollständig und schließen sich gegenseitig aus. Jeder Datentyp kann genau nur einer Kategorie angehören. Dabei ist das Ergebnis der Abfrage unabhängig davon, ob der Typ als `const` oder `volatile` deklariert ist. C++11 kennt 13 verschiedene primäre Typkategorien, die sich über ein Prädikat abfragen lassen.

**Beispiel 19-19:** Die primären Typkategorien

```
template <class T> struct is_void;
template <class T> struct is_integral;
template <class T> struct is_floating_point;
template <class T> struct is_array;
template <class T> struct is_pointer;
template <class T> struct is_reference;
template <class T> struct is_member_object_pointer;
template <class T> struct is_member_function_pointer;
template <class T> struct is_enum;
template <class T> struct is_union;
template <class T> struct is_class;
template <class T> struct is_function;
```

### Exkurs: Implementierung von is_integral<T>

Für das Verständnis der Typkategorien hilft es, die Implementierung genauer zu studieren.

Als Beispiel soll `template <class T> struct is_integal` in Beispiel 19-20 dienen.

**Beispiel 19-20:** Implementierung von std::is_integral<T>

```
// integral_constant
template <class T, T val>
struct integral_constant{
 typedef integral_constant<T, val> type;
 typedef T        value_type;
 static const T value = val;
};
```

→

```
typedef integral_constant<bool, true> true_type;
typedef integral_constant<bool, false> false_type;
// is_integral

template <class T>
struct is_integral : public false_type{};

template <>
struct is_integral<bool> : public true_type{};

template <>
struct is_integral<char> : public true_type{};

template <>
struct is_integral<signed char> : public true_type{};

template <>
struct is_integral<unsigned char> : public true_type{};

template <>
struct is_integral<wchar_t> : public true_type{};

template <>
struct is_integral<short> : public true_type{};

template <>
struct is_integral<int> : public true_type{};

template <>
struct is_integral<long> : public true_type{};

template <>
struct is_integral<long long> : public true_type{};
template <>
struct is_integral<unsigned short> : public true_type{};

template <>
struct is_integral<unsigned int> : public true_type{};

template <>
struct is_integral<unsigned long> : public true_type{};

template <>
struct is_integral<unsigned long long> : public true_type{};
```

Als Erstes fällt auf, dass `std::is_integral` nur für integrale Datentypen spezialisiert und in diesem Fall von `true_type` abgeleitet ist. Der Rest ist schnell erklärt.

→

Ist T vom Typ `float`, dann ergibt:

- `std::is_integral<float>::type` den Typ `false_type`,
- `std::is_integral<float>::value_type` den Typ bool,
- `std::is_integral<float>::value` den Wert `false`.

Ist T vom Typ `short`, dann ergibt:

- `std::is_integral<short>::type` den Typ `true_type`,
- `std::is_integral<short>::value_type` den Typ bool,
- `std::is_integral<short>::value` den Wert `true`.

## Zusammengesetzte Typkategorien

Die zusammengesetzten Typkategorien bauen auf den primären Typkategorien auf. Abfragen an sie ignorieren in Analogie zur primären Typkategorie, ob diese als `const` oder `volatile` deklariert wurde. Ausgehend von den 13 primären Typkategorien, bietet die Type-Traits-Bibliothek sechs verschieden zusammengesetzte Typkategorien an, die im Beispiel 19-21 dargestellt sind.

**Beispiel 19-21:** Die zusammengesetzten Typkategorien

```
template <class T> struct is_arithmetic;
template <class T> struct is_fundamental;
template <class T> struct is_object;
template <class T> struct is_scalar;
template <class T> struct is_compound;
template <class T> struct is_member_pointer;
```

Die Komposition der zusammengesetzten aus den primären Typkategorien ist in Tabelle 19-11 dargestellt.

**▶ Tabelle 19-11**
Zusammengesetzte Typkategorien

| Zusammengesetzte Typkategorie | Primäre Typkategorie |
|---|---|
| `is_arithmetic` | is_floating_point<T>::value == true ***oder***<br>is_integral<T>::value == true |
| `is_fundamental` | is_arithmetic<T>::value == true ***oder***<br>is_void<T>::value == true |
| `is_object` | is_reference<T>::value == false ***und***<br>is_function<T>::value == false ***und***<br>is_void<T>::value == false |
| `is_scalar` | is_arithmetic<T>::value == true ***oder***<br>is_enum<T>::value == true ***oder***<br>is_pointer<T>::value == true ***oder***<br>is_member_pointer<T>::value == true |

| Zusammengesetzte Typkategorie | Primäre Typkategorie |
|---|---|
| `is_compound` | is_compound<T>::value *!=* is_fundamental<T>::value |
| `is_member_pointer` | is_member_object_pointer<T>::value == true ***oder*** is_member_function_pointer<T>::value == true |

Dabei ist die Tabelle 19-11 so zu lesen, dass

$std::is\_arithmetic<T>::value == true$ genau dann zutrifft, wenn

- $std::is\_floating\_point<T> == true$ oder
- $std::is\_integral<T>::value == true$ gilt.

Einzig `std::is_compound::value<T>::value` wird über das Komplement von `std::is_fundamental<T>::value` definiert.

Beispiel 19-22 zeigt die Introspektionsfähigkeit der primären und zusammengesetzten Typkategorien.

typeCategories.cpp

**Beispiel 19-22:** Introspektion mit Typkategorien

```
#include <iostream>
#include <string>
#include <type_traits>


// using Euclid's Algorithm
template<typename T>
T gcd(T a, T b){

  static_assert(std::is_integral<T>::value,
                "T should be an integral type!");

  if( b == 0 ){
    return a;
  }
  else{
    return gcd(b, a % b);
  }
}

int main(){

  std::cout << std::endl;
  std::cout << std::boolalpha << std::endl;

  std::cout << "primary type categories" << std::endl;

  std::cout << "std::is_void<void>::value: "
            << std::is_void<void>::value << std::endl;
```

**Beispiel 19-22:** Introspektion mit Typkategorien (Fortsetzung)

```
std::cout << "std::is_integral<short>::value: "
          << std::is_integral<short>::value << std::endl;
std::cout << "std::is_floating_point<double>::value: "
          << std::is_floating_point<double>::value
          << std::endl;
std::cout << "std::is_array<int []>::value: "
          << std::is_array<int [] >::value << std::endl;
std::cout << "std::is_pointer<int*>::value: "
          << std::is_pointer<int*>::value << std::endl;
std::cout << "std::is_reference<int&>::value: "
          << std::is_reference<int&>::value << std::endl;
struct A{
  int a;
  int f(double){return 2011;}
};
std::cout << "std::is_member_object_pointer<int A::*>::value: "
          << std::is_member_object_pointer<int A::*>::value
          << std::endl;
std::cout << "std::is_member_function_pointer<int(A::*)
          (double)>::value: "
          << std::is_member_function_pointer<int (A::*)
          (double)>::value << std::endl;
enum E{
  e= 1,
};
std::cout << "std::is_enum<E>::value: "
          << std::is_enum<E>::value << std::endl;
union U{
  int u;
};
std::cout << "std::is_union<U>::value: "
          << std::is_union<U>::value << std::endl;
std::cout << "std::is_class<std::string>::value: "
          << std::is_class<std::string>::value
          << std::endl;
std::cout << "std::is_function<int * (double)>::value: "
          << std::is_function<int * (double)>::value
          << std::endl;

std::cout << std::endl;

std::cout << "compound type categories" << std::endl;

std::cout << "gcd(100,10)= " <<  gcd(100,10)
          << std::endl;
std::cout << "gcd(100,33)= " << gcd(100,33) << std::endl;
std::cout << "gcd(100,0)= " << gcd(100,0)  << std::endl;

/*
std::cout << gcd(3.5,4.0) << std::endl;
std::cout << gcd("100","10") << std::endl;
```

**Beispiel 19-22:** Introspektion mit Typkategorien (Fortsetzung)

```
61   */
62
63   std::cout << std::endl;
64
65 }
```

Abbildung 19-14 zeigt die wortreichere Ausgabe des Programms in Beispiel 19-22. Während der Einsatz aller primären Typkategorien in der Ausgabe überflogen werden kann, verlangt der Einsatz der zusammengesetzten Typkategorie mehr Aufmerksamkeit. In den Zeilen 7 bis 18 wird der größte gemeinsame Teiler nach dem euklidischen Algorithmus (Euklidscher Algorithmus, 2011) berechnet. Der Algorithmus ist generisch formuliert. Mit der statischen Zusicherung `static_assert(std::is_integral<T>::value, ...)` wird sichergestellt, dass nur Ganzzahlen verwendet werden. Dies ist jedoch nur die halbe Wahrheit, denn ein Aufruf `gcd(true,true)` führt zum Abbruch der Übersetzung. In Zeile 16 wird in diesem Fall der gcd-Algorithmus mit den Datentypen `gcd(bool&,int)` instanziiert. Die gcd-Implementierung setzt aber voraus, dass beide Argumente den gleichen Typ besitzen. Sieht man von diesem Grenzfall ab, führt die Übersetzung der auskommentierten Zeilen 59 und 60 zur erwarteten Fehlermeldung in Abbildung 19-15.

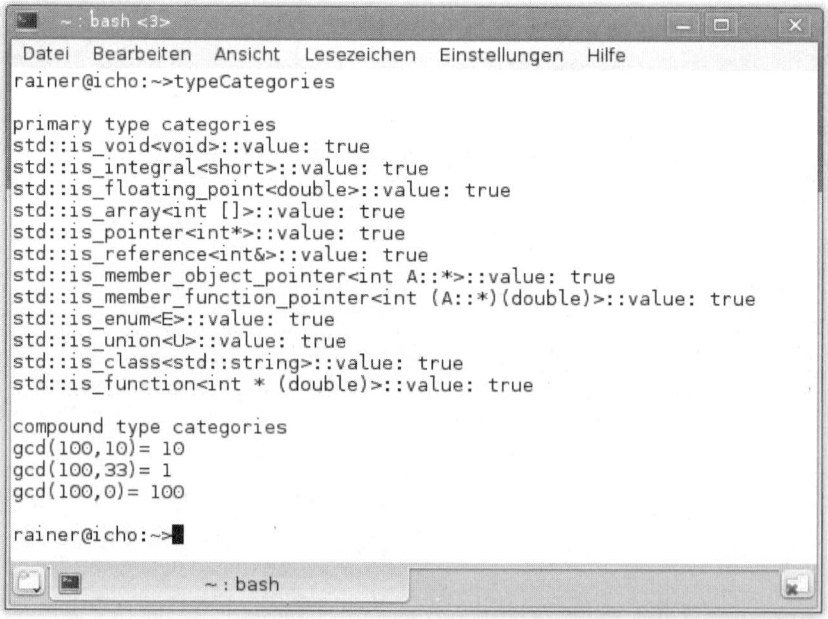

**Abbildung 19-14 ▼** Primäre und zusammengesetzte Typkategorien im Einsatz

```
~ : bash <3>
Datei  Bearbeiten  Ansicht  Lesezeichen  Einstellungen  Hilfe
rainer@icho:~>typeCategories

primary type categories
std::is_void<void>::value: true
std::is_integral<short>::value: true
std::is_floating_point<double>::value: true
std::is_array<int []>::value: true
std::is_pointer<int*>::value: true
std::is_reference<int&>::value: true
std::is_member_object_pointer<int A::*>::value: true
std::is_member_function_pointer<int (A::*)(double)>::value: true
std::is_enum<E>::value: true
std::is_union<U>::value: true
std::is_class<std::string>::value: true
std::is_function<int * (double)>::value: true

compound type categories
gcd(100,10)= 10
gcd(100,33)= 1
gcd(100,0)= 100

rainer@icho:~>
~ : bash
```

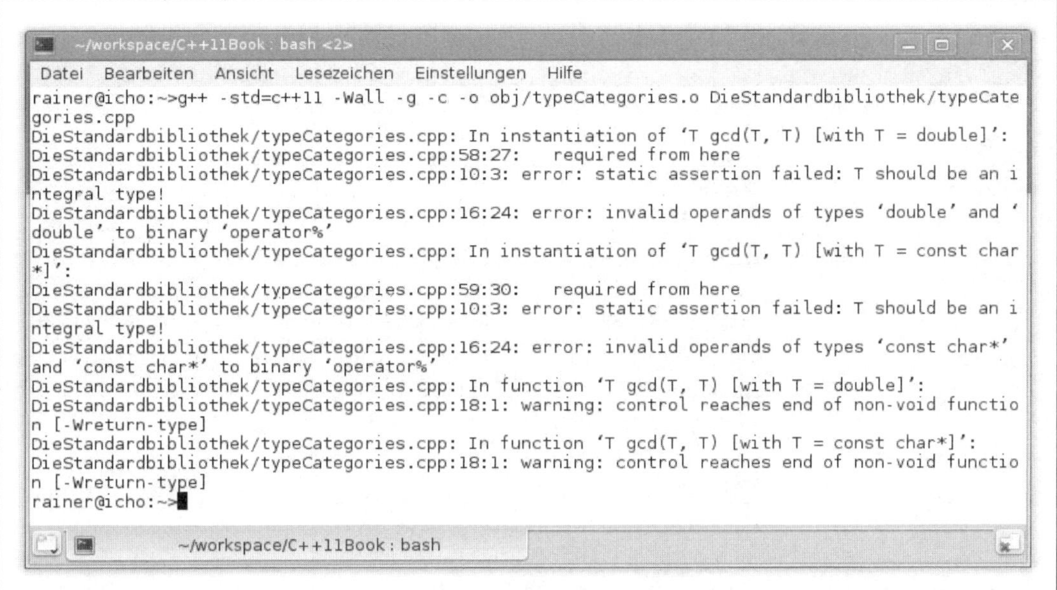


▲ **Abbildung 19-15**
Fehlermeldung bei Verletzung der statischen Zusicherung

## Typeigenschaften

Typeigenschaften bieten Zugang zu den wichtigeren Eigenschaften von Typen. Diese müssen von einer aktuellen Implementierung nicht implementiert werden, sodass eine Abfrage automatisch zu `false` evaluiert. In Beispiel 19-18 wurde die Typeigenschaft `std::is_trivially_copy_assignable` angewandt, um gegebenenfalls eine optimierte Version des `std::copy`-Algorithmus zu verwenden. In Beispiel 19-23 sind die vielen Prädikate zu den Datentypen aufgelistet.

**Beispiel 19-23:** Typeigenschaften

```
template <class T> struct is_const;
template <class T> struct is_volatile;
template <class T> struct is_trivial;
template <class T> struct is_trivially_copyable;
template <class T> struct is_standard_layout;
template <class T> struct is_pod;
template <class T> struct is_literal_type;
template <class T> struct is_empty;
template <class T> struct is_polymorphic;
template <class T> struct is_abstract;

template <class T> struct is_signed;
template <class T> struct is_unsigned;
```

**Beispiel 19-23:** Typeigenschaften (Fortsetzung)

```
template <class T, class... Args> struct is_constructible;
template <class T> struct is_default_constructible;
template <class T> struct is_copy_constructible;
template <class T> struct is_move_constructible;

template <class T, class U> struct is_assignable;
template <class T> struct is_copy_assignable;
template <class T> struct is_move_assignable;

template <class T> struct is_destructible;

template <class T, class... Args> struct is_trivially_constructible;
template <class T> struct is_trivially_default_constructible;
template <class T> struct is_trivially_copy_constructible;
template <class T> struct is_trivially_move_constructible;

template <class T, class U> struct is_trivially_assignable;
template <class T> struct is_trivially_copy_assignable;
template <class T> struct is_trivially_move_assignable;
template <class T> struct is_trivially_destructible;

template <class T, class... Args> struct is_nothrow_constructible;
template <class T> struct is_nothrow_default_constructible;
template <class T> struct is_nothrow_copy_constructible;
template <class T> struct is_nothrow_move_constructible;

template <class T, class U> struct is_nothrow_assignable;
template <class T> struct is_nothrow_copy_assignable;
template <class T> struct is_nothrow_move_assignable;

template <class T> struct is_nothrow_destructible;
template <class T> struct has_virtual_destructor;
```

Einzig die Eigenschaft `nothrow` im Namen eines Klassen-Templates scheint ein bisschen ungewohnt. Die Klassen unterscheiden sich von ihrem Namensvetter ohne die `nothrow`-Eigenschaft (siehe *Exkurs: noexcept* auf Seite 220) nur darin, dass sie keine Ausnahme werfen. Im Gegensatz zu den Prädikaten aus Beispiel 19-23 geben die weiteren speziellen Typabfragen integrale Konstanten zurück. Das ist bei `alignment_of` die Speicherausrichtung eines Datentyps, bei `rank` die Anzahl der Dimensionen eines Arrays.

## Typen vergleichen

Zur Übersetzungszeit Typen zu vergleichen, ist mit der Type-Traits-Bibliothek möglich. Die Type-Traits-Bibliothek kennt die vier Vergleiche in Tabelle 19-12.

**Tabelle 19-12** Typvergleiche mit der Type-Traits-Bibliothek

| Funktion | Anwendung |
|---|---|
| template <class T, class U> struct is_same | std::is_same<T,U> == true, falls Typ T == Typ U |
| template <class Base, class Derived> struct is_base_of | std::is_base_of<Base,Der> == true, falls Der von Base abgeleitet ist |
| template <class From, class To> struct is_convertible | std::is:convertible<From,To> == true, falls From nach To konvertiert werden kann |
| template <class From, class To> struct is_explicitly_convertible | std::is:convertible<From,To> == true, falls From nach To nur explizit konvertiert werden kann |

In Beispiel 19-24 wird der Funktionsaufruf std::is_same<T,U>::value verwendet.

## Typen transformieren

Mit der Type-Traits-Bibliothek lässt sich ein Typ auf dessen Eigenschaften abfragen, es lassen sich Typen vergleichen, und darüber hinaus kann ein Typ zur Übersetzungszeit modifiziert werden. Bevor die einzelnen Funktionen dargestellt werden, soll das Programm in Beispiel 19-24 seine Mächtigkeit demonstrieren.

**Beispiel 19-24:** Type Transformation

typeTransformation.cpp

```
#include <iostream>
#include <type_traits>

using namespace std;

int main(){

  cout << endl;

  cout << boolalpha;

  // basic invocations
  cout << "is_const<int>::value: "
       << is_const<int>::value << endl;
  cout << "is_const<const int>::value: "
       << is_const<const int>::value << endl;

  cout << endl;

  // add const to int
  cout << "is_const<add_const<int>::type>::value: "
       <<  is_const<add_const<int>::type>::value << endl;
```

**Beispiel 19-24:** Type Transformation (Fortsetzung)

```
20
21    cout << endl;
22
23    // declare new types
24    typedef add_const<int>::type myConstInt;
25    cout << "is_const<myConstInt>::value: "
           << is_const<myConstInt>::value << endl;
26    typedef const int myConstInt2;
27    cout << "is_same<myConstInt,myConstInt2>::value: "
           << is_same<myConstInt,myConstInt2>::value << endl;
28
29    cout << endl;
30
31    // recursive invocation
32    cout << "is_same<int,remove_const<
                add_const<int>::type>::type>::value: "
           << is_same<int,remove_const<
                add_const<int>::type>::type>::value << endl;
33    cout << "is_same<const int,
              add_const<add_const<int>::type>::type>::value: "
           << is_same<constint,add_const<
              add_const<int>::type>::type>::value << endl;
34
35    cout << endl;
36
37 }
```

Die Spielereien aus Beispiel 19-24 rund um const int sind am einfachsten in der Ausgabe des Programms in Abbildung 19-16 zu verfolgen.

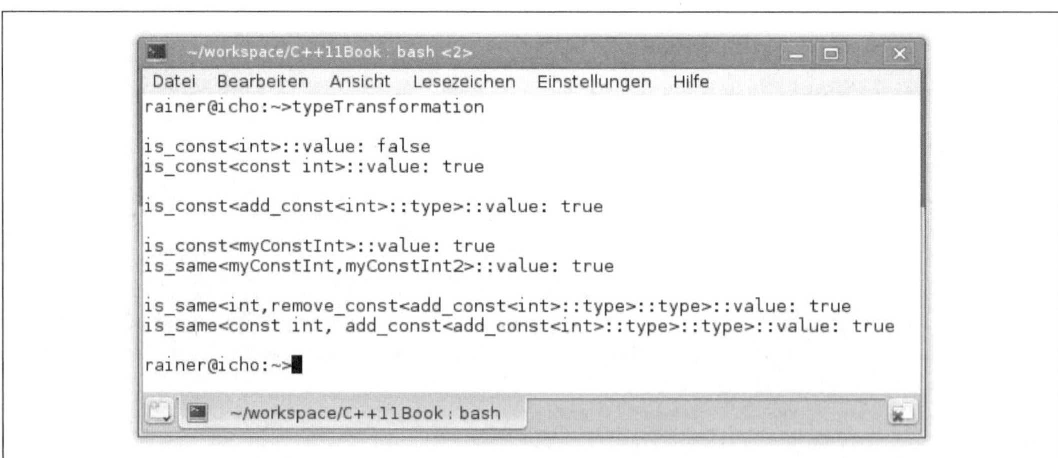


**Abbildung 19-16 ▼** Typmodifikation mit der Type-Traits-Bibliothek

Ein paar Worte noch zu Beispiel 19-24. Die Aufrufe in den Zeilen 13 und 14 stellen den Standardfall dar. Für einen Typ wird mit der Funktion `std::is_const` evaluiert, ob er konstant ist. `std::add_const` in

Zeile 19 bewirkt, dass ein int zur Übersetzungszeit in einen const int transformiert wird. Damit lassen sich neue Typen deklarieren, wie in den Zeilen 24 und 26 dargestellt. Dies kann man auf die Spitze treiben, indem die Aufrufe rekursiv in den Zeilen 32 und 33 verschachtelt werden. Bei der Abfrage, ob zwei Typen gleich sind, hilft auch wieder die Type-Traits-Bibliothek mit der Metafunktion std::is_same.

**Praxistipp** **Prägen Sie sich die Konvention von Template-Metaprogramming ein.** 

Es ist Konvention – und das nicht nur in der Type-Traits-Bibliothek –, dass ein Wert durch ::value, hingegen der Typ einer Metafunktion durch ::type zur Verfügung steht. Beides ist in Beispiel 19-24 schön zu sehen.

Um ein Gefühl für das umfassende Interface zum Transformieren der Datentypen mit der Type-Traits-Bibliothek zu bekommen, will ich die wichtigsten Funktionen schnell überfliegen.

const-volatile

Neben den bereits bekannten Funktionen std::remove_const und std::add_const ist auch die Eigenschaft volatile eines Datentyps (Beispiel 19-25) zur Übersetzungszeit veränderbar.

**Beispiel 19-25:** const-volatile Modifikationen

```
template <class T> struct remove_volatile;
template <class T> struct remove_cv;
template <class T> struct add_const;
template <class T> struct add_volatile;
template <class T> struct add_cv;
```

Referenzen

Diese Transformation trifft auf Referenzen und vorzeichenbehaftete Typen zu.

**Beispiel 19-26:** Modifikation von Referenzen

```
template <class T> struct remove_reference;
template <class T> struct add_lvalue_reference;
template <class T> struct add_rvalue_reference;
```

Vorzeichen

**Beispiel 19-27:** Modifikationen des Vorzeichens

```
template <class T> struct make_signed;
template <class T> struct make_unsigned;
```

Die Modifikationen des Vorzeichens in Beispiel 19-27 benötigen keine std::remove_signed-Funktion, da diese Funktionalität durch std::make_unsigned angeboten wird. Komplizierter ist da schon die Transformation von Rvalues und Lvalues in Beispiel 19-26, da die Funktionen std::add_lvalue_reference und std::add_rvalue_reference die Referenz-Collapsing-Regeln (siehe Kernsprache: Rvalue-Referenzen) respektieren.

Zeiger

Hingegen ist die Modifikation der Zeigereigenschaft eines Datentyps deutlich direkter.

**Beispiel 19-28:** Zeigermodifikationen

```
template <class T> struct remove_pointer;
template <class T> struct add_pointer;
```

Array

Selbst die Anzahl der Dimensionen eines Arrays lässt sich zur Übersetzungszeit durch `std::remove_extent` um 1, durch `std::remove_all_extents` auf 0 reduzieren.

**Beispiel 19-29:** Modifikation eines Arrays

```
template <class T> struct remove_extent;
template <class T> struct remove_all_extents;
```

### Aufgabe 19-12

Schmökern Sie in der Standard Template Library.

Die Metafunktionen der Type-Traits-Bibliothek werden in der Implementierung der Standard Template Library häufig verwendet. Schauen Sie zum Beispiel die Implementierung der Algorithmen `std::copy`, `std::fill` oder auch `std::iter_swap` an und versuchen Sie, das Muster hinter ihrer Verwendung zu verstehen.

removeConst.cpp

### Aufgabe 19-13

Implementieren Sie `RemoveConst`.

Schreiben Sie eine Metafunktion, die von einem Datentyp die `const`-Eigenschaft entfernt. Stellen Sie den modifizierten Typ über `::type` zur Verfügung. Stellen Sie die Funktionalität durch die Type-Traits-Metafunktion `std::is_const` sicher.

## Zufallszahlen

<random>

Die C++11-Zufallszahlenfunktionalität besteht aus zwei Teilen:

1. einem Zufallszahlererzeuger:

   Erzeugt einen Zufallszahlenstrom zwischen Minimum- und Maximumwert.

2. einer Zufallszahlenverteilung:

   Bildet die Zufallszahlen mithilfe des Zufallszahlenerzeugers auf die entsprechende Verteilung ab.

## Exkurs: Anwendung der Zufallszahlenfunktionalität

Ziel dieses Kapitels ist es, die Anwendung der Zufallszahlenfunktionalität in C++11 vorzustellen. Das heißt insbesondere, dass es den Rahmen dieses Buchs weit übersteigt – und nicht nur den Rahmen des Buchs –, auf die zugrunde liegende mathematische Theorie einzugehen. Daher werde ich in diesem Kapitel Verweise auf die weiterführende Theorie anbieten.

Sowohl für den Erzeuger als auch für den Verteiler der Zufallszahlen bietet C++11 verschiedene Implementierungen an. In bewährter Tradition folgt zuerst ein einführendes Beispiel (Beispiel 19-30).

**Beispiel 19-30:** Verschiedene Verteilungen im Einsatz

distribution.cpp

```
#include <cstdlib>
#include <fstream>
#include <iostream>
#include <map>
#include <random>

static const int NUM=1000000;

void writeToFile(const char* fileName ,const std::map<int,int>&
data ){

  std::ofstream file(fileName);

  if ( !file ){
    std::cerr << "Could not open the file "
              << fileName << ".";
    exit(EXIT_FAILURE);
  }

  // print the datapoints to the file
  for ( auto mapIt: data) file << mapIt.first << " "
    <<  mapIt.second << std::endl;

}

int main(){

  std::random_device seed;

  // default generator
  std::mt19937 engine(seed());

  // distributions

```

**Beispiel 19-30:** Verschiedene Verteilungen im Einsatz (Fortsetzung)

```
32   // min= 0; max= 20
33   std::uniform_int_distribution<> uniformDist(0,20);
34   // mean= 50; sigma= 8
35   std::normal_distribution<> normDist(50,8);
36   // mean= 6;
37   std::poisson_distribution<> poiDist(6);
38   // alpha= 1;
39   std::gamma_distribution<> gammaDist;
40
41   std::map<int,int> uniformFrequency;
42   std::map<int,int> normFrequency;
43   std::map<int,int> poiFrequency;
44   std::map<int,int> gammaFrequency;
45
46   for ( int i=1; i<= NUM; ++i){
47     ++uniformFrequency[uniformDist(engine)];
48     ++normFrequency[round(normDist(engine))];
49     ++poiFrequency[poiDist(engine)];
50     ++gammaFrequency[round(gammaDist(engine))];
51   }
52
53   writeToFile("uniform_int_distribution.txt",uniformFrequency);
54   writeToFile("normal_distribution.txt",normFrequency);
55   writeToFile("poisson_distribution.txt",poiFrequency);
56   writeToFile("gamma_distribution.txt",gammaFrequency);
57
58 }
```

In Beispiel 19-30 werden mithilfe des Mersenne-Twister (Mersenne Twister, 2011) 1.000.000 Zufallszahlen erzeugt. Um mit einem zufälligen Startwert zu beginnen, muss der Zufallszahlenerzeuger mit der sogenannten `seed` in Zeile 28 initialisiert werden. Dieser Zufallszahlenstrom wird anschließend gleich-, normal-, Poisson- und gammaverteilt (Wahrscheinlichkeitsverteilung, 2011). Genauer gesagt, die 1.000.000 Zufallszahlen in Zeile 33 werden auf die natürlichen Zahlen 0 bis 20 gleichmäßig verteilt. In Zeile 35 wird die Normalverteilung oder auch Gaußverteilung mit dem Mittelwert 50 und der Standardabweichung 8 angewandt. In Zeile 37 kommt die Poisson-Verteilung mit dem Mittelwert 6 zum Einsatz, in Zeile 39 die Gammaverteilung. Die Ergebnisse der Normal- sowie der Gammaverteilung werden auf eine Ganzzahl gerundet. Für jede vorkommende natürliche Zahl wird ihre Häufigkeit gezählt (Zeilen 46 bis 51) und in eine Datei geschrieben (Zeilen 9 bis 21).

Die Ergebnisse sind in den nächsten vier Abbildungen dargestellt. Für die Optik sind die Datenpunkte mit einem Spline (Spline, 2011) interpoliert. Lediglich die Ergebnisse der Gleichverteilung (Abbildung 19-17) sind mit einer Geraden verbunden.

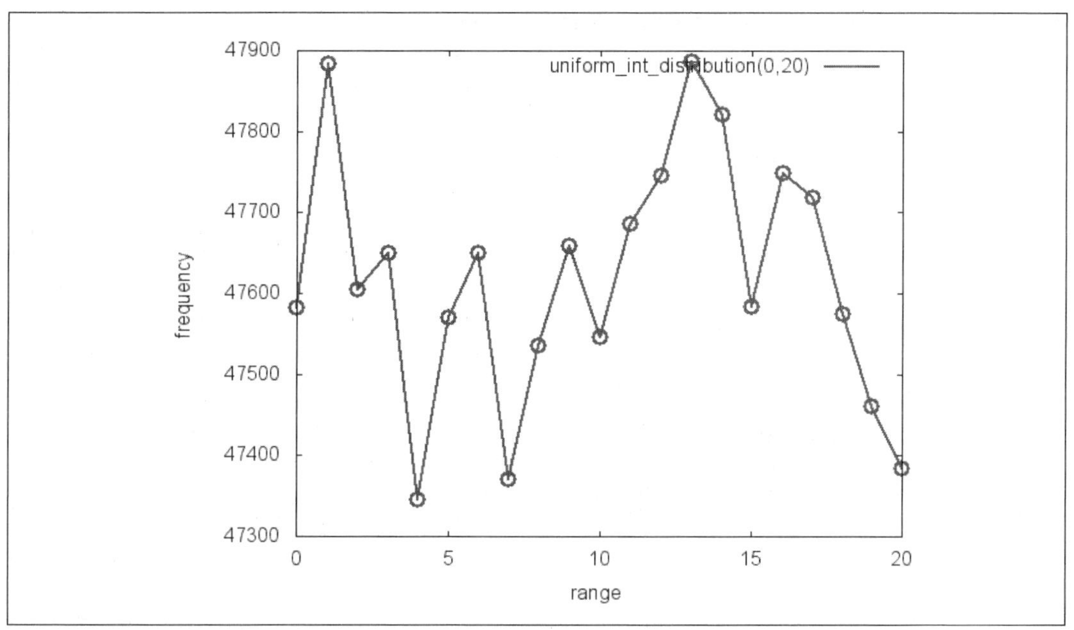


**▼ Abbildung 19-18**
Normal- oder Gaußverteilung mit Mittelwert 50 und Standardabweichung 8 auf den natürlichen Zahlen

**▲ Abbildung 19-17**
Gleichverteilung auf den natürlichen Zahlen 0 bis 20

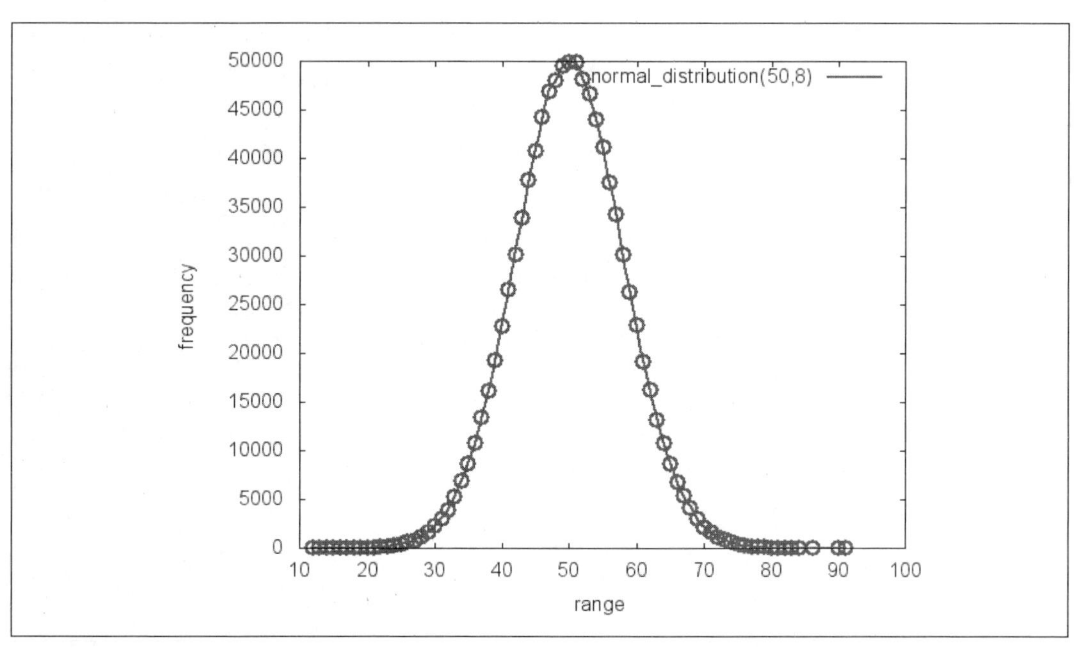

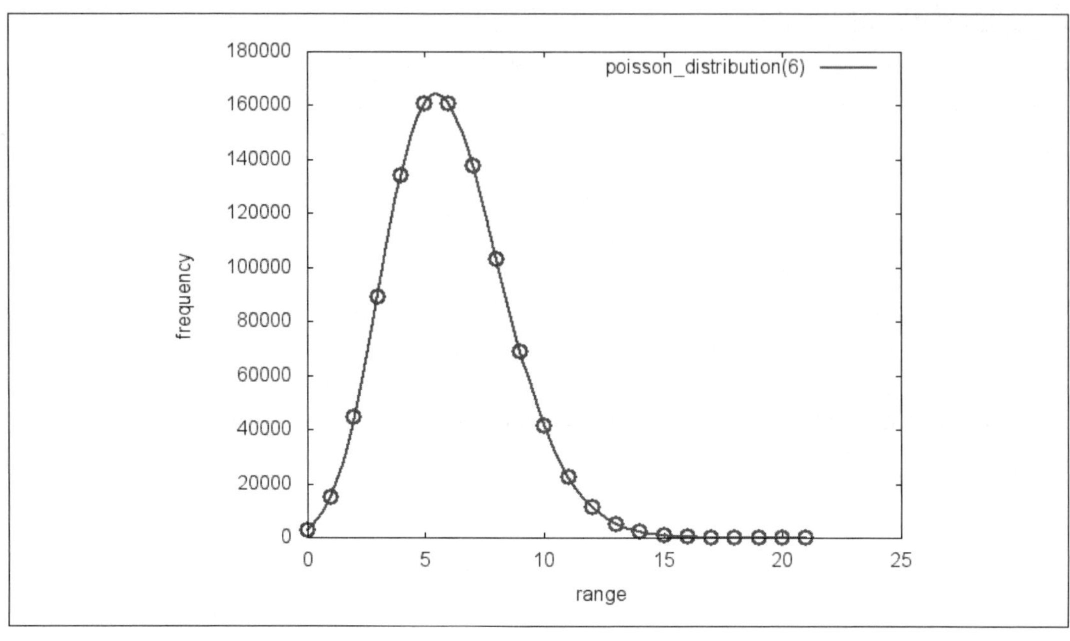


**Abbildung 19-19 ▲**
Poisson-Verteilung mit Mittelwert 6

**▼ Abbildung 19-20**
Gammaverteilung (alpha 1) auf den natürlichen Zahlen

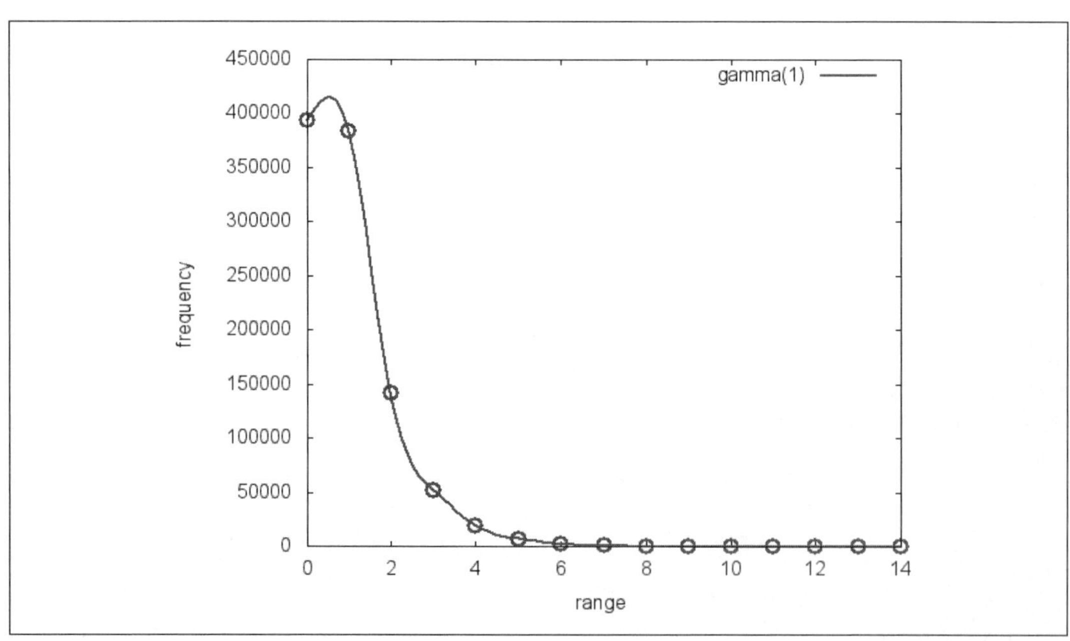

## Zufallszahlenerzeuger

Jeder Zufallszahlenerzeuger `gen` vom Typ `Generator` muss vier Anfragetypen unterstützen:

1. `Generator::result_type`: Datentyp der folgenden drei Ergebnisse von `gen()`, `gen.min()` und `gen.max()`
2. `gen()`: Rückgabe eines Zufallswerts
3. `gen.min()`: minimaler Wert, der von `gen()` zurückgegeben wird
4. `gen.max()`: maximaler Wert, der von `gen()` zurückgegeben wird

Zufallszahlenerzeuger gibt es in C++11 in verschiedenen Ausprägungen. Sechs Templates und zehn Synonyme für die am häufigsten verwendeten Zufallszahlenerzeuger stehen zur Verfügung.

Die sechs Templates sind:

**Beispiel 19-31:** Templates der Zufallszahlenerzeuger

```
template<class UIntType, UIntType a, UIntType c, UIntType m>
class linear_congruential_engine;

template<class UIntType, size_t w, size_t n, size_t m,
        size_t r,UIntType a, size_t u, UintType d, size_t s,
        UIntType b, size_t t,UIntType c, size_t l, UintType f>
class mersenne_twister_engine;

template<class UIntType, size_t w, size_t s, size_t r>
class subtract_with_carry_engine;

template<class Engine, size_t p, size_t r>
class discard_block_engine;

template<class Engine, size_t w, class UIntType>
class independent_bits_engine;

template<class Engine, size_t k>
class shuffle_order_engine;
```

Aufbauend auf den Templates in Beispiel 19-31 hier die zehn Synonyme, die das Leben eines Programmierers leichter machen:

**Beispiel 19-32:** Synonyme für vordefinierte Zufallszahlenerzeuger

```
typedef linear_congruential_engine<uint_fast32_t, 16807, 0,
2147483647>
minstd_rand0;

typedef linear_congruential_engine<uint_fast32_t, 48271, 0,
2147483647>
```

**Beispiel 19-32:** Synonyme für vordefinierte Zufallszahlenerzeuger (Fortsetzung)

```
minstd_rand;

typedef mersenne_twister_engine<uint_fast32_t,
32,624,397,31,0x9908b0df,11,0xffffffff,7,0x9d2c5680,15,0xefc60000,18,1
812433253>
mt19937;

typedef mersenne_twister_engine<uint_fast64_t,
64,312,156,31,0xb5026f5aa96619e9,29,
0x5555555555555555,17,
0x71d67fffeda60000,37,
0xfff7eee000000000,43,
6364136223846793005>
mt19937_64;

typedef subtract_with_carry_engine<uint_fast32_t, 24, 10, 24>
ranlux24_base;

typedef subtract_with_carry_engine<uint_fast64_t, 48, 5, 12>
ranlux48_base;

typedef discard_block_engine<ranlux24_base, 223, 23>
ranlux24;

typedef discard_block_engine<ranlux48_base, 389, 11>
ranlux48;

typedef shuffle_order_engine<minstd_rand0,256>
knuth_b;

typedef implementation-defined
default_random_engine;
```

Eine kurze Bemerkung noch zu der `default_random_engine` in Beispiel 19-32. Es hängt von der Implementierung ab, welcher konkrete Zufallserzeuger verwendet wird. Die Entscheidungskriterien für die Implementierung sollen Performance, Größe und Qualität des Zufallszahlenerzeugers sein.

## random_device

`random_device` ist ein nicht deterministischer Zufallszahlenerzeuger. Auf Systemen, auf denen dieser Zufallszahlenerzeuger nicht verfügbar ist, wird einer der vorhandenen Zufallszahlenerzeuger aus Beispiel 19-32 verwendet. Unter Linux wird `random_device` auf die spezielle Datei */dev/urandom* abgebildet.

## Zufallszahlenverteilung

Die Zufallszahlenverteiler in C++11 lassen sich in zwei Klassen aufteilen. Die diskreten Verteiler erzeugen Ganzzahlen, kontinuierliche Verteiler erzeugen Fließkommazahlen in C++11.

Sowohl bei der diskreten als auch bei der kontinuierlichen Verteilung kann der Anwender auf viele bekannte Verteilungen zurückgreifen.

**Beispiel 19-33:** Diskrete und kontinuierliche Verteilungen

```
template<class IntType = int>
class uniform_int_distribution;

template<class RealType = double>
class uniform_real_distribution;

class bernoulli_distribution;

template<class IntType = int>
class binomial_distribution;

template<class IntType = int>
class geometric_distribution;

template<class IntType = int>
class negative_binomial_distribution;

template<class IntType = int>
class poisson_distribution;

template<class RealType = double>
class exponential_distribution;

template<class RealType = double>
class gamma_distribution;

template<class RealType = double>
class weibull_distribution;

template<class RealType = double>
class extreme_value_distribution;

template<class RealType = double>
class normal_distribution;

template<class RealType = double>
class lognormal_distribution;

template<class RealType = double>
class chi_squared_distribution;
```

**Beispiel 19-33:** Diskrete und kontinuierliche Verteilungen (Fortsetzung)

```
template<class RealType = double>
class cauchy_distribution;

template<class RealType = double>
class fisher_f_distribution;

template<class RealType = double>
class student_t_distribution;

template<class IntType = int>
class discrete_distribution;

template<class RealType = double>
class piecewise_constant_distribution;

template<class RealType = double>
class piecewise_linear_distribution;
```

Die Unterscheidung, ob eine Verteilung diskret oder kontinuierlich ist, lässt sich aus Beispiel 19-33 direkt ablesen. Lautet der Template-Parameter `IntType`, ist die Verteilung diskret. Im Fall von `RealType` ist die Verteilung kontinuierlich. Lediglich die Bernoulli-Verteilung `bernoulli_distribution` stellt eine Ausnahme von der Regel dar, da sie Wahrheitswerte zurückgibt.

Interface einer Verteilung

Eine Verteilung `dist` bietet nicht viel mehr an, als den nächsten Wert durch den Aufruf `dist(gen)` des Zufallszahlengenerators `gen` zu erhalten, den Zustand der Verteilung auf einen `Ausgabestream out << dist` zu schreiben und den Zustand einer Verteilung von einem Eingabestrom `in >> dist` zu lesen. Durch `dist.reset()` lässt sich der Zustand einer Verteilung zurücksetzen.

zeroOneSequence.cpp

### Aufgabe 19-14: Zufallszahlen

Erzeugen Sie eine zufällige Folge von 0/1-Werten.

## Zeitbibliothek

<chrono>

Die C++11-Zeitbibliothek besteht aus drei Komponenten: der Zeitdauer (`duration`), dem Zeitpunkt (`time_point`) und den Zeitgebern (`system_clock`, `steady_clock` und `high_resolution_clock`). Um die Begriffe, die sehr voneinander abhängen, besser unterscheiden zu können, finden Sie in dem folgenden Kasten die Definitionen.

### Definition: Zeitdauer, Zeitpunkt und Zeitgeber

Zeitdauer: Repräsentiert die Zeit zwischen zwei Zeitpunkten. Typische Beispiele für Zeitdauern sind Sekunden oder Stunden, die in einer festen Anzahl von Zeittakten pro Einheit angegeben werden.

Zeitpunkt: Ist eine Epoche mit einer positiven oder negativen Zeitdauer. Dabei legt die Epoche den Anfang der Zeitrechnung fest, auf den die Zeitdauer angewandt wird.

Zeitgeber: Umfasst eine Zeitdauer zusammen mit einem Zeitpunkt, sodass der aktuelle Zeitpunkt durch `now()` zurückgegeben werden kann.

In Beispiel 19-34 werden einige Features der neuen Zeitbibliothek angewandt.

**Beispiel 19-34:** Features der Zeitbibliothek — timeBibliothek.cpp

```
#include <chrono>
#include <iostream>
#include <ratio>
#include <thread>

int main(){

  std::cout << std::endl;

  // get the actual time
  std::chrono::system_clock::time_point
    start = std::chrono::system_clock::now();

  // sleep 1000 * 1 Millisecond
  for ( int i = 0; i <= 1000;++i){
    std::this_thread::sleep_for(
      std::chrono::milliseconds(1));
  }

  std::chrono::duration<double> dur  =
    std::chrono::system_clock::now() - start;

  std::cout << "sleeping 1000 times 1 Milliseconds take: "
            << dur.count() << std::endl;

  auto begin= std::chrono::system_clock::now();

  auto end = std::chrono::system_clock::now() +
    std::chrono::duration<double, std::ratio<1>>(0.5);

  while (std::chrono::system_clock::now() < end);

```

**Beispiel 19-34: Features der Zeitbibliothek (Fortsetzung)**

```
28   std::chrono::duration<double> dur1  =
       std::chrono::system_clock::now() - begin;
29
30   std::cout << "busy waiting for half a second :"
              << dur1.count() << std::endl;
31
32   // typedef for minutes, seconds and milliseconds
33   typedef std::chrono::duration<long long,
                                   std::ratio<60>> minutes;
34   typedef std::chrono::duration<long long,
                                   std::ratio<1>> seconds;
35   typedef std::chrono::duration<long long,
                              std::ratio<1,1000>> milliseconds;
36
37   seconds sec(5);
38   minutes min(2);
39   milliseconds mil(10);
40
41   milliseconds milRes= min + sec + mil;
42
43   std::cout << "2 Minutes + 5 Seconds + 10 Milliseconds="
              << milRes.count() << " Milliseconds"
              << std::endl;
44
45   // typedef for hours
46   typedef std::chrono::duration<double,
                                   std::ratio<3600>> hours;
47   hours hourRes= milRes;
48
49   std::cout << "2 Minutes + 5 Seconds + 10 Milliseconds=  "
              << hourRes.count() << " Hours" << std::endl;
50
51   std::cout << std::endl;
52
53 }
```

In Beispiel 19-34 wird in Zeile 11 der Startpunkt `start` mit der neuen Systemzeit in Zeile 18 verrechnet. Die eigentliche Arbeit findet in der `for`-Schleife in Zeile 14 statt, in der der aktuelle Thread 1.000 Mal für eine Millisekunde schlafen gelegt wird. In Abbildung 19-21 ist schön zu erkennen, dass durch das häufige Schlafenlegen und wieder Aufwachen ca. 13 % mehr Zeit beansprucht wird. Dieser Overhead ist beim *busy waiting* nicht vorhanden, denn die `while`-Schleife in Zeile 26 wird genau für eine halbe Sekunde ausgeführt (Abbildung 19-21). Sehr interessant ist das Rechnen mit verschiedenen Zeitdauern. Dazu wird in den Zeilen 33 bis 35 und 46 ein Synonym für Millisekunden, Sekunden, Minuten und Stunden definiert. Dabei bezeichnet das erste Argument des Templates den Datentyp, der die Zeitdauer hält, und das zweite Argument die Einheit. Während std::ratio<1> eine Sekunde definiert, steht std::ratio<60> für 60 Sekunden bzw. eine Minute. Erhält std::ratio wie im Fall von std::ratio<1,1000>zwei Argumente, steht dieser Ausdruck für 1/1000 Sekunde bzw. eine Millisekunde. Nach diesen Synonymen kann sehr elegant mit den Zeitdauern gerechnet werden. Wird der Zeitdauertyp als natürliche Zahl definiert und mit dem Datentyp Millisekunde (Zeile 41) angenommen, steht das Ergebnis normiert auf Millisekunden zur Verfügung. Aber auch im Stundenformat lässt sich das Ergebnis darstellen. Dazu ist es notwendig, als Repräsentation des Datentyps eine Fließkommazahl zu wählen und das Ergebnis in dem entsprechenden Typsynonym hours (Zeile 47) zu speichern. Diese verschiedenen Repräsentationen der gleichen Zeitdauer sind in Abbildung 19-21 schön zu sehen.

**▼ Abbildung 19-21**
Die neue Zeitbibliothek im Einsatz

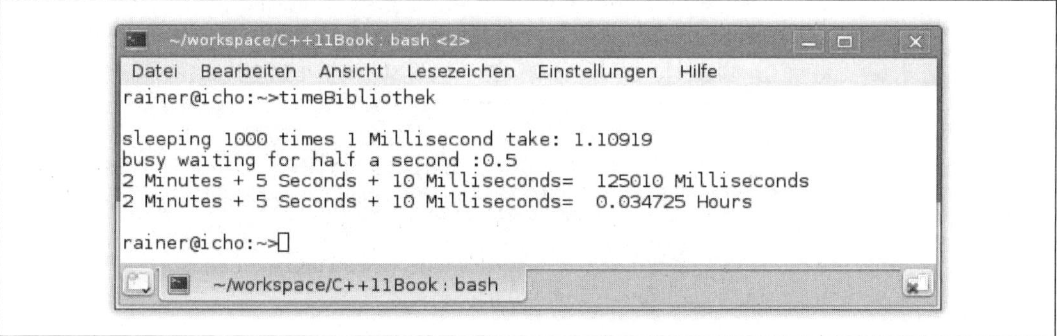


## Zeitdauer

Die Zeitdauer ist die Differenz zwischen zwei Zeitpunkten. Sie besteht aus einem arithmetischen Typ und dem Zeittakt (*tick period*).

**Beispiel 19-35:** Deklaration der Klasse duration

```
template <class Rep, class Period = ratio<1>> class duration;
```

Ist der arithmetische Typ eine Fließkommazahl, unterstützt die Zeitdauer Bruchteile ihres Zeittakts. Der Zeittakt ist eine rationale Zahl vom neuen Typ std::ratio. Per Default ist 1 Sekunde die Grundeinheit des Zeittakts.

Vordefinierte Zeitdauern

Die wichtigsten Zeitdauern sind bereits in der Bibliothek als Synonyme definiert.

**Beispiel 19-36:** Vordefinierte Zeitdauern

```
typedef duration<signed integer type of at least 64 bits , nano>
nanoseconds;
```

**Beispiel 19-36:** Vordefinierte Zeitdauern (Fortsetzung)

```
typedef duration<signed integer type of at least 55 bits , micro>
microseconds;

typedef duration<signed integer type of at least 45 bits , milli>
milliseconds;

typedef duration<signed integer type of at least 35 bits > seconds;

typedef duration<signed integer type of at least 29 bits , ratio< 60>>
minutes;

typedef duration<signed integer type of at least 23 bits , ratio<3600>
> hours;
```

Hierzu ein paar Anmerkungen. Eine Zeitdauer muss mindestens +/–292 Jahre umfassen. Daraus resultieren die verschiedenen Anforderungen an die Größe der Datentypen in Beispiel 19-36. `nano`, `micro` und `milli` sind wiederum Aliase des Datentyps `std::ratio`.

## Exkurs: ratio

<ratio>

Die neue Bibliothek `std::ratio` bietet Arithmetik mit rationalen Zahlen zur Übersetzungszeit an. Dabei wird eine rationale Zahl durch die zwei Template-Argumente definiert: So steht `std::ratio<1,2>` für die Zahl $1/2$. Der Default-Wert für den Teiler ist 1, sodass der natürlichen Zahl $2/1$ der Bruch `std::ratio<2>` entspricht.

Da der Zeittakt eine rationale Zahl vom Typ `std::ratio` ist, sind die vielen Typsynonyme in Beispiel 19-37 sehr praktisch.

**Beispiel 19-37:** Typsynonyme für std::ratio

```
typedef ratio<1, 1000000000000000000> atto;
typedef ratio<1, 1000000000000000> femto;
typedef ratio<1, 1000000000000> pico;
typedef ratio<1, 1000000000> nano;
typedef ratio<1, 1000000> micro;
typedef ratio<1, 1000> milli;
typedef ratio<1, 100> centi;
typedef ratio<1, 10> deci;
typedef ratio< 10, 1> deca;
typedef ratio< 100, 1> hecto;
typedef ratio< 1000, 1> kilo;
typedef ratio< 1000000, 1> mega;
typedef ratio< 1000000000, 1> giga;
typedef ratio< 1000000000000, 1> tera;
typedef ratio< 1000000000000000, 1> peta;
typedef ratio< 1000000000000000000, 1> exa;
```

Neben der Arithmetik mit Zeitdauern (Beispiel 19-34) ist die Definition eigener Zeittakte sicher ein interessanter Anwendungsbereich der Klasse `duration`. In Beispiel 19-38 werden die vordefinierten Zeitdauern ausgegeben. Darüber hinaus werden eine Schulstunde (45 Minuten) und eine Sekunde definiert.

**Beispiel 19-38:** Eine Sekunde, in verschiedenen Zeiteinheiten ausgegeben duration.cpp

```
#include <chrono>
#include <iostream>
#include <ratio>

int main(){

  std::cout << std::endl;

  typedef std::chrono::duration<long long, std::ratio<1>>
    MySecondTick;

  MySecondTick aSecond(1);

  std::chrono::nanoseconds nano(aSecond);
  std::cout << nano.count() << " nanoseconds" << std::endl;

  std::chrono::microseconds micro(aSecond);
  std::cout << micro.count() << " microseconds"
            << std::endl;

  std::chrono::milliseconds milli(aSecond);
  std::cout << milli.count() << " milliseconds"
            << std::endl;

  std::chrono::seconds seconds(aSecond);
  std::cout << seconds.count() << " seconds" << std::endl;

  // std::chrono::minutes minutes(aSecond);
  std::chrono::minutes minutes(
  std::chrono::duration_cast<
  std::chrono::minutes>(aSecond));
  std::cout << minutes.count()
            << " minutes(truncated value)" << std::endl;

  //std::chrono::hours hours(aSecond);
  std::chrono::hours hours(
  std::chrono::duration_cast<
  std::chrono::hours>(aSecond));
  std::cout << hours.count() << " hours( truncated value)"
            << std::endl;

  std::cout << std::endl;

```

**Beispiel 19-38: Eine Sekunde, in verschiedenen Zeiteinheiten ausgegeben (Fortsetzung)**

```
35   typedef std::chrono::duration<double, std::ratio<60>>
       MyMinuteTick;
36   MyMinuteTick myMinute(aSecond);
37   std::cout << myMinute.count() << " minutes" << std::endl;
38
39   typedef std::chrono::duration<double, std::ratio<3600>>
       MyHourTick;
40   MyHourTick myHour(aSecond);
41   std::cout << myHour.count() << " hours" << std::endl;
42
43   typedef std::chrono::duration<double, std::ratio<2700>>
       MyLessonTick;
44   MyLessonTick myLesson(aSecond);
45   std::cout << myLesson.count() << " lessons" << std::endl;
46
47   typedef std::chrono::duration<long long, std::ratio<1,2>>
       MyHalfASecondTick;
48   MyHalfASecondTick myHalfASecond(aSecond);
49   std::cout << myHalfASecond.count() << " HalfASeconds"
              << std::endl;
50
51   std::cout << std::endl;
52
53 }
```

In Beispiel 19-38 ist das Programm *duration.cpp* in Aktion zu sehen. `aSecond(1)` vom Typ `MySecondTick` in Zeile 11 ist die Zeitdauer, die es auszugeben gilt. Es ist in Abbildung 19-22 schön zu sehen, dass die Werte für die Minute und die Stunde abgeschnitten werden. Das wird durch die explizite Konvertierung `std::chrono::duration_cast` in den Zeilen 25 und 30 erreicht. Ein naiver Aufruf von `std::chrono::minutes minutes(aSecond)` führt zum Kompilierungsfehler, da sich eine Sekunde nicht als natürliche Zahl mit der Einheit Minute darstellen lässt. Für die exakte Darstellung der Sekunde in einer Minute und einer Stunde werden in den Zeilen 35 und 49 eigene Datentypen `MyMinuteTick` und `MyHourTick` definiert. Aber auch die eigenen Datentypen `MyLessonTick` oder `MyHalfASecondTick` sind schnell definiert, um eigene Zeiteinheiten zu verwenden.

**Praxistipp** **Repräsentierung des arithmetischen Typs.**

Während die vordefinierten Zeitdauern alle einen integralen Datentyp als Zeitzähler verwenden, stehen beim Definieren eigener Zeitdauern Fließkommazahlen neben den integralen Datentypen zur Verfügung. Während die Repräsentierung mit integralen Datentypen exakt ist, lassen sich bei der Repräsentierung mit Fließkommazahlen auch integrale Werte darstellen, ohne diese abzuschneiden.

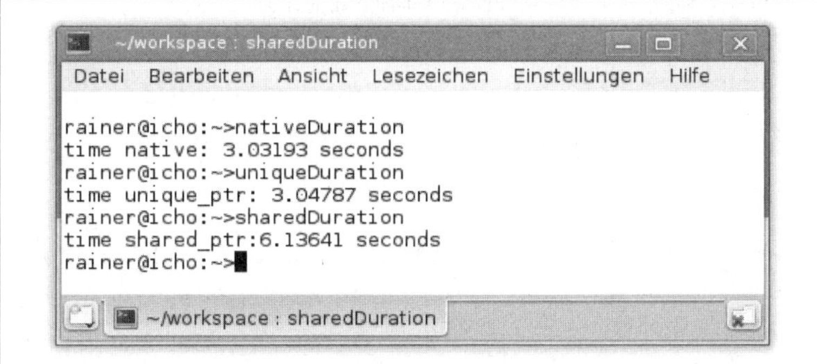


◀ **Abbildung 19-22**
Eine Sekunde, in verschiedenen Zeittakten ausgegeben

## Zeitgeber

Die Zeitgeber in C++11 umfassen eine Zeitdauer mit einem Zeitpunkt, sodass der aktuelle Zeitpunkt durch `now()` zurückgegeben werden kann. Im neuen C++11-Standard werden drei verschiedene Zeitgeber angeboten.

1. `std::chrono::system_clock`: Systemzeit, die mit der externen Uhr synchronisiert werden kann.
2. `std::chrono::steady_clock`: Uhrzeit, die nicht explizit verändert werden kann.
3. `std::chrono::high_resolution_clock`: Systemzeit mit der höchsten Auflösung.

### Exkurs: Verfügbare Zeitgeber

Da der aktuelle GCC 4.7 (GCC 4.7, 2011) von den drei C++11-Zeitgebern `system_clock`, `steady_clock` und `high_resolution_clock` nur den `std::chrono::system_clock` implementiert, werden sich meine Beispiele auf diesen beziehen.

Jeder dieser Zeitgeber zeichnet sich durch ein einheitliches Interface aus.

**Beispiel 19-39:** Interface der Zeitgeber

```
class Clock {
public:
    typedef an arithmetic-like type           rep;
    typedef an instantiation of ratio         period;
    typedef bchrono::duration<rep, period> duration;
```

**Beispiel 19-39:** Interface der Zeitgeber (Fortsetzung)

```
    typedef bchrono::time_point<Clock>      time_point;
    static constexpr bool is_steady =           true or false;

    static time_point now();
};
```

Lediglich für den Zeitgeber `std::chrono::steady_clock` gilt, dass `is_steady == true` ist, denn dessen Werte können nie kleiner werden. Durch dieses einheitliche Interface lässt sich gegebenenfalls schnell das Programm von `std::chrono::high_resolution_order` auf `std::chrono::system_clock` modifizieren, da insbesondere `std::chrono::high_resolution_order` deutlich teurer in der Anwendung ist.

Mithilfe der Typsynonyme aus Beispiel 19-39 und dem neuen Schlüsselwort `auto` lässt es sich einfach bestimmen, wie viele Nanosekunden seit der Epoche (1.1.1970) vergangen sind. Nanosekunden sind die Genauigkeit der Systemzeit auf meiner Plattform.

clock.cpp

**Beispiel 19-40:** Zeit in Nanosekunden seit dem 1.1.1970

```
01 #include <chrono>
02 #include <iostream>
03
04 int main(){
05
06   std::cout << std::boolalpha<< std::endl;
07
08   auto timeNow= std::chrono::system_clock::now();
09   auto duration= timeNow.time_since_epoch();
10
11   std::cout << "nanoseconds since 1.1.1970 :"
               <<  duration.count() << std::endl;
12
13   std::cout << "is steady: "
         <<  std::chrono::system_clock::is_steady << std::endl;
14
15   std::cout << std::endl;
16
17 }
```

In Beispiel 19-40 ist schön zu sehen, wie die statische Funktion `system_clock()::now()` in Zeile 8 verwendet wird, um den aktuellen Zeitpunkt zu erhalten. Dieser ist der Schlüssel für die Zeitdauer `duration` seit der Epoche in Zeile 9. Eine weitere statische Funktion von `std::chrono::system_clock` wird in Zeile 13 angewandt, um die Frage zu beantworten, ob diese stetig ist. Das bisschen Ausgabe ist in Abbildung 19-23 zu sehen.

**Abbildung 19-23**
Ausgabe von std::chrono::system_clock

system_clock

Als einziger Zeitgeber besitzt `std::chrono::system_clock` zwei Methoden, um mit der C-API zu interagieren.

**Beispiel 19-41:** C-API

```
static time_t to_time_t (const time_point& t);
static time_point from_time_t(time_t t);
```

Auf POSIX-Systemen wird `std::chrono::system_clock` auf `times`, auf Windows-Systemen auf `GetProcessTimes` abgebildet.

## Zeitpunkt

Ein Zeitpunkt wird durch einen Startpunkt, die sogenannte Epoche und die darauf bezogene Zeitdauer festgelegt.

**Beispiel 19-42:** Deklaration eines Zeitpunkts

```
template <class Clock, class Duration = typename Clock::duration>
class time_point;
```

Epoche

Dabei enthält ein Zeitpunkt einen Zeitgeber und eine Zeitdauer. Über die Funktion `time_since_epoch` erhält der Aufrufer die Zeitdauer seit der Epoche zurück. Dabei ist der Beginn der Zeitrechnung für `std::chrono::system_clock` der 1.1.1970 und für die beiden anderen Zeitgeber `std::chrono::steady_clock` und `std::chrono::high_resolution_clock` der Bootzeitpunkt des Rechners.

### Aufgabe 19-15

timeSinceEpoch.cpp

Bestimmen Sie die Zeitdauer seit dem 1.1.1970.

Gut 40 Jahre alt ist das Computerzeitalter. Bestimmen Sie die Zeit seit der Epoche in Sekunden, Minuten, Stunden, Tagen, Wochen, Monaten und Jahren. Der Einfachheit halber soll ein Monat 30 Tage lang sein.

# Referenz-Wrapper

<utility>

Ein `std::reference_wrapper<T>` ist ein kopierkonstruierbarer und zuweisbarer Wrapper um ein Objekt vom Typ `T&`. Damit entsteht ein Objekt, das sich zwar wie eine Referenz verhält, aber, und das ist der entscheidende Punkt, auch kopiert werden kann.

Diese Eigenschaften ermöglichen zwei neue Anwendungsfälle von `std::reference_wrapper<T>` gegenüber Referenzen.

1. Sie können in Containern der Standard Template Library verwendet werden.
2. Klassen, die `std::reference_wrapper<T>`-Objekte enthalten, lassen sich kopieren.

Während die Verwendung von Referenz-Wrappern in Containern aus dem Kapitel 5, Abschnitt »Referenz-Wrapper« auf Seite 76 der »Tour de C++11« bekannt ist, fehlt noch der zweite Anwendungsfall.

referenceWrapperClass.cpp

**Beispiel 19-43: Kopieren einer Klasse mit einer Referenz**

```
#include <functional>
#include <iostream>
#include <string>

class Bad{
public:
  Bad(std::string& s):message(s){}
private:
  std::string& message;
};

class Good{
public:
  Good(std::string& s):message(s){}
  std::string getMessage(){
    return message.get();
  }
  void changeMessage(std::string s){
    message.get()= s;
  }
private:
  std::reference_wrapper<std::string> message;
};

int main(){

  std::cout << std::endl;
```

**Beispiel 19-43:** Kopieren einer Klasse mit einer Referenz (Fortsetzung)

```
28
29   std::string bad1{"bad1"};
30   std::string bad2{"bad2"};
31
32   Bad b1(bad1);
33   Bad b2(bad2);
34   // will not compile, because of reference
35   //b1= b2;
36
37   std::string good1{"good1"};
38   std::string good2{"good2"};
39
40   Good g1(good1);
41   Good g2(good2);
42   std::cout << "g1.getMessage(): " << g1.getMessage()
               << std::endl;
43   std::cout << "g2.getMessage(): " << g2.getMessage()
               << std::endl;
44
45   std::cout << std::endl;
46
47   std::cout << "g2= g1" << std::endl;
48   g2= g1;
49   std::cout << "g1.getMessage(): " << g1.getMessage()
               << std::endl;
50   std::cout << "g2.getMessage(): " << g2.getMessage()
               << std::endl;
51
52   std::cout << std::endl;
53
54   g1.changeMessage("veryGood");
55   std::cout << "g1.changeMessage(\"veryGood\")"
               << std::endl;
56   std::cout << "g1.getMessage(): " << g1.getMessage()
               << std::endl;
57   std::cout << "g2.getMessage(): " << g2.getMessage()
               << std::endl;
58
59   std::cout << std::endl;
60
61 }
```

Werden Instanzen der Klasse Bad (Zeile 32) in Beispiel 19-43 zugewiesen, moniert dies der GCC-Compiler unmissverständlich mit der eindeutigen Fehlermeldung aus Abbildung 19-24.

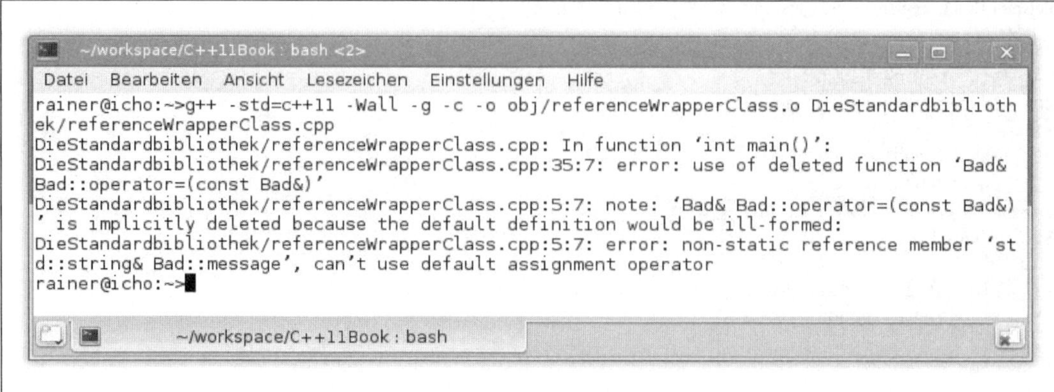


**Abbildung 19-24 ▲**
Versuch, eine Referenz zu kopieren

Dank Referenz-Wrapper wird dieser Anwendungsfall mit der Klasse `Good` unterstützt. Die Zuweisung in Zeile 48 führt zur Modifikation von `g2` (Abbildung 19-25).

**Abbildung 19-25 ▶**
Kopieren einer Referenz mit Referenz-Wrapper

Der wesentliche Unterschied der Klasse `Good` (Zeile 12) gegenüber `Bad` (Zeile 5) ist, dass `Good` den `std::string` in einem Referenz-Wrapper hält (Zeile 19). Interessant ist auch die Elementfunktion `changeMessage` in Zeile 18. Durch die get-Methode des Referenz-Wrappers steht eine Referenz auf das interne Datenobjekt zur Verfügung, sodass dieses (Zeile 19) auf einen neuen Wert gesetzt werden kann. Somit werden `g1` und `g2` in Abbildung 19-25 modifiziert.

Interface

Das Interface der Referenz-Wrapper ist schnell erklärt. Neben der bereits verwendeten `get`-Methode, die eine Referenz auf das interne Objekt anbietet, ist der Klammeroperator für Referenz-Wrapper überladen. Damit lässt sich eine aufrufbare Einheit in einem Referenz-Wrapper kapseln und anwenden.

**Beispiel 19-44:** Funktionszeiger, in einem Referenz-Wrapper gekapselt und aufgerufen

```
void foo(){
  std::cout << "it works" << std::endl;
}
...

01 typedef void callable();
02 std::reference_wrapper<callable> refWrap1(foo);
03 refWrap1();
```

Für die Funktion `foo` aus Beispiel 19-44 wird in Zeile 1 ein Funktionstyp deklariert. Dieser wird in Zeile 2 verwendet, um einen Referenz-Wrapper zu definieren. Zuletzt wird der Referenz-Wrapper `refWrap1()` angewandt und die Funktion `foo` ausgeführt.

## Die Hilfsfunktionen ref und cref

Für das einfache Definieren einer Referenz oder einer Referenz auf ein konstantes Objekt bietet C++11 die zwei Funktionen `std::ref` und `std::cref` an. Beide Funktionen nehmen ein Argument an und verpacken es. In Beispiel 19-45 werden die beiden Hilfsfunktionen angewandt.

**Beispiel 19-45:** Die Hilfsfunktionen std:: ref und std::cref

refCref.cpp

```
#include <functional>
#include <iostream>
#include <string>

void invokeMe(std::string& s){
  std::cout << s << ": not const " << std::endl;
}

void invokeMe(const std::string& s){
  std::cout << s << ": const " << std::endl;
}


template <typename T>
void doubleMe(T t){
  t *=2;
}

int main(){

  std::cout << std::endl;

  std::string s{"string"};

  invokeMe(std::ref(s));
```

**Beispiel 19-45:** Die Hilfsfunktionen std:: ref und std::cref (Fortsetzung)

```
26   invokeMe(std::cref(s));
27
28   std::cout << std::endl;
29
30   int i=1;
31   std::cout << "i: " << i << std::endl;
32
33   doubleMe(i);
34   std::cout << "doubleMe(i): " << i << std::endl;
35
36   doubleMe(std::ref(i));
37   std::cout << "doubleMe(std::ref(i)): " << i << std::endl;
38
39   double a=5;
40   std::cout << "a= " << a << std::endl;
41   doubleMe(std::ref(a));
42   std::cout << "doubleMe(std::ref(a)): " << a << std::endl;
43
44   std::cout << std::endl;
45
46 }
```

Die Funktion `invokeMe` steht in zwei Varianten in Beispiel 19-45 zur Verfügung. In Zeile 5 nimmt sie eine Referenz auf einen `std::string`, in Zeile 9 eine Referenz auf einen konstanten `std::string` an. Durch den Aufruf `invokeMe(std::ref(s))` wird die nicht konstante, durch den Aufruf `invokeMe(std::cref(s))` die konstante Version verwendet. Das Funktions-Template in Zeile 14 verdoppelt ihr Argument. Dazu ist es aber notwendig, dass der Funktionskörper auf einer Referenz agiert. Genau dies wird mit den Funktionsaufrufen in Zeile 36 `doubleMe(std::ref(i))` und Zeile 41 `doubleMe(std::ref(a))` erreicht. In der Ausgabe in Abbildung 19-26 ist schön zu sehen, dass der Funktionsaufruf `doubleMe(i)` in Zeile 33 `i` nicht verdoppelt.

**Abbildung 19-26 ▶** Funktionsaufrufe mit ref und cref

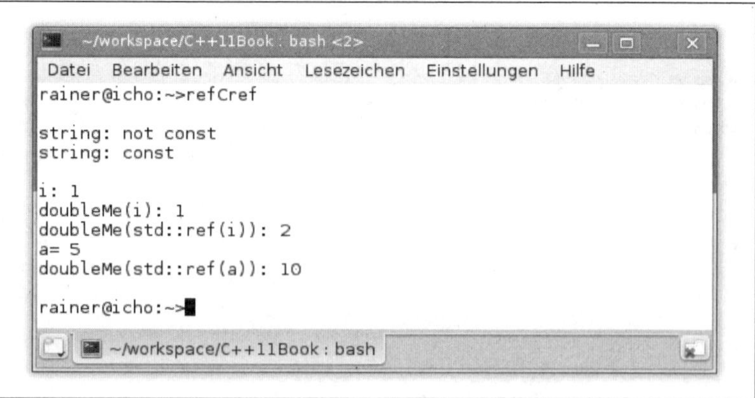

### Aufgabe 19-16

invokeInThread.cpp

Führen Sie ein paar Funktionen in einem separaten Thread aus.

Die fünf Funktionen geben jeweils einen einfachen String auf der Konsole aus.

```
void func1(){std::cout << "Only ";}
void func2(){std::cout << "for ";}
void func3(){std::cout << "testing ";}
void func4(){std::cout << "purpose";}
void func5(){std::cout << ".\n";}
```

Verpacken Sie diese Funktion in einen Referenz-Wrapper, schieben Sie sie auf einen Vektor und führen Sie die Funktionen in dem Vektor in einem separaten Thread aus. Diese Aufgabe lässt sich auch mit dem neuen C++11-Feature `std::function` lösen, indem die Funktionen in Funktionsobjekte verpackt werden.

# KAPITEL 20

# Verbesserte Bibliotheken

**In diesem Kapitel:**

- Smart Pointer
- Neue Container
- Neue Algorithmen
- bind und function

Die verbesserten Bibliotheken in C++11 basieren auf bestehenden C++-Bibliotheken und runden diese ab. Das prominenteste Beispiel ist die neue Bibliothek zu Smart Pointern, die dem klassischen Smart Pointer `std::auto ptr` gleich drei neue Smart Pointer zur Seite stellt. Aber auch die Container `std::tuple` und `std::array`, die Hashtabellen, neue Algorithmen und die zwei funktionalen Bausteine `std::bind` und `std::function` machen C++11 zu einer moderneren und somit besseren Programmiersprache.

## Smart Pointer

Die Anforderungen an Smart Pointer sind vielfältig. Daher verwundert es nicht, das C++11 drei neue Exemplare anbietet. So verfolgt der Smart Pointer `std::shared_ptr` das Konzept des geteilten Besitzverhältnisses und der `std::unique_pt` das des exklusiven Besitzverhältnisses. Für Zyklen von Smart Pointern hingegen ist der `std::weak_ptr` verantwortlich.

### unique_ptr

<memory>

`std::unique_ptr` ersetzt `std::auto_ptr`, der in C++11 *deprecated* ist. Beides sind Smart Pointer, die exklusiv eine Ressource besitzen und den transparenten Zugriff auf diese erlauben. Beide bieten ein sehr ähnliches Interface an. Bevor es in die Details geht, stellt Beispiel 20-1 das Interface von `std::unique_ptr` vor.

**Beispiel 20-1:** Das Interface von std::unique_ptr

uniquePtr.cpp

```
#include <iomanip>
#include <iostream>
#include <memory>
#include <utility>
```

**Beispiel 20-1:** Das Interface von std::unique_ptr (Fortsetzung)

```

struct MyStruct{
  MyStruct(int v):val(v){
    std::cout << std::setw(10) << std::left
              << (void*) this << " Hello: " << val
      << std::endl;
  }
  ~MyStruct(){
    std::cout << std::setw(10) << std::left
       << (void*)this << " Good Bye: " << val
       << std::endl;
  }
  int val;
};

int main(){

  std::cout << std::endl;

  { // begin of scope

  // Initialize with resource
  std::unique_ptr<MyStruct> uniquePtr0{new MyStruct(0)};

  // use an std::auto_ptr
  std::auto_ptr<MyStruct> autoPtr{new MyStruct(1)};
  std::unique_ptr<MyStruct> uniquePtr1{std::move(autoPtr)};

  // Default Constructor
  std::unique_ptr<MyStruct> uniquePtr2;

  // Move Constructor
  std::unique_ptr<MyStruct> uniquePtr4{new MyStruct(2)};
  std::unique_ptr<MyStruct> uniquePtr5{std::move(uniquePtr4)};

  // Move Assignment
  std::unique_ptr<MyStruct> uniquePtr6{new MyStruct(3)};
  std::unique_ptr<MyStruct> uniquePtr7= std::move(uniquePtr6);

  // access the resource
  std::cout << std::endl;
  std::cout << "Address of resource of uniquePtr7"
     << (void*)uniquePtr7.get() << " " << std::endl;
  std::cout << "Get val: uniquePtr7.get()->val: "
     << uniquePtr7.get()->val << std::endl;
  std::cout << "Get val: uniquePtr7->val: "
     <<  uniquePtr7->val << std::endl;
  std::cout << std::endl;

  // release the resource
```

**Beispiel 20-1:** Das Interface von std::unique_ptr (Fortsetzung)

```
48   MyStruct* myStruct= uniquePtr7.release();
49   std::cout << "myStruct->val: " << myStruct->val
        << std::endl;
50   delete myStruct;
51
52   std::cout << std::endl;
53
54   // reset the resource
55   uniquePtr2.reset(new MyStruct(4));
56   std::unique_ptr<MyStruct> uniquePtr8{new MyStruct(5)};
57   uniquePtr8.reset(new MyStruct(6));
58
59   std::cout << std::endl;
60
61   // swap the std::unique_ptr
62   uniquePtr2.swap(uniquePtr1);
63   std::swap(uniquePtr2,uniquePtr1);
64
65   } // end of scope
66
67   std::cout << std::endl;
68
69 }
```

In Beispiel 20-1 hat `MyStruct` (Zeile 6) die Aufgabe, den Wert der Instanzvariablen `val`, ihre Adresse und eine kurze Nachricht im Konstruktor und Destruktor auszugeben. Damit ist es leichter, die Lebenszeit der Objekte vom Typ `MyStruct` in Abbildung 20-1 zu verfolgen. Ein `std::unique_ptr` bietet verschiedene Varianten der Instanziierung an. Er kann über einen Zeiger auf eine Ressource (Zeile 23), einen `std::auto_ptr` (Zeile 27) oder auch den Aufruf des Standardkonstruktors (Zeile 30) instanziiert werden. Die Initialisierung über ein Rvalue (Zeilen 34 und 38) wird unterstützt, für einen Lvalue wird sie unterbunden. Ist der `std::unique_ptr uniquePtr7` initialisiert, lässt sich durch `uniquePtr7.get()` (Zeilen 42 und 43) auf die Ressource und durch `uniquePtr7->` (Zeile 44) auf die Elemente der Ressource zugreifen. Um die Ressource freizugeben, steht `uniquePtr7.release()` (Zeile 48) bereit. Durch das explizite Löschen der Ressource in Zeile 50 wird ein Speicherloch vermieden. Eine neue Ressource kann mit `uniquePtr2.reset(new MyStruct(4))` (Zeile 55) gesetzt werden. Besitzt der `std::unique_ptr` bereits eine Ressource, wird die ursprüngliche Ressource gelöscht (Zeile 56). Dies lässt sich auch direkt in Abbildung 20-1 nachvollziehen. Über `uniquePtr2.swap(uniquePtr1)` oder auch `std::swap(uniquePtr2,uniquePtr1)` lassen sich zwei `std::unique_ptr` tauschen.

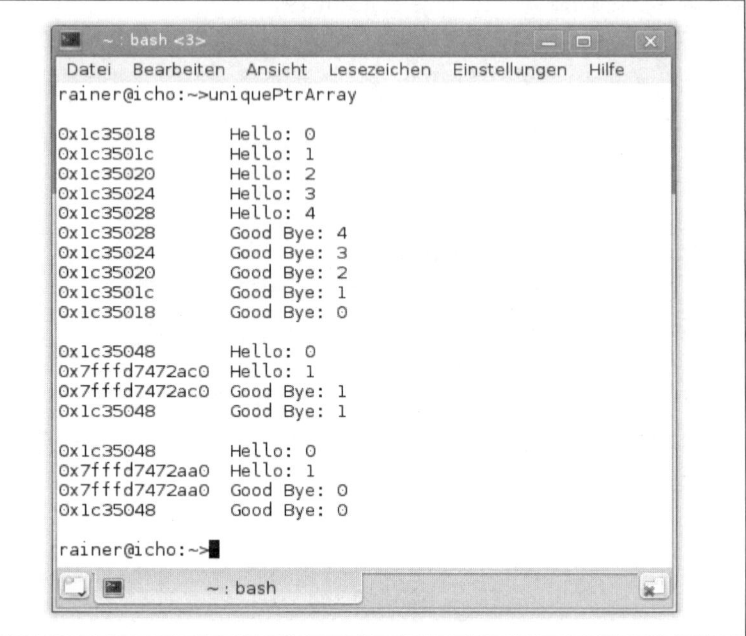


**Abbildung 20-1** ▶ Anwendung von std::unique_ptr

auto_ptr versus unique_ptr

Der feine, aber entscheidende Unterschied zwischen `std::unique_ptr` und `std::auto_ptr` ist, dass beim Kopieren eines `std::auto_ptr` dessen Ressource verschoben wird. Was oberflächlich wie Copy-Semantik wirkt, ist unter der Decke Move-Semantik. In Kapitel 5 im Abschnitt »Smart Pointer« auf Seite 78 wird das implizite Verschieben einer Ressource mit `std::auto_ptr` und das explizite Verschieben mit `std::unique_ptr` bildlich gegenübergestellt.

Wie wird nun verhindert, dass `std::unique_ptr` kopiert werden kann? Die Antwort gibt die Definition von `std::unique_ptr` in Beispiel 20-2.

**Beispiel 20-2:** Auszug aus der Definition des Smart Pointer std::unique_ptr

```
template <typename _Tp, ... >
  class unique_ptr{
public:
  ...

  // Move constructors
  unique_ptr(const unique_ptr&& __u) ...

  // Assignment
  unique_ptr&
  operator=(unique_ptr&& __u) ...
```

**Beispiel 20-2:** Auszug aus der Definition des Smart Pointer std::unique_ptr (Fortsetzung)

```
  ...

  // Disable copy from lvalue.
  unique_ptr(const unique_ptr&) = delete;
  unique_ptr& operator=(const unique_ptr&) = delete;
};
```

In der Implementierung von `std::unique_ptr` (GCC 4.7, 2011) wird das C++11-Schlüsselwort `delete` angewandt, um die Copy-Semantik zu unterbinden. Sowohl den Move-Konstruktor `unique_ptr(const unique_ptr&& __u)` als auch den Move-Zuweisungsoperator `unique_ptr& operator=(unique_ptr&& __u)` bietet dieser Smart Pointer an. Soll ein `std::unique_ptr` kopiert werden, muss der Umweg über `std::move` gegangen werden.

**Beispiel 20-3:** Explizites Transferieren der Ressource

```
std::unique_ptr<int> up1(new int(10));
std::unique_ptr<int> up2= up1; //ERROR: use of deleted function

std::unique_ptr<int> up1(new int(10));
std::unique_ptr<int> up2= std::move(up1);
```

Sink and Source-Idiom

Das *Sink and Source-Idiom* beschreibt zwei Funktionen, die eine Ressource verwalten. Dabei ist die Quelle (`source`) die Funktion, die die Ressource bereitstellt und deren Besitz an die Funktion Senke (`sink`) auf Anfrage übergibt. Das definierte Zusammenspiel, und das ohne potenzielle Speicherlöcher, lässt sich elegant mit `std::unique_ptr` in Beispiel 20-4 formulieren.

**Beispiel 20-4:** Sink and Source-Idiom mit std::unique_ptr

sinkSource.cpp

```
#include <memory>
#include <iostream>

struct BigData{
  BigData(int i):mySize(i),myData(new int[i]){}
  int mySize;
  int* myData;
  ~BigData(){
    std::cout << "deleting BigData of size: "
              << mySize <<  std::endl;
    delete [] myData;
  }
};

// allocate an array of size BigData
std::unique_ptr<BigData> source(int size)
{
```

**Beispiel 20-4:** Sink and Source-Idiom mit std::unique_ptr (Fortsetzung)

```
17  return std::unique_ptr<BigData>(new BigData(size) );
18 }
19
20 // get an array of BigData
21 void sink(std::unique_ptr<BigData> bd){
22   std::cout << "get an array of size: "
              << bd->mySize << std::endl;
23 }
24
25 void dontUseBigData(){
26   source(1000);
27 }
28
29 int main(){
30
31   std::cout << std::endl;
32
33   source(123456789);
34
35   std::cout << std::endl;
36
37   sink(source(100000000));
38
39   std::cout << std::endl;
40
41   dontUseBigData();
42
43   std::cout << std::endl;
44
45   sink( std::unique_ptr<BigData>( new BigData(2011)));
46
47   std::cout << std::endl;
48
49 }
```

Beispiel 20-4 dient nur der Illustration des Grundproblems, das mit dem Sink and Source-Idiom gelöst wird: Eine Funktion stellt die Ressource bereit und übergibt den Besitz einer anderen Funktion. Wer ist nun für das Freigeben der Ressource zuständig? Die kritische Ressource ist in diesem konkreten Fall `BigData`, das ein beliebig großes, dynamisch allokiertes Array `myData` besitzt. Betrachten wir zuerst den typischen Anwendungsfall in Zeile 37. Wird `source(100000000)` prozessiert, allokiert die Funktion `source` (Zeile 15) `BigData` und stellt es über seinen Rückgabewert zur Verfügung. Die Funktion `sink` in Zeile 21 verhält sich genau spiegelbildlich zur Funktion `source`, denn sie benötigt einen `std::unique_ptr<BigData>` als Eingabewert. Die Eleganz dieses Idioms ist, dass, wie auch immer die Funktionen sink und source verwendet werden, die Ressource automatisch freigegeben wird.

- source(123456789):
  Der Rückgabewert verliert am Ende des Funktionskörpers von source seine Gültigkeit und wird automatisch gelöscht.
- sink(source(100000000)):
  Der Rückgabewert von source ist ein Rvalue, sodass die Ressource zum Aufruf sink (Move-Semantik) verschoben wird. Am Ende des Funktionskörpers von sink verliert der std::unique_ptr seine Gültigkeit und wird automatisch gelöscht.
- source(1000):
  Stellt eine Variation von source(12345679) dar.
- sink( std::unique_ptr<BigData>( new BigData(2011))):
  Die Funktion sink fordert die Ressource direkt.
  Da diese Ressource ein Rvalue ist, wird sie verschoben.

Abbildung 20-2 zeigt den Programmlauf von Beispiel 20-4.

◀ **Abbildung 20-2**
Sink and Source-Idiom in verschiedenen Variationen

auto_ptr versus unique_ptr

Der explizite Übergang der Besitzverhältnisse beim std::unique_ptr gegenüber dem impliziten beim *deprecated* std::auto_ptr ist aber noch nicht das Ende der Geschichte. std::unique_ptr zeichnet sich in weiteren Punkten gegenüber std::auto_ptr aus. Er kann Arrays verwalten, über eine Löschfunktion parametrisiert und in der Standard Template Library verwendet werden. Zuerst die zusätzlichen Features von std::unique_ptr der Reihe nach.

- std::unique_ptr kann in Containern und den Algorithmen der STL verwendet werden. Diese Aussage trifft mit der Einschränkung zu, dass die std::unique_ptr in den STL-Containern und Algorithmen nur Move- und keine Copy-Semantik unterstützen. Wird jedoch ein `std::unique_ptr` in einem STL-Container kopiert, quittiert dies der Compiler mit einer Fehlermeldung.

- Der Konstruktor von `std::unique_ptr` lässt sich über eine Löschfunktion parametrisieren, die automatisch verwendet wird. Fehlt dieser optionale Parameter, wird auf den Destruktor der Ressource zurückgegriffen. Im Abschnitt »shared_ptr« auf Seite 389 werden wir die Anwendung der Löschfunktion in Aktion sehen.
- `std::unique_ptr` besitzt eine Template-Spezialisierung für Arrays: `class unique_ptr<T[]>`. Optional kann er über eine Löschfunktion weiter parametrisiert werden. Damit sorgt diese Spezialisierung für das automatische Verwalten der Arrays. Mit dem Array lässt sich in gewohnter Weise interagieren, denn der Zugriff auf das Array wird durch die get-Funktion, der Zugriff auf die Elemente des Arrays durch den Indexoperator `operator[]` unterstützt. Als Default-Löschfunktion wird `delete []` angewandt.

Zum Abschluss zeigt Beispiel 20-5 den Umgang mit einem Array.

uniquePtrArray.cpp

**Beispiel 20-5:** std::unique_ptr für Arrays

```
#include <iomanip>
#include <iostream>
#include <memory>

class MyStruct{
public:
  MyStruct():val(count){
    std::cout << std::setw(15) << std::left
              << (void*) this << " Hello: " << val
              <<  std::endl;
    MyStruct::count++;
  }
  ~MyStruct(){
    std::cout << std::setw(15) << std::left
              << (void*)this << " Good Bye: " << val
              << std::endl;
    MyStruct::count--;
  }
private:
  int val;
  static int count;
};

```

**Beispiel 20-5:** std::unique_ptr für Arrays (Fortsetzung)

```
20 int MyStruct::count= 0;
21
22 int main(){
23
24   std::cout << std::endl;
25
26   // create a myUniqueArray with five MyStructs
27   {
28
29   std::unique_ptr<MyStruct[]> myUniqueArray
       {new MyStruct[5]};
30
31   }
32
33   std::cout << std::endl;
34
35   // create a myUniqueArray
36   // assign an myUnqiueArray element a new MyStruct
37   {
38
39   std::unique_ptr<MyStruct[]> myUniqueArray
      {new MyStruct[1]};
40   MyStruct myStruct;
41   myUniqueArray[0]=myStruct;
42
43   }
44
45   std::cout << std::endl;
46
47   // create a myUniqueArray
48   // assign a new MyStruct an myUniqueArray element
49   {
50
51   std::unique_ptr<MyStruct[]> myUniqueArray
       {new MyStruct[1]};
52   MyStruct myStruct;
53   myStruct= myUniqueArray[0];
54
55   }
56
57   std::cout << std::endl;
58
59 }
```

Die Datenstruktur MyStruct (Zeile 5) in Beispiel 20-5 zählt über die statische Variable MyStruct::count mit, wie viele Instanzen der Struktur existieren. Dazu wird sie im Konstruktor in- und im De-

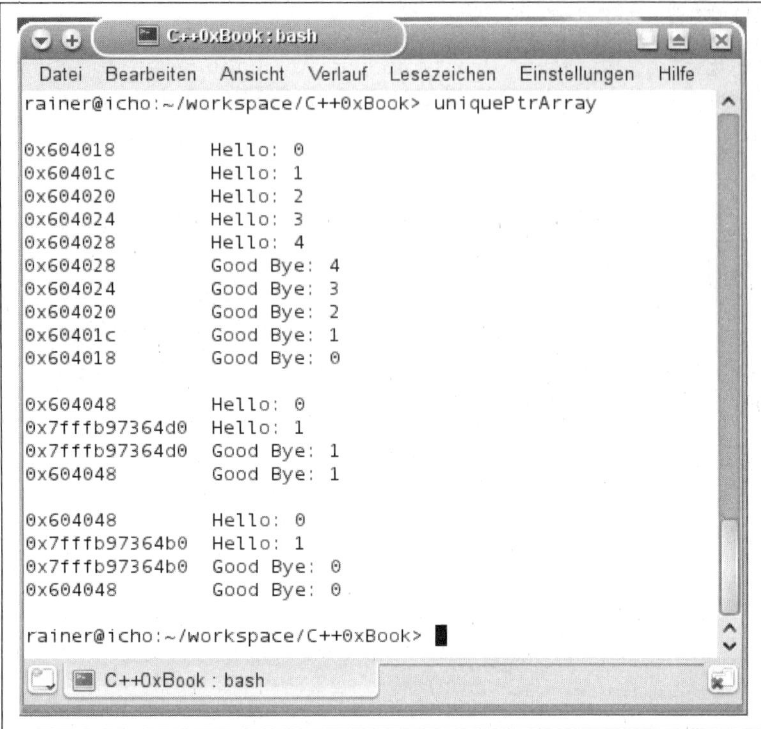


**Abbildung 20-3 ▶** Verschiedene Variationen von std::unique_ptr mit einem Array

struktor dekrementiert. Neben ihrem Wert wird in den beiden Funktionen zusätzlich die Adresse der Instanz ausgegeben. Die einfache Verwendung eines `std::unique_ptr<MyStruct[]>` zeigt Zeile 29. Um den Lebenszyklus der Ressource `MyStruct` leichter zu verfolgen, wurde die Gültigkeit von `std::unique_ptr<MyStruct[]>` auf den Bereich (Zeilen 27 bis 31) eingeschränkt. In Abbildung 20-3 ist schön zu sehen, wie die Instanzen vom Typ `MyStruct` am Ende ihres Gültigkeitsbereichs (Zeile 31) in umgekehrter Reihenfolge ihrer Erzeugung automatisch gelöscht werden. In Zeile 41 wird dem ersten `myUniqueArray`-Element eine neue `MyStruct`-Instanz zugewiesen. Aber auch einer neuen `MyStruct`-Instanz kann ein `myUniqueArray`-Element in Zeile 53 zugewiesen werden.

vectorUniquePtr.cpp

## Aufgabe 20-1

Verwenden Sie einen `std::unique_ptr` in einem `std::vector`.

Instanziieren Sie einen Vektor vom Typ `std::vector<std::unique_ptr<int>>`. Geben Sie seine Elemente ab- und aufsteigend sortiert aus.

## shared_ptr

`std::shared_ptr` stellt den typischen Anwendungsfall für Smart Pointer in C++11 dar. Mit ihm lässt sich eine Ressource gemeinsam nutzen. Jeder `std::shared_ptr` hält einen Referenzzähler auf einen Zähler und auf eine gemeinsam genutzte Ressource. Wird nun der `std::shared_ptr` kopiert, wird der Referenzzähler erhöht. Beim Löschen des `std::shared_ptr` wird dieser dekrementiert. Erreicht der Referenzzähler den Wert 0, führt dies zur automatischen Löschung der Ressource. Der `std::shared_ptr` bietet ein ähnliches Interface wie der `std::unique_ptr` und der aus C++98 bekannte `std::auto_ptr` an. *sharedPtr.cpp* in Beispiel 20-6 sollte nach *uniquePtr.cpp* in Beispiel 20-1 vertraut wirken.

**Beispiel 20-6:** Das Interface von std::shared_ptr

sharedPtr.cpp

```
#include <iomanip>
#include <iostream>
#include <memory>
#include <utility>

struct MyStruct{
  MyStruct(int v):val(v){
    std::cout << std::setw(10) << std::left
              << (void*) this << " Hello: " << val
              << std::endl;
  }
  ~MyStruct(){
    std::cout << std::setw(10) << std::left
              << (void*)this << " Good Bye: " << val << std::endl;
  }
  int val;
};

int main(){

  std::cout << std::endl;

  { // begin of scope

  // Initialize with resource
  std::shared_ptr<MyStruct> sharedPtr{new MyStruct(0)};

  // use an std::auto_ptr
  std::auto_ptr<MyStruct> autoPtr{new MyStruct(1)};
  std::shared_ptr<MyStruct> sharedPtr1{std::move(autoPtr)};

  std::unique_ptr<MyStruct> uniquePtr{new MyStruct(2)};
  std::shared_ptr<MyStruct> sharedPtr2{std::move(uniquePtr)};

```

**Beispiel 20-6:** Das Interface von std::shared_ptr (Fortsetzung)

```
// Default Constructor
std::shared_ptr<MyStruct> sharedPtr3;

// Move Constructor
std::unique_ptr<MyStruct> uniquePtr1{new MyStruct(3)};
std::shared_ptr<MyStruct> sharedPtr4{std::move(uniquePtr1)};

// Move Assignment
std::unique_ptr<MyStruct> uniquePtr2{new MyStruct(4)};
std::shared_ptr<MyStruct> sharedPtr5= std::move(uniquePtr2);

// test, if unique owner of the resource
std::cout << std::boolalpha << std::endl;
std::cout << "sharedPtr5.unique(): "
          << sharedPtr5.unique() << std::endl;
std::cout << std::endl;

// Copy Constructor form a std::shared_ptr
std::shared_ptr<MyStruct> sharedPtr6{new MyStruct(5)};
std::shared_ptr<MyStruct> sharedPtr7{sharedPtr6};

// Copy Assignment from a std::shared_ptr
std::shared_ptr<MyStruct> sharedPtr8= sharedPtr6;

// get the reference count
std::cout << std::endl;
std::cout << "sharedPtr8.use_count(): "
          << sharedPtr8.use_count() << std::endl;

// access the resource
std::cout << std::endl;
std::cout << "Address of resource of sharedPtr8"
          << (void*)sharedPtr8.get() << " " << std::endl;
std::cout << "Get val: sharedPtr8.get()->val: "
          << sharedPtr8.get()->val << std::endl;
std::cout << "Get val: sharedPtr8->val: "
          << sharedPtr8->val << std::endl;
std::cout << std::endl;

// reset the resource
sharedPtr8.reset(new MyStruct(8));

std::cout << std::endl;

// only sharedPtr8 will be reset
std::cout << "sharedPtr6.use_count(): "
          << sharedPtr6.use_count() << std::endl;
std::cout << "sharedPtr6.get->val: "
          << sharedPtr6.get()->val << std::endl;
std::cout << "sharedPtr7.use_count(): "
          << sharedPtr7.use_count() << std::endl;
```

**Beispiel 20-6:** Das Interface von std::shared_ptr (Fortsetzung)

```
75   std::cout << "sharedPtr7.get->val:"
               << sharedPtr7.get()->val << std::endl;
76
77   std::cout << std::endl;
78   std::cout << "sharedPtr8.use_count(): "
               << sharedPtr8.use_count() << std::endl;
79   {
80     std::shared_ptr<MyStruct> sharedPtr9{sharedPtr8};
81     std::shared_ptr<MyStruct> sharedPtr10= sharedPtr9;
82     std::cout << "sharedPtr8.use_count(): "
                 << sharedPtr8.use_count() << std::endl;
83     sharedPtr10.reset();
84     std::cout << "sharedPtr8.use_count(): "
                << sharedPtr8.use_count() << std::endl;
85   }
86   std::cout << "sharedPtr8.use_count(): "
               << sharedPtr8.use_count() << std::endl;
87   sharedPtr8.reset();
88
89   std::cout << std::endl;
90
91   // swap the std::shared_ptr
92   sharedPtr2.swap(sharedPtr1);
93   std::swap(sharedPtr2,sharedPtr1);
94
95   } // end of scope
96
97   std::cout << std::endl;
98
99 }
```

Die einfache Datenstruktur `MyStruct` aus Beispiel 20-1 findet in Beispiel 20-6 ihre Wiederverwendung. Zuerst wird `std::shared_ptr` in verschiedenen Varianten instanziiert. Das findet in Zeile 23 durch eine Ressource, in Zeile 25 durch einen `std::auto_ptr` und in Zeile 40 durch ein `std::unique_ptr` statt. Entsprechend dem `std::unique_ptr` besitzt der `std::shared_ptr` auch einen Standardkonstruktor (Zeile 33). Ein `std::shared_ptr` kann über einen `std::unique_ptr` initialisiert werden (Zeilen 36 und 40). Mit der Elementfunktion `unique` lässt sich in Zeile 45 testen, ob der `std::shared_ptr` als einziger eine Ressource besitzt. Durch den Aufruf des Kopierkonstruktors in Zeile 50 und den Kopierzuweisungsoperator in Zeile 53 besitzt der Referenzzähler `sharedPtr8.use_count()` in Zeile 57 den Wert 3. `std::shared_ptr` ist eng verwandt mit `std::unique_ptr`. Dies ist einfach an den Aufrufen in Zeile 61 bis 63 zu sehen, denn durch `sharedPtr8.get()` kann auf die Ressource, durch `sharedPtr8->val` auf den Wert von `MyStruct` zugegriffen werden.

Erhält die Elementfunktion `reset` beim Aufruf eine Ressource (Zeile 68), bewirkt dies, dass `sharedPtr8` der alleinige Besitzer der neuen Ressource ist. `sharedPtr6` und `sharedPtr7` teilen sich `MyStruct5` aus Zeile 44. Ihr Referenzzähler besitzt jetzt den Wert 2. In dem Bereich zwischen Zeile 80 und Zeile 85 wird der Referenzzähler von `sharedPtr8` zu Beginn wieder auf 3 erhöht. `sharedPtr10.reset()` ohne Argument bewirkt, dass `sharedPtr10` zurückgesetzt wird. Der Referenzzähler von `sharedPtr8` wird dekrementiert. Dekrementiert wird er nochmals beim Verlassen des Bereichs, denn `sharedPtr9` verliert seine Gültigkeit. Ein letztes Mal `sharedPtr8.reset()` in Zeile 87, und die Ressource `MyStruct(8)` kann zerstört werden. Zum Abschluss folgt noch ein unspektakuläres Tauschen der `std::shared_ptr`. Diese lange Ausführung in Prosa lässt sich natürlich auch auf der Konsole in Abbildung 20-4 bewundern.

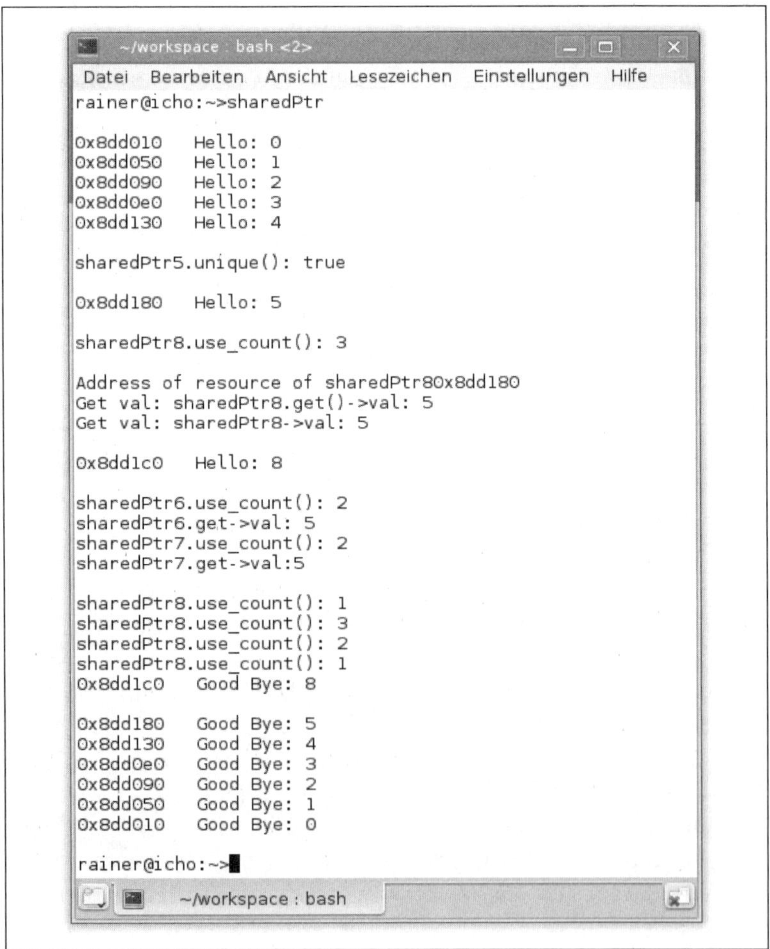


**Abbildung 20-4 ▶** Anwendung von std::shared_ptr

## Exkurs: Die enge Verwandtschaft von unique_ptr und shared_ptr

Die enge Verwandtschaft von `std::unique_ptr` und `std:.shared_ptr` lässt sich ganz einfach an der Tatsache festmachen, dass das Beispiel 20-1, abgesehen von dem Aufruf von `uniquePtr7.release()`, auch für `std::shared_ptr` gültig ist. Dies ist kein Zufall, erlaubt es doch den einfachen Umstieg von `std::unique_ptr` auf `std::shared_ptr`. Hinzu kommt noch, dass ein `std::shared_ptr` über einen `std_unique_ptr` und selbst einen `std::auto_ptr` initialisiert werden kann.

STL-konform

Galt es mit Einschränkungen schon für `std::unique_ptr`, so gilt es für `std::shared_ptr` ohne jegliche Einschränkung: Sie können in den Containern und Algorithmen der Standard Template Library verwendet werden.

Praxistipp

**Erzeugen Sie die Ressource im Konstruktoraufruf des Smart Pointer.**

Die Ressource sollte im Konstruktoraufruf des Smart Pointer erzeugt werden.

Zum einen sorgt der Konstruktor dafür, dass der Speicher wieder freigegeben wird, wenn in einem Aufruf eine Ausnahme vom Typ `std::bad_alloc` geworfen wird, falls die Speicherzuweisung fehlschlägt. Wird die Ressource nicht im Konstruktor allokiert, sollte durch Ausnahmebehandlung die Freigabe des Speichers sichergestellt werden. Beispiel 20-7 stellte beide Varianten gegenüber.

**Beispiel 20-7: Ausnahmebehandlung für std::shared_ptr**

```
std::shared_ptr<VeryBig> sp( new VeryBig() );

try{
  VeryBig *veryBig= new VeryBig() ;
  std::shared_ptr<VeryBig> sp1(veryBig);
}
catch( ... ){
  // handle the exception
}
```

Zum anderen wird dadurch das falsche wiederholte Löschen einer Ressource verhindert. Beispiel 20-8 zeigt die falsche Benutzung von `std::shared_ptr`. Um den Blick aufs Wesentliche zu richten, habe ich auf die Ausnahmebehandlung verzichtet.

sharedPtrDouDelete.cpp

**Beispiel 20-8:** Wiederholtes Löschen einer Ressource

```
#include <iomanip>
#include <iostream>
#include <memory>

struct MyStruct{
  MyStruct(int v):val(new int(v)){
    std::cout << std::setw(10) << std::left
              << (void*) this << " Hello: "
              << *val << std::endl;
  }
  ~MyStruct(){
    std::cout << std::setw(10) << std::left
              << (void*)this << " Good Bye: "
              << *val << std::endl;
  }
  int* val;
};

int main(){

  std::cout << std::endl;

  std::cout << std::boolalpha;

  MyStruct* myStruct1= new MyStruct(5);
  MyStruct* myStruct2= myStruct1;

  std::shared_ptr<MyStruct> sharedPtr1(myStruct1);
  std::shared_ptr<MyStruct> sharedPtr2(myStruct2);

  std::cout << "sharedPtr1.unique(): "
            << sharedPtr1.unique() << std::endl;
  std::cout << "sharedPtr2.unique(): "
            << sharedPtr2.unique() << std::endl;

}
```

Das Ausführen des Programms bringt es in Abbildung 20-5 auf den Punkt.

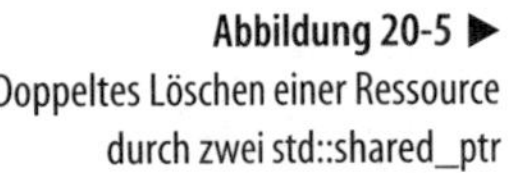

**Abbildung 20-5** ▶ Doppeltes Löschen einer Ressource durch zwei std::shared_ptr

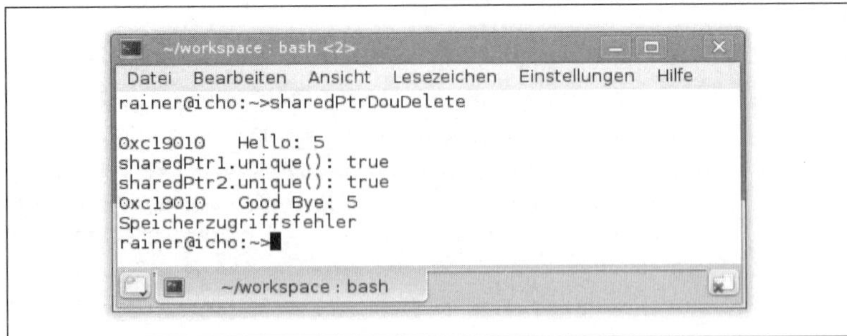

Die zwei `std::shared_ptr` `sharedPtr1` und `sharedPtr2` in den Zeilen 24 und 25 glauben, alleiniger Besitzer der Ressource zu sein. Beide antworten auf die Frage `sharedPtr1.unique()` bzw. `sharedPtr2.unique()` mit dem Wahrheitswert `true`. Dies führt dazu, dass beide den Speicher freigeben wollen. Das schlägt beim zweiten Versuch fehl und führt zu einem Speicherzugriffsfehler.

## Löschfunktion

`std::shared_ptr` sowie `std::unique_ptr` lassen sich über sogenannte Löschfunktionen parametrisieren. In diesem Fall wird zum Löschen der Ressource die benutzerdefinierte Löschfunktion verwendet. Dabei sind die Forderungen an die Löschfunktion `d`, dass sie eine aufrufbare Einheit ist. Statt `delete p` für die Ressource `p` wird in diesem Fall `d(p)` aufgerufen, wenn die Ressource `p` destruiert wird. Beispiel 20-9 zeigt die Anwendung einer Löschfunktion, die darüber hinaus über die statische Variable `count` mitzählt, wie oft sie schon aufgerufen wurde.

**Beispiel 20-9:** std::shared_ptr und std::unique_ptr, mit einer Löschfunktion parametrisiert — sharedPtrDeleter.cpp

```
#include <iostream>
#include <memory>
#include <random>
#include <typeinfo>
#include <utility>

template <typename T>
class Deleter{
public:
  void operator()(T *ptr){
    ++Deleter::count;
    // do the actual work
    delete ptr;
  }
  void getInfo(){
    std::string typeId{typeid(T).name()};
    size_t sz= Deleter::count * sizeof(T);
    std::cout << "Deleted " << Deleter::count
              << " objects of type: " << typeId
              << std::endl;
    std::cout << "Freed size in bytes: "  << sz << "."
              <<  std::endl;
    std::cout << std::endl;

  }
private:
  static int count;
};
```

**Beispiel 20-9:** std::shared_ptr und std::unique_ptr, mit einer Löschfunktion parametrisiert

```

template <typename T>
int Deleter<T>::count=0;

typedef Deleter<int> IntDeleter;
typedef Deleter<double> DoubleDeleter;

void createRandomNumbers(){

  std::random_device seed;

  // generator
  std::mt19937 engine(seed());

  // distribution
  std::uniform_int_distribution<int> thousand(1,1000);
  int ranNumber= thousand(engine);
  for ( int i=0 ; i <= ranNumber; ++i)
        std::shared_ptr<int>(new int(i),IntDeleter());

}

int main(){

  std::cout << std::endl;

  // declare a local scope
  {
    std::shared_ptr<int> sharedPtr1( new int,IntDeleter() );
    std::shared_ptr<int> sharedPtr2( new int,IntDeleter() );
    auto intDeleter=
         std::get_deleter<IntDeleter>(sharedPtr1);
    intDeleter->getInfo();
    sharedPtr2.reset();
    intDeleter->getInfo();

  }
  // create up to 1000 std::shared_ptr of type int
  createRandomNumbers();

  // declare a local scope
  {

    // create three Smart pointer for doubles
    std::unique_ptr<double,DoubleDeleter >
         uniquePtr( new double, DoubleDeleter() );
    std::unique_ptr<double,DoubleDeleter >
         uniquePtr1( new double, DoubleDeleter() );
    std::shared_ptr<double> sharedPtr( new double, DoubleDeleter() );

```

**Beispiel 20-9:** std::shared_ptr und std::unique_ptr, mit einer Löschfunktion parametrisiert

```
72     std::shared_ptr<double> sharedPtr4(std::move(uniquePtr));
73     std::shared_ptr<double> sharedPtr5= std::move(uniquePtr1);
74
75   }
76
77   IntDeleter().getInfo();
78   DoubleDeleter().getInfo();
79
80 }
```

`Deleter` (Zeile 7) in Beispiel 20-9 ist eine aufrufbare Einheit. Da sie kopierkonstruierbar ist, lässt sie sich als Löschfunktion anwenden. Tatsächlich ist es ein Klassen-Template, das seine statische Variable `count` (Zeile 24) im Aufrufoperator (Zeile 10) inkrementiert. Die gesammelte Information stellt das Template über die Funktion `getInfo` (Zeile 15) zur Verfügung. Die zwei Typsynonyme in Zeile 30 und 31 ersparen ein bisschen Tipparbeit.

Bevor ich das Hauptprogramm beschreibe, noch ein paar Worte zur Funktion `createRandomNumbers`. Mithilfe der neuen C++11-Zufallszahlen-Bibliothek (siehe Kapitel 19, Abschnitt »Zufallszahlen« auf Seite 354) werden bis zu 1.000 verschiedene Zufallszahlen erzeugt und genauso viele `std::shared_ptr` in Zeile 43 instanziiert. In dem ersten lokalen Bereich in den Zeilen 52 bis 60 werden zwei `std::shared_ptr` erzeugt. Über den Aufruf `std::get_deleter<IntDeleter>(sharedPtr1)` steht die Löschfunktion von `sharedPtr2` zur Verfügung. Dieser kann benutzt werden, um Information über die Anzahl der Löschaufrufe zu erhalten. Erst nach dem Aufruf von `sharedPtr2.reset()` wurde ein `int`-Datentyp gelöscht. Das ist in Abbildung 20-6 schön zu sehen. Genauso gut ist zu sehen, dass die Anzahl der Instanzen vom Typ `std::shared_ptr<int>` deutlich nach dem Aufruf von `createRandom Numbers` in Zeile 62 steigt. `Deleter` ist ein Klassen-Template, sodass sich Smart Pointer von `double`-Datentypen mit ihm parametrisieren lassen. In den Zeilen 68 und 69 wird dazu `std::unique_ptr` erzeugt. Durch den Move-Konstruktoraufruf in Zeile 72 und den Move-Zuweisungsaufruf in Zeile 73 werden die `std::shared_ptr<double>` die neuen Besitzer der Ressource und ihrer Löschfunktion. Dass die Löschfunktion ordentlich Buch führt, zeigt Abbildung 20-6.

Abbildung 20-6 ▶
Die Löschfunktion im Einsatz beim std::unique_ptr und std::shared_ptr

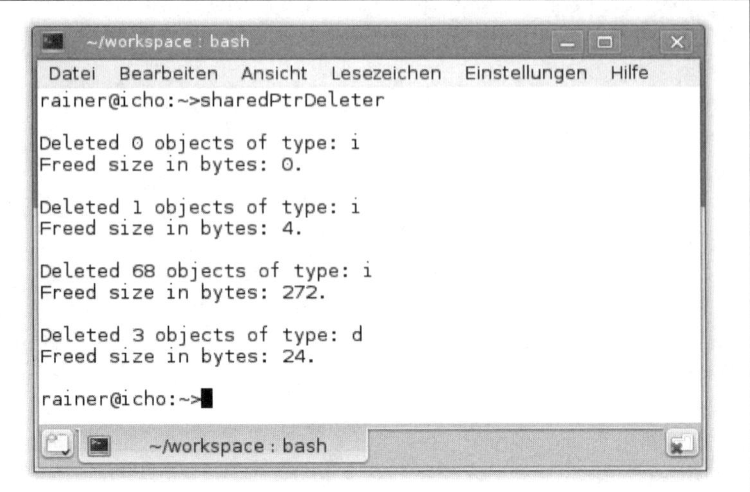


## Exkurs: Die unterschiedliche Verwendung der Löschfunktion bei unique_ptr und shared_ptr

Dem aufmerksamen Leser wird es nicht entgangen sein: Während die Löschfunktion beim `std::shared_ptr` ein Funktionsargument ist, ist sie beim `std::unique_ptr` Teil des Typs. Vergleichen Sie die beiden Instanziierungen:

```
std::shared_ptr<int> sharPtr( new int,IntDeleter() );
std::unique_ptr<double,DoubleDeleter>
              uniPtr(new double, DoubleDeleter() );
```

Leicht verwirrt ob der unterschiedlichen Interfaces, beantwortet mir Daniel Krügler meine Anfrage in der Newsgruppe *de.comp.lang.iso-c++*:

»`std::unique_ptr` und `std::shared_ptr` haben zwei unterschiedliche Smart-Pointer-Ansätze. Der `unique_ptr`-Ansatz legt mehr Schwerpunkt auf Laufzeit- und Speicherperformance und repräsentiert den idealen Ersatz für `std::auto_ptr`. Bei `shared_ptr` ist der dynamische Aspekt wichtiger. Eine der Designdirektiven von `shared_ptr` war, dass man ihn aus einer dynamischen Bibliothek Objekte herausgeben können (kann,) und das soll funktionieren, unabhängig von der Tatsache, ob die Bibliothek und der Aufrufer unterschiedliche Allokationsfunktionen verwenden. Dies kann z. B. passieren, wenn verschiedene Laufzeit-Bibliotheken zusammentreffen.«

## shared_ptr von this

enable_shared_from_this und shared_from_this

Die Funktion std::shared_from_this ist eine praktische Hilfsfunktion, um aus einem bestehenden Objekt einen std::shared_ptr auf dieses zurückzugeben. Dazu ist es lediglich notwendig, dass die Klasse von std::enable_shared_from_this abgeleitet ist.

Die Funktion std::shared_from_this ist einfacher mit dem Beispiel 20-10 erklärt, als mit vielen Worten beschrieben.

**Beispiel 20-10:** Mit std::enable_shared_from_this das aktuelle Objekt zur Verfügung stellen

enabledShared.cpp

```
01 #include <iostream>
02 #include <memory>
03
04 class ShareMe: public std::enable_shared_from_this<ShareMe>{
05 public:
06   std::shared_ptr<ShareMe> getShared(){
07     return shared_from_this();
08   }
09 };
10
11 int main(){
12
13   std::cout << std::endl;
14
15   // share the same ShareMe object
16   std::shared_ptr<ShareMe> shareMe(new ShareMe);
17   std::shared_ptr<ShareMe> shareMe1= shareMe->getShared();
18
19   // both resources have the same address
20   std::cout << "Address of resource of shareMe  "
              << (void*)shareMe.get() << " " << std::endl;
21   std::cout << "Address of resource of shareMe1 "
              << (void*)shareMe1.get() << " " << std::endl;
22
23   // the use_count is 2
24   std::cout << "shareMe.use_count(): "
              << shareMe.use_count() << std::endl;
25
26   std::cout << std::endl;
27
28 }
```

Was in Beispiel 20-10 wie Magie wirkt, hat in C++ einen Namen: *Curiously Recurring Template Pattern* (CRTP). SharedMe in Zeile 4 ist solch ein Exemplar. Das Besondere daran ist, dass die abgeleitete Klasse SharedMe Template-Argument der Basisklasse std::enable_shared_from_this ist. Die Details zu diesem bekannten C++-Idiom lassen sich in dem Buch »C++ Templates« von David Vandevoorde und Nicolai Josuttis nachlesen (Vandevoorde & Josuttis, 2002). Das Entscheidende an `SharedMe` ist, dass die Elementfunktion `getShared` einen Smart Pointer vom Typ `std::shared_ptr<SharedMe>` in Zeile 7 zurückgibt. Dazu verwendet die Funktion den Aufruf `shared_from_this`. Das Hauptprogramm ist unspektakulär. Durch `shareMe->getShared()` in Zeile 17 wird eine Referenz auf `ShareMe` zurückgegeben. Dies ist einfach zu sehen. Denn einerseits besitzen die Ressourcen beider Smart Pointer die gleiche Adresse (Zeilen 20 und 21), und andererseits beträgt der `shareMe.use_count()`-Zähler 2. Beides lässt sich direkt von der Ausgabe in Abbildung 20-7 ablesen.

**Abbildung 20-7** ▶ Die Anwendung von std::enable_shared_from_this

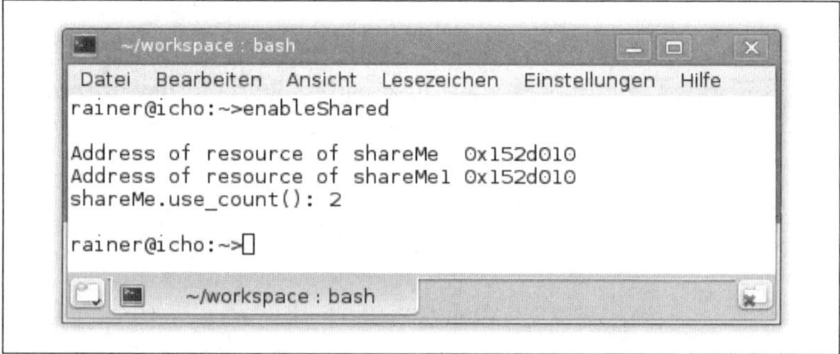


## Konvertierung in Ableitungshierarchien

`std::shared_ptr`, `std::unique_ptr` und der im nächsten Abschnitt vorgestellte `std::weak_ptr` unterstützen die implizite Konvertierung in Ableitungshierarchien. Nur der *deprecated* `std::auto_ptr` macht die Ausnahme. So ist ein Konstruktoraufruf `std::shared_ptr<Base> sp(new Der)` zulässig, falls `Der` von `Base` öffentlich abgeleitet ist. Dies trifft nicht nur auf den Konstruktor, den Kopierkonstruktor und den Kopierzuweisungsoperator zu, sondern im Fall von `std::shared_ptr` auch auf die `reset`-Elementfunktion. Die gleiche Argumentation für die implizite Konvertierung einer Ressource lässt sich auch direkt auf die Smart Pointer selbst anwenden. Ob die implizite Konvertierung eines Smart Pointer `std::shared_ptr<Base> sp(sp1)` (`sp1` ist vom Typ `std::shared_ptr<Der>`) zulässig ist, hängt davon ab, ob die Ressource `Der` von `Base` öffentlich abgeleitet ist.

dynamic_pointer_cast, static_pointer_cast und const_pointer_cast

`std::dynamic_pointer_cast`, `std::static_pointer_cast` und `std::const_pointer_cast` verhalten sich so wie ihre bekannten Namensverwandten `std::dynamic_cast`, `std::static_cast` und `std::const_cast` aus C++. Dies lässt sich leicht einsehen, denn ein `std::dynamic_pointer_cast<Der>(p)` setzt voraus, dass `dynamic_cast<Der*>(p.`

get()) gültig ist. Semantisch ist std::dynamic_pointer_cast<Der>(p) äquivalent zu std::shared_ptr<Der>(std::dynamic_cast<Der*>(p.get())). Dies gilt natürlich auch für die Varianten std::static_pointer_cast und std::const_pointer_cast. std::reinterpret_pointer_cast habe ich nicht vergessen. Diese Variante existiert nicht in C++11.

## Aufgabe 20-2

Hinterfragen Sie die Verwendung von std::auto_ptr in Ihrem Sourcecode.

std::auto_ptr ist *deprecated* in C++11. Dass std::auto_ptr *deprecated* ist und insbesondere die Tatsache, dass std::auto_ptr heimlich die Ressource verschiebt, ist Grund genug, den Sourcecode auf dessen Einsatz zu hinterfragen. Entscheiden Sie daher im Einzelfall, ob std::unique_ptr oder std::shared_ptr der Ersatz für std::auto_ptr ist. Die Umstellung sollte kurz und schmerzlos sein, denn die neuen std::unique_ptr und std::shared_ptr bieten ein sehr ähnliches Interface wie std::auto_ptr an. Lediglich das implizite Verschieben der Ressource ist mit std::unique_ptr nicht möglich und muss mit std::move explizit angefordert werden.

## Aufgabe 20-3

Automatisches Speichermanagement mit Ganzzahlen

Variieren Sie das kleine Programm in Beispiel 20-11. Verwenden Sie einen std::unique_ptr und einen std::shared_ptr für das automatische Verwalten der Ressource und vergleichen Sie die Ausführungszeiten.

**Beispiel 20-11: Häufige Speicherbeschaffung für einen int-Wert**

```
#include <chrono>
#include <iostream>

static const long long numInt= 100000000;

int main(){

  auto start = std::chrono::system_clock::now();

  for ( long long i=0 ; i < numInt; ++i){
    int* tmp(new int(i));
    delete tmp;
  }
```

Beispiel 20-11: Häufige Speicherbeschaffung für einen int-Wert (Fortsetzung)

```
  std::chrono::duration<double>
              dur= std::chrono::system_clock::now() - start;
  std::cout << "time native: " << dur.count()
            << " seconds" << std::endl;

}
```

Mit dem GCC 4.7-Compiler und dem Optimierungsflag -03 übersetzt, erhalte ich die folgenden Zeitangaben.

**Abbildung 20-8** ▶ Beispiel 20-11 im Vergleich mit std::unique_ptr und std::shared_ptr

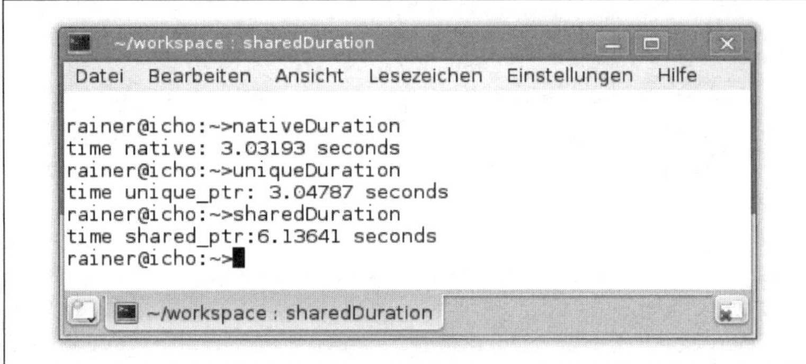


Damit ist `std::unique_ptr` genauso schnell wie das direkte Löschen der Ressource. `std::shared_ptr` benötigt ca. doppelt so lang.

nativeDuration.cpp
uniqueDuration.cpp
sharedDuration.cpp

### Aufgabe 20-4

Verifizieren Sie die Aussagen zur Konvertierung in Ableitungshierarchien.

Leiten Sie eine Klasse `public`, `protected` und `private` von einer Klasse `Base` ab. Initialisieren Sie einen Smart Pointer `std::shared_ptr<Base>`, indem Sie die drei abgeleiteten Klassen von Base verwenden.

Entspricht das Ergebnis Ihren Erwartungen?

### Aufgabe 20-5

Eine mögliche Implementierung von `std::enable_shared_from_this`.

Wem die Erläuterung zu `std::enable_shared_from_this` im Abschnitt »shared_ptr von this« auf Seite 399 nicht ausreicht, der sei auf eine mögliche Implementierung aus dem Standardentwurf N3242 (Becker, Working Draft, Standard for Programming Language C++ (N3242), 2011) von Pete Becker verwiesen.

```
template<class T>
class enable_shared_from_this {
  private:
  weak_ptr<T> __weak_this;
protected:
  constexpr enable_shared_from_this() : __weak_this() { }
  enable_shared_from_this(enable_shared_from_this const &) { }
  enable_shared_from_this& operator=(enable_shared_from_this
const &) { return *this; }
  ~enable_shared_from_this() { }
public:
  shared_ptr<T> shared_from_this() { return
              shared_ptr<T>(__weak_this); }
  shared_ptr<T const> shared_from_this() const { return
              shared_ptr<T const>(__weak_this); }
};
```

## weak_ptr

Der `std::weak_ptr` ist kein Smart Pointer im eigentlichen Sinn, denn er bietet keinen transparenten Zugriff auf seine Ressource. Er besitzt nicht einmal eine Ressource, er bekommt sie von einem `std::shared_ptr` geliehen. Da er nicht der Besitzer der Ressource ist, verändert er auch nicht den Referenzzähler auf diese. Die Existenzberechtigung für den `std::weak_ptr` ist es, zyklische Referenzen von `std::shared_ptr` aufzubrechen. Dazu reicht ihm ein einfaches Interface aus. Bevor zyklische Referenzen unser Thema sein werden, ein bewährter Blick auf die Schnittstelle von `std::weak_ptr` in Beispiel 20-12.

**Beispiel 20-12:** Das Interface von std::weak_ptr　　weakPtr.cpp

```
#include <iostream>
#include <memory>

class MyInt{
public:

  MyInt(int i):i_(i){}
  int get() const{ return i_; }

private:
  int i_;
};

int main(){

  std::cout << std::endl;

  std::cout << std::boolalpha;
```

**Beispiel 20-12:** Das Interface von std::weak_ptr (Fortsetzung)

```

// default constructor
std::weak_ptr<MyInt> weakPtr;
std::cout << "weakPtr.use_count(): "
          << weakPtr.use_count() << std::endl;
std::cout << "weakPtr.expired(): " << weakPtr.expired()
          << std::endl;

std::cout << std::endl;

std::shared_ptr<MyInt> sharedPtr(new MyInt(2011));
std::cout << "sharedPtr.use_count(): "
          << sharedPtr.use_count() << std::endl;

// initialize weakPtr
weakPtr= sharedPtr;
std::cout << "weakPtr.use_count(): "
          << weakPtr.use_count() << std::endl;
std::cout << "weakPtr.expired(): " << weakPtr.expired()
          << std::endl;

std::weak_ptr<MyInt> weakPtr1(sharedPtr);

std::cout << std::endl;

// refer to the resource
std::cout << "sharedPtr->get(): " << sharedPtr->get()
          << std::endl;
// will not work with weakPtr
// std::cout << "weakPtr->get()" << weakPtr->get()
             << std::endl;

if(std::shared_ptr<MyInt> sharedPtr1 = weakPtr.lock()) {
  std::cout << "sharedPtr->get(): " << sharedPtr->get()
            << std::endl;
}
else{
  std::cout << "Don't get the resource!" << std::endl;
}

std::cout << std::endl;

// reset the weakPtr
weakPtr.reset();
if(std::shared_ptr<MyInt> sharedPtr1 = weakPtr.lock()) {
    std::cout << "sharedPtr->get(): "
              << sharedPtr->get() << std::endl;
}
else{
  std::cout << "Don't get the resource!" << std::endl;
}
```

**Beispiel 20-12:** Das Interface von std::weak_ptr (Fortsetzung)

```
61
62    // swap weakPtr2 and weakPtr3
63
64    std::cout << std::endl;
65    std::shared_ptr<MyInt> sharedPtr2(new MyInt(2));
66    std::shared_ptr<MyInt> sharedPtr3(new MyInt(3));
67    std::weak_ptr<MyInt> weakPtr2(sharedPtr2);
68    std::weak_ptr<MyInt> weakPtr3(sharedPtr3);
69
70    if(std::shared_ptr<MyInt> sharedFromWeak2 =
         weakPtr2.lock()) {
71      std::cout << "sharedFromWeak2->get(): "
                  << sharedFromWeak2->get() << std::endl;
72    }
73
74    std::cout << std::endl;
75
76    weakPtr2.swap(weakPtr3);
77    if(std::shared_ptr<MyInt> sharedFromWeak2 =
         weakPtr2.lock()) {
78        std::cout << "sharedFromWeak2->get(): "
                    << sharedFromWeak2->get() << std::endl;
79    }
80
81    std::cout << std::endl;
82
83    std::swap(weakPtr2,weakPtr3);
84    if(std::shared_ptr<MyInt> sharedFromWeak2 =
         weakPtr2.lock()) {
85      std::cout << "sharedFromWeak2->get(): "
                  << sharedFromWeak2->get() << std::endl;
86    }
87
88    std::cout << std::endl;
89
90  }
```

Die Klasse `MyInt` (Zeile 4) in Beispiel 20-12 ist lediglich eine dünne Hülle um den Datentyp `int`. Mit ihm lässt sich der Zugriff auf die Ressource einfach demonstrieren. `std::weak_ptr` besitzt einen Default-Konstruktor. Ohne eine Ressource besitzt `weakPtr.use_count()` in Zeile 22 den Wert `0` und `weakPtr.expired()` in Zeile 23 den Wert `true`. Das ändert sich, nachdem `sharedPtr` in Zeile 27 eine Ressource erhält, mit der `weakPtr` in Zeile 31 initialisiert wird. Ich will aber nochmals explizit darauf hinweisen, dass durch den Ausdruck `weakPtr= sharedPtr` in Zeile 31 der Referenzzähler nicht erhöht wird. Ein `std::weak_ptr` lässt sich auch direkt über einen `std::shared_ptr` (Zeile 35) initialisieren. Der `std::weak_ptr` bietet keine Schnittstelle für die direkte Adressierung der Ressource an. Dazu muss der Umweg über einen `weakPtr.lock()`-Aufruf und den resultierenden `std::shared_ptr` gegangen werden. In den Zeilen 44 bis 49 ist der idiomatische Weg dargestellt. Wird `std::weak_ptr` zurückgesetzt (Zeile 54), gibt `weakPtr.lock()` einen `std::shared_ptr<MyInt>()` zurück. Dieser evaluiert in dem logischen Ausdruck zu `false`, sodass der `else`-Zweig in Zeile 59 ausgeführt wird. Das bisher Ausgeführte und die Anwendung der `swap`-Funktion in den folgenden Zeilen lässt sich auf bekannte Art und Weise bildlich in Abbildung 20-9 verfolgen.

**Abbildung 20-9 ▶**
Der Einsatz von std::weak_ptr

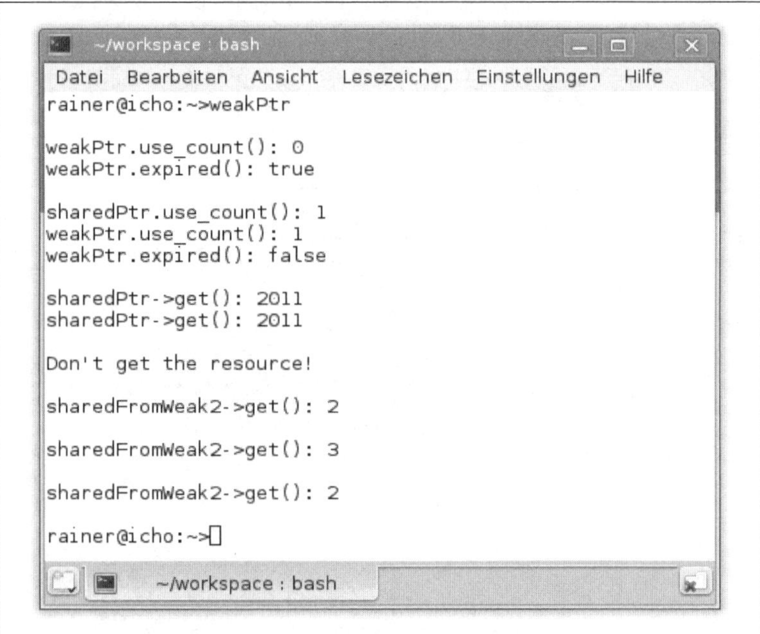


## Exkurs: Das Initialisieren eines weak_ptr

In Beispiel 20-12 ist mir zuerst in den Zeilen 65 bis 68 ein folgenschwerer Fehler unterlaufen. Um Platz zu sparen, hielt ich es für eine gute Idee, die Zeilen kompakter zu schreiben und die `std::weak_ptr` direkt über temporäre `std::shared_ptr` zu initialisieren.

→

**Beispiel 20-13:** Falsches Initialisieren von std::weak_ptr

```
std::weak_ptr<MyInt> weakPtr2(std::shared_ptr<MyInt>
                     (new MyInt(2)));
std::weak_ptr<MyInt> weakPtr3(std::shared_ptr<MyInt>
                     (new MyInt(3)));
```

Was ist das Problem mit den beiden Ausdrücken? Wie schon gesagt, sind die `std::shared_ptr` nur temporär verfügbar. Das bedeutet insbesondere, dass am Ende jeder Zeile der betreffende `std::shared_ptr` seine Gültigkeit verliert und seine Ressource löscht. Damit ist der entsprechende `std::weak_ptr` verfallen (*expired*). Das war natürlich nicht in meinem Sinn.

### Zyklische Referenzen

Nun zum eigentlichen Einsatzgebiet von `std::weak_ptr`, dem Aufbrechen von zyklischen Referenzen des `std::shared_ptr`. Bevor wir uns aber die Lösung anschauen, sollten wir zuerst eine zyklische Referenz bilden.

Die zyklische Referenz in Beispiel 20-14 ist nach folgendem Rezept gebaut.

Nehmen Sie zwei Knoten `Node` mit einem `next`-Zeiger vom Typ `std::shared_ptr<Node>`. Verbinden Sie die `next`-Zeiger der zwei Knoten miteinander, und Sie erhalten eine zyklische Referenz.

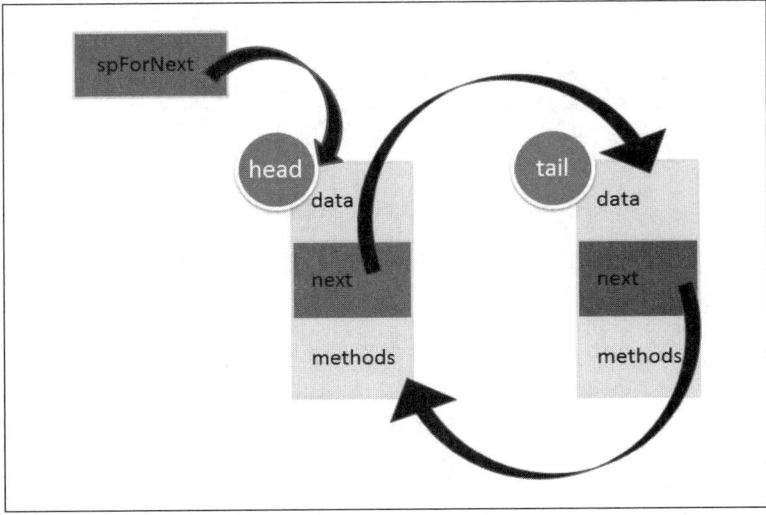


◀ **Abbildung 20-10**
Zyklische Referenzen

Das Beispiel 20-14 folgt der Struktur von Abbildung 20-10:

cycle.cpp **Beispiel 20-14:** Zyklische Referenz

```
#include <iostream>
#include <memory>

class Node{
public:
  Node(const std::string& n):name(n){}

  ~Node(){
    std::cout << "destructor invoked" << std::endl;
  }

  void setNext( std::shared_ptr<Node>n ){
    next= n;
  }

  std::string getName() const { return name; }

  void getCycle() const{
    std::cout << "this" << std::endl;
    std::cout << "     (" << getName() << ":"
              << (void*)this << ")" << std::endl;
    std::cout << "this->next" << std::endl;
    std::cout << "     (" << next->getName() << ":"
              << (void*)next.get() << ")" << std::endl;
    std::cout << "this->next->next" << std::endl;
    std::cout << "     (" << next->next->getName()
              << ":" << (void*)next->next.get() << ")"
              << std::endl;

    }

private:
  std::string name;
  std::shared_ptr<Node> next;
};



int main(){

  std::cout << std::endl;

  {

    // create the Nodes and give them names
    Node* head= new Node("head");
    Node* tail= new Node("tail");
    std::cout << "head->getName(): " << head->getName()
              << std::endl;
```

**Beispiel 20-14:** Zyklische Referenz (Fortsetzung)

```
45     std::cout << "tail->getName(): " << tail->getName()
                 << std::endl;
46
47     std::cout << std::endl;
48
49     // create the shared pointer
50     std::shared_ptr<Node> spForHead(head);
51     head->setNext(std::shared_ptr<Node>(tail));
52
53     // close the cycle
54     tail->setNext(spForHead);
55
56     // show the cycle
57     spForHead->getCycle();
58
59   }
60
61   std::cout << std::endl;
62
63 }
```

`Node` (Zeile 4) in Beispiel 20-14 ist der im Rezept zitierte Knoten. Dieser enthält einen Namen, einen `Destruktor` in Zeile 8, der anzeigt, wann er aufgerufen wurde. Der Knoten erhält darüber hinaus eine Elementfunktion, um den `std::shared_ptr<Node>` in Zeile 12 zu setzen, und eine Elementfunktion `getCycle`, die die ganze zyklische Referenz ausgibt. Zuerst werden in den Zeilen 42 und 43 die zwei Knoten instanziiert, anschließend werden deren Namen ausgegeben. Der Knoten `head` wird in Zeile 50 in einen `std::shared_ptr<Node>` verpackt, und dessen `next`-Zeiger wird auf den ebenfalls frisch verpackten Knoten `tail` in Zeile 51 gesetzt. Die zyklische Referenz lässt sich in der Ausgabe des Programms in Abbildung 20-11 direkt und indirekt erkennen.

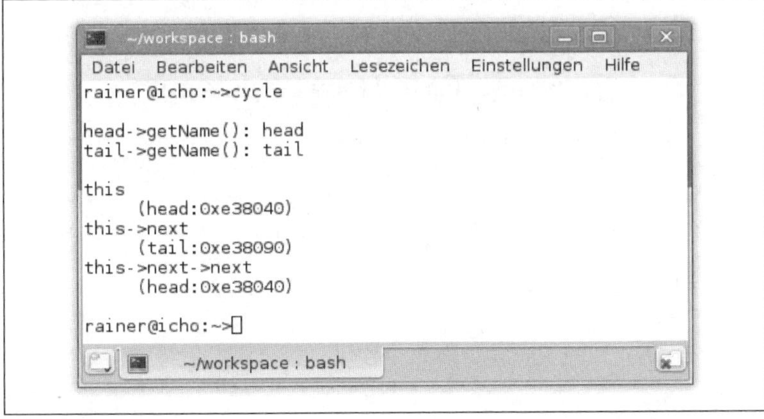


◀ **Abbildung 20-11**
Eine zyklische Referenz mit std::shared_ptr

Direkt, denn die Ausgabe von getCycle zeigt in Abbildung 20-11 sehr schön, dass zweimaliges Verfolgen des next-Zeigers wieder zum Ursprungszeiger zurückführt. Der Name und die Adresse des Ursprungszeigers sind in Abbildung 20-11 (head:0x604040) dargestellt, und dieses Wertepaar taucht in identischer Form im übernächsten Knoten auf. Indirekt, denn der Destruktor des Knotens wird nicht aufgerufen. Dass der Destruktor aufgerufen wird, zeigt das Auskommentieren der Zeilen 52 bis 58. Dadurch wird der Zyklus nicht geschlossen, und das Programm verhält sich anständig (Abbildung 20-12).

**Abbildung 20-12 ▶** Die zyklische Referenz wird nicht geschlossen

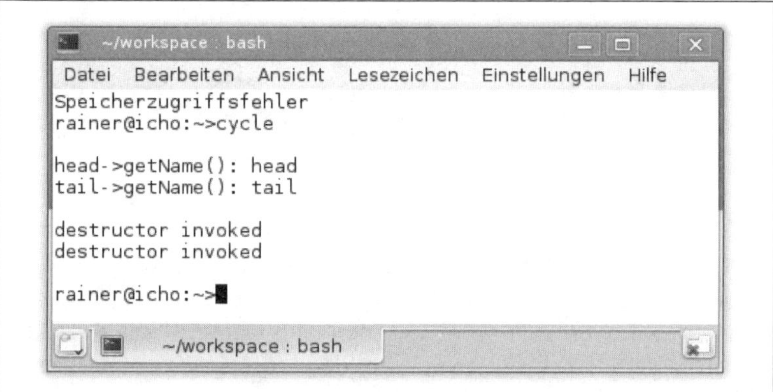


Die Lösung der zyklischen Referenz ist relativ einfach. Ein next-Zeiger vom Typ std::shared_ptr<Node> wird durch einen std::weak_ptr<Node> ausgetauscht. Der Komfort eines echten Smart Pointer std::shared_ptr<Node> ist natürlich dahin, denn um auf den nächsten std::shared_ptr<Node> mittels next zuzugreifen, muss der std::weak_ptr<Node> in einen std::shared_ptr<Node> konvertiert werden. Damit wird die Funktion getCycle noch komplizierter zu implementieren.

## Exkurs: getCycle-Elementfunktion

Eine kurze Anmerkung zur Funktion getCycle in Beispiel 20-14 und insbesondere in Beispiel 20-15 kann ich mir nicht verkneifen. Diese Implementierung ist alles andere als robust. Es wird weder geprüft, ob die next-Zeiger gültig sind, noch, ob genügend Node-Knoten miteinander verbunden sind. Die Funktion dient nur dazu, zyklische Referenzen zu visualisieren.

In Beispiel 20-15 folgt die angepasste Implementierung.

**Beispiel 20-15:** Aufbruch der zyklischen Referenzen durch std::weak_ptr — cycleBreak.cpp

```
#include <iostream>
#include <memory>

class Node{
public:
  Node(const std::string& n):name(n){}

  ~Node(){
    std::cout << "destructor invoked" << std::endl;
  }

  void setWeakNext( std::shared_ptr<Node> n ){
    weak_next= n;
  }

  void setSharedNext( std::shared_ptr<Node> n ){
    shared_next= n;
  }

  std::string getName() const { return name; }

  void getCycle() const{
    std::cout << "this" << std::endl;
    std::cout << "     (" << getName() << ":"
              << (void*)this << ")" << std::endl;
    std::cout << "this->next" << std::endl;
    std::cout << "     (" << shared_next->getName()
              << ":" << (void*)shared_next.get() << ")"
              << std::endl;
    if (std::shared_ptr<Node> next =
        shared_next->weak_next.lock()) {
      std::cout << "this->next->next" << std::endl;
      std::cout << "     (" << next->getName() << ":"
                << (void*)next.get() << ")" << std::endl;
    }
  }

private:
  std::string name;
  std::weak_ptr<Node> weak_next;
  std::shared_ptr<Node> shared_next;
};



int main(){

  std::cout << std::endl;

```

**Beispiel 20-15:** Aufbruch der zyklischen Referenzen durch std::weak_ptr (Fortsetzung)

```
  {

    // create the Nodes and give them names
    Node* head= new Node("head");
    Node* tail= new Node("tail");
    std::cout << "head->getName(): " << head->getName()
              << std::endl;
    std::cout << "tail->getName(): " << tail->getName()
              << std::endl;

    std::cout << std::endl;

    // create the shared pointer
    std::shared_ptr<Node> spForHead(head);
    head->setSharedNext(std::shared_ptr<Node>(tail));

    // close the cycle
    tail->setWeakNext(spForHead);

    // show the cycle
    spForHead->getCycle();

    std::cout << std::endl;

  }

  std::cout << std::endl;

}
```

Sowohl die zyklische Referenz als auch den Aufruf der beiden Konstruktoren zeigt Abbildung 20-13.

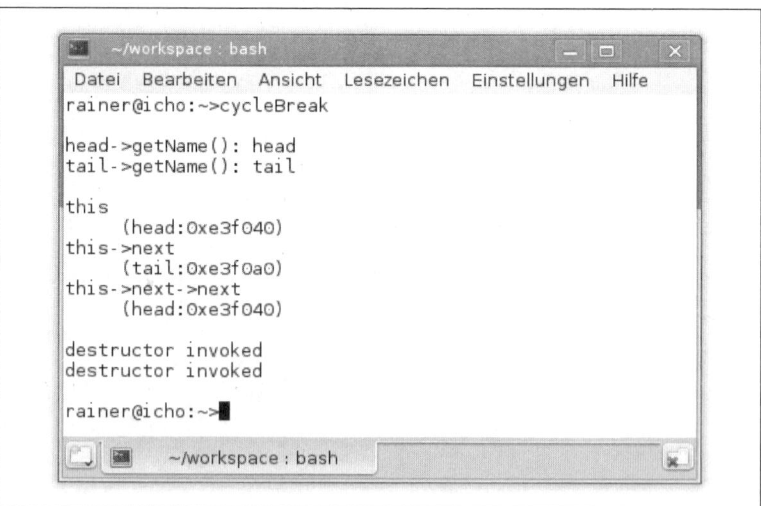


**Abbildung 20-13 ▶** Zyklische Referenz und automatischer Aufruf der Destruktoren dank std::weak_ptr

### Aufgabe 20-6

weakPtrLock.cpp

Versuchen Sie, einen `std::weak_ptr` mehrmals zu locken.

Der Rückgabewert von `weak.lock()` für einen `std::weak_ptr weak` wird als

```
expired()? shared_ptr<T>(): shared_ptr<T>(*this)
```

beschrieben. Verifizieren Sie, dass das Locken eines `std::weak_ptr` nur dann einen Default-initialisierten `std::shared_ptr<T>()` zurückgibt, wenn der `weak_ptr` verfallen (*expired*) ist. Dies ist genau dann der Fall, wenn der `use_count` von `std::weak_ptr` `0` ist. Lange Rede, kurzer Sinn: Ein `std::weak_ptr` kann öfter gelockt werden.

# Neue Container

Lange vermisst, gibt es in C++11 nun die Möglichkeit, Hashtabellen einzusetzen. Hashtabellen sind unverzichtbare Container, wenn die Performance im Vordergrund steht. Neben Hashtabellen bietet C++11 aber noch weitere mächtige Container an: `std::tuple` erweitert das C++-Paar `std::pair`, das `std::array` vereinigt das Beste aus dem C-Array mit dem C++-Vektor, und die einfache verkettete Liste `std::forward_list` ist auf minimale Speicheranforderungen getrimmt.

## Tupel

<tuple>

`std::tuple` ist eine Verallgemeinerung des heterogenen STL-Containers `std::pair`. Beim `std::tuple` gilt die Einschränkung auf ein Paar nicht mehr, denn er kann beliebig viele Elemente annehmen. Leider ist es dem `std::tuple` anzusehen, dass er ein Template ist. Das zeigt sich beim Zugriff auf seine Elemente, und das zeigt auch die Iteration über das Tupel in Beispiel 20-16.

**Beispiel 20-16:** Das std::tuple-Interface

tupleInterface.cpp

```
#include <iostream>
#include <string>
#include <tuple>
#include <typeinfo>

class MyInt{
public:
  MyInt(int i): val(i){}
  int getVal() const{
    return val;
```

**Beispiel 20-16:** Das std::tuple-Interface (Fortsetzung)

```
  }
private:
  int val;
};
bool operator < (const MyInt& l, const MyInt& r){
  return l.getVal() < r.getVal();
}
std::ostream& operator << (std::ostream& strm,
                           const MyInt& myIn){
  strm << "MyInt(" << myIn.getVal() << ")";
  return strm;
}
int main(){
  std::cout << std::endl;
  std::cout << std::boolalpha;
  // creating tuples
  std::tuple<int,double> tup0;
  std::pair<int,int> pair(2011,2011.5);
  tup0= pair;
  std::tuple<std::string,int,float> tup1("tup1",3,4.17);
  std::tuple<std::string,int,double> tup2("tup2",4,1.1);
  // print the values
  std::cout << "tup1: "  << std::get<0>(tup1) << ","
            << std::get<1>(tup1) << ","
            << std::get<2>(tup1) << std::endl;
  std::cout << "tup2: "  << std::get<0>(tup2) << ","
            << std::get<1>(tup2) << ","
            << std::get<2>(tup2) << std::endl;
  // compare them
  std::cout << "tup1 < tup2: " << (tup1 < tup2)
            << std::endl;
  std::cout << std::endl;
  // modify a tuple value
  std::get<0>(tup2)= "Tup2";
  // print the values
  std::cout << "tup1: "  << std::get<0>(tup1) << ","
            << std::get<1>(tup1) << ","
            << std::get<2>(tup1) << std::endl;
```

**Beispiel 20-16:** Das std::tuple-Interface (Fortsetzung)

```
53   std::cout << "tup2: "  << std::get<0>(tup2) << ","
              << std::get<1>(tup2) << ","
              << std::get<2>(tup2) << std::endl;
54
55   // compare them
56   std::cout << "tup1 < tup2: " << (tup1 < tup2)
              << std::endl;
57
58   std::cout << std::endl;
59
60   // use MyInt
61   std::tuple<MyInt,int> tup3(MyInt(1),2011);
62   std::tuple<MyInt,int> tup4(MyInt(0),2011);
63
64   // print the values
65   std::cout << "tup3: "  << std::get<0>(tup3) << ","
              << std::get<1>(tup3) << std::endl;
66   std::cout << "tup4: "  << std::get<0>(tup4) << ","
              << std::get<1>(tup4) << std::endl;
67
68   std::cout << "tup3 < tup4: " << (tup3 < tup4)
              << std::endl;
69
70   std::cout << std::endl;
71
72   // modify a tuple value
73   std::get<0>(tup4)= MyInt(2011);
74
75   // print the values
76   std::cout << "tup3: "  << std::get<0>(tup3) << ","
              << std::get<1>(tup3) << std::endl;
77   std::cout << "tup4: "  << std::get<0>(tup4) << ","
              << std::get<1>(tup4) << std::endl;
78
79   std::cout << "tup3 < tup4: " << (tup3 < tup4)
              << std::endl;
80
81   std::cout << std::endl;
82
83 }
```

Beispiel 20-16 zeigt eine kleine Tour durch die wichtigsten `std::tuple`-Funktionen. Die Klasse `MyInt` in Zeile 6 ist die bekannte Hülle um den Datentyp `int`. Um ihn auf kleiner (<) vergleichen und ausgeben zu können, sind sowohl der Vergleichsoperator für kleiner als auch der Ausgabeoperator überladen. Dazu aber am Ende des Programms mehr. Zuerst werden in verschiedenen Varianten `std::tuple` erzeugt. In Zeile 33 wird ein Default-konstruiertes Tupel definiert, das in Zeile 35 durch ein `std::pair` initialisiert wird. Dabei wird das zweite Argument von int nach double konvertiert. Die Elemente der zwei folgenden Tupel tup1 und tup2 werden anschließend ausgegeben, und die Tupel werden verglichen. Auf das erste Element des Tupels tup1 lässt sich mithilfe des Aufrufs std::get<0>(tup1) sowohl lesend (Zeile 40) als auch schreibend (Zeile 49) zugreifen. Nachdem das erste Element von tup1 modifiziert wurde, gibt der Vergleich in Zeile 56 false aus. Das gleiche Spiel ist mit dem eigenen Datentyp MyInt möglich, da für ihn der entsprechende Vergleichsoperator und der Ausgabeoperator definiert wurden. In den Zeilen 61 und 62 werden dazu die zwei std::tuple tup3 und tup4 definiert. Die aufwendige Ausgabe und der Vergleich der std::tuple sind in Abbildung 20-14 dargestellt.

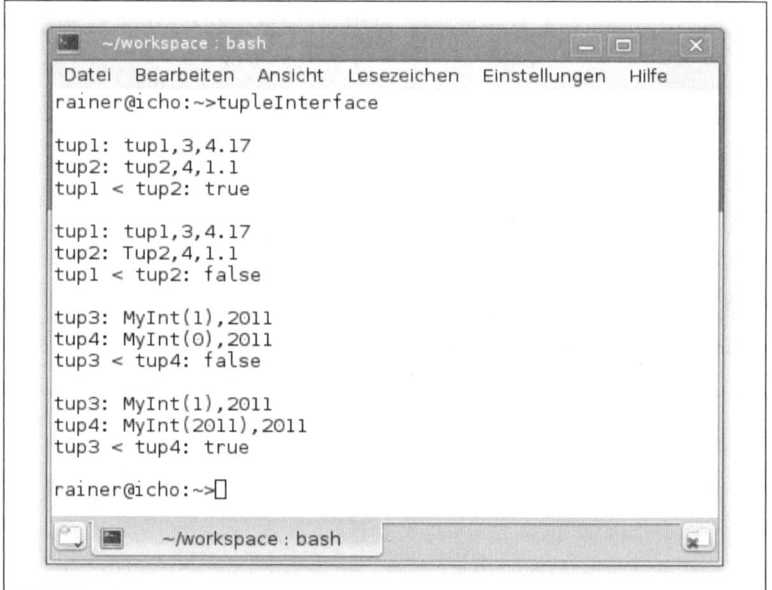


**Abbildung 20-14 ▶** Vergleiche von std::tuple mit dem eigenen Datentyp MyInt

## Hilfsfunktionen

Die zwei Hilfsfunktionen std::make_tuple und std::tie vereinfachen den Umgang mit std::tuple. Werden diese praktischen Erzeugungsfunktionen mit dem neuen Schlüsselwort auto kombiniert, reduziert sich der Schreibaufwand auf das Notwendigste.

make_tuple

War std::make_pair in C++98 eine praktische Hilfsfunktion, um std::pair-Datentypen zu erzeugen, so ist es std::make_tuple für std::tuple. Diese Erzeugerfunktion ist ein Funktions-Template, das den Typ der Template-Parameter automatisch aus dem Argument ableitet. Vereinfacht gesagt, erzeugt ein Aufruf std::make_ `tuple(1,'a',3.14)` dank automatischer Typableitung ein Tupel der Form `std::tuple<type(1),type('a'),type(3.14)>(1,'a',3.14)`. Kommen die Refererenz-Wrapper `std::ref` oder `std::cref` für die Argumente der Tupel zum Einsatz, werden Referenzen oder konstante Referenzen erzeugt.

Deutlich einfacher ist dies mit der weiteren Hilfsfunktion `std::tie`, die ein Tupel erzeugt, das nur Referenzen auf Objekte hält. Wird der Rückgabewert von `std::tie` ignoriert, ist `std::tie` eine einfache Möglichkeit, ein bestehendes `std::tuple` in Variablen zu entpacken. Dabei können Argumente des zu entpackenden Tupels mit `std::ignore` ignoriert werden.

Genug der Worte. Beispiel 20-17 soll für Klarheit sorgen. Der Übersichtlichkeit halber werden in dem Beispiel nur Tupel von `int`-Datentypen verwendet.

**Beispiel 20-17:** Die Hilfsfunktionen std::make_tuple und std::tie **helperTuple.cpp**

```
#include <functional>
#include <iostream>
#include <tuple>

int main(){

  std::cout << std::endl;

  // make a tuple
  auto tup1= std::make_tuple(1,2,3);

  // print the values
  std::cout << "std::tuple tup1: ("
            << std::get<0>(tup1) << ","
            << std::get<1>(tup1) << ","
            << std::get<2>(tup1) << ")" << std::endl;

  std::cout << std::endl;

  int first= 1;
  int second= 2;
  int third= 3;
  int fourth= 4;

  // create a tuple with references
  auto tup2= std::make_tuple(
  std::cref(first),std::ref(second),std::ref(third),fourth);

  // print the values
```

**Beispiel 20-17: Die Hilfsfunktionen std::make_tuple und std::tie (Fortsetzung)**

```
std::cout << "std::tuple tup2: (" << std::get<0>(tup2)
          << "," << std::get<1>(tup2) << ","
          << std::get<2>(tup2) << ","
          << std::get<3>(tup2) << ")" <<  std::endl;

std::cout << std::endl;

//change the values
// will not work, because of std::cref(first)
// std::get<0>(tup2)= 1001;
first= 1001;
std::get<1>(tup2)=1002;
third= 1003;
fourth= 1004;

// print the values
std::cout << "std::tuple tup2: (" << std::get<0>(tup2)
          << "," << std::get<1>(tup2)
          << "," << std::get<2>(tup2)
          << "," << std::get<3>(tup2) << ")" << std::endl;
std::cout << "global variables: " << first
          << " " << second << " " << third
          << " " << fourth << std::endl;

std::cout << std::endl;

first= 1;
second= 2;
third= 3;
fourth= 4;

// create tup3 and set the variables
auto tup3= std::tie(first,second,third,fourth)=
             std::make_tuple(1001,1002,1003,1004);

// print the values
std::cout << "std::tuple tup3: (" << std::get<0>(tup3)
          << "," << std::get<1>(tup3)
          << "," << std::get<2>(tup3)
          << "," << std::get<3>(tup3) << ")" << std::endl;
std::cout << "global variables: " << first << " "
          << second << " " << third << " "
          << fourth << std::endl;

std::cout << std::endl;

int a;
int b;

// bind the 2th and 4th argument to a and b
```

**Beispiel 20-17:** Die Hilfsfunktionen std::make_tuple und std::tie (Fortsetzung)

```
62   std::tie(std::ignore,a,std::ignore,b)= tup3;
63
64   // print the values
65   std::cout << "a: " << a << std::endl;
66   std::cout << "b: " << b << std::endl;
67
68   std::cout << std::endl;
69
70   // will also work for std::pair
71   std::tie(a,b)= std::make_pair(3001,3002);
72
73   // print the values
74   std::cout << "a: " << a << std::endl;
75   std::cout << "b: " << b << std::endl;
76
77   std::cout << std::endl;
78
79 }
```

Das Erzeugen eines Tupels in Beispiel 20-17 geht in Zeile 10 dank `std::make_pair` und automatischer Typableitung mit `auto` schnell von der Hand. In Zeile 23 werden die Argumente von `tup2` auf verschiedene Arten an die Variablen gebunden. `first` wird als konstante Referenz adressiert, `second` und `third` als Referenz. Lediglich `fourth` wird kopiert. Diese Bindungen bewirken, dass das erste Element nicht über das Tupel-Interface modifiziert werden kann (Zeile 32). Dagegen sind `second` und `third` sowohl über das Tupel-Interface `std::get<1>(tup2)= 1001` in Zeile 33 als auch die Variable `third` modifizierbar. Die Ausgabe in Abbildung 20-15 zeigt, dass die Variablenzuweisung `fourth=4` in Zeile 47 keine Auswirkung auf `tup2` besitzt. Dies ist nicht verwunderlich, wurde das vierte Argument von `tup2` in Zeile 23 doch mit Copy-Semantik versehen. `std::tie` in Zeile 50 erzeugt ein `std::tuple` aus Referenzen. Damit ist die Anwendung von `std::ref` auf die Tupel-Argumente nicht mehr notwendig. Zeile 50 hat mehr Aufmerksamkeit verdient. Durch `std::make_tuple(1001,1002,1003,1004)` lässt sich ein Tupel erzeugen. Dies wird `std::tie(first,second,third,fourth)` zugewiesen. `std::tie` erledigt zwei Aufgaben. Zuerst entpackt die Funktion das Tupel in die Variablen `first`, `second`, `third` und `fourth`. Anschließend gibt sie ein Tupel zurück, das Referenzen auf diese vier Variablen hält. Zuletzt wird das Tupel an die Variable `tup3` gebunden.

**Abbildung 20-15 ▶** Die Hilfsfunktionen std::make_tuple und std::tie mit Copy- und Referenz-Semantik

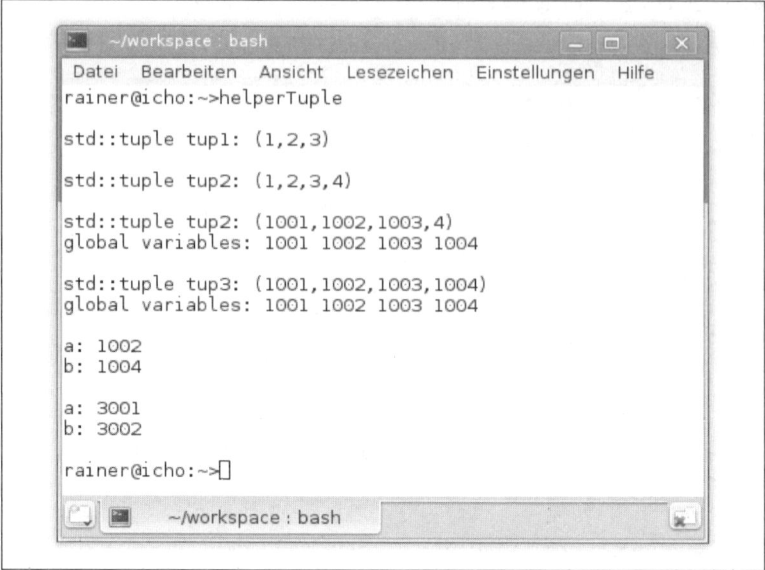


Das von `std::tie` erzeugte Tupel muss aber an keine Variable gebunden werden. In Zeile 62 werden nur die Werte der Variablen `a` und `b` als reiner Seiteneffekt des Aufrufs des Funktions-Templates `std::tie` gesetzt. Da `tup3` vier Argumente besitzt und nur zwei Argumente in dem Aufruf von `std::tie` verwendet werden, werden die überflüssigen Argumente durch `std::ignore` ignoriert. Dass `std::tuple` nur eine Verallgemeinerung von `std::pair` ist, zeigt ein weiteres Mal Zeile 71, denn `std::tie` kann den Rückgabewert von `std::make_pair` annehmen.

tuple_element und tuple_size

## Exkurs: Template-Metaprogramming mit tuple

Einen kleinen Vorgeschmack auf Template-Metaprogramming liefert das Beispiel 20-18, denn in ihm wird alles zur Übersetzungszeit ausgewertet. Dabei hilft die Funktion `std::tuple_element`, denn durch den Aufruf `std::tuple_element<i,tuple>::type` steht der Typ des i-ten Elements des Tupels `tuple` zur Verfügung. Die Länge des Tupels `tuple` lässt sich durch die Funktion `std::tuple_size<tuple>` ermitteln.

tupleMeta.cpp

**Beispiel 20-18:** Rechnen zur Übersetzungszeit mit std::tuple

```
#include <iostream>
#include <tuple>

typedef std::tuple<std::string,double,bool> tup1;

```

→

```
template <int v>
struct Int2Type {
  const static int value= v;
};

typedef std::tuple<Int2Type<2000>,Int2Type<10>,
                   Int2Type<1>> tup2;

int main(){

  std::cout << std::endl;

  std::cout << std::boolalpha;

  std::tuple_element<0,tup1>::type fir= "meta-programming";
  std::tuple_element<1,tup1>::type sec= 3.14;
  std::tuple_element<2,tup1>::type thir= true;

  std::cout << fir << std::endl;
  std::cout << sec << std::endl;
  std::cout << thir << std::endl;

  std::cout << std::endl;

  std::cout << "std::tuple_size<tup1>::value: "
            << std::tuple_size<tup1>::value << std::endl;

  std::cout << std::endl;

  typedef std::tuple_element<0,tup2>::type twoThousand;
  typedef std::tuple_element<1,tup2>::type ten;
  typedef std::tuple_element<2,tup2>::type one;

  const int actYear= twoThousand::value + ten::value +
                     one::value;

  static_assert(actYear == 2011 ,"Will be done at
                                  compiletime");

  std::cout << "The actual year: " << actYear << std::endl;

  std::cout << std::endl;

}
```

→

Zeile 4 in Beispiel 20-18 definiert das Typsynonym `tup1`. Dieses kann benutzt werden, um die Datentypen `std::string fir`, `double sec` oder auch `bool thir` zu erklären. In den Zeilen 19 bis 21 wird dazu `std::tuple_element<0,tup1>::type` auf die einzelnen Elemente von `tup1` angewandt, um den entsprechenden Datentyp zu erhalten. Die Länge von `tup1` steht in Zeile 29 durch `std::tuple_size<tup1>::value` zur Verfügung. Es ist eine Konvention in der Template-Metaprogrammierung, Typen über `::type` und Werte über `::value` anzubieten. Ein Typsynonym `tup2` zu erklären, das unter der Decke einen Wert beinhaltet, das wird durch das bekannte Idiom `Int2Type` von Andrei Alexandrescu aus »Modern C++ Design« (Alexandrescu, 2001) erreicht. Der Datentyp `Int2Typ` ist eine dünne Hülle um eine natürliche Zahl `v`, die über die statische Variable `value` abgefragt werden kann. So ist `Int2Type<2000>` ein Typ, der die Zahl `2000` beherbergt. Um mit den Werten zu rechnen, werden die Datentypen in den Zeilen 33 bis 35 instanziiert, und in Zeile 37 wird ihr Wert referenziert. Das Ergebnis steht zur Übersetzungszeit zur Verfügung, denn die statische Zusicherung in Zeile 39 wird eingehalten. In Zeile 41 wird zuletzt das Ergebnis der Addition ausgegeben. Zugegeben, es gibt einfachere Arten, Zahlen zu addieren. In Abbildung 20-16 ist die Ausgabe des Programmlaufs zu sehen.

**Abbildung 20-16 ▶** Alles zur Compile-Zeit mit std::tuple

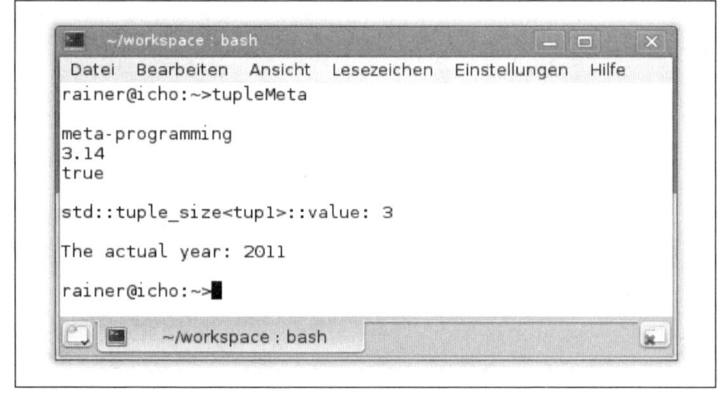


fourReturnValues.cpp

## Aufgabe 20-7

Schreiben Sie eine Funktion, die vier heterogene Typen zurückgibt.

Die Funktion `returnFourValues` ist nicht vollständig implementiert. Vervollständigen Sie die Funktion und geben Sie ihre Werte aus.

```
??? returnFourValues(){
  int a= 5;
  double b= 10.1;
  std::string c= "test";
  bool c= true;
  return ??? a, b, c, d
}
```

Der klassische C++-Weg bestand darin, eine Struktur zu definieren, die die vier Typen bindet, und diese Struktur als Rückgabewert zu verwenden. In C++11 gibt es einen einfacheren und besseren Weg.

## Aufgabe 20-8

Implementieren Sie die Funktion `divmod`, die für die Division von zwei Ganzzahlen den ganzen Anteil und den Rest der Division zurückgibt.

`divmod` ist eine bekannte Funktion aus Python. Aus der Dokumentation von Python: `divmod(x, y) -> (div, mod)`. Sie können das Ergebnis der Operation als Tupel oder einfach nur als Paar zurückgeben.

## Aufgabe 20-9

tupleArrayComp.cpp
tupleArrayCompSolution.cpp

`std::array` ist mit `std::tuple` verwandt.

Ist `std::array` ein sequenzieller Container, ist es auch entfernt verwandt mit `std::tuple`.

**Beispiel 20-19:** Ein Tupel von ints

```
#include <iostream>
#include <tuple>

int main(){

  std::cout << std::endl;

  typedef std::tuple<int,int,int> IntTuple;

  IntTuple intTuple(1,2,3);

  std::cout << "std::tuple_size<IntTuple>::value: "
            <<  std::tuple_size<IntTuple>::value
            << std::endl;
  typedef std::tuple_element<0,IntTuple>::type MyInt;
  MyInt a= 5;

  std::cout << "a: " << a << std::endl;
```

**Beispiel 20-19:** Ein Tupel von ints (Fortsetzung)

```

  std::cout << "intTuple: "
            << std::get<0>(intTuple) << ","
            << std::get<1>(intTuple) << ","
            << std::get<2>(intTuple) << std::endl;

  std::cout << std::endl;

}
```

Portieren Sie Beispiel 20-19 auf `std::array<int,3>` und führen Sie das Programm aus.

## Array

`std::array` lässt sich kurz und knapp charakterisieren: `std::array` vereint die Speicher- und Laufzeitanforderungen des C-Arrays mit einem STL-konformen Interface. Das Beste aus beiden Welten.

<array>

Ein bisschen detaillierter soll es aber schon sein. Der neue Standardcontainer `std::array` ist ein sequenzieller Container fester Länge, der wahlfreien Zugriff erlaubt. Damit schließt er genau die Lücke zwischen dem C-Array und dem C++-`std::vector`. Mit dem C-Array hat er gemein, dass er keinen zusätzlichen Speicher benötigt, und mit `std::vector`, dass er STL-konform ist. Selbst mit dem `std::tuple` teilt sich `std::array` einige Eigenschaften. So lässt sich ein Element mit der get-Elementfunktion referenzieren. Dazu im Beispiel 20-20 mehr.

arrayInterface.cpp

**Beispiel 20-20:** Das Interface von std::array

```
#include <algorithm>
#include <array>
#include <iostream>
#include <iterator>

const int NUM= 10;

int main(){

  std::cout << std::endl;

  std::cout << std::boolalpha;

  // not value initialized
  std::array<int,NUM> arr1;
  std::cout << "arr1: ";
```

**Beispiel 20-20:** Das Interface von std::array (Fortsetzung)

```
std::copy(arr1.begin(),arr1.end(),
  std::ostream_iterator<int>(std::cout, " "));

std::cout << std::endl;
std::cout << std::endl << "arr2:  ";

// value-initialization
std::array<int,NUM> arr2= {};
std::array<int,NUM>::const_iterator arrIt;
for( arrIt= arr2.begin(); arrIt != arr2.end(); ++arrIt){
    std::cout << *arrIt << " ";
}

std::cout << std::endl;

std::array<int,NUM> arr3({{1,2,3,4}});
std::cout << std::endl << "arr3: ";
for ( auto a: arr3){
  std::cout << a << " " ;
}

std::cout << std::endl;

// initializer list
std::array<int,NUM> arr4({{1,2,3,4,5,6,7,8,9,10}});
std::cout << std::endl << "arr4: ";
std::copy(arr4.rbegin(),arr4.rend(),
  std::ostream_iterator<int>(std::cout, " "));

std::cout << std::endl;

// get the size of arr4
double sum= std::accumulate(arr4.begin(),arr4.end(),0);
double mean= sum / arr4.size();
std::cout << "mean of a4: " << mean << std::endl;

// read and write
std::cout << "arr4[5]: " << arr4[5] << std::endl;
std::cout << "arr4.at(5): " << arr4.at(5) << std::endl;
arr4[5]= 2011;
std::cout << "arr4[5]: " << arr4[5] << std::endl;

// swap arrays
std::swap(arr1,arr4);
std::cout << std::endl << "arr4: ";
  for ( auto a: arr4){
    std::cout << a << " " ;
  }

std::cout << std::endl;

```

**Beispiel 20-20:** Das Interface von std::array (Fortsetzung)

```
66   // comparison
67   std::cout << "(arr1 < arr4): " << (arr1 < arr4 )
              << std::endl;
68
69   // tuple like
70   std::cout << "(arr4[0] == std::get<0>(arr4)): "
              << (arr4[0] == std::get<0>(arr4)) << std::endl;
71
72   std::cout << std::endl;
73
74 }
```

Die Verwandtschaft von `std::array` und `std::vector` geht so weit, dass, sieht man von kleinen Modifikationen ab, in Beispiel 20-20 `std::array` mit `std::vector` getauscht werden könnten. Ein `std::array` als STL-Container lässt sich auf verschiedene Weisen instanziieren. `arr1` in Zeile 15 wird mit zehn Werten instanziiert. Dabei werden die Werte nicht initialisiert. Dies steht im Gegensatz zu `arr2` in Zeile 23, denn hier werden durch die leere Initialisiererliste alle Elemente auf 0 initialisiert. Ist die Initialisiererliste zu kurz gewählt, trifft die Initialisierung mit 0 auf die restlichen Elemente zu. Neben der Instanziierung der `std::array`-Objekte variiert in Beispiel 20-20 die Ausgabe der einzelnen Elemente. In Zeile 17 kommt der Algorithmus `std::copy` zum Einsatz. Deutlich umständlicher ist da schon die klassische Form mit Iteratoren in Zeile 25. Komfort pur stellt die `for`-Schleife in Zeile 33 dar. Die letzte Variation besteht darin, die Elemente in Zeile 42 in der umgekehrten Reihenfolge auszugeben. `std::array` kennt im Gegensatz zum C-Array seine Länge. Dies nutzt die Berechnung des Mittelwerts in Zeile 48 aus. Lesenden und schreibenden Indexzugriff unterstützt `std::array` natürlich als sequenzieller Container. Der Unterschied zwischen dem Indexzugriff in Zeile 52 und dem `at`-Zugriff in Zeile 53 ist, dass Letzterer die Array-Grenzen überprüft. Natürlich lassen sich `std::array`-Objekte tauschen (Zeile 58) und vergleichen (Zeile 67). Vertraut sollte der Aufruf von `std::get<0>(arr4)` aus Zeile 70 wirken. Mit der gleichen Syntax lassen sich auch die Elemente des Tupels (siehe Abschnitt »Tupel« auf Seite 413) referenzieren. Abbildung 20-17 zeigt insbesondere, dass die Elemente von `arr1` nicht initialisiert sind.

**Praxistipp** **Ein array ist ein Aggregat, das ein Aggregat enthält.**

Gewöhnungsbedürftig sind die doppelten Klammern {{ bzw. }} in der Initialisierung der `std::array` `arr3` und `arr4` in Beispiel 20-20, Zeilen 31 und 40, durch eine Initialisiererliste. Der Grund liegt in der Implementierung des `std::array`.

- Ein `std::array` ist ein Aggregat, das ein Aggregat enthält.

Mit dieser Merkregel im Kopf lässt sich ein `std::array` richtig über eine Initialisiererliste initialisieren.

**Beispiel 20-21:** Vergleich der Initialisierung eines std::vector und eines std::array durch eine Initialisiererliste

arrayAggregate.cpp

```
#include <array>
#include <iostream>
#include <vector>

int main(){

  std::vector<int> myVec({1,2,3,4,5});

  for (auto v: myVec) std::cout << v << " ";

  std::cout << std::endl;

  std::array<int,5> myArr({{1,2,3,4,5}});

  for (auto a: myArr) std::cout << a << " ";

  std::cout << std::endl;

}
```

**▼ Abbildung 20-17**
Variationen mit std::array

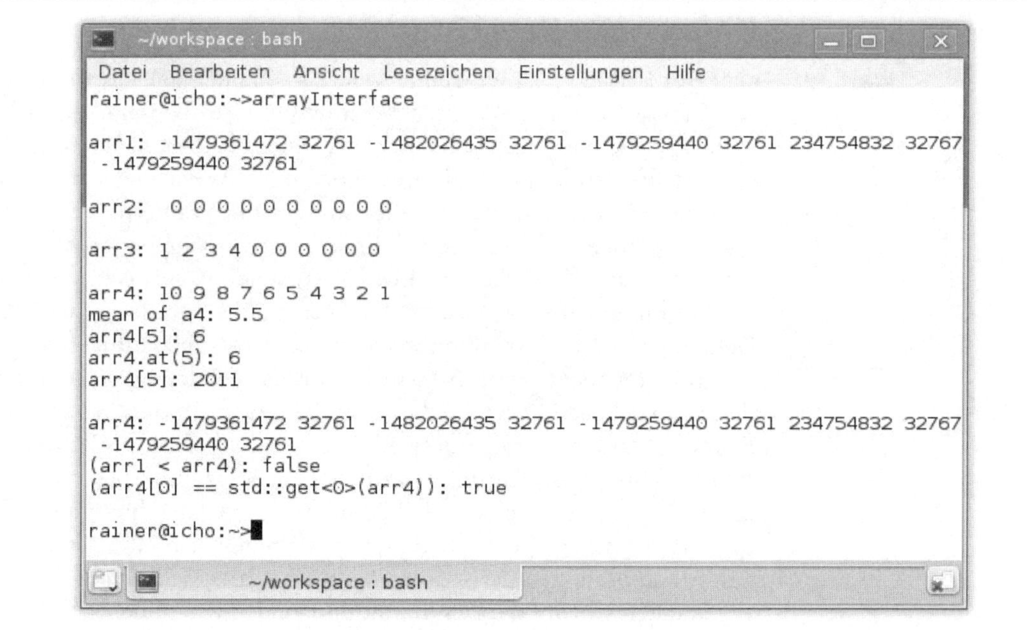

```
~/workspace : bash
Datei  Bearbeiten  Ansicht  Lesezeichen  Einstellungen  Hilfe
rainer@icho:~>arrayInterface

arr1: -1479361472 32761 -1482026435 32761 -1479259440 32761 234754832 32767
 -1479259440 32761

arr2:  0 0 0 0 0 0 0 0 0 0

arr3: 1 2 3 4 0 0 0 0 0 0

arr4: 10 9 8 7 6 5 4 3 2 1
mean of a4: 5.5
arr4[5]: 6
arr4.at(5): 6
arr4[5]: 2011

arr4: -1479361472 32761 -1482026435 32761 -1479259440 32761 234754832 32767
 -1479259440 32761
(arr1 < arr4): false
(arr4[0] == std::get<0>(arr4)): true

rainer@icho:~>
~/workspace : bash
```

**Praxistipp** **Unterscheiden Sie die Einsatzgebiete von array und vector.**

Die entscheidende Frage ist, welchen sequenziellen Datentyp der Anwender wählen sollte: das C-Array, das neue `std::array` oder den etablierten `std::vector`. Die Antwort zum C-Array fällt sehr leicht. Dieser C-Datentyp wird nicht mehr benötigt. Ist nun die Länge des sequenziellen Datentyps zur Übersetzungszeit bekannt, ist das neue `std::array` die erste Wahl. Soll die Länge des sequenziellen Datentyps dynamisch sein, führt kein Weg an `std::vector` vorbei. (Der Einfachheit halber berücksichtige ich nicht die weiteren sequenziellen Container `std::list`, `std::deque` und `std::string` aus C++98 und `std::forward_list` aus C++11.)

arrayViolation.cpp

### Aufgabe 20-10

Greifen Sie über die Indexgrenzen des Arrays hinaus.

In bekannter Tradition mit `std::vector` und `std::deque` bietet `std::array` zwei Arten von Indexzugriffen an. Mit dem Indexoperator `[]` lassen sich die Elemente ohne Kontrolle der Containergrenzen referenzieren, mit der `at`-Elementfunktion werden die Containergrenzen zur Laufzeit überprüft. Schreiben Sie ein kleines Programm, das mit dem Indexoperator `[]` und der `at`-Elementfunktion über die Array-Grenzen hinaus auf Elemente zugreifen will.

## Einfach verkettete Liste

<forward_list>

`std::forward_list` ist ein sequenzieller Container mit einem eingeschränkten Interface. Als einfach verkettete Liste benötigt sie nicht mehr Speicher als die entsprechende C-Datenstruktur. `std::forward_list` ist für den speziellen Einsatz konzipiert: Wenn die optimierte Speicheranforderung, das schnelle Einfügen oder Entfernen von Elementen gefragt ist und der wahlfreie Zugriff nicht benötigt wird, sollte die einfach verkettete Liste in Erwägung gezogen werden. Dabei unterstützt `std::forward_list` vertraute Operationen wie das Dekrementieren eines Iterators `--It` oder das Hinzufügen eines neuen Elements mit `push_back` nicht. Ihre minimalen Speicheranforderungen drücken sich auch darin aus, dass sie nicht die Anzahl ihrer Elemente speichert und diese über eine Methode zur Verfügung stellt. Während das Hinzufügen zu oder auch das Entfernen von Elementen der einfach verketteten Liste an ihrem Anfang direkt möglich ist, wird für diese Operationen im allgemeinen Fall ein Iterator benötigt. Manipulationen der `std::forward_list` beziehen sich in diesem allgemeinen Fall auf die dem Iterator folgenden Positionen.

In Beispiel 20-22 ist das Interface der `std::forward_list` in Aktion zu sehen.

**Beispiel 20-22:** Arbeiten mit einer std::forward_list

forwardListManipulate.cpp

```
#include <algorithm>
#include <forward_list>
#include <iostream>

int main(){

  std::cout << std::boolalpha << std::endl;

  std::forward_list<int> myForList;

  std::cout << "myForList.empty(): "
            << myForList.empty() << std::endl;
  myForList.push_front(7);
  myForList.push_front(6);
  myForList.push_front(5);
  myForList.push_front(4);
  myForList.push_front(3);
  myForList.push_front(2);
  myForList.push_front(1);

  std::cout << std::endl;

  std::cout << "myForList: " << std::endl;
  for (auto It= myForList.cbegin();It != myForList.cend();
       ++It) std::cout << *It << " ";
  std::cout << "\n\n";

  std::cout <<
  "myForList.erase_after(myForList.before_begin()): "
            << std::endl;
  myForList.erase_after(myForList.before_begin());
  std::cout<< "myForList.front(): " << myForList.front()
           << "\n\n";

  std::forward_list<int>myForList2;
  myForList2.insert_after(myForList2.before_begin(),1);
  myForList2.insert_after(myForList2.before_begin()++,2);
  myForList2.insert_after(
                        (myForList2.before_begin()++)++,3);
  myForList2.push_front(1000);

  std::cout << "myForList2: " << std::endl;
  for (auto It= myForList2.cbegin();It != myForList2.cend();
       ++It) std::cout << *It << " ";
  std::cout << "\n\n";
  auto IteratorTo5=
    std::find(myForList.begin(),myForList.end(),5);
```

**Beispiel 20-22:** Arbeiten mit einer std::forward_list (Fortsetzung)

```
40   myForList.splice_after(IteratorTo5,std::move(myForList2));
41
42   std::cout << "myForList.splice_after(IteratorTo5,
                    std::move(myForList2)): "
               << std::endl;
43   for (auto It= myForList.cbegin();It != myForList.cend();
          ++It) std::cout << *It << " ";
44   std::cout << "\n\n";
45
46   myForList.sort();
47
48   std::cout << "myForList.sort(): " << std::endl;
49   for (auto It= myForList.cbegin();It != myForList.cend();
          ++It) std::cout << *It << " ";
50   std::cout << "\n\n";
51
52   myForList.reverse();
53
54   std::cout << "myForList.reverse(): " << std::endl;
55   for (auto It= myForList.cbegin();It != myForList.cend();
          ++It) std::cout << *It << " ";
56   std::cout << "\n\n";
57
58   myForList.unique();
59
60   std::cout << "myForList.unique(): " << std::endl;
61   for (auto It= myForList.cbegin();It != myForList.cend();
          ++It) std::cout << *It << " ";
62   std::cout << "\n";
63
64   std::cout << std::endl;
65
66 }
```

Ein paar Anmerkungen noch zu Beispiel 20-22, bevor in Abbildung 20-18 die Ausgabe des Programms folgt. Vertraut sollten die ersten Zeilen des Listings wirken. In Zeile 40 wird durch den Ausdruck `myForList.splice_after(IteratorTo5,std::move(myForList2))` `myForList2` an `myForList` nach der Position `IteratorTo5` angehängt. Die Elemente von `myForList2` werden transferiert. Das Sortieren (Zeile 46), Umkehren der Reihenfolge (Zeile 52) oder das Entfernen von Duplikaten (Zeile 58) der Elemente einer verketteten Liste sind Elementfunktionen von `std::forward_list`. Bei `unique` gilt es zu beachten, dass nur Duplikate entfernt werden, die aufeinanderfolgen.

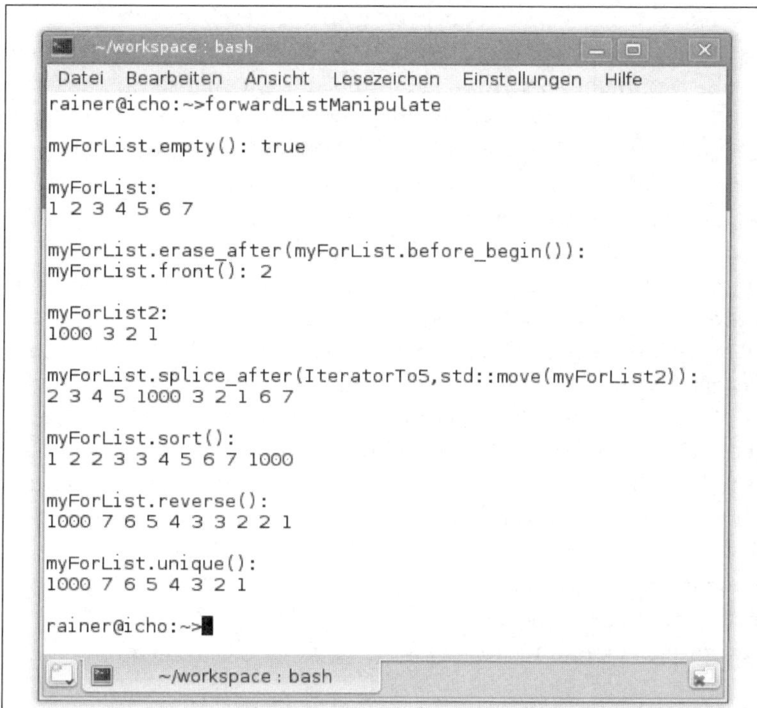


**Abbildung 20-18**
Operationen auf einer std::forward_list

### Aufgabe 20-11

forwardListSize.cpp

Bestimmen Sie die Anzahl der Elemente einer `std::forward_list`.

### Aufgabe 20-12

forwardListRemoveIf.cpp

Entfernen Sie Elemente, die ein Prädikat erfüllen, aus einer `std::forward_list`.

Füllen Sie eine `std::forward_list<int>` mit den Ganzzahlen von 0 bis 9. Entfernen Sie im ersten Schritt das Element, das den Wert 8 besitzt. Entfernen Sie im zweiten Schritt alle Elemente, die kleiner als 3 oder größer als 5 sind. Geben Sie jeweils die Ergebnisse zur Kontrolle aus.

Ohne die Elementfunktionen `remove` und `remove_if` (std::forward_list, 2011) ist die Aufgabe relativ umständlich zu lösen.

## Hashtabellen

<unordered_set>
<unordered_map>

Hashtabellen, auch bekannt unter den Namen Dictionary oder assoziatives Array, sind aus dem Leben eines Programmierers nicht wegzudenken – erlauben sie es doch, einfach und performant Werte über assoziierte Schlüssel abzufragen. Dass C++ keine Hashtabellen besaß, wog nicht so schwer, denn mit der Datenstruktur `std::map` stand ein Container zur Verfügung, der einer Hashtabelle sehr ähnlich ist. Einerseits ist `std::map` mächtiger als eine Hashtabelle, da seine Schlüssel geordnet sind, andererseits hängt seine Zugriffszeit auf die Schlüssel logarithmisch von der Anzahl der Schlüssel ab. Hier spielt aber die neue Hashtabelle ihre wahre Stärke aus, denn ihre Zugriffszeit auf die Schlüssel ist unabhängig von der Anzahl der Schlüssel. Den bekannten assoziativen Containern `std::set`, `std::multiset`, `std::map` und `std::multimap` stellt C++11 die ungeordneten assoziativen Container `std::unordered_set`, `std::unordered_multiset`, `std::unordered_map` und `std::unordered_multimap` gegenüber. Die Tabellen in Kapitel 5 im Abschnitt »Hashtabellen« auf Seite 90 helfen, Ordnung in die verschiedenen assoziativen Container zu bringen. Wer mit den bekannten assoziativen Containern aus C++98 vertraut ist, kann Beispiel 20-23 und Beispiel 20-24 gern überspringen, denn die neuen ungeordneten assoziativen Container bieten nahezu das gleiche Interface wie die bekannten geordneten assoziativen Container an.

unordSet.cpp

**Beispiel 20-23:** Das Interface von std::unordered_set und std::unordered_multiset

```
#include <iostream>
#include <set>
#include <unordered_set>

int main(){

  std::cout << std::endl;

  // constructor
  std::unordered_multiset<int>multiSet
    {1,2,3,4,5,6,7,8,9,8,7,6,5,4,3,2,1};
  std::unordered_set<int> uniqSet
    (multiSet.begin(),multiSet.end());

  // show the difference
  std::cout << "multiSet: ";
  for(auto m : multiSet) std::cout << m << " ";

  std::cout << std::endl;

  std::cout << "uniqSet: ";
  for(auto s : uniqSet) std::cout << s << " ";

  std::cout << std::endl << std::endl;
```

**Beispiel 20-23:** Das Interface von std::unordered_set und std::unordered_multiset (Fortsetzung)

```
  // insert elements
  multiSet.insert(-1000);
  uniqSet.insert(-1000);

  std::set<int> mySet{-5,-4,-3,-2,-1};
  multiSet.insert(mySet.begin(),mySet.end());
  uniqSet.insert(mySet.begin(),mySet.end());

  // show the difference
  std::cout << "multiSet: ";
  for(auto m : multiSet) std::cout << m << " ";

  std::cout << std::endl;

  std::cout << "uniqSet: ";
  for(auto s : uniqSet) std::cout << s << " ";

  std::cout << std::endl << std::endl;

  // search for elements
  auto it= uniqSet.find(5);
  if ( it != uniqSet.end()){
    std::cout << "uniqSet.find(5): " << *it << std::endl;
  }

  std::cout << "multiSet.count(5): " << multiSet.count(5)
            << std::endl;

  std::cout << std::endl;

  // remove
  int numMulti= multiSet.erase(5);
  int numUniq= uniqSet.erase(5);

  std::cout << "Erased " << numMulti
            << " times 5 from multiSet." << std::endl;
  std::cout << "Erased " << numUniq
            << " times 5 from uniqSet." << std::endl;

  // all
  multiSet.clear();
  uniqSet.clear();

  std::cout << std::endl;

  std::cout << "multiSet.size(): " << multiSet.size()
            << std::endl;
  std::cout << "uniqSet.size(): " << uniqSet.size()
            << std::endl;
```

**Beispiel 20-23:** Das Interface von std::unordered_set und std::unordered_multiset (Fortsetzung)

```
68
69   std::cout << std::endl;
70
71 }
```

In Beispiel 20-23 werden zwei ungeordnete assoziative Container instanziiert, deren Schlüssel kein Wert zugeordnet ist. Dabei kann `multiSet` in Zeile 10 mehrere gleiche Schlüssel besitzen, `uniqSet` in Zeile 11 dagegen nicht. Das zeigt die Ausgabe in Abbildung 20-19, denn alle Duplikate in `uniqSet` sind nicht mehr vorhanden. Dass die Elemente in den beiden Containern sortiert sind, ist rein zufällig. Dies ist in der nächsten Ausgabe zu sehen, nachdem ein paar weitere Zahlen mit der Elementfunktion `insert` in den Zeilen 25 bis 30 hinzugefügt wurden. Die Elementfunktion `find` in Zeile 44 gibt im Erfolgsfall einen Iterator auf das zu suchende Element zurück und einen Iterator auf `uniqSet.end()` im Misserfolgsfall. Wer es genauer wissen will, kann sich mit der Elementfunktion `count` in Zeile 49 die Anzahl der Elemente ermitteln lassen. Durch die Elementfunktion `erase` in Zeile 54 werden alle adressierten Elemente entfernt. Dies schließt die mehrfach vorkommenden Schlüssel im Fall von `muliSet.erase(5)` in Zeile 54 ein. Die Funktion `clear` löscht alle Schlüssel, sodass die Länge der beiden ungeordneten assoziativen Arrays danach 0 beträgt.

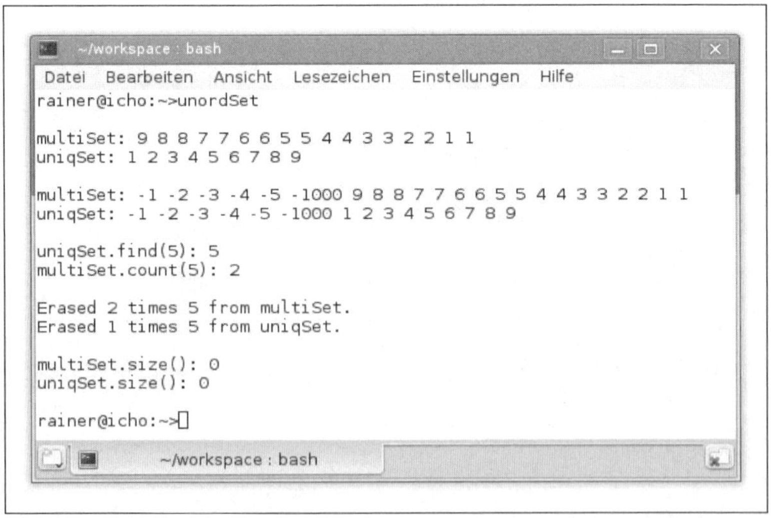

**Abbildung 20-19 ▶** Verschiedene Anwendungen von std::unordered_set und std::unordered_multiset

```
~/workspace : bash
Datei  Bearbeiten  Ansicht  Lesezeichen  Einstellungen  Hilfe
rainer@icho:~>unordSet

multiSet: 9 8 8 7 7 6 6 5 5 4 4 3 3 2 2 1 1
uniqSet: 1 2 3 4 5 6 7 8 9

multiSet: -1 -2 -3 -4 -5 -1000 9 8 8 7 7 6 6 5 5 4 4 3 3 2 2 1 1
uniqSet: -1 -2 -3 -4 -5 -1000 1 2 3 4 5 6 7 8 9

uniqSet.find(5): 5
multiSet.count(5): 2

Erased 2 times 5 from multiSet.
Erased 1 times 5 from uniqSet.

multiSet.size(): 0
uniqSet.size(): 0

rainer@icho:~>
~/workspace : bash
```

`std::map` ist im klassischen C++ der mit Abstand am häufigsten eingesetzte assoziative Container, verhält er sich doch fast wie eine

Hashtabelle. `std::unordered_map` hingegen ist eine Hashtabelle. Seine Schlüssel sind nicht sortiert, und jedem Schlüssel ist ein Wert zugeordnet. Der entscheidende Punkt ist aber, dass die Suche nach einem Schlüssel in der Hashtabelle unabhängig von der Anzahl der Schlüssel ist.

Beispiel 20-24 zeigt die Anwendung von `std::unordered_map` zusammen mit dem `std::unordered_multimap`, der mehrere gleiche Schlüssel unterstützt.

**Beispiel 20-24:** Das Interface von std::unordered_map und std::unordered_multimap

unordMap.cpp

```
#include <iostream>
#include <map>
#include <unordered_map>

int main(){

  std::cout << std::endl;

  long long home= 497074123456;
  long long mobile= 4916046123356;

  // constructor
  std::unordered_multimap<std::string,long long> multiMap
    {{"grimm",home},{"grimm",mobile},{"jaud-grimm",home}};
  std::unordered_map<std::string,int> uniqMap
    {{"bin",1},{"root",0},{"nobody",65834},{"rainer",1000}};

  // show the unordered maps
  std::cout << "multiMap: ";
  for(auto m : multiMap) std::cout << '{' << m.first
                                   << ',' << m.second << '}';

  std::cout << std::endl;

  std::cout << "uniqMap: ";
  for(auto u : uniqMap) std::cout << '{' << u.first
                                   << ',' << u.second << '}';
  std::cout << std::endl;

  std::cout << std::endl;

  // insert elements
  long long work= 4970719754513;

  multiMap.insert({"grimm",work});
  // will not work
  // multiMap["grimm-jaud"]=4916012323356;

```

**Beispiel 20-24:** Das Interface von std::unordered_map und std::unordered_multimap (Fortsetzung)

```
uniqMap["lp"]=4;
uniqMap.insert({"sshd",71});

std::map<std::string,int> myMap
  {{"ftp",40},{"rainer",999}};
uniqMap.insert(myMap.begin(),myMap.end());

// show the unordered maps
std::cout << "multiMap: ";
for(auto m : multiMap) std::cout << '{' << m.first
                                  << ',' << m.second << '}';

std::cout << std::endl;

std::cout << "uniqMap: ";
for(auto u : uniqMap) std::cout << '{' << u.first
                                  << ',' << u.second << '}';
std::cout << std::endl;


std::cout << std::endl;
// search for elements

// only grimm
auto iter= multiMap.equal_range("grimm");
std::cout << "grimm: ";
for(auto itVal= iter.first; itVal !=iter.second;++itVal){
  std::cout << itVal->second << " ";
}

std::cout << std::endl;

std::cout << "multiMap.count(grimm): "
          << multiMap.count("grimm") << std::endl;

auto it= uniqMap.find("root");
if ( it != uniqMap.end()){
  std::cout << "uniqMap.find(root): " << it->second
            << std::endl;
  std::cout << "uniqMap[root]: " << uniqMap["root"]
            << std::endl;
}

// will create a new entry
std::cout << "uniqMap[notAvailable]: "
          << uniqMap["notAvailable"] << std::endl;

std::cout << std::endl;

// remove
```

**Beispiel 20-24:** Das Interface von std::unordered_map und std::unordered_
multimap (Fortsetzung)

```
78   int numMulti= multiMap.erase("grimm");
79   int numUniq= uniqMap.erase("rainer");
80
81   std::cout << "Erased " << numMulti
               << " times grimm from multiMap." << std::endl;
82   std::cout << "Erased " << numUniq
               << " times rainer from uniqMap." << std::endl;
83
84   // all
85   multiMap.clear();
86   uniqMap.clear();
87
88   std::cout << std::endl;
89
90   std::cout << "multiMap.size(): " << multiMap.size()
               << std::endl;
91   std::cout << "uniqMap.size(): " << uniqMap.size()
               << std::endl;
92
93   std::cout << std::endl;
94
95 }
```

Beispiel 20-24 folgt einer ähnlichen Struktur wie Beispiel 20-23. In den Zeilen 13 und 14 werden zwei Hashtabellen deklariert. Dabei kann `multiMap` mit mehreren identischen Schlüsseln umgehen, `uniqMap` hingegen nicht. Dies ergibt durchaus Sinn, soll doch `multiMap` zu einer Person alle Telefonnummern speichern und `uniqMap` die eindeutige Beziehung zwischen einem Benutzer und seiner ID zur Verfügung stellen. Beide Datenstrukturen lassen sich auf gewohnte Weise als Pärchen ausgeben. Dabei wird mit `m.first` der Schlüssel und mit `m.second` der Wert in Zeile 18 referenziert. Auch das Hinzufügen neuer Paare fühlt sich wie bei allen assoziativen Containern an. Für eine Hashtabelle typisch, ist der Zugriff auf `uniqMap` über den Indexoperator in Zeile 35 möglich. Dies gilt natürlich auch für den lesenden Zugriff. Ein `std::map` kann dazu verwendet werden, einem `std::unorderd_map` neue Elemente hinzuzufügen. Da der Schlüssel `"rainer"` in Zeile 38 in `uniqMap` vorhanden ist, wird dessen ursprünglicher Wert überschrieben. Dies zeigt am besten die Ausgabe in Abbildung 20-20. Das Suchen nach Schlüsseln und deren assoziierten Werten ist die Stärke von Hashtabellen. In den Zeilen 56 bis 60 werden alle Werte ausgegeben, die den Schlüssel `"grimm"` besitzen. Das ist zugegeben ein bisschen umständlich. Durch `auto iter= multiMap.equal_range("grimm")` wird ein Iterator zurückgegeben, der in Zeile 58 benutzt wird, um über alle Werte zu iterieren. Dabei erleichtert auto das Leben des Anwenders enorm. Tatsächlich ist iter vom Typ

```
std::pair<
        std::unordered_map<std::string,long long>::iterator,
        std::unordered_map<std::string,long long>::iterator>.
```

Deutlich einfacher in der Anwendung ist das Zählen der Telefonnummern in Zeile 64, die dem Schlüssel "grimm" zugeordnet sind. Ob ein Schlüssel existiert, lässt sich in Zeile 66 mit der Elementfunktion find ermitteln. Mit it->second (Zeile 68) oder dem Indexoperator (Zeile 69) kann anschließend auf den Wert zugegriffen werden. Ist der Schlüssel nicht vorhanden, wird ein Schlüssel/Wert-Paar erzeugt und der Hashtabelle hinzugefügt. Für den Wert wird der Standardkonstruktor ausgeführt. Genau dieses Verhalten ist in Zeile 73 zu sehen, sodass uniqMap um das Paar (std::string("notAvailable"),int()) erweitert wird. Der Rest des Listings sollte keine Überraschungen beinhalten. Durch multiMap.erase("grimm") bzw. uniqueMap.erase("rainer") werden alle Paare aus den Hashtabellen mit den angegebenen Schlüsseln entfernt. Die Elementfunktion clear entfernt in bekannter Manier alle Schlüssel/Wert-Paare.

**Abbildung 20-20 ▼**
Verschiedene Anwendungen von std::unordered_map und std::unordered_multimap

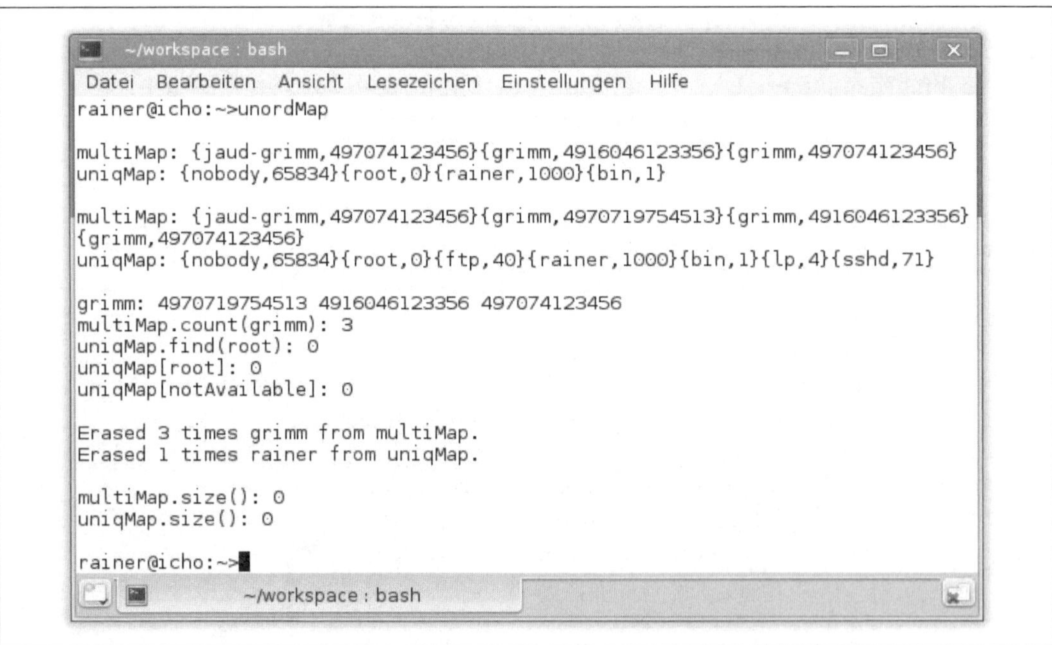

### Hashfunktion

Die zentrale Komponente einer Hashtabelle ist die sogenannte Hashfunktion. Diese Funktion bildet die Schlüssel auf einen Index, den sogenannten Hashwert, ab. Der wesentliche Unterschied zwischen einem Array und einem assoziativen Array ist, das Letzterer nicht nur natürliche Zahlen als Indizes erlaubt. Andersherum betrachtet, verhält sich ein assoziatives Array, das natürliche Zahlen als Indizes erlaubt und deren Hashfunktion die Identität ist, wie ein Array.

Eine Frage bleibt aber noch offen. Welche Datentypen können als Schlüssel verwendet werden? C++11 unterstützt von Hause aus die folgenden Datentypen:

- `bool`
- Ganzzahlen: `char`, `signed char`, `unsigned char`, `short`, `unsigned short`, `int`, `unsigned int`, `long`, `unsigned long`
- Fließkommazahlen: `float`, `double`, `long double`
- Zeiger
- Strings: `std::string`, `std::wstring`

Soll ein eigener Datentyp als Schlüssel verwendet werden, haben die Objekte dieses Datentyps zwei Charakteristiken zu erfüllen. Zum einen muss der Hashwert zur Verfügung stehen, zum anderen müssen die Objekte auf Gleichheit `==` vergleichbar sein. Der alte Bekannte `MyInt` wird in Beispiel 20-25 als Schlüssel verwendet.

**Beispiel 20-25:** Einen eigenen Datentyp als Schlüssel in einem assoziativen Array verwenden

hashClass.cpp

```
#include <iostream>
#include <ostream>
#include <unordered_map>

struct MyInt{
  MyInt(int v):val(v){}
  bool operator== (const MyInt& other) const {
    return val == other.val;
  }
  int val;
};

struct MyHash{
  std::size_t operator()(MyInt m) const {
    std::hash<int> hashVal;
    return hashVal(m.val);
  }
};

```

**Beispiel 20-25:** Einen eigenen Datentyp als Schlüssel in einem assoziativen Array verwenden (Fortsetzung)

```
struct MyAbsHash{
  std::size_t operator()(MyInt m) const {
    std::hash<int> hashVal;
    return hashVal(abs(m.val));
  }
};

struct MyEq{
  bool operator() (const MyInt& l, const MyInt& r) const {
    return abs(l.val) ==  abs(r.val);
  }
};

std::ostream& operator << (std::ostream& strm,
                           const MyInt& myIn){
  strm << "MyInt(" << myIn.val << ")";
  return strm;
}

int main(){

  std::cout << std::endl;

  std::hash<int> hashVal;

  // a few hash values
  for ( int i= -2; i <= 1 ; ++i){
    std::cout << "hashVal(" << i << "): " << hashVal(i)
              << std::endl;
  }

  std::cout << std::endl;

  typedef std::unordered_map<MyInt,int,MyHash> MyIntMap;

  std::cout << "MyIntMap: ";
  MyIntMap myMap{{MyInt(-2),-2},{MyInt(-1),-1},
                 {MyInt(0),0},{MyInt(1),1}};

  for(auto m : myMap) std::cout << '{' << m.first << ','
                                << m.second << '}';

  std::cout << std::endl << std::endl;

  typedef std::unordered_map<MyInt,int,MyAbsHash,MyEq>
    MyAbsMap;
  std::cout << "MyAbsMap: ";
  MyAbsMap myAbsMap{{MyInt(-2),-2},{MyInt(-1),-1},
                    {MyInt(0),0},{MyInt(1),1}};

```

**Beispiel 20-25:** Einen eigenen Datentyp als Schlüssel in einem assoziativen Array verwenden (Fortsetzung)

```
64   for(auto m : myAbsMap) std::cout << '{' << m.first
                                  << ',' << m.second << '}';
65
66   std::cout << std::endl << std::endl;
67
68   std::cout << "myAbsMap[MyInt(-2)]: "
            << myAbsMap[MyInt(-2)] << std::endl;
69   std::cout << "myAbsMap[MyInt(2)]: "
            << myAbsMap[MyInt(2)] << std::endl;
70   std::cout << "myAbsMap[MyInt(3)]: "
            << myAbsMap[MyInt(3)] << std::endl;
71
72   std::cout << std::endl << std::endl;
73
74 }
```

Für den Datentyp `MyInt` (Zeile 5) in Beispiel 20-25 ist die Gleichheit über seinen Datentyp `val` definiert. Dieser einfache Ansatz wird auch auf die Hashfunktion von `MyInt` angewandt. Aber zuerst der Reihe nach. In der `main`-Funktion wird in Zeile 42 ein Klassen-Template `hashVal` definiert, das sich wie eine Funktion benutzen lässt. Dies ist in der Zeile 46 sehr schön zu sehen, da diese Funktion zu jeder Zahl ihren Hashwert ausgibt. In Abbildung 20-21 sind die numerischen Werte dargestellt. Interessant ist, dass die natürlichen Zahlen `0` und `1` auf sich selbst abgebildet werden. Dies trifft nicht auf negative Ganzzahlen zu. Der Typ `MyIntMap` in Zeile 51 verwendet `MyInt` als Schlüssel. Als drittes Template-Argument erhält `MyIntMap` die Hashfunktion. Diese Klasse `MyHash` in Zeile 13 ist ein aufrufbares Objekt, denn der `operator()` ist implementiert. Dabei nimmt dieser einen Typ `MyInt` an und gibt als Hashwert den Hashwert der Variablen `val` zurück. Auch die zweite Bedingung erfüllt `MyInt`. Durch das Überladen des Operators `==` in Zeile 7 sind seine Objekte auf Gleichheit vergleichbar. Der Instanziierung von `myMap` und deren Ausgabe (Abbildung 20-21) steht nichts mehr entgegen.

`MyAbsMap` in Zeile 60 erhält ein viertes Template-Argument. Das Funktionsobjekt `MyEq` ist in `MyAbsMap` für den Vergleich auf Gleichheit zuständig. Das Besondere von `MyIntMap` gegenüber `MyAbsMap` ist, dass in `MyAbsMap` der absolute Wert von `val` für die Berechnung des Hashwerts und den Gleichheitsvergleich verwendet werden soll. Dies ist der Grund dafür, dass in dem Funktionsobjekt `MyAbsHash` der Hashwert von `hash(abs(m.val)))` in Zeile 23 zurückgegeben wird und dass in Zeile 29 der Gleichheitsvergleich abs(l.val) == abs(r.val) lautet. Für die einfache Ausgabe der assoziativen Arrays ist noch der Ausgabeoperator in Zeile 33 definiert. Betrachten wir nun Abbildung 20-21, fällt auf, dass MyAbsMap ein Wertepaar weniger besitzt. Was ist der Grund? Da der Hashwert von MyInt(1) identisch mit dem von MyInt(-1) ist, wenn der absolute Wert verwendet wird, tritt das bekannte Verhalten von Hashtabellen auf. Das Wertepaar (MyInt(1),1) wird durch (MyInt(-1),-1) überschrieben.

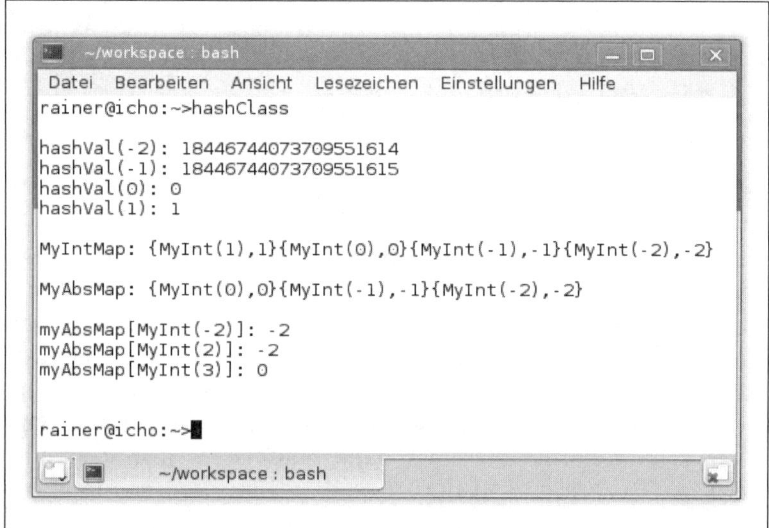


**Abbildung 20-21** ▶ MyInt als Schlüssel in einem assoziativen Array

Aber nicht nur die Hashfunktion, auch der Test auf Gleichheit ignoriert das Vorzeichen. In den Zeilen 68 und 69 ergibt die Abfrage an myAbsMap[MyInt(-2)] und MyAbsMap[MyInt(2)] jeweils den Wert 2. Das Bemerkenswerte ist, dass der Hashwert von MyInt(-2) gleich dem von MyInt(2) ist. Dies bewirkt, dass kein neues Element (MyInt(2),2) zu myAbsMap hinzugefügt wird. Den feinen Unterschied zeigt die Abfrage myAbsMap[MyInt(3)] in Zeile 70. MyInt(3) ist kein Element von myAbsMap, sodass der assoziative Container um ein neues Paar (MyInt(3),int()) erweitert wird.

Für den Anwender ist die Geschichte zu Hashtabellen in C++11 hier zu Ende. C++11 erlaubt es aber, wie so oft, seine Datenstrukturen weiter zu tunen. Die Hashtabelle macht da keine Ausnahme. Dazu ist ein tieferes Verständnis von Hashtabellen notwendig.

## Exkurs: Buckets, Kapazität und Ladefaktor

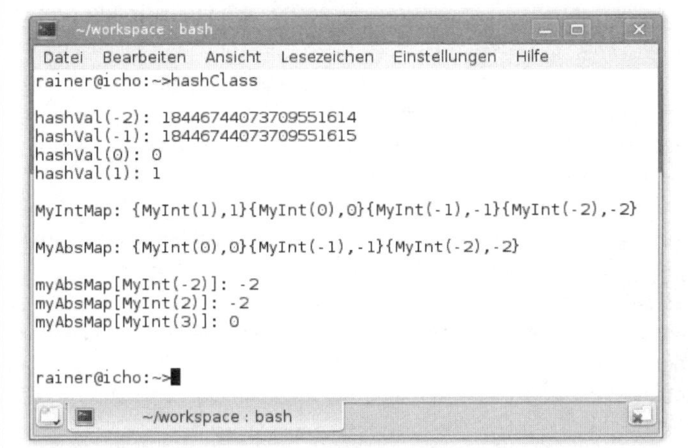


◀ **Abbildung 20-22**
Die Hashtabelle (Familiennamen → Telefonnummer)

Die Hashtabelle speichert ihre Schlüssel in den sogenannten *Buckets*. In welchem Bucket ein Eintrag landet, entscheidet dessen Hashwert. Dieser wird durch die Hashfunktion gebildet. Die Hashfunktion ermittelt aus dem Schlüssel einen Index in das Bucket. Für eine Hashtabelle, die den Familiennamen als Schlüssel verwendet und die Telefonnummer als Wert, ist dies exemplarisch in Abbildung 20-22 dargestellt. Damit ist der Zugriff auf ein Bucket immer konstant, da lediglich die Hashfunktion angewandt werden muss.

Dies trifft natürlich auch für das Hinzufügen eines neuen Elements zu einer Hashtabelle zu. Komplizierter ist der Schlüsselzugriff auf ein Element einer Hashtabelle. Befindet sich ein einziges Element in einem Bukket, den die Hashfunktion ermittelt hat, ist die Zugriffszeit auf das Element konstant. Andererseits kann es natürlich vorkommen, dass sich mehrere Elemente in einem Bucket befinden. Mit dieser Situation, Kollision genannt, muss die Hashtabelle umgehen können. Ziel einer Hashtabelle und insbesondere der Hashfunktion ist es, Kollisionen zu vermeiden. Für den Umgang mit Kollisionen gibt es mehrere Strategien. Eine einfache Strategie kann darin bestehen, die Elemente in einem Bucket als verlinkte Liste zu repräsentieren. Nun wird es kompliziert. Der Zugriff auf das Bucket ist konstant, die Suche im Bucket ist linear. Zu Hashtabellen im Allgemeinen und Kollisionen im Besonderen möchte ich gern auf den ausgezeichneten Wiki-Artikel zu Hashtabellen verweisen (hash table, 2011).

→

Zwei Begriffe, Kapazität und Ladefaktor, fehlen noch, um die in C++11 angebotenen Elementfunktionen verstehen und nutzen zu können. Kapazität bezeichnet die Anzahl der Buckets und Ladefaktor die durchschnittliche Anzahl der Elemente je Bucket. Ist B die Anzahl der Buckets und n die Anzahl der Elemente einer Hashtabelle `hash`, so ist $L = n / B$ der Ladefaktor der Hashtabelle. Übersteigt der Ladefaktor der Hashtabelle deren maximalen Ladefaktor, der in der Regel 1 ist, werden in der Regel neue Buckets erzeugt und die Elemente auf diese neu verteilt. Dieser Vorgang wird als *rehashing* bezeichnet und automatisch von der Hashtabelle ausgeführt. Mit der Elementfunktion `hash.max_load_factor(L)` kann der Anwender den maximalen Ladefaktor L einer Hashtabelle setzen, sodass ein Überschreiten dieses Werts zum automatischen *rehashing* der Hashtabelle führt. Dieses *rehashing* ist auch direkt möglich. Denn durch einen Aufruf der Elementfunktion `hash.rehash(B)` wird die Anzahl der Buckets der Hashtabelle `hash` auf mindestens B gesetzt. Beispiel 20-26 zeigt die Theorie in der Praxis.

hashInfo.cpp

**Beispiel 20-26: Bucket, Kapazität und Ladefaktor**

```
#include <iostream>
#include <random>
#include <unordered_set>

void getInfo(const std::unordered_set<int>& hash){

  std::cout << "hash.bucket_count(): "
            << hash.bucket_count() << std::endl;
  std::cout << "hash.load_factor(): "
            << hash.load_factor() << std::endl;

}

void fillHash(std::unordered_set<int>& h,int n){

  std::random_device seed;
  // default generator
  std::mt19937 engine(seed());
  // get random numbers 0 - 1000
  std::uniform_int_distribution<> uniformDist(0,1000);

  for ( int i=1; i<= n; ++i){
    h.insert(uniformDist(engine));
  }

}

int main(){

```

→

```
std::cout << std::endl;

std::unordered_set<int> hash;
std::cout << "hash.max_load_factor(): "
          << hash.max_load_factor() << std::endl;

std::cout << std::endl;

getInfo(hash);

std::cout << std::endl;

// only to be sure
hash.insert(500);
// get the bucket of 500
std::cout << "hash.bucket(500): " << hash.bucket(500)
          << std::endl;

std::cout << std::endl;

// add 100 elements
fillHash(hash,100);
getInfo(hash);

std::cout << std::endl;

// at least 500 buckets
std::cout << "hash.rehash(500): " << std::endl;
hash.rehash(500);

std::cout << std::endl;

getInfo(hash);

std::cout << std::endl;

// get the bucket of 500
std::cout << "hash.bucket(500): " << hash.bucket(500)
          << std::endl;

std::cout << std::endl;

}
```

→

Auch wenn ein `std::unordered_set<int>` in Zeile 30 eine degenerierte Hashtabelle ist, da ihrem Schlüssel kein Wert zugeordnet ist, gelten die in Beispiel 20-26 gewonnenen Erkenntnisse für alle ungeordneten assoziativen Container. In der Hilfsfunktion `getInfo` in Zeile 5 wird die Information zur Kapazität (Zeile 7) und zum Ladefaktor (Zeile 8) ausgegeben. Die weitere Hilfsfunktion `fillHash` in Zeile 12 fügt `n` neue Elemente, zufällig aus 0 bis 1000 ausgewählt, zu `std::unordered_set<int>` hinzu. Die Ausgabe des Programmlaufs lässt sich in Abbildung 20-23 verfolgen. Für die leere Hashtabelle ergibt der maximale Ladefaktor in Zeile 31 `1`. In diesem Fall werden elf Buckets auf Verdacht angelegt, und der durchschnittliche Ladefaktor ist 0 (Zeile 35). In Zeile 40 wird die 500 der Hashtabelle hinzugefügt. Der Wert landet im fünften Bucket (Zeile 42). Nun wird es interessanter. In die Hashtabelle werden 100 weitere Elemente in Zeile 47 eingefügt. Das ändert drastisch die Kapazität und den Ladefaktor. Während nun 199 Buckets zur Verfügung stehen, steigt der Ladefaktor auf fast 0,5. Dies ist immer noch deutlich niedriger als der maximale Ladefaktor von 1. So schnell ist daher kein *rehashing* der Hashtabelle notwendig. Genau dieses *rehashing* wird in Zeile 54 erzwungen, indem die Anzahl der Buckets auf mindestens 500 gesetzt wird. Die Auswirkung zeigt die Ausgabe von `getInfo(hash)` in Zeile 58. Die Kapazität beträgt nun 503, der Ladefaktor knapp 0,2. Was ist mit dem Schlüssel 500 passiert? Dieser ist jetzt im 500sten Bucket.

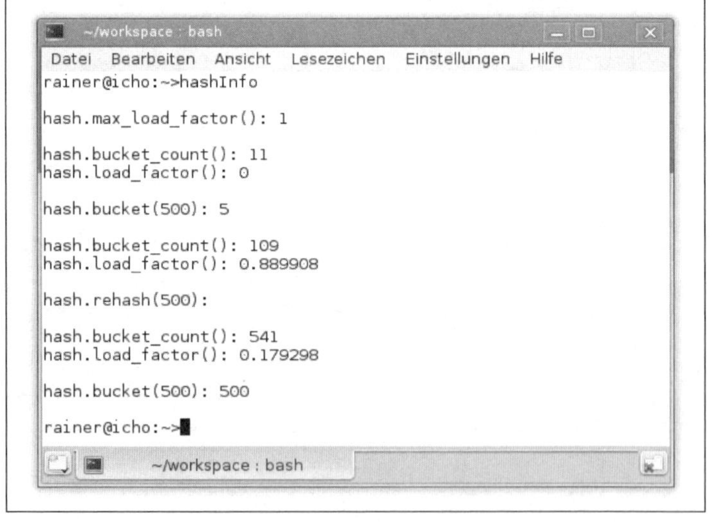


**Abbildung 20-23** ▶
Anzahl der Buckets, der Kapazität und des Ladefaktors eines std::unordered_set<int>

### Aufgabe 20-13

mapHashComparison.cpp

Vergleichen Sie die Zugriffszeit von `std::map` und `std::unordered_map`.

Legen Sie zwei große assoziative Container vom Datentyp `std::map<int,int>` und `std::unordered_map<int,int>` an und greifen Sie mit dem Indexoperator auf ein Zehntel der bestehenden Elemente zufällig zu. Vergrößern Sie sukzessive die Größe der assoziativen Container. Vergleichen Sie die Zugriffszeiten auf die Elemente. Entspricht das Ergebnis Ihren Erwartungen?

Bei 10.000.000 Elementen und 1.000.000 Zugriffen ist der Zugriff auf meiner Plattform für `std::unordered_map` um den Faktor 15 schneller als der für `std::map`.

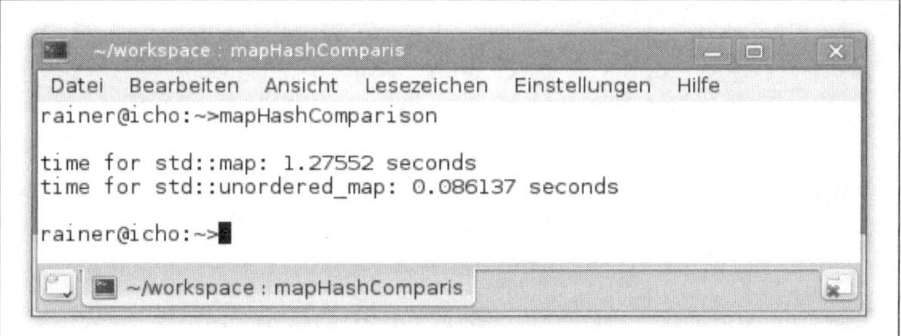


◀ **Abbildung 20-24**
Vergleich von std::map und std::unordered_map

### Aufgabe 20-14

bucketInfo.cpp

Geben Sie den Inhalt jedes Bucket aus.

Ein `std::unordered_map<int,std::string> myDict` verrät viel über sich. Neben der Anzahl der Buckets mit `myDict.bucket_count()` lässt sich die Anzahl der Elemente in einem Bucket mit `myDict.bucket_size(b)` für das `b`-te Bucket ermitteln. Darüber hinaus lassen sich die Elemente des `b`-ten Bucket mit den zwei Iteratoren `myDict.begin(b)` und `myDict.end(b)` ausgeben.

Definieren Sie eine Hashtabelle `std::unordered_map<int,std::string> myDict` und füllen Sie sie mit ein paar Schlüssel/Wert-Paaren. Bestimmen Sie für `myDict` die Anzahl der Buckets, die Anzahl der Elemente jedes Bucket und iterieren Sie zum Abschluss über jedes Bucket.

# Neue Algorithmen

Die Algorithmen `std::all_of`, `std::any_of` und `std::none_of` prüfen logische Zusicherungen auf Bereichen.

`std::copy_if` und `std::copy_n` sind weitere Kopieralgorithmen auf Bereichen.

`std::iota` hilft beim schnellen Erzeugen von Werten.

Es geht weiter mit `std::partition_copy`, `std::is_partitioned` und `std::partition_point` für den Umgang mit Partitionen sowie `std::is_heap` und `std::is_heap_until` für den Umgang mit der Datenstruktur Heap (Heap, 2011).

Auch zum Sortieren gibt es zwei neue Algorithmen: `std::is_sorted` und `std::is_sorted_until`.

Praktisch sind auch die zwei Algorithmen `std::minmax` und `std::minmax_element`, die ein Paar `(min,max)` zurückgeben. Während `std::minmax` auf einem Wertepaar oder einer `std::initializer_list` aufgerufen werden kann und das Minimum/Maximum-Wertepaar ermittelt, wirkt `std::minmax_element` auf einem Bereich und ermittelt ein Minimum/Maximum-Iteratorenpaar.

Viele der Algorithmen sind in Beispiel 20-27 im Einsatz zu sehen.

newAlgorithm.cpp

**Beispiel 20-27:** Die neuen Algorithmen

```
#include <algorithm>
#include <array>
#include <deque>
#include <iostream>
#include <iterator>
#include <list>
#include <vector>

bool even_(const int& i){
  return ((i % 2) == 0);
}

int main() {

  std::cout << std::endl;

  std::cout << std::boolalpha;

  // increase each element by 1
  std::vector<int> myVec(20);
  std::iota(myVec.begin(),myVec.end(),1);

```

**Beispiel 20-27:** Die neuen Algorithmen (Fortsetzung)

```
std::cout << "myVec:";
for (auto i: myVec) std::cout << i << " ";
std::cout << std::endl << std::endl;

// test a predicate on a range
std::cout << "one even in myVec: "
          << std::any_of(myVec.begin(),myVec.end(),even_)
          << std::endl;
std::cout << "all even in myVec: "
          << std::all_of(myVec.begin(),myVec.end(),even_)
          << std::endl;
std::cout << "all even in myVec with lambda: "
          << std::all_of(myVec.begin(),myVec.end(),
                      [](int i){ return (i % 2) == 0; })
          << std::endl;
std::cout << "none even in myVec with lambda: "
          << std::none_of(myVec.begin(),myVec.end(),
                       [](int i){ return (i % 2) == 0; })
          << std::endl;

std::cout << std::endl;

// copying all odd element to std::cout
std::cout << "all odd elements: ";
std::copy_if(myVec.begin(), myVec.end(),
   std::ostream_iterator<int>(std::cout, " "),
   [](int a){ return a % 2;} );

std::cout << std::endl;

// copying the first 10 element
std::cout << "The first 10 elements: ";
std::copy_n(myVec.begin(),10,
  std::ostream_iterator<int>(std::cout, " "));

std::cout << std::endl << std::endl;

std::list<int> allOdd;
std::deque<int> allEven;

// odd ints to list allOdd
// even ints to deque allEven
std::partition_copy(myVec.begin(),myVec.end(),
  std::back_inserter(allEven),std::back_inserter(allOdd),
  even_);

std::cout << "allOdd: ";
for (auto o: allOdd) std::cout << o << " ";

std::cout << std::endl;

```

**Beispiel 20-27:** Die neuen Algorithmen (Fortsetzung)

```
  std::cout << "allEven: ";
  for (auto e: allEven) std::cout << e << " ";

  std::cout << std::endl;

  // test, if partitioned
  std::cout << "Partition a < 10: "
            << std::is_partitioned(myVec.begin(),myVec.end(),
               [](int a){ return a < 10;}) << std::endl;

  std::cout << std::endl;

  // get the partition point
  std::cout << "Partition Point for a < 10: " <<
    *(std::partition_point(myVec.begin(),myVec.end(),
    [](int a){ return a < 10;})) << std::endl;

  std::cout << std::endl;

  // test, if sorted
  std::cout << "Is sorted (ascending): "
             << std::is_sorted(myVec.begin(),myVec.end())
             << std::endl;

  std::cout << "Is sorted (descending): "
             << std::is_sorted(myVec.begin(),myVec.end(),
                [](int a, int b ){return a > b;})
             << std::endl;

  myVec.push_back(-10);
  myVec.push_back(100);
  myVec.push_back(2011);

  std::cout << std::endl;

  std::cout << "myVec:";
  for (auto i: myVec) std::cout << i << " ";
  std::cout << std::endl << std::endl;

  std::cout << "Is sorted until: "
     << *(std::is_sorted_until(myVec.begin(),myVec.end()))
     << std::endl;

  std::cout << std::endl;

}
```

Die Funktion even_ (Zeile 9) in Beispiel 20-27 ist ein einfaches Prädikat, das auf Anfrage ermittelt, ob das Argument gerade ist. Der Vektor myVec wird durch den neuen Algorithmus std::iota in Zeile 21 initialisiert. Das erste Element des Vektors erhält den Wert des Funktionsarguments 1, jedes weitere Element wird um 1 inkrementiert. Anschließend wird auf myVec bestimmt, ob ein Element std::any_of gerade ist (Zeile 28), ob alle Elemente std::all_of gerade sind (Zeilen 29 und 30) und ob kein Element std::none_of gerade ist (Zeile 31). Neben dem Prädikat kommt eine Lambda-Funktion in den Zeilen 30 und 31 zum Einsatz. Die drei praktischen Funktionen sollten dem einen oder anderen aus Haskell oder auch Python vertraut sein. Praktisch ist auch der Algorithmus std::copy_if in Zeile 37, der es erlaubt, nur die Elemente auf std::cout zu kopieren, die das Prädikat in Form einer anonymen Funktion erfüllen. std::copy_n erlaubt es hingegen, eine feste Anzahl von Elementen zu kopieren. Das Kopieren wird mit std::partition_copy in Zeile 52 noch mächtiger. Diesmal ist das Ziel der Kopieraktion nicht std::cout, sondern zwei Container vom Typ std::list und std::deque. Vollkommen generisch lassen sich die Elemente, die das Prädikat erfüllen, auf den Container allEven schieben. Der Rest landet in allOdd. Generisch ist, dass es weder dem Container noch der for-Schleife anzusehen ist, welcher Containertyp der Operation zugrunde liegt. Generisch ist, dass durch den Iterator-Adapter std::back_inserter in Zeile 52 die Elemente direkt auf den Container geschoben werden können.

Ob ein Bereich partitioniert ist, lässt sich leicht durch std::is_partitioned in Zeile 65 ermitteln. std::partition_point liefert darüber hinaus noch den Iterator iter auf das erste Element der zweiten Teilmenge. Durch *iter lässt sich auf sein Element zugreifen. std::is_sorted beantwortet die Frage, ob ein Bereich aufsteigend sortiert ist. Durch die Parametrisierung des Algorithmus mit der Vergleichsfunktion [](int a, int b) {return a>b;} ist schnell getestet, ob ein Bereich absteigend sortiert ist. Nachdem in Zeile 79 das Element -10 auf den Container geschoben wurde, ist dieser nicht mehr aufsteigend sortiert. Bis zu welcher Stelle dieser sortiert ist, das beantwortet der neue Algorithmus std::is_sorted. std::is_sorted gibt wieder einen Iterator zurück, der auf das erste Element zeigt, das der Sortierreihenfolge widerspricht. In Abbildung 20-25 lässt sich der Programmlauf auf der Konsole nachvollziehen.

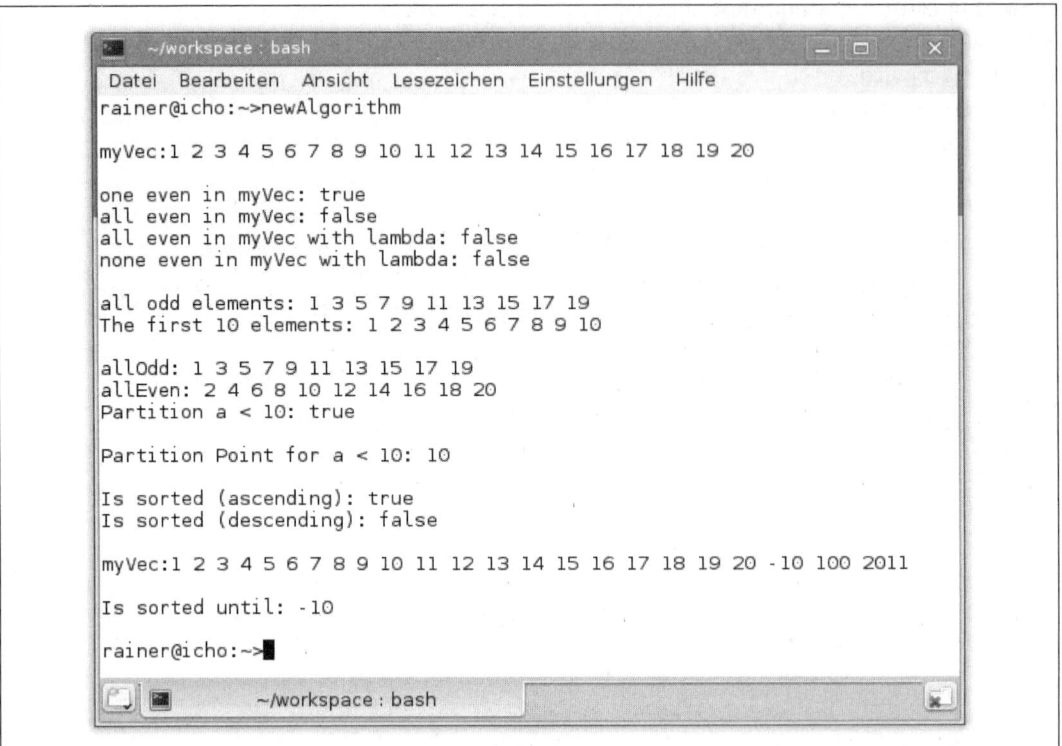


**Abbildung 20-25 ▲**
Anwendung der neuen Algorithmen

## Praktische Helferlein

C++11 bringt noch ein paar weitere praktische Algorithmen mit, die den Umgang mit den Containern der STL vereinfachen. Die Container in C++11 können mit Initialisiererlisten initialisiert werden, unterstützen die Move-Semantik und erzeugen auf Anfrage einen konstanten Iterator mit den Methoden `cbegin` und `cend` bzw. einen reversen konstanten Iterator mit `crbegin` und `crend`.

emplace, emplace_back und emplace_front

Das direkte Erzeugen eines neuen Datentyps in einem Container ist mit `emplace`, `emplace_back` und `emplace_front`, die sich im Wesentlichen wie die bekannten `insert`, `push_back` und `push_front` verhalten, direkt möglich. Der feine Unterschied ist, dass bei `emplace_back` im Gegensatz zu `push_back` kein unnötiges Konstruieren eines temporären Objekts und das anschließende Kopieren notwendig sind. Beispiel 20-28 zeigt die Methoden im Einsatz.

**Beispiel 20-28:** Direktes Konstruieren in den sequenziellen Container std::deque und den assoziativen Container std::map

emplace.cpp

```
01 #include <deque>
02 #include <iostream>
03 #include <map>
04 #include <utility>
05
06 class MyVal{
07 public:
08   MyVal(){};
09   MyVal(int i):val(i){}
10   int getVal() const{
11     return val;
12   }
13 private:
14   int val;
15 };
16
17 int main(){
18
19   std::cout << std::endl;
20
21   std::deque<MyVal> myDeq;
22   myDeq.push_back(MyVal(10));
23   myDeq.push_front(MyVal(11));
24   myDeq.emplace_back(12);
25   myDeq.emplace_front(13);
26
27   std::cout << "myDeq: ";
28   for ( auto it= myDeq.cbegin(); it != myDeq.cend(); ++it){
29     std::cout << it->getVal() << " ";
30   }
31
32   std::cout << std::endl;
33
34   std::map<int,MyVal> myMap;
35   myMap.insert(std::make_pair(1,MyVal(14)));
36   myMap.insert(std::make_pair(2,15));
37
38   std::cout << "myMap: ";
39   std::cout << myMap[1].getVal() << " ";
40   std::cout << myMap[2].getVal();
41
42   std::cout << std::endl;
43
44 }
```

In Beispiel 20-28 ist die ressourcenschonende Anwendung der `emplace`- Funktionen zu sehen. In den Zeilen 24 und 25 werden die Argumente direkt an den Konstruktor von `MyVal` durchgereicht.

Entsprechend wird in Zeile 36 der Wert `MyVal(15)` für den Schlüssel `2` in `myMap` eingefügt. In Abbildung 20-26 ist die Ausführung des Programms zu sehen.

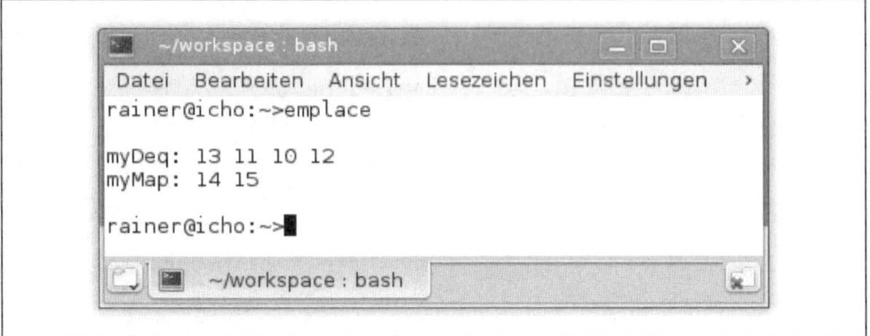


**Abbildung 20-26** ▶ emplace im Einsatz

shrink_to_fit

Die Verbesserungen gehen weiter. In C++ gibt es das bekannte Idiom »shrink-to-fit«, um einen Vektor `std::vector<int> vecInt` auf seine tatsächlich benötigte Größe zu reduzieren: `std::vector<int>(vecInt).swap(vecInt)`. Der Name dieses Tricks stand Pate für die neuen `shrink_to_fit`-Algorithmen, die für `std::string`, `std::deque` und `std::vector` zur Verfügung stehen. Der Aufruf ist aber nicht bindend.

at

Wird in einer Map `std::map<int,std::string> myMap` nach einem Element `myMap[2011]` gefragt, das es nicht gibt, erzeugt die C++-Laufzeit implizit ein neues Paar `(2011,std::string())` und fügt dieses in `myMap` ein. Für den Wert wird der Standardkonstruktor aufgerufen.

Ein Aufruf `myMap.at(2012)` in C++11 wirft eine Ausnahme, falls der Schlüssel `2012` in `myMap` nicht vorhanden ist.

### Aufgabe 20-15

Was ist ein Heap?

In Beispiel 20-27 findet sich kein Beispiel zu den neuen C++11-Algorithmen `std::is_heap` und `std::is_heap_until`. Die erste Frage ist natürlich: Was ist ein Heap? Die kurze Antwort lautet: Ein Heap ist ein binärer Baum, bei dem das Vaterelement immer größer ist als seine Kindelemente. In Abbildung 20-27 ist ein Heap in Baumstruktur dargestellt.

Die lange Antwort lässt sich im Wikipedia-Artikel zur Heap-Datenstruktur (Heap, 2011) nachlesen.

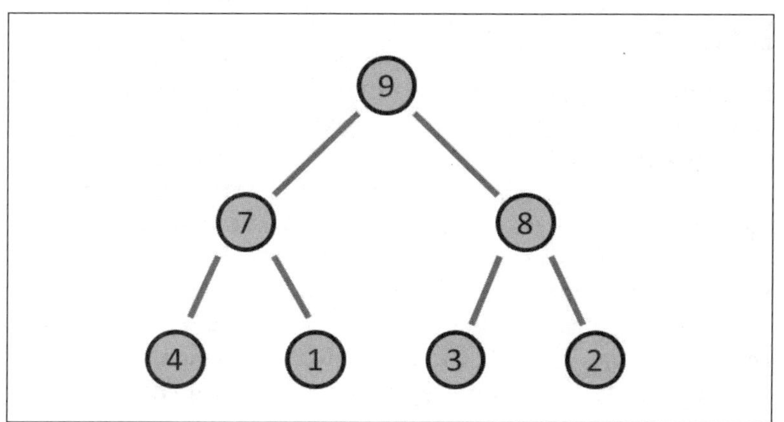

**◀ Abbildung 20-27**
Ein Heap-Baum

### Aufgabe 20-16

heap.cpp

Erzeugen Sie einen Heap.

Durch die C++-Algorithmen `std::make_heap` wird ein Heap erzeugt. Mit `std::sort_heap` lassen sich die Elemente des Heap sortiert ausgeben. Die C++11-Algorithmen `std::is_heap` und `std::is_heap_until` beantworten die Frage, ob eine Sequenz ein Heap ist.

### Aufgabe 20-17

minMax.cpp

Ermitteln Sie den minimalen und den maximalen Wert des sequenziellen Containers `std::deque`.

`std::minmax_element` lässt sich über eine Vergleichsfunktion parametrisieren. Ermitteln Sie das minimale und das maximale Element eines `std::deque<std::string>`. Variieren Sie im zweiten Schritt die Aufgabenstellung, indem Sie die Länge des Strings als Vergleichskriterium verwenden.

### Aufgabe 20-18

shrinkToFit.cpp

Wenden Sie die neue Methode `shrink_to_fit` auf einem `std::vector` an.

In (Becker, Working Draft, Standard for Programming Language C++ (N3242), 2011) ist über `shrink_to_fit` für `std::vector` zu lesen: »... shrink_to_fit is a non-binding request to reduce capacity() to size().« Legen Sie einen `std::vector` an, dessen Kapazität größer als seine tatsächliche Größe ist. Geben Sie die Kapazität und seine tatsächliche Größe vor und nach `shrink_to_fit` aus. Besitzt der Aufruf von `shrink_to_fit` auf Ihrer Plattform eine Auswirkung?

## bind und function

<functional>

Der Anwendungsbereich von `std::bind` ist die Definition von aufrufbaren Einheiten aus Funktionsobjekten oder Funktionen. Diese aufrufbaren Einheiten können direkt ausgeführt oder in einem Funktionsobjekt gespeichert werden. Hier tritt `std::function` in Aktion, denn sie nimmt die Funktionsobjekte von `std::bind` an. `std::function`-Objekte fühlen sich wie Daten an. Sie können kopiert oder als Ein- oder Ausgabe einer Funktion verwendet werden. Da `std::bind` es erlaubt, Funktionen teilweise zu evaluieren, ist die beliebte Technik der funktionalen Programmierung nun auch in C++11 zu Hause: Evaluieren Sie eine Funktion teilweise mit `std::bind` und binden Sie das Ergebnis an eine neue Funktion mit `std::function`.

### Exkurs: bind, function und result_of werden zunehmend überflüssig

Die Bibliotheksfunktionen `std::bind` und `std::function` sind ein mächtiges Paar, da sie es in C++11 erlauben, funktionale Konzepte anzuwenden. Diese Standarderweiterung ist mit der TR1-Erweiterung der C++-Bibliothek schon lange im Einsatz. Mittlerweile ist sie nahezu überflüssig, da inzwischen mit C++11 eine ähnliche Funktionalität in der Kernsprache zur Verfügung steht. So kann die Funktionalität von `std::function` fast vollständig durch die automatische Typableitung von `auto`, die Funktionalität von `std::bind` durch die Lambda-Funktionen angeboten werden. Dieses Schicksal teilen sich `std::bind` und `std::function` mit `std::result_of`. Durch `std::result_of` lässt sich der Rückgabetyp einer aufrufbaren Einheit bestimmen. Klar, das kann `decltype` auch. Tatsächlich wird in der Implementierung von `std::result_of` des aktuellen GCC 4.7 (GCC 4.7, 2011) auf `decltype` zurückgegriffen.

Notwendig ist der Einsatz vor allem dann, wenn der Compiler die Erweiterung der Kernsprache von C++ noch nicht unterstützt. In diesem Fall hilft ein Rückgriff auf die TR1-Bibliothekserweiterung von C++98, um in den Genuss der funktionalen Features zu kommen. Denn dies sei nochmals explizit betont: Sie sind ein großer Schritt in die richtige Richtung.

# bind

Das C++11-std::bind erweitert die beiden C++98-Templates std::bind1st und std::bind2nd, die nur ein Argument binden können und dann auch nur das erste oder das zweite. Ein Ausdruck der Form

```
std::remove_if(con.begin(),con.end(),
               std::bind2nd(std::greater<int>(), 8));
```

entfernt alle Elemente aus dem Container con, die größer als 8 sind. Dabei wird das binäre Funktionsobjekt std::greater<int> in ein unäres Funktionsobjekt transformiert, da 8 an das zweite Argument gebunden wird. Das kann std::bind auch.

```
std::remove_if(con.begin(),con.end(),
  std::bind(std::greater<int>(),std::placeholders::_1,8));
```

**Praxistipp** **Verwenden Sie erase nach remove_if.**

std::remove_if entfernt keine Elemente aus con, sondern gibt einen Iterator pos= remove_if( ... ) auf das neue logische Ende des Containers con zurück. Dieser Iterator con kann im nächsten Schritt verwendet werden, um die Elemente tatsächlich zu entfernen:

```
std::erase(pos,con.end());
```

Natürlich kann std::bind noch viel mehr, denn es erlaubt:

- die Argumente an beliebige Positionen zu binden,
- die Reihenfolge der Argumente umzustellen,
- Platzhalter für Argumente einzuführen,
- Funktionen nur teilweise zu evaluieren,
- das resultierende Funktionsobjekt direkt aufzurufen, in den Algorithmen der STL zu verwenden oder in std::function zu speichern.

# function

std::function nimmt die Funktionsobjekte von std::bind an und bindet sie unter einem neuen Namen. Der Funktionstyp der anzunehmenden Funktion wird durch das Template-Argument tempArg von std::function <tempArg> spezifiziert. Tabelle 20-1 stellt ein paar Funktionstypen tempArg dar.

**Tabelle 20-1** ▶ Beispiele für Template-Argumente von std::function

| Funktionstyp | Argumente | Rückgabetyp |
|---|---|---|
| `int()` | | `int` |
| `double(int,double)` | `int, double` | `double` |
| `std::string(float)` | `float` | `std::string` |
| `void()` | | |

`std::function`-Objekte können wie gewöhnliche Werte kopiert oder auch als Callback verwendet werden. In Beispiel 20-29 ist die perfekte Zusammenarbeit von `std::bind` und `std::function` zu sehen.

bindAndFunction.cpp

**Beispiel 20-29:** Zusammenspiel von std::bind und std:function

```
#include <algorithm>
#include <functional>
#include <iostream>
#include <iterator>
#include <vector>

double divMe(double a, double b){
  return double(a/b);
}

using namespace std::placeholders;

int main(){

  std::cout << std::endl;

  // invoking the function object directly
  std::cout << "1/2.0= " << std::bind(divMe,1,2.0)()
            << std::endl;

  // placeholders for both arguments
  std::function<double(double,double)> myDivBindPlaceholder=
    std::bind(divMe,_1,_2);
  std::cout << "1/2.0= " << myDivBindPlaceholder(1,2.0)
            << std::endl;

  // placeholders for both arguments, swap the arguments
  std::function<double(double,double)>
    myDivBindPlaceholderSwap= std::bind(divMe,_2,_1);
  std::cout << "1/2.0= " << myDivBindPlaceholderSwap(2.0,1)
            << std::endl;

  // placeholder for the first argument
  std::function<double(double)> myDivBind1St=
    std::bind(divMe,_1,2.0);
  std::cout<< "1/2.0= " << myDivBind1St(1) << std::endl;

  // placeholder for the second argument
```

**Beispiel 20-29:** Zusammenspiel von std::bind und std:function (Fortsetzung)

```
33   std::function<double(double)> myDivBind2Nd=
       std::bind(divMe,1.0,_1);
34   std::cout << "1/2.0= " << myDivBind2Nd(2.0) << std::endl;
35
36   // copy all element to std::cout, which are bigger than 10
37   std::vector<int>
       myVec{5,6,7,8,9,10,11,12,13,14,15,16,17,18,19,20};
38   std::copy_if(myVec.begin(),myVec.end(),
       std::ostream_iterator<int>( std::cout," "),
       std::bind( std::greater <int>(),_1,10));
39
40   std::cout << std::endl;
41   std::cout << std::endl;
42
43 }
```

Currying

`std::bind` in Beispiel 20-29 definiert in verschiedenen Variationen ein Funktionsobjekt. In Zeile 18 werden die Argumente direkt an `divMe` gebunden, und die abschließenden Klammern rufen das Funktionsobjekt auf. Im Gegensatz hierzu sind die Ausdrücke `_1` und `_2` in den `std::bind`-Ausdrücken (Zeilen 21, 25, 29 und 33) Platzhalter, die ihre Argumente erst beim Aufruf in der jeweils nächsten Zeile erhalten. Durch diese Platzhalter wird erreicht (Zeile 29), dass aus einer Funktion, die zwei Argumente erwartet, eine Funktion erzeugt wird, die nur noch ein Argument benötigt. Diese Technik ist unter dem Namen *Currying* (siehe Exkurs: Currying) aus der funktionalen Programmierung sehr bekannt. Der `std::function`-Aufruf gibt dem neu erzeugten Funktionsobjekt einen Namen. Dabei definiert das Template-Argument `<double(double)>` den Funktionstyp des Arguments – eine Funktion, die ein `double` annimmt und ein `double` zurückgibt. Relativ schwierig zu lesen ist der Ausdruck `std::bind( std::greater <int>(),_1,10)`, denn hier wird ein spezielles Funktionsobjekt erklärt, ein Prädikat. Ein Prädikat gibt nur `true` oder `false` zurück. In diesem Fall gibt es genau dann `true` zurück, wenn die Zahl größer als 10 ist. Die Zahlen aus `myVec`, die größer als 10 sind, werden direkt nach `std::cout` kopiert. Genau diese Ausgabe ist in Abbildung 20-28 zu sehen.

## Exkurs: Currying

*Currying* oder auch Schönfinkeln ist eine Technik aus der funktionalen Programmierung, bei der eine Funktion mit mehreren Argumenten in eine Folge von Funktionen mit einem Argument umgewandelt wird.

→

Currying wurde von Moses Schönfinkel erfunden, aber nach Haskell Curry benannt. Sein Vorname stand Pate für die funktionale Programmiersprache Haskell, die nur Funktionen mit einem Argument kennt. In Haskell geschieht diese Funktionstransformation einer Funktion, die mehrere Argumente verlangt, in eine Folge von Funktionen, die jeweils nur ein Argument verlangen, völlig transparent.

**Abbildung 20-28 ▶** std::bind und std::function in einigen Variationen

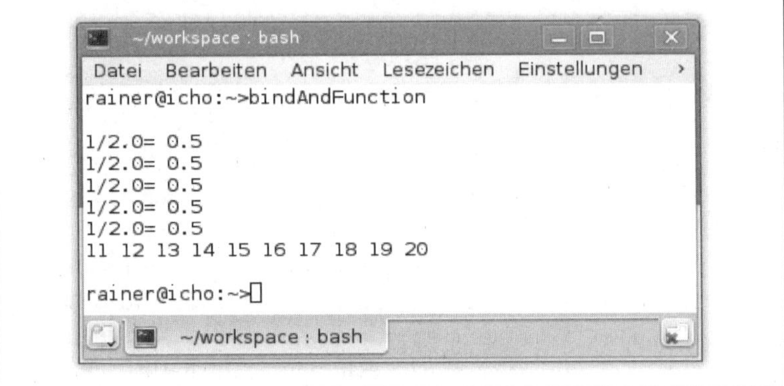


Dies waren schon die wesentlichen Punkte zum Zusammenspiel von `std::bind` und `std::function`. Ein paar Details folgen noch.

*Platzhalter* Auf den ersten Blick wirken die Platzhalter in Beispiel 20-29 nicht vertraut. Voll ausgeschrieben sind sie ein bisschen sperrig: `std::placeholders::_1`. Dabei bezeichnen sie die Argumente, die das aus `std::bind` resultierende Funktionsobjekt erhält. Das erste Argument des resultierenden Funktionsobjekts wird an `std::placeholders::_1` gegeben, das zweite an `std::placeholders::_2`, das dritte an ... Ich denke, das Prinzip ist klar. Es hängt von der Implementierung ab, wie viele Platzhalter sie definiert. Ein Blick in die Implementierung verrät: Der GCC 4.7 (GCC 4.7, 2011) definiert 29 Platzhalter, der Microsoft-Visual C++-Compiler VC10 zehn Platzhalter.

*Elementfunktionen* Nicht nur Funktionen und Funktionsobjekte, auch Methoden lassen sich mit `std::bind` extrahieren und als freie Funktionen anbieten. Dieses Extrahieren gilt nicht nur für die Methoden, sondern auch für den Zustand des Objekts. Beispiel 20-30 zeigt diese Magie in der Anwendung.

**Beispiel 20-30:** Binden von Methoden — bindFuncObject.cpp

```
01 #include <functional>
02 #include <iomanip>
03 #include <iostream>
04
05 class Family{
06 public:
07   Family(const std::string& s):family(s){}
08
09   std::string getName(const std::string& first){
10     return family + ", " + first;
11   }
12 private:
13   std::string family;
14 };
15
16 int main(){
17
18   std::cout << std::endl;
19   int len= 23;
20
21   // using methods
22   Family grimm("Grimm");
23   std::cout << std::setw(len) << std::left
               << "grimm.getName(Rainer): "
               << grimm.getName("Rainer") << std::endl;
24
25   std::cout << std::endl;
26
27   // using std::bind with objects
28   Family mann("Mann");
29   std::function<std::string(const std::string&)> mannCrea=
       std::bind(&Family::getName,mann,std::placeholders::_1);
30
31   std::cout << std::setw(len) << std::left
               << "mannCrea(Heinrich): "
               << mannCrea("Heinrich") << std::endl;
32   std::cout << std::setw(len) << std::left
               << "mannCrea(Golo): "
               << mannCrea("Golo") << std::endl;
33   std::cout << std::setw(len) << std::left
               << "mannCrea(thomas): "
               << mannCrea("Thomas") << std::endl;
34
35   std::cout << std::endl;
36
37 }
```

`Family` (Zeile 5) in Beispiel 20-30 stellt Familienobjekte zur Verfügung. Im Konstruktor wird der Familienname gesetzt, die Methode `getName` (Zeile 9) fügt zum Familiennamen den Vornamen hinzu und gibt ihn aus. Das Objekt `grimm` in Zeile 22 gibt den vollständigen Namen in der folgenden Zeile aus. Bis hierher nichts Besonderes. Das beginnt mit Zeile 28. Hier wird das Objekt `mann` vom Typ `Family` erzeugt. Das Objekt `mann` besitzt einen Zustand, denn der Familienname wurde im Konstruktoraufruf gesetzt. Dieses Objekt wird in Zeile 29 an `mannCrea` gebunden. Die Argumente von `std::bind` sind nicht ganz einfach zu lesen. Auf den Zeiger auf die Methode `&Family::getName` folgen das Objekt `mann` und der Platzhalter `std::placeholders::_1`. Das Template-Argument `std::string <(const std::string&)>` entspricht dabei der Signatur der Methode `getName`. Damit steht der Objektzustand in der freien Funktion `mannCrea` zur Verfügung und kann in den Funktionsaufrufen in den Zeilen 31, 32 und 33 angewandt werden. Die Ausgabe des Programms folgt in Abbildung 20-29.

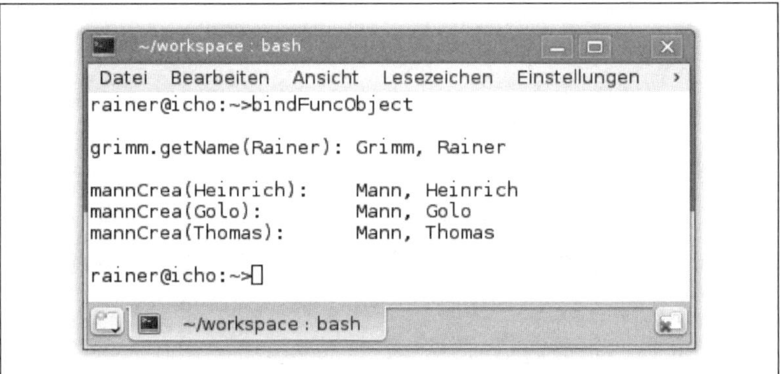


**Abbildung 20-29** ▶ std::bind und std::function mit Methoden

**Praxistipp**

**Ziehen Sie auto und Lambda-Funktionen bind und function vor.**

Für das einfache Erzeugen von neuen Funktionsobjekten aus bestehenden Funktionen oder auch das Kopieren von Funktionsobjekten bietet C++11 zwei Wege an. Der eine Weg führt über die Bibliotheksfunktionen `std::bind` und `std::function`, der andere über `auto` und Lambda-Funktionen. Da stellt sich natürlich die Frage: Welchen Weg soll man wählen? Meist sind die Erweiterungen der Kernsprache einfacher zu schreiben und zu lesen. Ein paar Codeschnipsel sollen dies veranschaulichen.

Beide Funktionsobjekte beschreiben Prädikate, die für einen Eingabewert entscheiden, ob dieser größer als 10 ist.

**Beispiel 20-31:** Einfaches Prädikat

```
std::bind(std::greater<int> (),
          std::placeholders::_1,10)
[](int a){return a > 10;}
```

Wird das resultierende Funktionsobjekt an eine Variable gebunden, wird der Unterschied noch deutlicher.

**Beispiel 20-32: Binden eines Funktionsobjekts an func**

```
std:function<double(double)>func=
            std::bind(divMe,1.0,std::placeholders::_1)
auto func= [](double b){return divMe(1.0,b);}
```

Beim nächsten Beispiel ist die Implementierung mit Funktionen der Standard Template Library meines Erachtens sehr verständnisresistent. Dabei lässt sich der Algorithmus einfach beschreiben: Kopiere alle Elemente von `myVec` nach `std::cout`, die größer als 9 und kleiner als 16 sind.

**Beispiel 20-33: Kopieren aller Elemente nach std::cout, die das Prädikat erfüllen**

```
std::copy_if( myVec.begin(), myVec.end(),
  std::ostream_iterator<int>( std::cout, ", " ),
  std::bind( std::logical_and<bool>(),
    std::bind( std::greater <int>(),
               std::placeholders::_1,9 ),
    std::bind( std::less <int>(),
               std::placeholders::_1,16 )))

std::copy_if( myVec.begin(), myVec.end(),
  std::ostream_iterator<int>( std::cout, ", " ),
  [](int a){return (a>9)&&(a<16);})
```

Der entscheidende Punkt in Beispiel 20-33 ist, dass sich das Prädikat mit einer Lambda-Funktion in einem Ausdruck beschreiben lässt, während mehrere Funktionsobjekte bei der STL-Implementierung ineinander verschachtelt werden müssen.

Insbesondere Programmierer, die mit den funktionalen Ideen vertraut sind, werden sich bei automatischer Typableitung und Lambda-Funktionen sofort zu Hause fühlen.

## Aufgabe 20-19

**bindLamdaComparison.cpp**

Löschen Sie alle Elemente aus einem Vektor, die das Prädikat aus Beispiel 20-33 erfüllen.

Der Vektor soll vom Typ `std::vector<int>` sein. Lösen Sie die Aufgabe in zwei Variationen.

Definieren Sie das Prädikat durch

- `std::bind` und speichern Sie es in `std::function`.
- eine Lambda-Funktion und verwenden Sie `auto`, um es zu speichern.

Wenden Sie anschließend das Prädikat mit den Algorithmen der Standard Template Library an und geben Sie den reduzierten Vektor zur Kontrolle aus.

countAlphabetFunctional.cpp

### Aufgabe 20-20

Bestimmen Sie, wie oft ein Buchstabe in einem Text vorkommt.

Zählen Sie die Häufigkeit der Buchstaben des Alphabets in einem Text, und dies ohne Berücksichtigung der Klein- oder Großschreibung. Geben Sie die Buchstaben nach ihrer Häufigkeit sortiert aus.

Das war eine Aufgabenstellung im Kapitel zu regulären Ausdrücken, aber das hier ist eine neue Aufgabe, die es gilt, mithilfe von `std::function` und `std::bind` zu lösen. Der Algorithmus `std::for_each` aus der Standard Template Library hilft Ihnen, das Problem zu lösen.

Lösen Sie die Aufgabe und vergleichen Sie die Lösung mit der Lösung in Kapitel 19 im Abschnitt »regex_iterator« auf Seite 330 die auf regulären Ausdrücken aufbaut.

# Teil V: Ausblick

# KAPITEL 21
# Die nächsten C++-Standards

**In diesem Kapitel:**

- C++14
- C++17

Nach dem Standard ist vor dem Standard. Da stellt sich natürlich die Frage, welche Features der nächste C++-Standard besitzen sollte. Diese ist nicht eindeutig zu beantworten, da zwei neue C++-Standards in Planung sind. So soll es 2014 mit C++14 einen kleinen Standard geben, der die Fehler aus C++11 behebt. Und für 2017 ist mit C++17 ein großer Standard geplant, der C++ um viele neue Feature erweitert. Die Funktionalität des unmittelbar bevorstehenden C++-Standards C++14 ist zum jetzigen Zeitpunkt 2013 schon recht stabil.

## C++14

Mit dem aktuellen GCC 4.9 steht ein Compiler zur Verfügung, mit dem sich viele der Verbesserungen des C++14-Standards schon anwenden lassen (C++1y/C++14 Support in Gcc, 2013).

### Kernsprache

Mit generischen Lambda-Funktionen und dem vereinfachten Ermitteln des Rückgabetyps einer Funktion bietet C++14 zwei deutliche Verbesserungen gegenüber C++11 an.

#### Lambda-Funktionen

Lambda-Funktionen in C++14 sollen um zwei Features erweitert werden. Zum einen sollen ihre Parameter mit `auto` deklariert werden können, sodass sie keinen konkreten Typ benötigen. Zum anderen sollen Lambda-Funktionen ihren Aufrufkontext per `move` erfassen können. Beide Features zeigt Beispiel 21-1 in der Anwendung.

**Beispiel 21-1:** Neue Features der Lambda-Funktion

```
auto lambda = [](auto x, auto y) {return x + y;};
auto ptr = std::unique_ptr<int>(10);
auto lambda = [ptr{std::move(ptr)}] {return *ptr;};
```

Schön ist in dem Beispiel zu sehen, dass die Parameter der Lambda-Funktion `x` und `y` generisch sind und dass der `std::unique_ptr` in der Lambda-Funktion verwendet werden kann, obwohl er das Kopieren nicht unterstützt.

## Automatischer Rückgabetyp einer Funktion

Mit den zwei Schlüsselwörtern `auto` und `decltype` ist es möglich, ein generisches Funktions-Template zu schreiben, das seinen Rückgabetyp automatisch ermittelt. Mit C++14 soll dies deutlich einfacher werden, denn es wird nur noch `auto` benötigt.

**Beispiel 21-2:** Automatischer Rückgabetyp einer Funktion

```
// C++11
template<typename T1, typename T2>
auto add(T1 first, T2 second) -> decltype(first + second){
    return first + second;
}

// C++14
template<typename T1, typename T2>
auto add(T1 first, T2 second){
    return first + second;
}
```

## Konstante Ausdrücke

Als konstante Ausdrücke definierte Funktionen werden mit C++14 mächtiger. So können sie Deklarationen enthalten und Schleifenanweisungen.

## Variablen-Templates

Neben Funktions- und Klassen-Templates erhält C++14 Variablen-Templates. Variablen-Templates sind Variablen, die mit einem Typ parametrisiert werden. Dies lässt sich am einfachsten anhand des Codes in Beispiel 21-3 aus dem Entwurf zum Standardtext (Reis, 2013) zeigen.

**Beispiel 21-3:** Variablen-Templates

```
// Write pi once for every possible type
template <typename T>
constexpr T pi= T(3.141592653589793285);

// Sample use
<template typename T>
T circular_area(T r){
  return pi<T> * r * r;
}
```

### Binäre Literale

C++14 kennt binäre Literale. Diese werden durch das Suffix `0b` oder `0B` definiert: `0b0011`.

## Standardbibliothek

Nicht nur die Kernsprache in C++14, auch die Standardbibliothek mit der Bibliothek zu optionalen Werten und dem neuen sequenziellen Container `std::dynarray` bietet sehr interessante Erweiterungen an.

### Optionale Werte

C++14 erhält optionale Typen. Diese basieren auf `boost::optional` (boost, 2013) und enthalten einen oder auch keinen Wert (Beispiel 21-4).

**Beispiel 21-4:** Optionale Werte

```
std::cin >> str;
std::optional<int> opt= str2int(s);
if ( opt ) return *opt;
```

### Benutzerdefinierte Literale

Mit C++11 erhielt C++ benutzerdefinierte Literale, mit C++14 erhält C++ Literale für die Standardbibliothek. So erhält `std::basic_string` mit dem Suffix »`s`« ein Literal, und `std::chrono::duration` erhält mit »`h`«, »`min`«, »`s`«, »`ms`«, »`us`« und »`ns`« Literale.

### dynarray

C++14 wird mit `std::dynarray` um einen neuen sequenziellen Container erweitert. Dieser zeichnet sich durch zwei Punkte gegenüber den etablierten Containern `std::array` und `std::vector` aus. Im Gegensatz zum `std::array` kann seine Länge zur Laufzeit bestimmt werden, und anders als beim `std::vector` werden seine Elemente auf dem Stack angelegt.

### tuple

In C++11 lassen sich die Elemente eines `std::tuple` über ihren Index referenzieren. Mit C++14 ist es möglich, die Elemente direkt mit ihrem Typ anzusprechen. Dazu muss dieser aber eindeutig sein.

**Beispiel 21-5:** Elemente eines Tupels über ihren Typ ansprechen

```
std::tuple<int,int,std::string> t(2011,2014, "C++");
std::string s = get<std::string>(t); // s == "C++"
std::string s2 = get<2>(t);          // s2 == s
int i = get<int>(t);   // Compiler error due to ambiguity
```

# C++17

Neben den Bibliotheken des »Technical Report 2« (TR2), der in der bewährten Tradition des »Technical Report 1« (TR1) steht, sind natürlich die für C++11 geplanten Features, die nicht in den C++11-Standard aufgenommen wurden, heiße Kandidaten für C++17.

## Für C++11 geplant

Mit Modulen, speziellen mathematischen Funktionen und insbesondere Concepts liegt die Messlatte für C++17 sehr hoch.

### Module

Module stellen einen Mechanismus dar, Bibliotheken zusammenzupacken und ihre Implementierung zu kapseln. Damit soll die klassische Trennung von Übersetzungseinheit und Header-Datei in C++ aufgehoben werden, da Module an einer Stelle definiert werden können. Ursprünglich für C++11 angedacht, sollen sie in den nächsten Technical Report aufgenommen werden. David Vandevoorde stellt in dem Vorschlag (*Proposal*) »Modules in C++« (Vandevoorde, 2007) ihre drei primären Ziele dar:

- Signifikant schnellere Übersetzungszeit von großen Projekten (*Significantly improve build times of large projects*).
- Sie erlauben eine bessere Trennung von Interface und Implementierung. (*Enable a better separation between interface and implementation.*)

- Sie bieten einen tragfähigen Migrationspfad für bestehende Bibliotheken an. (*Provide a viable transition path for existing libraries.*)

Darüber hinaus sollen Module bekannte Probleme in C++ wie die Initialisierungsreihenfolge von Variablen lösen und dem Compiler weiteres Optimierungspotenzial an die Hand geben.

### Spezielle mathematische Funktionen

Die speziellen mathematischen Funktionen sind der Teil aus dem TR1, der nicht in den C++11-Standard übernommen wurde. Dies wird sich wohl mit C++17 ändern. Die 23 Funktionen, die in überladenen Formen für `float`, `double` und `long double` angeboten werden, besitzen einen speziellen Fokus auf naturwissenschaftliche Disziplinen. Ohne ins Detail zu gehen, folgt ein kleiner Überblick.

- Polynome von Laguerre, Legendre und Hermite
- elliptische und exponentielle Integrale
- hypergeometrische, Beta-, Gamma-, Bessel-, Zeta-, Legendre- und Neumann-Funktionen

Die genauen Formeln und weiterführende Erläuterungen sind auf der TR1-Wikipedia-Seite dargestellt (C++ Technical Report 1, 2011).

### Concepts

Es war schon eine große Überraschung, als im Juli 2009 Concepts aus dem C++11-Standard (Stroustrup, The C++0x "Remove Concepts" Decision, 2009) entfernt wurden. Dies geschah beim ISO C++-Standard Komitee Meeting in Frankfurt und war umso überraschender, da die Concepts als das wichtigste Feature für die generische Programmierung in C++ angesehen wurden – wichtig, um die Programmierung mit Templates auf eine theoretische Basis zu stellen, wichtig, um die Verwendung von Templates für den alltäglichen Gebrauch zu verbessern.

Was sind Concepts? Concepts sind ein Typsystem für Templates. Sie leisten in ähnlicher Weise das für die generische Programmierung, was Vererbung für die objektorientierte Programmierung tut. Ein Datentyp muss ein definiertes Interface anbieten, um in einem Algorithmus verwendet werden zu können. Wem die Typklassen von Haskell (The Haskell Programming Language, 2011) oder Scala bekannt sind, der wird viele Ähnlichkeiten zu den Concepts in C++

entdecken. Das kleine Beispiel 21-6 soll aufzeigen, welches Problem Concepts beim generischen Programmieren adressieren sollen.

concepts.cpp

**Beispiel 21-6:** Die generische getMinimum-Funktion

```
template<typename T>
const T& getMinimum(const T& l, const T& r){
  return (l<r) ? l : r;
}

class MyInt{
public:
  MyInt(int i):val(i){}
  int getVal() const {
    return val;
  }
private:
  int val;
};

int main(){

  int a=0;
  int b=1;

  int min1= getMinimum(a,b);

  MyInt c(min1);
  MyInt d(0);

  getMinimum(c,d);

}
```

Wird Beispiel 21-6 übersetzt, moniert der Compiler das (Abbildung 21-1) sofort.

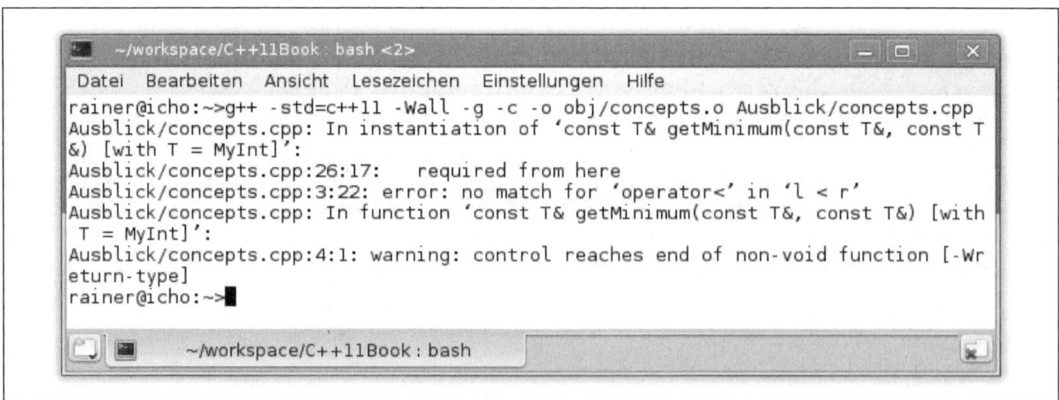


**Abbildung 21-1 ▼** Fehler beim Übersetzen von Beispiel 21-6

Der Compiler weist in diesem Fall direkt auf den Fehler hin. Für den Datentyp `MyInt` ist kein kleiner Operator `operator <` definiert. Klar, er fehlt ja auch. Die Idee von Concepts ist es nun, dass der generische Algorithmus `getMinimum` die Bedingungen an seine Typparameter stellt.

**Beispiel 21-7: Die generische Funktion getMinimum mit Concepts**

```
template<std::LessThanComparable T>
const T& getMinimum(const T& l, const T& r){
  return (l<r) ? l : r;
}
```

Damit drückt die Signatur des Templates `std::LessThanComparable` explizit aus, welche Bedingungen ein Typparameter erfüllen muss, um verwendet werden zu können. Die Fehlermeldung soll dadurch deutlich einfacher zu lesen sein. Die Ist-Situation ist und bleibt aber, dass die Template-Implementierung im Fehlerfall daraufhin analysiert werden muss, welche Operation der konkrete Datentyp nicht unterstützt.

Die Funktionalität von Concepts umfasst die folgenden Bereiche:

- Durch C++11 vordefinierte und selbst definierte Concepts.

  **Beispiel 21-8: Das Concept LessThanComparable**

  ```
  auto concept LessThanComparable<typename T> {
      bool operator<(T, T);
  }
  ```

- Binden eines Datentyps an ein Concept durch `concept_map`.

  **Beispiel 21-9: Binden von MyInt an das LessThanComparable-Concept**

  ```
  concept_map LessThanComparable<MyInt> {
    bool operator<(MyInt l, MyInt r){
      return l.getVal() < r.getVal();
  };
  ```

- Axiome, um die Bedeutung von Concepts auszudrücken. Damit besitzt der Compiler weitreichende Optimierungsmöglichkeiten.

Wer einen genaueren Einstieg in Concepts sucht, findet ihn auf Wikipedia (Concepts (C++), 2011).

Die entscheidende Frage, die noch im Raum steht, ist, was mit den Concepts passiert. Der Tenor in der C++-Community ist, dass sie in einer leichtgewichtigeren Form Bestandteil des C++17-Standards sein werden.

## Technical Report 2

Viele Erweiterungen der Standardbibliothek von C++11 haben ihren Ursprung im Technical Report 1. Der Technical Report 1 wiederum bestand aus Bibliotheken der Boost-Bibliothek (boost, 2013), die schon länger im Einsatz waren. Dieses Verfahren hat sich bewährt und wird sich wohl nach C++11 fortsetzen. Der Technical Report 2 (TR2) umfasst schon einige etablierte Bibliotheken, die wiederum aus dem Boost-Umfeld stammen.

Boost

Boost, das im Jahr 2000 von Mitgliedern des C++-Standardisierungskomitees gegründet wurde, umfasst gut 100 freie C++-Bibliotheken. Diese zeichnen sich durch die folgenden Punkte aus. Sie

- sind von weltweit anerkannten C++-Experten programmiert,
- durchlaufen einen formalen Qualitätssicherungsprozess,
- müssen auf den gängigen Plattformen lauffähig sein,
- werden weltweit von vielen Programmierern eingesetzt,
- werden regelmäßig auf den alten und neuen Compilern getestet und
- müssen eine Lizenz besitzen, die weder den kommerziellen noch den nicht kommerziellen Gebrauch einschränkt.

Der Aufruf für neue Vorschläge für den Technical Report 2 startete bereits 2005. Die Schwerpunkte in dem Proposal von Howard Hinnant, Beman Dawes und Matt Austern (Hinnant, Dawes, & Austern, 2005) sind:

- Unicode
- XML und HTML
- Netzwerk
- Benutzerfreundlichkeit für Einsteiger und Gelegenheitsprogrammierer

Aus diesem Aufruf zu Vorschlägen sind einige konkrete Proposals hervorgegangen, die Bestandteil des Technical Report 2 sind. Die folgenden Vorschläge haben ihre Ursprünge in der Boost-Bibliothek. Sie sind alle schon länger im Einsatz und haben damit ihre erste Bewährungsprobe mit Bravour bestanden.

### Erweiterte Thread-Funktionalität

Der Vorschlag zur erweiterten Thread-Bibliothek 2005 von Kevlin Henney (Henney, Preliminary Threading Library Proposal for TR2,

2005) wurde mittlerweile in Form von C++11 von der Realität eingeholt. Der Vorschlag umfasst drei Stufen von Thread-Unterstützung in C++11:

1. Ein C++-Speichermodell, atomare Datentypen und Lock-freie Operationen auf einfachen Datentypen.
2. Die Standardwerkzeuge, um Threads zu starten, zu verwalten und zu synchronisieren. Diese Stufe setzt Stufe 1 voraus.
3. Einen abstrakteren Zugang zum Umgang mit Threads als in Stufe 2 in Form von Message Queues und Threads Pools.

Dem aufmerksamen Leser wird es nicht entgangen sein: Die ersten beiden Punkte sind bereits im C++11-Standard enthalten. Sieht man von asynchronen Tasks ab, beschränkt sich die neue Thread-Funktionalität auf den abstrakteren Umgang mit Threads.

### Netzwerkunterstützung

Der Vorschlag von Christopher Kohloff (Kohloff, 2007) hat seinen Ursprung in der Boost.Asio-Bibliothek (Kohlhoff, 2011). Boost. Asio unterstützt asynchronen IO, und so soll es auch die Technical Report 2-Bibliothek erlauben. Einen einfachen Überblick über die angedachte Funktionalität geben die folgenden Stichpunkte:

- TCP, UDP und Multicast-Funktionalität
- Client- und Serveranwendungen,
- Skalierbarkeit, um mehrere Verbindungen gleichzeitig zu verwalten
- IPv4- und IPv6-Unterstützung
- Namensauflösung (DNS)
- Zeitgeber

### Signale und Slots

Signale und Slots, um Objekte einfach über Nachrichten miteinander kommunizieren zu lassen, sind sicher dem einen oder anderen aus der GUI-Programmierung mit dem Framework Qt (Qt (Bibliothek), 2011) bekannt. Basierend auf der Boost.signals-Bibliothek (Douglas, Boost.Signals, 2004), ist der Vorschlag zu Signal und Slots von Douglas Gregor (Douglas, Signal and Slots for Libary TR2, 2006) Bestandteil des Technical Report 2.

Das Beispiel 21-10 von (Douglas, Boost.Signals, 2004) zeigt in einfacher Weise, wie ein Signal mit einem Slot durch die Funktion connect so verbunden wird, dass das Auslösen des Signals die Aktion im Slot anstößt.

**Beispiel 21-10:** Hello, World mit Signalen und Slots

```
struct HelloWorld
{
  void operator()() const
  {
    std::cout << "Hello, World!" << std::endl;
  }
};

// ...

// Signal with no arguments and a void return value
boost::signal<void ()> sig;

// Connect a HelloWorld slot
HelloWorld hello;
sig.connect(hello);

// Call all of the slots
sig();
```

## Dateisystem-Bibliothek

Basierend auf der Boost-Dateisystem-Bibliothek von Dawes Beman (Dawes, Filesystem Library Version 3, 2011), soll der neue Standard ebenfalls eine Dateisystem-Bibliothek (Dawes, Filesystem Library Update for TR2 (Preliminary), 2011) erhalten. Damit wird es in C++ möglich, Pfade, Dateien und Verzeichnisse abzufragen und zu manipulieren.

## Boost.Any-Bibliothek

Boost.Any von Kevlin Henney (Henney, Boost.Any, 2009) erlaubt einen typsicheren generischen Container für einzelne Werte verschiedenen Typs. Diese Boost-Bibliothek wird häufig eingesetzt, sodass eine Any-Bibliothek (Henney & Dawes, Any Library Proposal for TR2, 2006) ein weiterer Kandidat für den Technical Report 2 ist.

In Beispiel 21-11 aus (Henney, Boost.Any, 2009) wird der Container mit Variablen verschiedener Typen befüllt. Dabei wird das Argument implizit oder explizit nach boost::any konvertiert.

**Beispiel 21-11:** Befüllen eines Containers vom Typ std::list<boost::any>

```
#include <list>
#include <boost/any.hpp>

using boost::any_cast;
typedef std::list<boost::any> many;

void append_int(many & values, int value)
{
    boost::any to_append = value;
    values.push_back(to_append);
}

void append_string(many & values, const std::string & value)
{
    values.push_back(value);
}

void append_char_ptr(many & values, const char * value)
{
    values.push_back(value);
}

void append_any(many & values, const boost::any & value)
{
    values.push_back(value);
}

void append_nothing(many & values)
{
    values.push_back(boost::any());
}
```

## Bibliothek zur lexikalischen Konvertierung

Genauso häufig wie die Boost.Any-Bibliothek (siehe vorherige Seite) ist die Bibliothek zur lexikalischen Textkonvertierung von Kevlin Henney (Henney, Lexical Cast) bereits im Einsatz. Sie bietet über das `boost::lexical_cast`-Funktions-Template eine bequeme und konsistente Konvertierung von und zu beliebigen Datentypen, solange sie als Text repräsentiert werden.

In Beispiel 21-12 ist Code aus der Boost-Bibliothek (Henney, Lexical Cast) zu sehen, in der numerische Kommandozeilenargumente in den Datentyp `short` umgewandelt werden.

**Beispiel 21-12:** Das Funktions-Template boost::lexical_cast

```
int main(int argc, char * argv[])
{
    using boost::lexical_cast;
    using boost::bad_lexical_cast;

    std::vector<short> args;

    while(*++argv)
    {
        try
        {
            args.push_back(lexical_cast<short>(*argv));
        }
        catch(bad_lexical_cast &)
        {
            args.push_back(0);
        }
    }
    ...
}
```

## Neue String-Algorithmen

In Interpreter-Sprachen wie Python oder Perl geht die String-Verarbeitung viel leichter von der Hand als in C++. Mit dem neuen C++11-Standard erhielt C++11 eine Bibliothek für reguläre Ausdrücke für die anspruchsvolleren Anwendungsfälle. Für einfache Anwendungsfälle sollen die neuen String-Algorithmen die Fähigkeiten von C++ erweitern. Der Vorschlag von Pavol Droba (Droba, Proposal for new string algorithms in TR2, 2006) geht aus der Boost-String-Algorithmen-Bibliothek (Droba, String Algorithms Library, 2010) hervor. Die folgenden Bereiche sollen mit den neuen Algorithmen adressiert werden.

- String-Manipulation und -Erzeugung
- Teilstring-Extrahierung
- Suchen und Ersetzen
- Transformation
- Parsen und Formatieren
- Trimming und Padding
- String-Prädikate

# Teil VI: Anhang

# ANHANG A
# Build-Umgebung installieren

**In diesem Anhang:**

- Aktueller C++-Compiler
- Boost-Bibliothek

Um die Beispielprogramme auszuführen und die Übungsaufgaben zu lösen, sind ein aktueller C++-Compiler und hin und wieder die Boost-Bibliotheken erforderlich. Sowohl die Installation eines aktuellen Compilers als auch die der Boost-Bibliotheken will ich kurz skizzieren. Unter Linux ist die Boost-Bibliothek nur für die Beispiele zu den regulären Ausdrücken notwendig. Sind Sie aber daran interessiert, zu erfahren, wohin die Entwicklung von C++ geht, sollten Sie sich mit Boost und seinen vielen Bibliotheken vertraut machen.

**Praxistipp** **Installieren Sie die Boost-Bibliotheken auf Ihrer Plattform.**

## Aktueller C++-Compiler

### GNU Compiler Collection (GCC)

Verwenden Sie eine hinreichend aktuelle Linux-Distribution, ist der GCC mit großer Wahrscheinlichkeit schon installiert. Ein Aufruf von `gcc -v` verrät Ihnen, wie aktuell Ihr Systemcompiler ist. Falls Sie keinen installiert haben, sollten Sie das über Ihr Installationsmedium nachholen.

#### GCC bauen

Ist Ihr Systemcompiler zu alt, wird die Geschichte zwar nicht schwieriger, aber aufwendiger, denn Sie müssen sich einen neuen GCC bauen. Die typischen Schritte, die dazu notwendig sind, folgen exemplarisch. Der Anschaulichkeit halber werde ich in den nächsten Schritten den FTP-Server der Freien Universität Berlin (*ftp.fu-berlin.de*) und die Quellen des *gcc-4.7.1* verwenden.

1. Laden Sie die GCC-Quellen herunter.
   - Die GCC-Spiegelserver (*mirror*) befinden sich unter *http://gcc.gnu.org/mirrors.html*.
   - Wählen Sie die neueste Version im Verzeichnis *release* aus.

     *ftp://ftp.fu-berlin.de/unix/languages/gcc/releases/gcc-4.7.1/*
   - Laden Sie die GCC-Quellen herunter.

     Wählen Sie entweder das *gcc-4.7.1.tar.bz2*- oder das *gcc-4.7.1.tar.gz*-Paket aus.
2. Entpacken Sie die GCC-Quellen.
   - Für das Paket *gcc-4.7.1.tar.bz2*:

     ```
     bunzip2 gcc-4.7.1.tar.bz2
     tar -xf gcc-4.7.1.tar
     ```
   - Für das Paket *gcc-4.7.1.tar.gz*:

     ```
     tar -xzf gcc-4.6.1.tar.gz
     ```
3. Konfigurieren Sie den GCC.

   ```
   cd gcc-4.6.1
   ./configure
   ```
4. Bauen Sie den GCC.
   - Rufen Sie `make` auf.
   - Trinken Sie mehrere Kannen Tee.
5. Installieren Sie als Benutzer `root` den GCC als Systemcompiler.
   - Rufen Sie `make install` auf.

**Praxistipp** **Übersetzen der Beispielprogramme mit dem aktuellen GCC**

- Durch das Flag `-std=c++11` wird der neue C++11-Standard verwendet.
- Für die Zeitfunktionalität sollte zusätzlich das Makro `_GLIBCXX_USE_NANOSLEEP` gesetzt werden.
- Für die Threading-Funktionalität ist gegen die Threading-Bibliothek `pthread` mit `-lpthread` zu linken.

Exemplarisch ist das Übersetzen und Linken der Datei *mutex.cpp* dargestellt.

1. Übersetzen der Quelldatei *mutex.cpp* in die Objektdatei *mutex.o*:

   ```
   g++ -std=c++11 -D_GLIBCXX_USE_NANOSLEEP -c -o
   mutex.o mutex.cpp
   ```

2. Linken der ausführbaren Datei *mutex*:

   ```
   g++ -std=c++11 -o mutex mutex.o -lpthread
   ```

### Visual C++ 2010 Express

Die Installation des Visual C++ 2010-Compilers geht schnell von der Hand. Unter *http://www.chip.de/downloads/Visual-C-2010-Express_24081894.html* sind alle notwendigen Schritte beschrieben, um die eingeschränkte Express Edition zu nutzen, die Sie innerhalb von 30 Tagen freischalten sollten.

## Boost-Bibliothek

Im Wesentlichen müssen Sie die vertrauten Schritte aus »GCC bauen« (siehe den Abschnitt »GNU Compiler Collection (GCC)« auf Seite 481) für die Boost-Bibliothek wiederholen. Dies geht schnell und einfach, da die Boost-Bibliothek zu großen Teilen nur aus Header-Dateien besteht und ein Installationsskript mit ausgeliefert wird. Lediglich einzelne Bibliotheken wie die Bibliothek zu den regulären Ausdrücken müssen übersetzt werden.

1. Laden Sie die Bibliothek von *http://www.boost.org/users/download/* herunter.
2. Entpacken Sie die Boost-Quellen.
3. In den entpackten Quellen finden Sie eine Datei *index.html*, die Sie durch die weitere Installation leitet.

**Praxistipp** **Greifen Sie auf eine Virtualisierungslösung zurück** 

Wollen Sie einen artfremden Compiler auf Ihrem Rechner testen, ist das einfach möglich. Die Voraussetzungen sind:

1. Ihr PC kann ca. 1 GByte Arbeitsspeicher entbehren.
2. Sie besitzen ausreichend Festplattenspeicherplatz für ein neues Betriebssystem.
3. Sie besitzen die Installationsmedien für Ihr neues Betriebssystem.

Installieren Sie, falls Sie es nicht schon haben, eine Virtualisierungssoftware wie VirtualBox, VMware oder auch Virtual PC, um nur ein paar zu nennen (Virtualisierung , 2011). In diesem Wirt erzeugen Sie einen neuen Betriebssystemgast und fahren anschließend mit dem Installieren der benötigten C++-Compiler und Boost-Bibliotheken fort. Zugegeben, diese Variante, nämlich die Build-Umgebung virtualisiert zu verwenden, ist mit Abstand die aufwendigste und anspruchsvollste, aber der Aufwand lohnt sich, denn nun können Sie auf Ihrer realen Hardware einen oder auch mehrere virtualisierte Clients gleichzeitig verwenden.

Die Arbeit, ein neues Betriebssystem samt Compiler zu installieren und zu konfigurieren, können Sie deutlich vereinfachen, indem Sie einen vorkonfigurierten Gast direkt herunterladen und ihn in der Virtualisierungssoftware starten (Vorkonfigurierte Images, 2010).

# ANHANG B
# Funktionsobjekte

**In diesem Anhang:**

- Wie funktioniert ein Funktionsobjekt?
- Welche Vorteile bietet ein Funktionsobjekt?

Funktor

Ein Funktionsobjekt ist ein Objekt, das sich wie eine Funktion verhält. Erreicht wird das durch das Überladen des Klammeroperators in C++. Ein Funktionsobjekt wird in der C++-Community gern auch als Funktor bezeichnet. Dem Python-Programmierer sind Funktionsobjekte unter dem Namen *callable object* ein Begriff.

## Wie funktioniert ein Funktionsobjekt?

Ein Funktionsobjekt lässt sich wie eine Funktion aufrufen. Daher ist es naheliegend, einem Funktionsobjekt einen Funktionszeiger gegenüberzustellen. Beispiel B-1 enthält die Funktion `lessLength` und das Funktionsobjekt `GreaterLength`. Beide sind in Aktion im Kapitel 3, Abschnitt »Lambda-Funktionen« auf Seite 14 zu sehen. Sie sortieren mithilfe des STL-Algorithmus `std::sort` den Vektor über Strings in aufsteigender bzw. absteigender Ordnung.

**Beispiel B-1:** Vergleich Funktionszeiger und Funktionsobjekt

```
bool lessLength(const std::string& f,
                const std::string& s){
  return f.length() < s.length();
}

class GreaterLength{
  public:
    bool operator()(const std::string& f,
                    const std::string& s) const{
      return f.length() > s.length();
    }
};

// initialising with initializer lists
```

**Beispiel B-1:** Vergleich Funktionszeiger und Funktionsobjekt (Fortsetzung)

```
std::vector<std::string> myStrVec=
{"12345","123456","1234","1","12","123","12345"};


// sorting with the function pointer
std::sort(myStrVec.begin(),myStrVec.end(),lessLength);

// sorting with the function object
std::sort(myStrVec.begin(),myStrVec.end(),GreaterLength());
```

operator()

Entscheidend für das Verständnis des Funktionsobjekts ist der Klammeroperator `operator()`. Er sorgt dafür, dass Objekte dieser Struktur von der C++-Laufzeit als Funktionen behandelt werden. Im Ausdruck `std::sort` wird `GreaterLength()` instanziiert und als Sortierkriterium verwendet. Natürlich müssen die Argumente, die der Algorithmus `std::sort` erwartet, wenn er einen Vektor von Strings sortieren soll, mit den Parametern des Klammeroperators zusammenpassen.

# Welche Vorteile bietet ein Funktionsobjekt?

Die wichtigste Frage bleibt bestehen. Betrachten wir die Funktion `LessLength` und das Funktionsobjekt `GreaterThen` in Beispiel B-1 genauer, fällt lediglich auf, dass mehr Schreibarbeit notwendig ist, um das Funktionsobjekt zu definieren. Die Antwort auf die Frage »Welche Vorteile bietet ein Funktionsobjekt?« lässt sich vereinfacht auf ein Wort reduzieren: Zustand.

Zustand

Ein Funktionsobjekt ist ein Objekt mit Methoden und Attributen und kann insofern einen Zustand besitzen. Das einfache Beispiel B-2 addiert die Werte eines Vektors und stellt das Ergebnis über die Methode `getSum()` zur Verfügung. Im Attribut `sum` wird der Zustand des Objekts gehalten.

sumMe.cpp

**Beispiel B-2:** Summation eines Vektors

```
#include <algorithm>
#include <iostream>

class SumMe{
  private:
    int sum;

  public:
    // init sum with 0
    SumMe(): sum(0){};
```

**Beispiel B-2:** Summation eines Vektors (Fortsetzung)

```
11
12   // add x to sum
13   void operator()(int x){
14     sum +=x;
15   }
16
17   // get the result
18   int getSum(){
19     return sum;
20   }
21
22 };
23
24 int main(){
25
26   std::vector<int> intVec= {1,2,3,4,5,6,7,8,9,10};
27
28   // sum the values up and bind the function object to sumMe
29   SumMe sumMe= std::for_each(intVec.begin(),intVec.end(), SumMe());
30
31   std::cout << "\n";
32   std::cout << "Sum of intVec= " << sumMe.getSum()
               << std::endl;
33   std::cout << "\n";
34
35 }
```

Der Algorithmus `std::for_each` besitzt die besondere Eigenschaft, dass er das Funktionsobjekt zurückgibt (Zeile 29), das in diesem konkreten Fall das Ergebnis der Summation hält.

Das Ergebnis ist relativ unspektakulär:

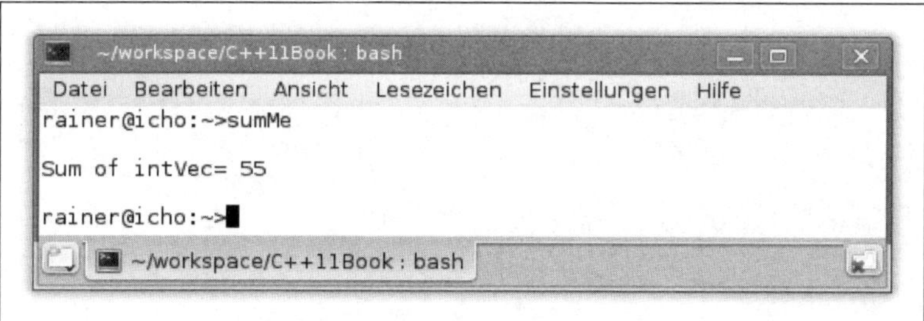


◀ **Abbildung B-1**
Summation des Vektors

# ANHANG C

# Resource Acquisition Is Initialization

Resource Acquisition Is Initialization, kurz RAII, bezeichnet eine beliebte Programmiertechnik in C++, bei der die Ressourcenbelegung und -freigabe an den Lebenszyklus einer Objekts gebunden werden. Konkret heißt dies, dass die Ressource – das kann ein Mutex, eine Datei oder auch dynamischer Speicher sein – im Konstruktor des Objekts initialisiert und im Destruktor wieder freigegeben wird. Das ist in C++ möglich, da insbesondere der Destruktor eines Objekts genau dann aufgerufen wird, wenn das Objekt seinen Gültigkeitsbereich verliert.

Dieses deterministische Verhalten lässt sich am besten anhand eines kleinen Programms aufzeigen:

**Beispiel C-1:** Resource-Management mit RAII

raii.cpp

```
#include <iostream>
#include <string>

class ResourceGuard{
  private:
    const std::string resource;
  public:
    ResourceGuard(const std::string& res):resource(res){
      std::cout << "Acquire the " << resource << "."
                << std::endl;
    }
    ~ResourceGuard(){
      std::cout << "Release the "<< resource << "."
                << std::endl;
    }
};

int main(){

```

**Beispiel C-1:** Resource-Management mit RAII (Fortsetzung)

```
18   std::cout << std::endl;
19
20   // memoryBlock1 should be guarded by ResourceGuard
21   ResourceGuard resGuard1{"memoryBlock1"};
22
23   std::cout << "\nbefore scope" << std::endl;
24
25   // resGuard2 should only be valid in following scope
26   {
27     // memoryBlock2 should be guarded by ResourceGuard
28     ResourceGuard resGuard2{"memoryBlock2"};
29   }
30   std::cout << "after scope" << std::endl;
31
32   std::cout << std::endl;
33
34 }
```

In Beispiel C-1 wird im Konstruktor (Zeile 8) die Ressource gebunden und im Destruktor (Zeile 11) wieder freigegeben. Als Ressource wird der String `MemoryBlock1` bzw. `MemoryBlock2` verwendet. Mit dieser Ressource wird der `ResourceGuard` (Zeilen 21 und 28) initialisiert. Schön sind in der Abbildung C-1 zwei Punkte zu sehen:

- Bei der Instanziierung von `resGuard1` bzw. `resGuard2` wird der Konstruktoraufruf ausgeführt.
- Der Destruktor wird automatisch genau dann ausgeführt, wenn das Objekt seine Gültigkeit verliert. Das ist bei `resGuard1` am Ende der `main`-Funktion und bei `resGuard2` unmittelbar am Ende des Scopes der Zeilen 26 bis 29 der Fall.

**Abbildung C-1 ▶** Ressource-Management-Verhalten

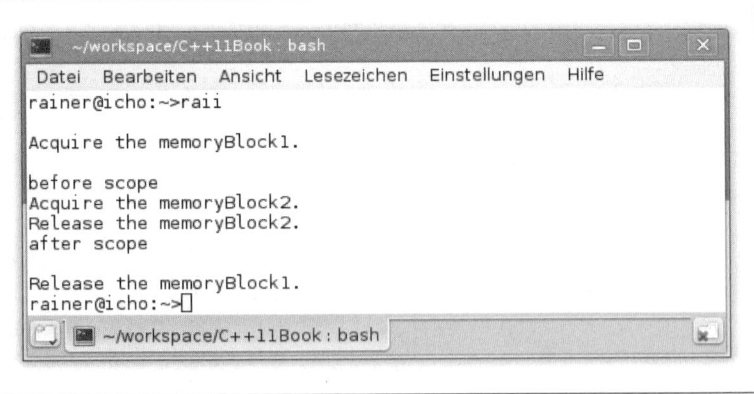

ANHANG D

# Implizit erzeugte Methoden und Operatoren

Der C++11-Compiler generiert bei Bedarf viele spezielle Methoden und Operatoren. Während die Operatoren implizit erzeugt werden, können die Methoden vom Compiler auch explizit angefordert werden. Zuerst sehen Sie die speziellen Methoden anhand der Klasse `MyData`:

**Beispiel D-1:** MyData mit vom Compiler erzeugten Standardimplementierungen

```
struct MyData{
    MyData()= default;
    MyData(const MyData& rhs)= default;
    MyData& operator=(const MyData& rhs)= default;
    ~MyData()= default;
};
```

◀ **Tabelle D-1**
Automatisch vom Compiler erzeugte Methoden

| Methode | Implementierung |
|---|---|
| **Standardkonstruktor** | `MyData()= default;` |
| **Kopierkonstruktor** | `MyData(const MyData& rhs)= default;` |
| **Zuweisungsoperator** | `MyData& operator=(const MyData& rhs)= default;` |
| **Destruktor** | `~MyData()= default;` |

Implizit erzeugte Operatoren

Es folgen die automatisch vom Compiler erzeugten Operatoren für die Klasse `MyData`. Um das Beispiel möglichst übersichtlich zu halten, verzichte ich auf die implizit erzeugten Methoden aus Beispiel D-1. Lediglich eine Variable `data` vom Typ `int` ist notwendig.

operatorImplicit.cpp

**Beispiel D-2:** Implizit erzeugte Operatoren für MyData

```
#include <iostream>

struct MyData{
  int data;
};

int main(){
  std::cout << std::endl;

  // for new
  MyData* pMD= new MyData;
  MyData mD;

  // for &
  MyData* pMD2= &mD;

  // for *
  MyData mD2= *pMD2;

  // for ->
  pMD->data=15;
  std::cout <<"Value of data= " << pMD->data << std::endl;

  // for ->*
  int MyData::*pmd = &MyData::data;
  pMD->*pmd = 20;
  std::cout <<"Value of data= " << (pMD->*pmd) << std::endl;

  // for delete
  delete pMD;

  std::cout << std::endl;

}
```

Die kleine Demonstration der automatisch erzeugten Operatoren der C++-Laufzeit gibt die beiden Werte in Abbildung D-1 aus.

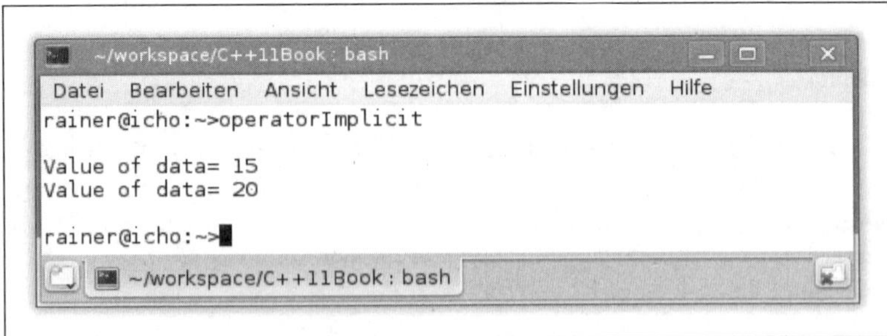


**Abbildung D-1** ▶ Implizit erzeugte Operatoren im Einsatz

In Tabelle D-2 sind die implizit vom Compiler erzeugten Operatoren zusammengefasst.

◀ **Tabelle D-2**
Implizit vom Compiler erzeugte Operatoren

| Name | Syntax | Beispiel |
|---|---|---|
| **operator new** | new | `MyData* pMD= new MyData ;` |
| **operator delete** | delete | `delete pMD;` |
| **Adresse von** | & | `&mD;` |
| **Indirektion** | * | `*pmD2;` |
| **Element Zugriff** | → | `pMD->data=15;` |
| **Element Indirektion** | →* | `pMD->*pmd = 10;` |

Von C++11 implizit erzeugte Methoden

Das ist aber nicht die ganze Geschichte. C++11 bringt die zwei neuen Konstruktoren automatisch mit: den Move-Konstruktor und den Move-Zuweisungsoperator, bei dem die Ressource verschoben wird. Die Standardimplementierungen lassen sich auf die bekannte Art nutzen.

**Beispiel D-3:** Von C++11 implizit erzeugte Methoden

```
struct MyData{
  MyData(MyData&& rhs)= default;
  MyData& operator=(MyData&& rhs)= default;
};
```

Tabelle D-1 muss um die zwei Methoden in Tabelle D-3 erweitert werden.

◀ **Tabelle D-3**
Implizite Move-Konstruktoren mit C++11

| Methode | Implementierung |
|---|---|
| **Move-Konstruktor** | `MyData(MyData&& rhs)= default;` |
| **Move-Zuweisungsoperator** | `MyData& operator=(MyData&& rhs)= default;` |

# ANHANG E
# Promotion Trait

Die Idee eines Promotion Trait ist recht einfach: Bestimme den Rückgabetyp des Funktions-Templates abhängig von seinen Eingabeargumenten dadurch, dass für jede Typkombination ein Rückgabetyp hinterlegt ist.

Generische add-Funktion

An einer generischen Funktion add, die zwei Werte addiert, lässt sich diese Technik einfach darstellen. Das Funktions-Template besitzt die folgende Definition.

```
??? add(T1 first, T2 second){
    return first + second;
}
```

Um generisch zu sein, muss der Rückgabetyp von den Argumenten abhängen. Das lässt sich aber nicht allgemein bestimmen, da für zwei Argumente vom Typ double und int der Rückgabetyp double, hingegen für zwei Typen long long und int der Rückgabetyp long long sein sollte. In Beispiel E-1 wird der Rückgabetyp aus dem Funktions-Template extrahiert und über ein typdef zur Verfügung gestellt. Virtualität zur Compile-Zeit sorgt dafür, dass jedes Funktions-Template zur Laufzeit seinen richtigen Rückgabetyp besitzt.

**Beispiel E-1:** Promotion Trait für eine generische Addierfunktion

promotionTrait.cpp

```
#include <iostream>

template<typename T1, typename T2>
struct PromotionTrait{
};

template<typename T>
struct PromotionTrait<T,T>{
  typedef  T ResultT;
```

**Beispiel E-1: Promotion Trait für eine generische Addierfunktion (Fortsetzung)**

```
10 };
11
12 template<>
13 struct PromotionTrait<int,long long int>{
14   typedef long long int ResultT;
15 };
16
17 template<>
18 struct PromotionTrait<long long int,int>{
19   typedef long long int ResultT;
20 };
21
22 template<>
23 struct PromotionTrait<int,double>{
24   typedef double ResultT;
25 };
26
27 template<>
28 struct PromotionTrait<double,int>{
29   typedef double ResultT;
30 };
31
32 template<typename T1, typename T2>
33 inline typename PromotionTrait<T1,T2>::ResultT add(
     T1 first, T2 second){
34     return first + second;
35 }
36
37 int main(){
38
39   std::cout << std::endl;
40
41   std::cout << "add(1,1)= " << add(1,1) << std::endl;
42   std::cout << "add(1,2.1)= " << add(1,2.1)  << std::endl;
43   std::cout << "add(1000LL,5)= " << add(1000LL,5)
              << std::endl;
44
45   std::cout << std::endl;
46
47 }
```

Betrachten wir zuerst das Promotion Trait `PromotionTrait` in Zeile 3. Es ist nicht vollständig implementiert, da ihm der `typedef` für den Rückgabetyp fehlt. Dieses primäre Template, das keine Einschränkung bezüglich seiner Argumente besitzt, schreibt die C++-Syntax vor. Es folgen die Spezialisierungen des Templates. Die Spezialisierung in Zeile 7 wird verwendet, wenn die zwei Argumente vom gleichen Typ sind. Ist das der Fall, wird genau der Typ der Eingabeargumente als Rückgabetyp über `typedef T ResultT` zurückgegeben. Alle anderen vollständigen Spezialisierungen werden genau dann verwendet, wenn jeweils die Argumenttypen den Parametertypen entsprechen. So wird durch `add(1,2.1)` (Zeile 42) das Template `struct PromotionTrait<int,double>` (Zeile 22) angewandt. Dieses Template gibt über den Aufruf `typename PromotionTrait<T1,T2>::ResultT` den Typ `double` zurück.

Die Ausgabe zeigt das beschriebene Verhalten.

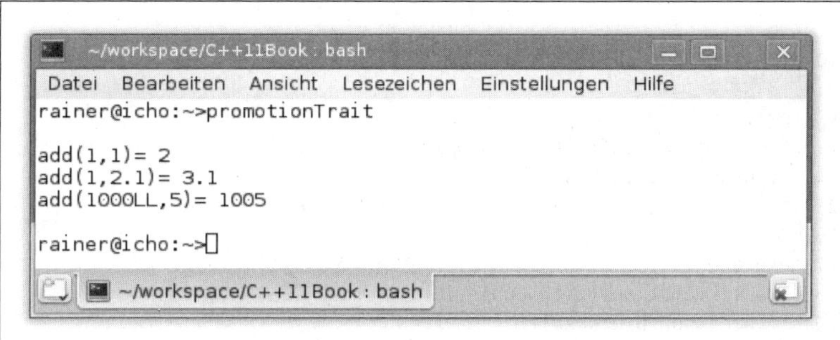


**◀ Abbildung E-1**
Promotion Trait zur Addition von Werten

Für jeden potenziellen Datentyp eine Spezialisierung von `PromotionTrait` vorzuhalten, hat zwei entscheidende Nachteile:

1. Die Kombinationsmöglichkeiten steigen in der Größenordnung n*n, wenn n die Anzahl der Datentypen ist.
2. Für jeden neuen Datentyp müssen alle Spezialisierungen zweimal implementiert werden.

Das geht deutlich einfacher mit `decltype` (siehe Kernsprache).

## ANHANG F

# Funktionale Programmierung

**In diesem Anhang:**

- Programmieren mit mathematischen Funktionen
- Charakteristiken funktionaler Programmierung

**Praxistipp** **Wie die funktionale Denkweise hilft**

Der eine oder andere mag sich vielleicht wundern, was eine solch lange Abhandlung über das funktionale Programmieren in einem Buch über C++11 zu suchen hat. Der Grund ist ganz einfach. Die funktionale Denkweise erlaubt es, die Standard Template Library besser zu nutzen. Der Schlüssel zu diesem Umgang mit C++ auf höherer Ebene sind die funktionalen Ideen, für die nicht nur die C++-Community sehr empfangsbereit ist. Insofern verfolgt dieses Unterkapitel zwei Ziele: zum einen die funktionale Denkweise und zum anderen, den effizienten Umgang mit der STL vorzustellen.

C++11 ist eine Multiparadigmen-Programmiersprache. Neben der objektorientierten, der strukturierten, der generischen und der generativen (Template-Metaprogramming) Programmierung tritt ein Paradigma immer mehr in den Vordergrund: die funktionale Programmierung. Zwar ist C++11 keine funktionale Programmiersprache im engeren Sinn, doch sie unterstützt das Programmieren im funktionalen Stil. Diese Aussage trifft nur auf das klassische C++ zu. Template-Metaprogramming, bei dem zur Übersetzungszeit der resultierende Code erzeugt wird, ist eine eingebettete, rein funktionale Subsprache in der imperativen Programmiersprache C++. Der Begriff der funktionalen Programmierung ist erfahrungsgemäß schwierig zu fassen, daher werde ich die Charakteristiken funktionaler Programmierung vorstellen und mit Leben füllen. Es wird spannend, denn für einige Beispiele muss ich Anleihen aus der rein funktionalen Programmiersprachen Haskell verwenden.

# Programmieren mit mathematischen Funktionen

Funktionale Programmierung lässt sich in einem Satz kurz und bündig definieren.

> **Definition: Funktionale Programmierung**
>
> Funktionale Programmierung ist das Programmieren mit mathematischen Funktionen.

Diese so unscheinbar wirkende Aussage besitzt mächtige Implikationen. Zuallererst sind mathematische Funktionen Funktionen, die bei gleichen Argumenten immer das gleiche Ergebnis liefern. Das ist ein gefundenes Fressen für den Optimierer, da er für den Funktionsaufruf sein Ergebnis verwenden kann. Natürlich ist er auch frei, die Reihenfolge der Funktionsaufrufe umzustellen oder in einen anderen Thread zu verschieben, denn es gibt keinen gemeinsamen Zustand zu respektieren. Der Programmfluss in der funktionalen Programmierung wird nicht wie in der imperativen Programmierung durch die Sequenz der Anweisungen, sondern durch deren Datenabhängigkeiten vorgegeben. Ein Funktionsaufruf verhält sich wie eine Abfrage in einer unendlich großen Tabelle. Die Eigenschaft mathematischer Funktionen, einen Ausdruck durch seinen Wert zu ersetzen, ist unter dem Begriff »Referenzielle Transparenz« (Referenzielle_Transparenz, 2011) bekannt. Die Definition der funktionalen Programmierung über mathematische Funktionen ist zwar leicht einzuprägen, sie hilft aber nicht wirklich weiter. Das wird sich gleich ändern.

# Charakteristiken funktionaler Programmierung

Bevor die Charakteristiken der funktionalen Programmierung im Detail besprochen werden, will ich sie kurz nennen:

- First-class functions
- Funktionen höherer Ordnung
- Reine Funktionen

- Rekursion
- Verarbeitung von Listen
- Bedarfsauswertung

## First-class functions

First-class functions sind Daten sehr ähnlich. Diese Funktionen können zur Laufzeit erzeugt, in Variablen gespeichert oder als Ein- oder Rückgabewert einer Funktion verwendet werden. Ein bekanntes Beispiel für die Mächtigkeit von first-class functions sind Dispatch Tables. Eine Dispatch Table ist eine beliebte Technik, eine aufrufbare Einheit hinter einem Schlüssel zu verstecken. Diese aufrufbaren Einheiten können Funktionszeiger, Funktionsobjekte oder auch Lambda-Funktionen sein. In Beispiel F-1 wird mithilfe einer Dispatch Table eine einfache Rechenmaschine implementiert.

**Beispiel F-1:** Dispatch Table in C++11 dispatchTable.cpp

```
#include <cmath>
#include <functional>
#include <iostream>
#include <map>

int main(){

  std::cout << std::endl;

  // dispatch table
  std::map< const char ,
            std::function<double(double,double)>> dispTable;
  dispTable.insert( std::make_pair('+',
                   [](double a, double b, { return a + b;}));
  dispTable.insert( std::make_pair('-',
                   [](double a, double b){ return a - b;}));
  dispTable.insert( std::make_pair('*',
                   [](double a, double b){ return a * b;}));
  dispTable.insert( std::make_pair('/',
                   [](double a, double b){ return a / b;}));

  // do the math
  std::cout << "3.5+4.5= " << dispTable['+'](3.5,4.5)
            << std::endl;
  std::cout << "3.5-4.5= " << dispTable['-'](3.5,4.5)
            << std::endl;
  std::cout << "3.5*4.5= " << dispTable['*'](3.5,4.5)
            << std::endl;
  std::cout << "3.5/4.5= " << dispTable['/'](3.5,4.5)
            << std::endl;

```

**Beispiel F-1:** Dispatch Table in C++11 (Fortsetzung)

```
23   // add a new operation
24   dispTable.insert( std::make_pair('^',
              [](double a, double b){ return std::pow(a,b);}));
25   std::cout << "3.5^4.5= " << dispTable['^'](3.5,4.5)
               << std::endl;
26
27   std::cout << std::endl;
28
29 };
```

Beeindruckt? Abbildung F-1 zeigt das Ergebnis des Programms `dispatchTable.cpp` in Beispiel F-1. Die zentrale Datenstruktur für die Dispatch Table ist die `std::map dispTable` in Zeile 11. Als Schlüssel wird ein `const char`, als Wert ein Funktionsobjekt `std::function<double(double,double)>` verwendet. Dieses Funktionsobjekt nimmt die Lambda-Funktionen, die in den Zeilen 12 bis 15 folgen, an. Um `std::function` zu verwenden, muss der Header `functional` in Zeile 2 eingebunden werden. Die Anwendung der Arithmetik ist denkbar einfach. Als Schlüssel wird in den Zeilen 18 bis 21 das arithmetische Zeichen verwendet. Die `std::map` gibt das Funktionsobjekt zurück, in das die Argumente `3.5` und `4.5` eingesetzt werden. Natürlich lässt sich auch nachträglich eine weitere Lambda-Funktion registrieren. Dabei kommt die Funktion `std::pow` in Zeile 25 zum Einsatz. Die Direktheit einer Interpreter-Sprache kombiniert mit der statischen Typsicherheit von C++: das erlaubt `std::function` in Zusammenarbeit mit Lambda-Funktionen.

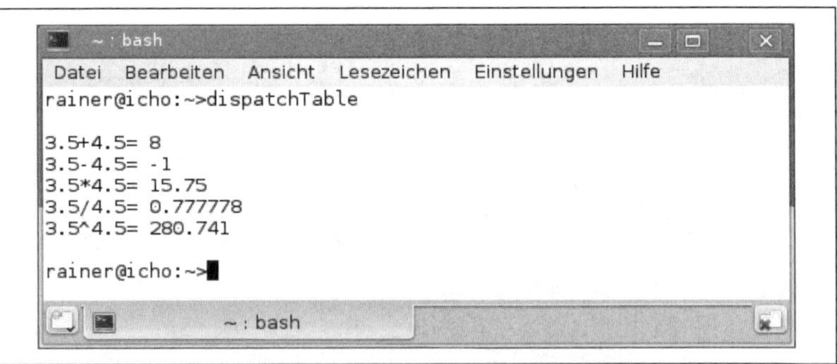


**Abbildung F-1** ▶ Einfache Arithmetik mit einem Dispatch Table

## Funktionen höherer Ordnung

Funktionen, die entweder Funktionen als Argument annehmen oder als Ergebnis zurückgeben können, werden Funktionen höherer Ordnung genannt. Die Klassiker aus der funktionalen Programmierung sind die drei Funktionen map, filter und fold. Diese drei Funktionen höherer Ordnung werden über eine Funktion parametrisiert und wenden diese sukzessive auf die Elemente einer Liste an. Für diese Funktionen kommen gern Lambda-Funktionen zum Einsatz, da sie die Funktionalität an Ort und Stelle anbieten.

- **map**: Wendet eine Funktion auf jedes Element einer Liste an.
- **filter**: Filtert Elemente aus einer Liste heraus.
- **fold**: Reduziert sukzessive eine Liste auf einen Ausgabewert, indem eine binäre Operation auf ein Element der Liste und das vorherige Ergebnis der Operation auf die Liste angewandt wird.

## Exkurs: Visualisierung von accumulate

Die Strategie der Funktion fold ist erfahrungsgemäß am schwierigsten zu verstehen. Exemplarisch ist std::accumulate(vec.begin(), vec.end(),0) in Abbildung F-2 dargestellt, das sukzessive Paare des Vektors vec zusammenaddiert, bis der Vektor auf ein Ergebnis reduziert ist. std::accumulate ist die C++-Implementierung des fold-Algorithmus und wendet im Standardfall (+) als Operation an. Der Einfachheit halber werde ich den Vektor std::vector<int> myVec{1,2,3,4,5} durch <1,2,3,4,5> darstellen.

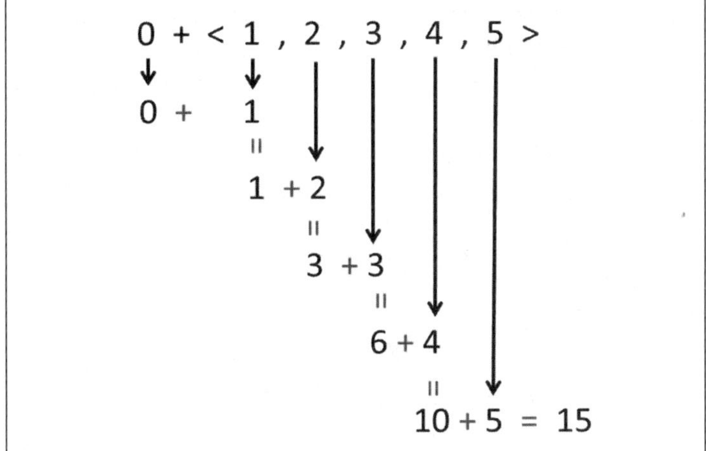


◀ **Abbildung F-2**
Eine schrittweise Visualisierung der Funktion von std::accumulate<myVec.begin(),myVec.end(),0>

Wird nun in std:::accumulate als viertes optionales Template-Argument eine andere Operation verwendet, findet diese anstelle von (+) statt.

## Exkurs: Die Funktionsfamilie fold*

`fold*` bezeichnet keine Funktion in Haskell, sondern eine ganze Funktionsfamilie (Fold, 2011), die es erlaubt, die Liste von vorne oder von hinten mit oder ohne Initialwert zu verarbeiten. Die Funktionsfamilie `fold*` kann noch viel mehr, denn durch sie lassen sich `map` und `filter` implementieren.

Dabei beziehen sich die drei Funktionsnamen auf die funktionale Programmiersprache Haskell.

Diese drei Operationen repräsentieren die Verarbeitung von Listen in so typischer Weise, dass eine Programmiersprache sie anbieten wird, die das Programmieren im funktionalen Stil unterstützt. Die Namen können natürlich variieren. In der Tabelle F-1 sind die Varianten der drei Funktionen `map`, `filter` und `fold*` in Haskell, Python und C++ gegenübergestellt.

**Tabelle F-1** ▶ map, filter und fold* in Haskell, Python und C++

| Haskell | Python | C++ |
|---|---|---|
| `map` | `map` | `std::transform` |
| `filter` | `filter` | `std::remove_if`<br>`std::remove_copy_if` |
| `fold*` | `reduce` | `std::accumulate` |

Die Algorithmen aus Tabelle F-1 können auf die Container der Standard Template Library angewandt werden. Kombiniert mit den neuen Lambda-Funktionen, lässt sich beeindruckend kompakt in C++11 programmieren (Beispiel F-2).

higherOrder.cpp

**Beispiel F-2:** Funktionen höherer Ordnung in C++

```
#include <algorithm>
#include <cassert>
#include <iostream>
#include <list>
#include <string>
#include <vector>

template<typename InputIter>
std::string join(InputIter begin, InputIter end,
                 std::string sep) {

  // Container must be not empty
  assert( begin != end);
  return std::accumulate(++begin,end,
```

**Beispiel F-2:** Funktionen höherer Ordnung in C++ (Fortsetzung)

```
      *begin,
      [sep](std::string a, std::string b)
      { return a + sep + b;});

}

int main(){

  std::cout << std::endl;

  std::list<std::string> myList
           {"Programming","in","C++11","in","a",
            "functional","style."};

  // starting with 10
  std::vector<int> myVec(20);
  std::iota(myVec.begin(),myVec.end(),10);

  std::cout << "myVec: ";
  for (auto i: myVec) std::cout << i << " ";
  std::cout << std::endl;
  std::cout << "myList: ";
  for (auto i: myList) std::cout << i << " ";

  std::cout << "\n\n" << "std::transform" << std::endl;

  // i -> i*i
  std::transform(myVec.begin(),myVec.end(),
             myVec.begin(),[](int i){ return i*i; });
  std::cout << "     myVec: ";
  for (auto i: myVec) std::cout << i << " ";


  // string -> (string,string.length())
  std::vector<std::pair<std::string,int>> listLength;
  std::transform(myList.begin(),myList.end(),
   std::back_inserter(listLength),
   [](std::string s){return std::make_pair(s,s.length());});
  std::cout << std::endl << "     ";
  for (auto i: listLength) std::cout << "(" << i.first
                          << "," << i.second << ") ";

  std::cout << "\n\n"
          << "std::remove_if and std::remove_copy_if"
          << std::endl;

  auto it= std::remove_if(myVec.begin(),
    myVec.end(),
    [](int i){ return (i < 200) or( i > 500); });
  myVec.erase(it,myVec.end());
  std::cout << "     myVec: ";
```

**Beispiel F-2:** Funktionen höherer Ordnung in C++ (Fortsetzung)

```
  for (auto i: myVec) std::cout << i << " ";
  std::cout << std::endl;

  std::string myString
    {"Programming in C++11 in a functional style."};
  std::string lowerChars;

  // lower -> lowerChars
  std::remove_copy_if(myString.begin(),myString.end(),
                      std::back_inserter(lowerChars),
                      [](char c){ return std::isupper(c);});

  std::cout << "    lowerChars: " << lowerChars
            << std::endl;

  std::cout << "\n" << "std::accumulate" << std::endl;

  // mean of myVec
  double sum= static_cast<double>(std::accumulate(myVec.
begin(),myVec.end(),
                  0,
                  [](int a, int b){ return a+b;}));
  std::cout << "    mean of myVec: " << sum/myVec.size()
            << std::endl;

  // join the strings with ":"
  std::string myListJoin=
    std::accumulate(myList.begin(),myList.end(),
    std::string(""),
    [](std::string a, std::string b){ return a + ":" + b;});

  std::cout << "    joined myList:" << myListJoin
            << std::endl;

  std::cout << std::endl;

  std::cout << join(myList.begin(),myList.end(),"#");

  std::cout << std::endl;

  std::cout << join(myList.begin(),myList.end()," => ");

  std::vector<std::string>
              myVec2(myList.begin(),myList.end());

  std::cout << std::endl;

  std::cout << join(myVec2.rbegin(),myVec2.rend()," <= ");

  std::cout << std::endl << std::endl;

}
```

Das Verhalten lässt sich am leichtesten in Abbildung F-3 nachvollziehen. Zuerst werden die Container vorbereitet. In Zeile 21 wird eine Liste über Strings, in Zeile 25 ein Vektor über natürliche Zahlen initialisiert und ausgegeben. Das Spiel kann beginnen. Der Aufruf von `std::transform` in Zeile 36 überschreibt jeden Wert des Vektors mit seinem Quadrat. Dabei wird durch das dritte Argument des Algorithmus (`std::vector<int>begin()`) der Ausgabe-Iterator und durch das letzte Argument (`[](int i){ return i*i;}`) die verarbeitende Funktion angegeben. Wird, wie in Zeile 43, als Ausgabe-Iterator ein Iterator auf einen anderen Container spezifiziert, bleibt der ursprüngliche Container unverändert. In der Lambda-Funktion wird der `std::string s` auf ein Paar `(s,s.length())` und anschließend auf `listLength` geschoben. Das Paar `(s,s.length())` ist in Abbildung F-3 dargestellt. Auf die Transformation folgt das Filtern. `std::remove_if` in Zeile 49 filtert alle Elemente aus `myVec` heraus, die kleiner als 200 oder größer als 500 sind. Da dieser Algorithmus als Ergebnis einen Iterator auf das neue logische Ende von `myVec` zurückgibt, werden die überflüssigen Elemente mit der erase-Funktion entfernt. Dieses bekannte C++-Idiom, zuerst das logische Ende mit `std::remove_if` zu bestimmen und im zweiten Schritt die Elemente tatsächlich zu löschen, wird gern in einem Ausdruck geschrieben:

```
myVec.erase(std::remove_if(… ,myVec.end())
```

`std::string` ist auch ein Container. Daher lässt sich `std::remove_copy_if` in Zeile 59 anwenden, um alle kleinen Buchstaben auf den `std::string lowerChars` zu schieben und auszugeben. Entspricht `std::transform` der `map`-, `std::remove` der `filter`-Funktion, gilt es noch, die `fold`-Funktion in C++ darzustellen. Dies ist die Aufgabe von `std::accumulate`. Zeile 66 sieht auf den ersten Blick recht komplex aus. In ihr wird die Summe der verbleibenden Zahlen aus `myVec` berechnet und in der nächsten Zeile, durch dessen Länge geteilt, als Mittelwert ausgegeben. `std::accumulate` iteriert durch den ganzen Eingabebereich (`myVec.begin,myVec.end()`) und addiert die Paare (`[](int a, int b){ return a+b;}`). Dabei ist das dritte Argument `0` der Initialwert der Anhäufung. Um das Fließkommaergebnis nicht irrtümlich als Ganzzahl auszugeben, wird die Summe nach `double` konvertiert. Die gleiche Verarbeitungslogik, auf `myList` in Zeile 70 angewandt, verbindet die Elemente der Liste mit einem Doppelpunkt (:). Der Algorithmus besitzt aber noch einen Bug. Nicht nur zwischen den Strings, sondern vor dem ersten String wird der Trenner (:) ausgegeben.

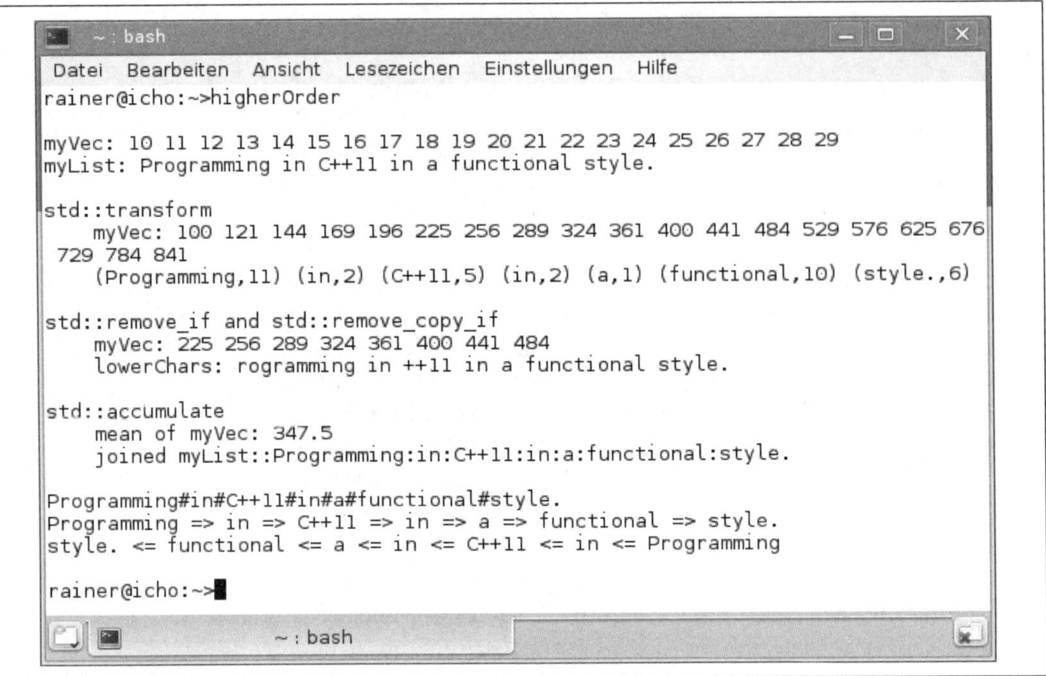


**Abbildung F-3 ▲**
Die Funktionen höherer Ordnung std::transform, std::remove* und std:: accumulate im Einsatz

Eine kleine Funktion verpackt, und schon steht die generische Funktion `join` in Zeile 8 für Container von Strings zur Verfügung. Die Zusicherung an den Algorithmus ist, dass der Container nicht leer sein darf. Dies wird durch `assert (begin != end)` sichergestellt. Diese Bedingung muss erfüllt sein, denn der erste String `*begin` in Zeile 13 wird als Startwert von `std::accumulate` verwendet. Erst die folgenden Elemente werden durch das Trennzeichen `sep` verbunden. Dieser kleine Trick bewirkt, dass das Trennzeichen tatsächlich nur als Verbindungsglied der Strings verwendet wird. In den Zeilen 76, 80 und 86 wird `join` angewendet.

## Exkurs: List Comprehension als syntactic sugar für map und filter

`map` und `filter` werden in vielen Programmiersprachen als List Comprehension angeboten. Obwohl genau genommen nur syntactic sugar, vereinfachen sie den Umgang mit Funktionen höherer Ordnung. Als syntactic sugar wird eine alternative Ausdrucksweise bezeichnet, die einfacher zu lesen und zu schreiben ist. C++11 unter-

→

stützt kein List Comprehension, sodass ein kleines Beispiel in Python ausreichen muss. Dabei ist List Comprehension so idiomatisch in Python, dass deren funktionale Wurzeln fast vergessen werden.

**Beispiel F-3: List Comprehension in Python**

```
01 [ i for i in range(1,11) ]
02 [ i*i for i in range(1,11) ]
03 [ i*i for i in range(1,11) if (i%2 != 0) ]
```

In Zeile 1 werden auf sehr umständliche Weise die Zahlen von 1 bis 10 erzeugt. Dabei wird jede Zahl aus `range(1,11)` auf `i` abgebildet und ist somit Element der resultierenden Liste. Interessanter ist da schon Zeile 2, denn hier tritt die `map`-Funktionalität von List Comprehension in Aktion. Jede Zahl aus `range(1,11)` wird auf `i*i` abgebildet. Die gleiche Abbildungsvorschrift wird ebenso im letzten Ausdruck verwendet. Der Unterschied zur vorherigen List Comprehension besteht darin, dass lediglich die Elemente aus `range(1,11)` verwendet werden, für die gilt: `i%2 != 0`. Der Filter lässt nur die Elemente passieren, die ungerade sind. Die drei Zeilen lassen sich schnell in der Python Interpreter Shell (Abbildung F-4) ausführen.

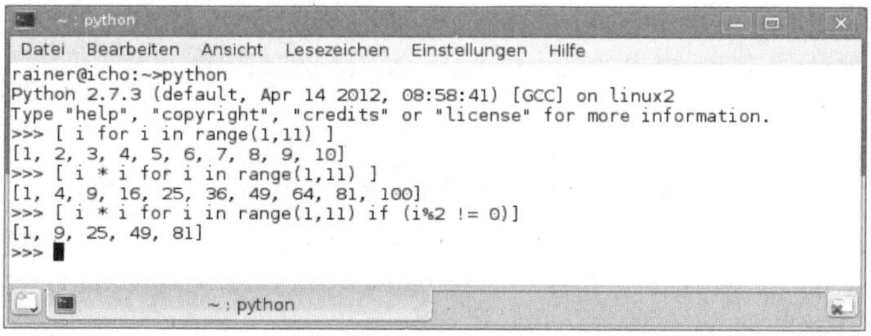

```
~ : python
Datei  Bearbeiten  Ansicht  Lesezeichen  Einstellungen  Hilfe
rainer@icho:~>python
Python 2.7.3 (default, Apr 14 2012, 08:58:41) [GCC] on linux2
Type "help", "copyright", "credits" or "license" for more information.
>>> [ i for i in range(1,11) ]
[1, 2, 3, 4, 5, 6, 7, 8, 9, 10]
>>> [ i * i for i in range(1,11) ]
[1, 4, 9, 16, 25, 36, 49, 64, 81, 100]
>>> [ i * i for i in range(1,11) if (i%2 != 0)]
[1, 9, 25, 49, 81]
>>>
~ : python
```

◀ **Abbildung F-4**
List Comprehension, angewandt in der Python Interpreter Shell

## Reine Funktionen

Reine Funktionen sind mathematische Funktionen, die noch ein paar weitere Eigenschaften aufweisen. Reine funktionale Programmiersprachen wie Haskell besitzen nur reine Funktionen. Bryan O'Sullivan, Don Stewart und John Goerzen stellen in ihrem online verfügbaren Buch Real World Haskell (O'Sullivan, Stewart, & Goerzen, 2008) reine den unreinen Funktionen gegenüber.

Tabelle F-2 ▶ Vergleich von reinen und unreinen Funktionen

| Reine Funktionen | Unreine Funktionen |
|---|---|
| Erzeugen bei gleichen Argumenten immer das gleiche Ergebnis. | Können verschiedene Ergebnisse bei gleichen Argumenten erzeugen. |
| Besitzen keine Seiteneffekte. | Können Seiteneffekte besitzen. |
| Können den Zustand des Programms nicht verändern. | Können den Zustand des Programms verändern. |

Eine Funktion, die bei gleichen Eingabewerten immer das gleiche Ergebnis produziert, wird auch als mathematische Funktion bezeichnet. Als Seiteneffekt einer Funktion wird ein Effekt bezeichnet, der außerhalb der Funktion zu Veränderungen führt.

Der Vorteil von reinen Funktionen liegt auf der Hand. Das Programmverhalten wird deutlich transparenter und vorhersagbarer. Folgende Vorteile ergeben sich für Programmierer und für Optimierer.

Programmierer:

- Funktionen sind in sich abgeschlossen, da sie von keinem globalen Zustand abhängen.
- Korrektheitsbeweise sind einfacher durchzuführen.
- Refactoring und Testen ist einfacher möglich.

Optimierer:

- Zwischenergebnisse von Funktionsaufrufen können gespeichert werden (referenzielle Transparenz).
- Die Ausführungsreihenfolge der Funktion kann umgeordnet werden.
- Funktionen können in andere Threads oder Prozesse verlagert werden.

Umgang mit Seiteneffekten

Will eine rein funktionale Sprache mit der Außenwelt kommunizieren, muss sie sich für Seiteneffekte öffnen. Die Eingabe von Daten, das Auslesen einer Datei, die zufällige Wahl einer Zahl, all das kann nicht in reinen Funktionen angeboten werden. Haskell beschreitet hier einen besonderen Weg, denn es bindet die imperative Welt der Seiteneffekte in die reine funktionale Sprache in den Monaden ein. Monaden zeichnen sich durch zwei Eigenschaften aus: In ihnen gilt das sequenzielle Ausführen von Anweisungen. Operationen in ihnen sind in sich abgeschlossen und können die Monade nicht verlassen.

## Rekursion

Die Kontrollstruktur in der funktionalen Programmierung ist die Rekursion. Der Grund ist ganz einfach. Rein funktionale Programmiersprachen kennen keine Variablen. Schleifen setzen aber Variablen voraus. So wird in `for (int i=0; i <=10, ++i)` die Variable `i` verwendet.

### Exkurs: Turing-Vollständigkeit

Wer die Abwesenheit von Variablen oder auch Schleifen als Einschränkung betrachtet, sieht sich getäuscht. Funktionale Sprachen wie Haskell sind Turing-vollständig (Turing-Vollständigkeit, 2011). Das heißt, jedes berechenbare Problem kann mit ihnen gelöst werden. Damit entspricht die Mächtigkeit von funktionalen der von imperativen Programmiersprachen.

Exemplarisch steht in Beispiel F-4 die Berechnung der Fakultät mit einer Schleife der durch Rekursion gegenüber. Dies ist auch eine Gegenüberstellung der imperativen und der funktionalen Denkweise.

**Beispiel F-4:** Berechnung der Fakultät mit Rekursion und einer Schleife

factorial.cpp

```
#include <iostream>

int factorialLoop(int n){
  int fac=1;
  for (int i= 2; i <= n; ++i) fac *= i;
  return fac;
}

template <int N>
struct FactorialRec{
  static int const value= N * FactorialRec<N-1>::value;
};

template <>
struct FactorialRec<1>{
  static int const value = 1;
};

template <>
struct FactorialRec<0>{
  static int const value = 1;
};

```

**Beispiel F-4:** Berechnung der Fakultät mit Rekursion und einer Schleife (Fortsetzung)

```
24 int main(){
25
26   std::cout << std::endl;
27
28   // check at compile time the value
29   static_assert(FactorialRec<5>::value == 120,
                   "Is not available at compile time.");
30   std::cout << "FactorialRec<5>::value: "
               << FactorialRec<5>::value << std::endl;
31
32   std::cout << "factorialLoop(5): "
               << factorialLoop(5) << std::endl;
33
34   std::cout << std::endl;
35
36 }
```

`factorialLoop` in Beispiel F-4, Zeile 3 sollte eigentlich vertraut sein. Die Fakultät einer Zahl n wird dadurch berechnet, dass sukzessive die Zahlen von 1 bis n zu der Variablen `fac` hinzumultipliziert werden. Für das imperative Auge ist die funktionale Variante deutlich schwieriger zu erfassen. Zuerst wird das primäre oder auch allgemeine Template in Zeile 9 definiert. Der Wert der Fakultät `N` wird auch durch `N * Factorial<N-1>::value` in Zeile 11 bestimmt. Diese Rekursion benötigt natürlich eine Endbedingung. Hier tritt die Template-Spezialisierung für N == 1 in Zeile 14 in Aktion. Der Wert für die Fakultät von 1 ist per definitionem `1`. Für den Spezialfall N == 0 steht die weitere Template-Spezialisierung in Zeile 19 zur Verfügung. Wird nun in Zeile 29 der Wert `FactorialRec<5>::value` angefordert, wird der Ausdruck in Zeile 11 instanziiert, bis die Endbedingung N == 1 zutrifft. Zur Laufzeit reduziert sich der Ausdruck auf die Konstante 120. Das ist der feine Unterschied zu `factorialLoop(5)` in Zeile 32. Dieser Wert wird zur Laufzeit evaluiert.

Kritiker mögen entgegenhalten, dass der entscheidende Nachteil der rekursiven Berechnung deren enormer Speicherbedarf ist, da jede Iteration ihren *stack frame* anlegt. Beispiel F-4 diente aber nur der Illustration. Funktionale Programmiersprachen sind für die Rekursion optimiert. Ist die letzte Berechnung einer Funktion deren rekursiver Aufruf, kann der Compiler diese Rekursion so optimieren, dass sie konstante Speicherplatzanforderungen besitzt. Rekursive Funktionen, die dieser besonderen Struktur genügen, werden *tail recursive* (Tail Recursion, 2011) genannt.

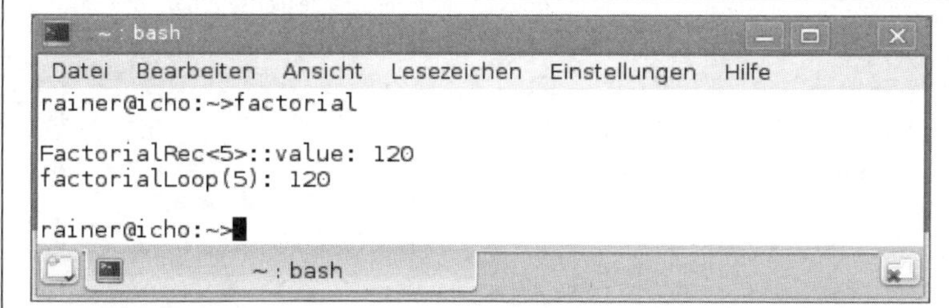


**◀ Abbildung F-5**
Fakultät von 5, durch Rekursion und durch eine Schleife berechnet

## Exkurs: Fakultätsberechnung als konstanter Ausdruck

Dies ist ein Buch über C++11, daher kann ich eine weitere Variante, die Fakultät einer Zahl zur Übersetzungszeit zu berechnen, nicht unterschlagen. Dies alles ist mit dem neuen und mittlerweile bekannten Feature `constexpr` (siehe Kapitel 10, Abschnitt »Konstante Ausdrücke« auf Seite 189) möglich. In Beispiel F-5 wird die Fakultät einer Zahl rekursiv mit einer als `constexpr` deklarierten Funktion berechnet.

**Beispiel F-5:** Berechnung der Fakultät zur Übersetzungszeit mit constexpr

```
#include <iostream>

constexpr long long factorial( long long i ){
  return (i > 0) ? i * factorial(i - 1) : 1;
}

int main(){

  std::cout << std::endl;

  std::cout << "factorial(10): " << factorial(10)
            << std::endl;
  std::cout << "factorial(20): " << factorial(20)
            << std::endl;

  static_assert( factorial(5) == 120,
                 "Not available at compile time.");

  std::cout << std::endl;

}
```

Abbildung F-6 zeigt das Ergebnis des Programms. Beeindruckt? Die Werte der Fakultät 5, 10 und 20 stehen zur Laufzeit als Konstanten zur Verfügung.

→

**Abbildung F-6 ▶** Fakultätsberechnung zur Übersetzungszeit mit constexpr

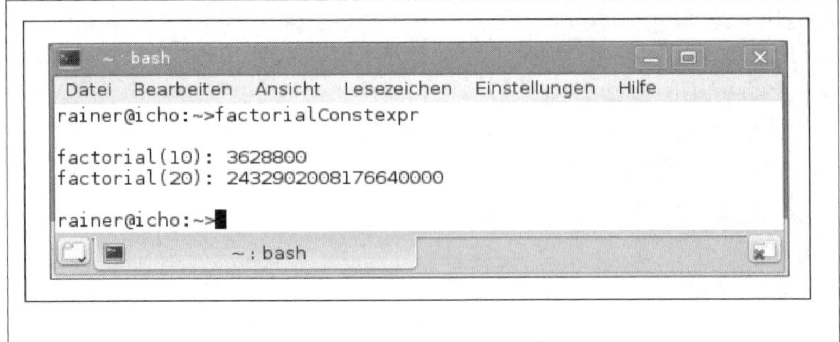


## Verarbeitung von Listen

*LISt Processing* abgekürzt ergibt LISP. Aber nicht nur für die funktionale Programmiersprache LISP, sondern für funktionale Programmiersprachen im Allgemeinen ist das Verarbeiten von Listen ein wichtiges Charakteristikum. Das trifft auf das Transformieren einer Liste in eine neue Liste oder auf die Komposition von Listenoperationen zu (Grimm, Haskell - Kurz und bündig, 2011). Hier soll, der Ästhetik halber, ein einfaches Haskell-Beispiel folgen. Zwar lassen sich mit Template-Metaprogramming und Variadic Templates Algorithmen formulieren, die die Verarbeitungslogik der funktionalen Verarbeitung von Listen mit Containern der STL simulieren, das ist aber nicht idiomatisch in C++11. Für den interessierten Leser ist in einem Artikel im Linux Magazin Template Metaprogramming 01/11 (Grimm, Template Metaprogramming, 2010) eine `map`-Funktion implementiert, die zur Übersetzungszeit ausgeführt wird.

In Beispiel F-6 wird die Länge einer Liste in Haskell berechnet. Natürlich gibt es für diese einfache Funktion auch Build-in-Funktionen.

length.hs

**Beispiel F-6:** Berechnet die Länge einer Liste

```
01 myLength []= 0
02 myLength (x:xs)= 1 + myLength(xs)
```

Die Länge der leeren Liste in Zeile 1 ist per definitionem 0. Die Länge der Liste, die mindestens ein Element besitzt, wird in Zeile 2 rekursiv bestimmt. Sie ist 1 + die Länge der Liste ohne das erste Element. Per Konvention bezeichnet in dem Ausdruck `(x:xs)` `x` den Kopf und `xs` den Rest der Liste. Die Rekursion `myLength(xs)` wird durch den Spezialfall der leeren Zeile terminiert. Ähnlichkeiten mit der Berechnung der Fakultät in Beispiel F-4 durch Rekursion sind nicht zufällig. In Abbildung F-7 ist die Anwendung der Funktion in der Haskell-Interpreter-Shell zu sehen. Dabei wird durch den Aufruf `:load length` der Quellcode geladen und kompiliert.

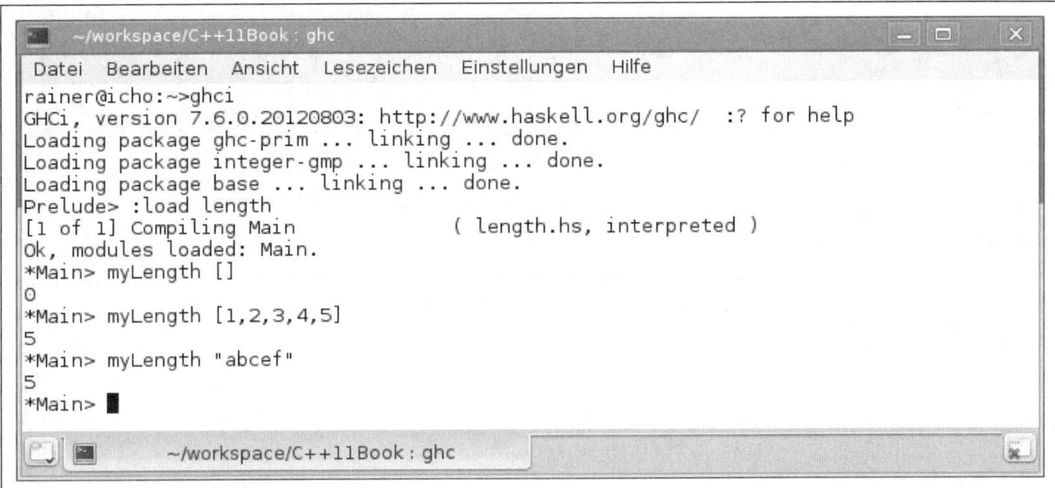


▲ **Abbildung F-7**
Laden und Ausführen von Beispiel F-6 in der Haskell-Interpreter-Shell

## Bedarfsauswertung

Bedarfsauswertung ist in den meisten Programmiersprachen wohl besser unter dem Begriff *Lazy Evaluation* bekannt. Der Gegenbegriff zur *Lazy Evaluation* ist die *Eager Evaluation*. Während die Bedarfsauswertung den Ausdruck erst bei Nachfrage evaluiert, wertet die strikte Auswertung (*Eager Evaluation*) den Ausdruck sofort aus. Imperative Programmiersprachen wie Java oder auch C++ kennen nur die strikte Auswertung, sieht man von der Kurzschlussauswertung ab. Funktionale Sprachen wie Haskell verwenden per Default eine Bedarfsauswertung, lassen aber auch die strikte Auswertung zu. Die Vorteile der Bedarfsauswertung liegen auf der Hand:

1. Ausdrücke werden nur dann evaluiert, wenn sie wirklich benötigt werden. Das spart Zeit und Speicher.
2. Unendliche Datenstrukturen können formuliert werden, von denen zur Laufzeit nur endlich viele Elemente angefordert werden.

Als Beispiel soll wieder Haskell dienen. Die Funktion `successor` in Beispiel F-7 gibt alle Nachfolger des Arguments `i` aus.

succ.hs

**Beispiel F-7:** Erzeugt alle Nachfolger von i

```
successor i= i: (successor (i+1))
```

In Abbildung F-8 ist das Beispiel F-7 in der Anwendung zu sehen. Durch `take 5 (successor 10 )` werden die 5 Nachfolger der Zahl 10 angefordert. Dabei ist `successor i` als die Liste bestehend aus `i` und dem Nachfolger von `i` definiert.

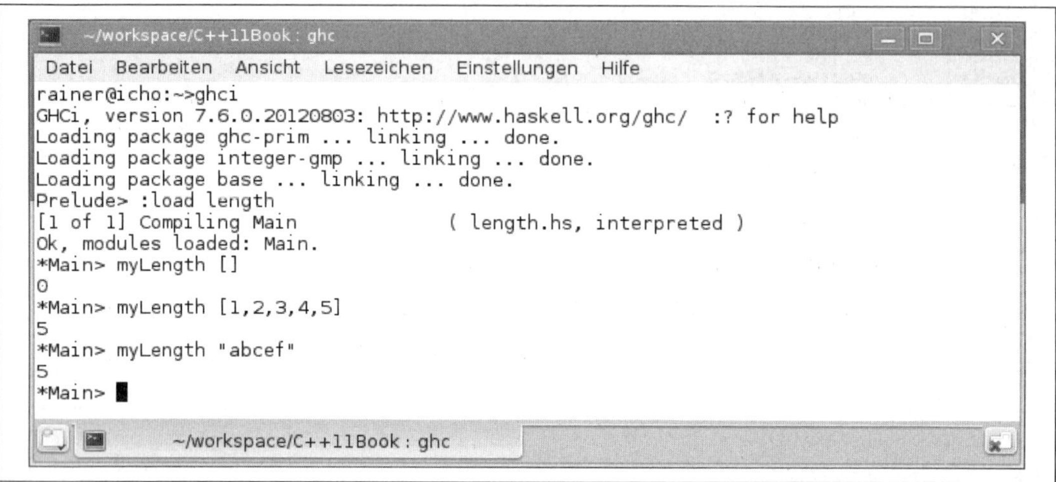


**Abbildung F-8 ▼** Fordert endlich viele Zahlen eines Datenstroms an

Durch den Aufruf `successor i` wird die ganze, unendliche Liste angefordert. Dieser Prozess lässt sich nur durch (Strg+C) unterbrechen (Abbildung F-9).

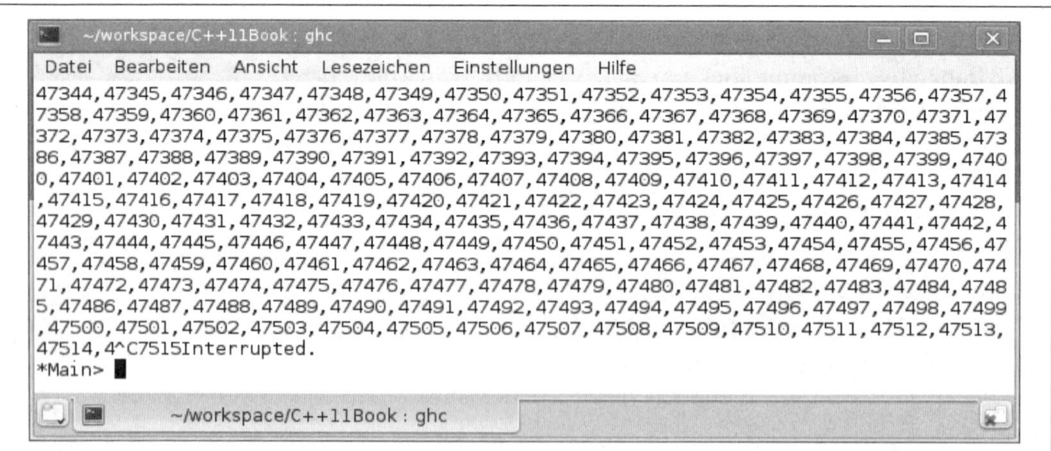


**Abbildung F-9 ▼** Ein unendlicher Datenstrom

In imperativen Programmiersprachen ist die Kurzschlussauswertung (*Short Circuit Evaluation*) bekannt. Sie ist ein Spezialfall der Bedarfsauswertung. Durch sie werden logische Ausdrücke nur so weit ausgewertet, bis das Ergebnis des Gesamtausdrucks feststeht. Das lässt sich schnell in C++ zeigen.

shortCircuitEvaluation.cpp

```
01 #include <iostream>
02
03 int main(){
04
05   std::cout << std::endl;
06
07   if ( 1/0 ) std::cout << "(1/0)" << std::endl;
08   if ( true or (1/0) ) std::cout << "(true or 1/0)"
                                    << std::endl;
09
10   std::cout << std::endl;
11
12 }
```

Wird das kleine Programm übersetzt und ausgeführt, führt das zu dem Laufzeitfehler aus Abbildung F-10.

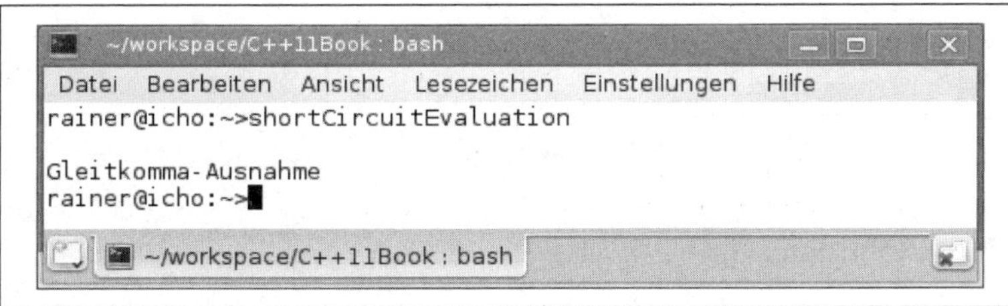


◀ **Abbildung F-10**
Division durch null

Der Schuldige ist schnell entlarvt. In Zeile 7 wird 1 durch 0 geteilt. Wird die Zeile auskommentiert, ist das Programm syntaktisch richtig, denn der logische Ausdruck `( true or (1/0) )`, in Zeile 8 wird nur so weit ausgewertet, bis das Ergebnis des Gesamtausdrucks feststeht. Das Ergebnis des logischen Ausdrucks steht bereits durch `true` fest (Abbildung F-11).

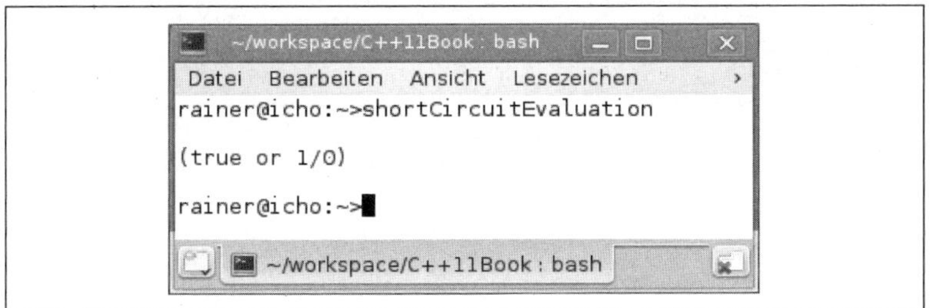


◀ **Abbildung F-11**
Kurzschlussauswertung in C++

# Literaturverzeichnis

Abrahams, D., & Gregor, D. (2008). *http://www.open-std.org/jtc1/sc22/wg21/docs/papers/2008/n2812.html*

Alexandrescu, A. (2001). *Modern C++ Design*. Addison-Wesley.

Bartosz, M. (2009). *The Java Memory Model. http://vimeo.com/3757991*

Becker, P. (2006). *The C++ Standard Library Extension*. Addison-Wesley.

Becker, P. (2011). *http://www.open-std.org/jtc1/sc22/wg21/docs/papers/2011/n3242.pdf*

Becker, P. (2011). Working Draft, Standard for Programming Language C++ (N3242).

Boehm, H. (2011). *Threads and memory model for C++. http://www.hpl.hp.com/personal/Hans_Boehm/c++mm/*

*boost*. (2013). *http://www.boost.org*

*boost*. (2011). *http://www.boost.org*

*Boost.TR1. http://www.boost.org/doc/libs/1_46_1/doc/html/boost_tr1.html*

*Boost.TR1. http://www.boost.org/doc/libs/?view=filtered_std-tr1*

*C and C++ Compilers. http://www-01.ibm.com/software/awdtools/xlcpp/*

*C++ 0x FEATURE*. (2011). *http://wiki.apache.org/stdcxx/C++0xCompilerSupport*

C++ Standard Komitee. (2013). *C++ Standard Komitee. http://isocpp.org/std/the-committee*

*C++ Technical Report 1*. (2011). *http://en.wikipedia.org/wiki/C%2B%2B_Technical_Report_1*

*C++0x Support in GCC 4.6*. (2011). *http://gcc.gnu.org/gcc-4.6/cxx0x_status.html*

*C++0x Support in GCC*. (2011). *http://gcc.gnu.org/projects/cxx0x.html*

*C++0x/C++11 Support in GCC*. (2013). *http://gcc.gnu.org/projects/cxx0x.html*

*C++11 Compilers Support*. (2013). *http://wiki.apache.org/stdcxx/C++0xCompilerSupport*

*C++11 Support in GCC 4.7*. (2012). *http://gcc.gnu.org/gcc-4.7/cxx0x_status.html*

*C++1y/C++14 Support in Gcc*. (2013). *http://gcc.gnu.org/projects/cxx1y.html*

*Christopher Alexander*. (2011). *http://de.wikipedia.org/wiki/Christopher_Alexander*

*Christopher Strachey*. (2011). *http://en.wikipedia.org/wiki/Christopher_Strachey*

*Clang 3.1 Release Notes*. (2013). *http://llvm.org/releases/3.1/docs/ClangReleaseNotes.html*

*Clojure*. (2011). *http://clojure.org/*

*Comeau.Computing*. (2008). *http://www.comeaucomputing.com/*

*Concepts (C++)*. (2011). *http://en.wikipedia.org/wiki/Concepts_(C%2B%2B)*

Crowl, L. (2010). *C and C++ Alignment Compatibility*. *http://www.open-std.org/jtc1/sc22/wg21/docs/papers/2010/n3093.html*

Dawes, B. (2011). *Filesystem Library Version 3*. *http://www.boost.org/doc/libs/1_47_0/libs/filesystem/v3/doc/index.htm*

Dawes, B. (2011). *Filesystem Library Update for TR2 (Preliminary)*. *http://www.open-std.org/JTC1/sc22/WG21/docs/papers/2011/n3239.html*

*de.comp.lang.iso-c++*. (2011). *https://groups.google.com/forum/?hl=de#!forum/de.comp.lang.iso-c%2B%2B*

Dekker, T. (2011). *de.wikipedia.de*. *http://de.wikipedia.org/wiki/Dekker-Algorithmus*

Douglas, G. (2004). *Boost.Signals*. *http://www.boost.org/doc/libs/1_47_0/doc/html/signals.html*

Douglas, G. (2006). *Signal and Slots for Libary TR2*. *http://www.open-std.org/jtc1/sc22/wg21/docs/papers/2006/n2086.pdf*

Droba, P. (2006). *Proposal for new string algorithms in TR2*. *http://www.open-std.org/jtc1/sc22/wg21/docs/papers/2006/n2059.html*

Droba, P. (2010). *String Algorithms Library*. *http://www.boost.org/doc/libs/1_47_0/doc/html/string_algo.html*

*en.wikipedia.org*. (2011). *http://en.wikipedia.org/wiki/C%2B%2B0x*

*Entwurfsmuster (Buch)*. (2011). *http://de.wikipedia.org/wiki/Viererbande_(Softwareentwicklung)*

*Entwurfsmuster*. (2011). *http://de.wikipedia.org/wiki/Design_Pattern*

*Erwin Unruh*. (2002). *http://www.erwin-unruh.de/*

*Euklidscher Algorithmus*. (2011). *http://de.wikipedia.org/wiki/Euklidischer_Algorithmus*

Feher, A. (2002). *Adding Alignment Support to the C++ Programming Language*. *http://www.open-std.org/jtc1/sc22/wg21/docs/papers/2005/n1877.pdf*

*Fold*. (2011). *http://en.wikipedia.org/wiki/Fold_(higher-order_function)*

Friedl, J. (2002). *Mastering Regular Expression.* O'Reilly.

*Fundamental Concepts in Programming Languages.* (2011). *http://en.wikipedia.org/wiki/Fundamental_Concepts_in_Programming_Languages*

Gamma, E., Helm, R., Ralph, J., & Vlissides, J. (1994). *Design Patterns. Elements of Reusable Object-Oriented Software.* Addison Wesley.

*GCC 4.7.* (2011). *http://www.gnu.org/software/gcc/gcc-4.7/changes.html*

Grimm, R. (2010). Template Metaprogramming. *Linux Magazin 01/11*, S. 108-114.

Grimm, R. (2010). *Erfrischend neu. http://www.linux-magazin.de/Heft-Abo/Ausgaben/2010/04/Erfrischend-neu?category=0*

Grimm, R. (2010). *Reichhaltiges Angebot. http://www.linux-magazin.de/Heft-Abo/Ausgaben/2010/05/Reichhaltiges-Angebot?category=0*

Grimm, R. (2011). Haskell - Kurz und bündig. *Linux Magazin 06/11*, S. 94-99.

*hash table.* (2011). *http://en.wikipedia.org/wiki/Hash_table*

*Heap (Datenstruktur).* (2011). *http://de.wikipedia.org/wiki/Heap_(Datenstruktur)*

*Heap.* (2011). *http://de.wikipedia.org/wiki/Heap_(Datenstruktur)*

Heinzen, H.-W. (2009). *Was jeder Softwareentwickler mindestens und unbedingt über Unicode und Zeichensätze wissen muss (Kein Pardon!). http://www.bitloeffel.de/DOC/joelonsoftware/Unicode_de.html*

Henneberg, J. (2010). *DER REGEXP-EVALUATOR. http://regexp-evaluator.de/evaluator/*

Henney, K. (2009). *Boost.Any. http://www.boost.org/doc/libs/1_47_0/doc/html/any.html*

Henney, K. (2005). *Preliminary Threading Library Proposal for TR2. http://www.open-std.org/jtc1/sc22/wg21/docs/papers/2005/n1883.pdf*

Henney, K. *Lexical Cast. http://www.boost.org/doc/libs/1_47_0/doc/html/any.html*

Henney, K., & Dawes, B. (2006). *Lexical Conversion Library Proposal for TR2. http://www.open-std.org/jtc1/sc22/wg21/docs/papers/2006/n1973.html*

Henney, K., & Dawes, B. (2006). *Any Library Proposal for TR2. http://www.open-std.org/jtc1/sc22/wg21/docs/papers/2006/n1939.html*

Hinnant, H. E., Stroustrup, B., & Kozicki, B. (2006). *www.open-std.org. http://www.open-std.org/jtc1/sc22/wg21/docs/papers/2006/n2027.html*

Hinnant, H., Dawes, B., & Austern, M. (2005). *Library Extension TR2 Call for Proposals. http://www.open-std.org/jtc1/sc22/wg21/docs/papers/2005/n1810.html*

*James Whitcomb Riley.* (2010). *http://de.wikipedia.org/wiki/James_Whitcomb_Riley abgerufen*

Kalev, D. (2004). *InformIT. http://www.informit.com/guides/content.aspx?g=cplusplus&seqNum=216*

Kohlhoff, C. (2011). *Boost.Asio. http://www.boost.org/doc/libs/1_47_0/doc/html/boost_asio.html*

Kohloff, C. (2007). *Networking Library Proposal for TR2 (Revision 1). http://www.open-std.org/jtc1/sc22/wg21/docs/papers/2007/n2175.pdf*

Komitee, C. S. (2008). *Draft C++0x standard. http://www2.research.att.com/~bs/SC22-N-4411.pdf*

Krügler, D. (2011). *comp . lang . c++ . moderated. https://groups.google.com/d/topic/comp.lang.c++.moderated/NT6-S4gXKNE/discussion*

Lamport, L. (1979). Sequential consistency. In L. Lamport, *How to Make a Multiprocessor Computer That Correctly Executes Multiprocess Programs* (S. 690-691). IEEE Trans. Comput.

Langer, A., & Kreft, K. (2000). *Standard C++ IOStreams and Locales.* Massachusetts: Addison Wesley.

Lavavej, S. (2010). *Visual C++ Team Blog. http://blogs.msdn.com/b/vcblog/archive/2010/04/06/c-0x-core-language-features-in-vc10-the-table.aspx*

*Linux Magazin. http://www.linux-magazin.de/*

*locale. http://www.cplusplus.com/reference/std/locale/*

Manson, J. (2007). *Java Memory Model. http://www.youtube.com/watch?v=1FX4zco0ziY*

*Mersenne Twister.* (2011). *http://de.wikipedia.org/wiki/Mersenne-Twister*

Meyers, S., & Andrei, A. (2004). *http://www.aristeia.com. http://www.aristeia.com/Papers/DDJ_Jul_Aug_2004_revised.pdf*

O'Sullivan, B., Stewart, D., & Goerzen, J. (2008). *Real World Haskell.* O'Reilly.

Peters, T. (2004). *The Zen of Python. http://www.python.org/dev/peps/pep-0020/*

*Qt (Bibliothek).* (2011). *http://de.wikipedia.org/wiki/Qt_(Bibliothek)*

*Ralph Johnson.* (2011). *http://de.wikipedia.org/wiki/Ralph_Johnson*

*Referenzielle_Transparenz.* (2011). *http://de.wikipedia.org/wiki/Referenzielle_Transparenz*

Reis, G. D. (2013). *http://www.open-std.org. http://www.open-std.org/jtc1/sc22/wg21/docs/papers/2013/n3651.pdf*

San Kent, L. S. (2003). *Singleton Pattern: A review and analysis of existing C++ implementations. http://www.codeproject.com/KB/architecture/singleton.aspx*

*Schablonenmethode.* (2011). *http://de.wikipedia.org/wiki/Schablonenmethode*

*science + computing ag.* (2011). *http://www.science-computing.de/*

*Sequential consistency.* (2011). *http://en.wikipedia.org/wiki/Sequential_consistency*

*Singleton.* (2011). *http://de.wikipedia.org/wiki/Singleton_(Entwurfsmuster)*

*Spline.* (2011). *http://de.wikipedia.org/wiki/Spline*

Spolsky, J. (2003). *The Absolute Minimum Every Software Developer Absolutely, Positively Must Know About Unicode and Character Sets (No Excuses!). http://www.joelonsoftware.com/articles/unicode.html*

*std::forward_list*. (2011). *http://en.cppreference.com/w/cpp/container/forward_list*

Stroustrup, B. (2011). *C++0x - the next ISO C++ standard. http://www2.research.att.com/~bs/C++0xFAQ.html*

Stroustrup, B. (2009). *The C++0x "Remove Concepts" Decision. http://drdobbs.com/cpp/218600111?pgno=3*

Stroustrup, B. (2007). C++0x: An Overview. Google.

Sutter, H. (2002). *A Pragmatic Look at Exception Specifications. http://www.gotw.ca/publications/mill22.htm*

Sutter, H. (2000). Exceptional C++. In H. Sutter, *Exceptional C++* (S. 154-157). Addison-Wesley.

Sutter, H., & Alexandrescu, A. (2005). C++. In A. A. Herb Sutter, *C++ Coding Standards* (S. 28). Addison-Wesley.

*Tail Recursion*. (2011). *http://c2.com/cgi/wiki?TailRecursion*

*The Haskell Programming Language*. (2011). *http://www.haskell.org/haskellwiki/Haskell*

*Turing-Vollständigkeit*. (2011). *http://de.wikipedia.org/wiki/Turing-Vollst%C3%A4ndigkeit*

Van Eerd, T. (2011). *Lockfree Programming Part 2: Data Structures. http://blip.tv/boostcon/lockfree-programming-part-2-data-structures-5258642*

Vandevoorde, D. (2007). *Modules in C++. http://www.open-std.org/jtc1/sc22/wg21/docs/papers/2007/n2316.pdf*

Vandevoorde, D., & Josuttis, N. (2002). *C++ Templates*. Amsterdam: Addison-Wesley.

*Virtualisierung* . (2011). *http://de.wikipedia.org/wiki/Virtualisierung_(Informatik)*

*Vorkonfigurierte Images*. (2010). *http://wiki.computerwoche.de/doku.php/virtualisierung/virtual-appliances*

*Wahrscheinlichkeitsverteilung*. (2011). *http://de.wikipedia.org/wiki/Wahrscheinlichkeitsverteilung*

*wikipedia/Edsger_W.Dijkstra. http://de.wikipedia.org/wiki/Edsger_W._Dijkstra*

*Wikipedia/Usability. http://en.wikipedia.org/wiki/Usability*

*William Opdyke*. (2011). *http://en.wikipedia.org/wiki/William_Opdyke*

Williams, A. (2011). *C++ Concurrency in Action: Practical Multithreading*. Manning Publications.

# Index

## Symbole

## D



## E

## F



## G



## H

## K



## L



## M

## S

## T

## U



## V



## W

## Y



## Z

## Über den Autor

**Rainer Grimm** ist als Softwareentwickler und Schulungsleiter tätig. In den letzten Jahren hat er viele Präsenz- und Online-Schulungen zu Python und C++ gehalten, parallel dazu schreibt er gerne Artikel oder rezensiert ein gutes Buch für Fachzeitschriften. Seine Artikelserie zu modernem C++ erscheint seit mehreren Jahren. In seinen vielen Vorträgen behandelt er die Themen Design Patterns sowie objektorientierte, generische und funktionale Programmierung und deren Umsetzung in den etablierten Programmiersprachen.

Aktuell bringt er seine alte Leidenschaft als Krankenpfleger und Rettungssanitäter mit seiner neuen Leidenschaft für Softwareentwicklung in der Embedded World zusammen. Als Softwarearchitekt und Gruppenleiter ist er für Defibrillatoren verantwortlich.

Privat läuft er immer häufiger hinterher, denn als erfolgreicher Lauftrainer des TV-Rottenburg kennen seine Schüler keine Gnade.

## Kolophon

Das Tier auf dem Cover von *C++11 für Programmierer* ist ein Riesengleiter (*Dermoptera*), auch Colugos genannt. Riesengleiter gehören zur Gruppe der *Euarchontoglires*, zu der auch die Primaten und Nagetiere gehören. Sie sind ungefähr katzengroß und wiegen ein bis zwei Kilogramm. Zwischen Hals und Vorderfüßen, zwischen Vorderfüßen und Hinterbeinen und zwischen Hinterbeinen und Schwanz spannt sich eine Flughaut, mit der die Riesengleiter von Baumwipfel zu Baumwipfel springen und dabei Distanzen von über 100 Metern zurücklegen. Mit ihren großen Augen haben sie die Fähigkeit, räumlich zu sehen, deshalb können sie den Landeplatz vor dem Flug relativ gut bestimmen. Die Haut ist leicht behaart und bei den Männchen rot-bräunlich mit hellen Flecken und bei den Weibchen grau-braun gefärbt. Die Gliedmaßen selbst sind sehr lang und dünn.

Die Weibchen bringen sehr regelmäßig ein Junges zur Welt, das sechs Monate genährt wird. Die Flughaut am Schwanz wird dabei als Tasche genutzt, sodass sogar Sprünge zusammen mit dem Jungtier möglich sind. Beim Schlafen liegen die Kleinen auf dem Bauch der Mutter wie in einer Hängematte.

Die zwei Arten des Riesengleiters – die Malaien- und die Philippinen-Gleitflieger – leben in Südostasien, vor allem in Indonesien und auf den Philippinen. Die nachtaktiven Säugetiere ernähren sich rein pflanzlich von Knospen, Blüten, Blättern und Früchten der Tropenwälder. Allerdings werden sie als Kulturfolger in Kokosplantagen auch als Schädlinge gefürchtet und bekämpft. Da sie als Delikatesse gelten, wird auch Jagd auf sie gemacht.

Der Umschlagsentwurf dieses Buchs basiert auf dem Reihenlayout von Edie Freedman und stammt von Michael Oreal. Als Textschrift verwenden wir die Linotype Birka, die Überschriftenschrift ist die Adobe Myriad Condensed und die Nichtproportionalschrift für Codes ist LucasFont's TheSans Mono Condensed. Geesche Kieckbusch hat das Kolophon geschrieben.